Reinhard Plassmann
Selbstorganisation

D1728103

Therapie & Beratung

Reinhard Plassmann

Selbstorganisation

Über Heilungsprozesse in der Psychotherapie

Psychosozial-Verlag

Bibliografische Information der Deutschen Nationalbibliothek
Die Deutsche Nationalbibliothek verzeichnet diese Publikation
in der Deutschen Nationalbibliografie; detaillierte bibliografische Daten
sind im Internet über http://dnb.d-nb.de abrufbar.

Originalausgabe
© 2011 Psychosozial-Verlag
Walltorstr. 10, D-35390 Gießen
Fon: 06 41 – 96 99 78 – 18; Fax: 06 41 – 96 99 78 – 19
E-Mail: info@psychosozial-verlag.de
www.psychosozial-verlag.de
Alle Rechte vorbehalten. Kein Teil des Werkes darf
in irgendeiner Form (durch Fotografie, Mikrofilm
oder andere Verfahren) ohne schriftliche Genehmigung
des Verlages reproduziert oder unter Verwendung
elektronischer Systeme verarbeitet,
vervielfältigt oder verbreitet werden.
Umschlagabbildung: Paul Klee: »Fata Morgana zur See«, 1918
Umschlaggestaltung & Satz: Hanspeter Ludwig, Wetzlar
www.imaginary-art.net
Printed in Germany
ISBN 978-3-8379-2172-4

Inhalt

Vorspann

Liebe Leserinnen und Leser,

dieses Buch handelt von Problemen und davon, wie man sie überwindet.

Was aber ist ein Problem? Wenn Sie einen Moment innehalten und überlegen, was Ihnen dazu einfällt, dann vermutlich zuerst: *unangenehm* und als nächstes: *lösen*. So ist es. Probleme sind unangenehm und man möchte sie lösen.

Ein dritter Aspekt fehlt allerdings noch: Wo hält sich eigentlich ein Problem auf, wo tummeln sich diese unangenehmen Zeitgenossen, innen oder außen? Man wird wahrscheinlich spontan denken: außen. Die Probleme in einer Beziehung, in einem Beruf, in einer Stadt scheinen außen zu entstehen, aber so ist es nicht. Ein Problem ist deshalb unangenehm, weil es aus einem Komplex negativer Emotionen besteht, die sich nicht auflösen wollen. Erst wenn diese Auflösung der gestauten negativen Emotionen Fortschritte macht, wird es möglich, jene Chancen, die das Leben uns bietet, auch zu nutzen. Ein Autofahrer, der am Steuer seines Autos sitzend mit seiner Ehefrau einen erbitterten Streit darüber ausficht, ob er gerade hätte abbiegen sollen oder nicht, wird den Straßenverkehr als anstrengend empfinden. Entsteht dieses Problem innerhalb oder außerhalb des Autos?

Jede dieser emotionalen Verknotungen ist unangenehm, sie rufen ein natürliches Bestreben nach Lösungen hervor, einen Prozess der Lösungssuche. Vielleicht ist es so abgelaufen: Der Autofahrer hat ein etwas jähzorniges Temperament, vielleicht hat er sich am Steuer geärgert und ein paar scharfe Flüche verwendet. Vielleicht mag seine Frau genau diese jähzornige Seite an ihm nicht und kritisiert ihn nun, sie meint gar nicht so sehr seine Fahrtechnik, sondern seinen Jähzorn. Er hingegen sieht die Chance, seinen Jähzorn zu befriedigen, indem er endlich einmal einen von jenen, die ihn ständig provozieren, niederringt, das soll seine Frau sein. Sie hält aber kräftig dagegen, so entsteht der erbitterte Streit. Er ist ein Lösungsversuch für jenes Problem, das der Fahrer mit seinem Jähzorn hat, der Lösungsversuch löst aber nicht, sondern verschärft das Problem, er ist dysfunktional.

Solche Nichtlösungen versuchen dem natürlichen seelischen Entwicklungsprozess etwas aufzuzwingen, was dazu nicht passt, die Nichtlösungen haben deshalb die Neigung, sich bis ins Bizarre zu steigern, zu verfestigen und zu organisieren, sie verzehren die Energie und sie blockieren das Gesunde. Die leise Stimme der gesunden Lösung findet innerlich kein Gehör mehr. Zahlreiche Erkrankungen entstehen auf diesem Wege, Essstörungen, selbstverletzendes Verhalten, Angststörungen, um nur drei Beispiele zu nennen.

Kommt der seelische Lösungsprozess allerdings wieder in Gang, so entstehen ganz andere Muster, die sich auch ganz anders anfühlen. Sie passen, sind voll positiver Kraft und haben eine ganz besondere Eigenschaft: Die Welt antwortet auf gute Lösungen. Das Wesen einer guten Lösung ist, dass sie Teil eines inneren seelischen Wachstumsprozesses ist, der Bewegung und Ordnung in das vorher Stagnierende bringt. Manchmal hat man als Betroffener das seltsame Gefühl (auch mir selbst ging es schon häufig so), die Welt halte nicht nur Chancen bereit, sondern spiele auch gerne ein wenig mit, wie wenn sie demjenigen, der gute Ideen hat, Antwort gäbe, wie wenn das Universum manchmal Freude hätte, beim Wachstum mitzuspielen. Vielleicht so: Ein Straßenjunge geht, ein Lied pfeifend, am Opernhaus vorbei und hört, wie das Orchester darin die Melodie aufnimmt und variiert. Das sind Momente, in denen die Welt zu lächeln scheint. All das ist Selbstorganisation, das Thema dieses Buches.

Diesen Vorgängen liegt Folgendes zugrunde: Komplexe Systeme – unser Gehirn ist das komplexeste, das die Evolution hervorgebracht hat – bilden, um sich zu ordnen, ständig Muster. Eine Krankheit ist ein solches Muster, mit dem der Mensch versucht, unerledigte Emotionen, vielleicht ein Trauma, zu ordnen. Aber durch die Entwicklung einer Krankheit gelingt es nicht, Krankheit ist ein dysfunktionales Muster, es braucht etwas Besseres. Selbstorganisation bedeutet also, das Muster A, welches nicht funktioniert, umzuwandeln in ein Muster B, das besser ist. Zwischen A und B liegt der sogenannte Transformationsprozess.

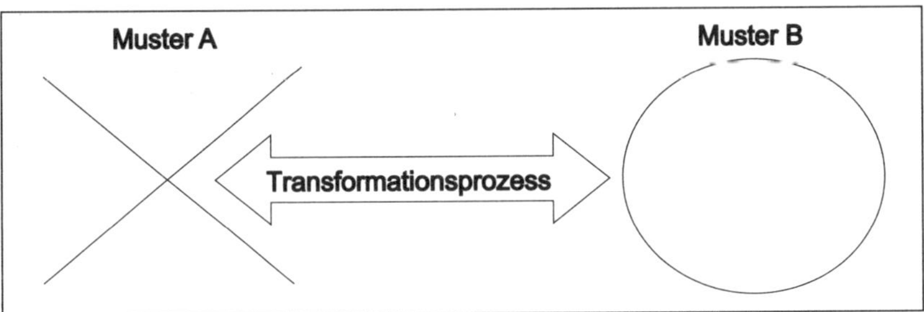

Abbildung 1: Transformationsprozess

Der Transformationsprozess kann leise und hintergründig vor sich gehen, fast unbemerkt, bis auf einmal eine gute Idee da ist. Der Transformationsprozess kann auch turbulent sein und mit viel spürbarem inneren Aufruhr. Er kann von selbst, also spontan ablaufen, dies ist meistens der Fall. Bei schweren Blockierungen braucht es eine Psychotherapie. Mein Credo: Psychotherapie hat keine andere Aufgabe, als diesen selbstorganisatorischen Wandlungsprozess zu ermöglichen.

Damit nicht der Eindruck entsteht, das seien Vorgänge, die sich nur bei Patienten ereignen, erzähle ich Ihnen ein Bespiel aus eigener Erfahrung. Es fällt in die Zeit, in der das erste Kapitel des Buches beginnt.

Jede Krise ist eine Zeit von Musterveränderungen in unserem Denken und in unseren Emotionen, dort vor allem, und es gibt kein Leben ohne solche Wachstums- und Veränderungskrisen, die Welt und wir in ihr stehen niemals still. Und bereits Heraklit sagte: Man kann nicht zweimal in denselben Fluss steigen. Das Unangenehme an diesen Krisen ist, dass das Bisherige, Gewohnte, Bewährte nicht mehr passt, das Neue hat man aber noch nicht. Das fängt mit der Geburt an und hört mit dem Sterben auf. Was danach kommt, weiß man nicht.

Nun zu meiner eigenen Erfahrung: Die Klinik, in der ich damals arbeitete, hatte ich in zehn Jahren aufgebaut und merkte nun, dass mein Plan, dort ein zufriedener alter Arzt zu werden, nicht aufging. Ich musste weg. Das erste Kapitel sagt mehr darüber, warum das so war.

Aber wohin? Alle Kliniken, die ich mir ansah, schienen damit beschäftigt, Industriebetriebe zu werden. Das war nicht das, was ich suchte. Oft ist es allerdings sehr wichtig, zunächst zu erkennen, wo der eigene Weg *nicht* hingeht, was nicht die Lösung ist. Dann braucht es Geduld, Aushalten, Warten, Nachdenken, das sind Katzen- und Jägertalente. Ich konnte sie in dieser Zeit ausgiebig üben.

Eine bestimmte Klinik machte mich allerdings nachdenklich. Sie war sehr klein, kämpfte um ihre Existenz, hatte aber ein Team, das an sich glaubte, und sie hatte ein klares Ziel: Psychotherapie so gut wie möglich durchzuführen.

Ich war sehr berührt und sagte meine Mitarbeit dennoch ab. Mein Verstand hatte argumentiert: zu klein, zu schwach. Am nächsten Tag fuhr ich morgens mit dem Auto wie immer zur bisherigen Arbeitsstelle, im strömenden Regen, wie ich mich gut erinnere, ich fuhr immer langsamer, irgendetwas in mir wollte in Bewegung kommen und zwar gerade jetzt auf diesem Weg zur Arbeit. Wäre ich in der alten Klinik angekommen, so wäre der magische Moment ungenutzt verstrichen, der Alltag hätte mich verschluckt. Solche Momente sind ein Rumoren in den tieferen Schichten der Seele, der Verstand ist aufgefordert, ein wenig beiseitezutreten, Platz zu machen und vor allem still zu sein. Mein Verstand, nach seiner Meinung gefragt, hätte argumentiert, dass das, was gerade vor sich ging, offenbar ein Problem sei, ein Symptom, eine Störung meiner Konzentrationsfähigkeit auf dem Weg zur Arbeit, vielleicht eine Krankheit, jedenfalls nichts Gutes. Weit gefehlt.

Ich stellte also mein Auto – übrigens ein roter Porsche – auf einem Waldweg ab[1]. Ich saß nun am Steuer meines Wagens, schloss die Augen, um konzentriert nachzudenken, und wachte etwa eine Stunde später wieder auf. Offenbar hatte ich geschlafen und offenbar war genau das nötig gewesen, um innerlich etwas zu ordnen. Mir war nun vollkommen klar: Diese kleine schwache Klinik kommt meiner Vision am nächsten. Entweder ich wage es, dorthin zu gehen oder ich höre auf zu suchen.[2] Ich konnte gut gelaunt weiterfahren, griff an meiner Arbeitsstelle zum Telefon und sagte in der neuen Klinik zu.

Das vor Ihnen liegende Buch ist eines der vielen Ergebnisse dieser Musterveränderung in mir selbst. In den zehn Jahren, die seither vergangen sind,

1 Mein Verstand hätte zweifellos so argumentiert: »Mein lieber Freund, du verdienst gut, bist Chef einer großen Klinik, du fährst Porsche, deine Probleme möchte ich haben.« »Lieber Verstand«, so hätte ich ihm entgegnet, »du bist sehr klug, hast von vielem Ahnung, von meinen Problemen allerdings nicht.« Die Unfähigkeit des menschlichen Verstandes, komplexe Probleme zu lösen, ist mittlerweile neurobiologisch gut erforscht. Unser Unbewusstes ist etwa 200.000 Mal schneller im Denken als unser Verstand, der deshalb nur einfache, übersichtliche Fragen klären kann, dies allerdings auf unnachahmlich transparente Weise. Für Komplexes ist die Tiefe der Seele zuständig (Dijksterhuis 2010).

2 Hut ab vor meinem Verstand. Ich schätze ihn sehr, aber es muss ihm klar gewesen sein, dass er in dieser Stunde nur gestört hätte. Ich möchte wissen, wo er sich solange herumgetrieben hat.

ist eine große Anzahl von Texten entstanden, aus denen ich die wichtigsten für dieses Buch ausgewählt, überarbeitet und nach Themen geordnet habe. Den Anfang bildet meine Abschiedsrede aus der eben erwähnten früheren Klinik. Die Form der Rede wurde in diesem Fall beibehalten.

Den *zweiten Teil* bilden einige Arbeiten auf dem Gebiet der Integrierten Medizin Thure von Uexkülls. Die von ihm gegründete Akademie für Integrierte Medizin besteht aus einer Gruppe von Querdenkern, der ich schon lange mit Vergnügen angehöre, insbesondere der Sonnhalde Study Group, einer Arbeitsgruppe, die sich seit vielen Jahren im Hause Uexkülls trifft, erst unter seiner Leitung, nach seinem Tode ohne ihn, weiterhin guten Ideen Raum gebend.

Kapitel 2 und 3 sind ursprünglich als Vorträge auf Tagungen der Akademie für Integrierte Medizin gehalten worden. Ich habe die Arbeiten in dieses Buch aufgenommen, weil meine persönliche Entwicklung ohne die Begegnung mit Thure von Uexküll anders verlaufen wäre. Selten hat mich jemand so intensiv zum Denken angeregt wie er. Derzeit führen wir in Thure von Uexkülls Modell der Integrierten Medizin das Modell der Selbstorganisation komplexer Systeme ein und haben viel Freude daran.

Der *dritte Teil* des Buches, der sich mit selbstverletzendem Verhalten befasst, besteht aus drei Kapiteln, einem über das Münchhausen-by-proxy-Syndrom, einem über krankhafte Operationswünsche und einem Hauptkapitel über selbstverletzendes Verhalten.

Die Beschäftigung mit diesen Themen war für mich vor Jahren der erste ernsthafte Versuch, eine furchterregende Gruppe von Krankheiten und Patientengeschichten, die jedem unter die Haut gehen, zu verstehen und neue Wege der Behandlung zu finden. Zwar würde ich heute einiges anders verstehen als damals und auch in der Behandlung einiges anders machen, die Grundgedanken waren aber richtig.

Aus der Beschäftigung mit Artefaktpatienten (Menschen, die heimlich Krankheiten erzeugen und den Arzt darüber täuschen) ging später die Arbeit mit Patienten hervor, die selbstverletzendes Verhalten praktizieren. Ich sympathisiere in keiner Weise mit selbstverletzendem Verhalten, weil es eine Form der Gewalt ist, sowohl gegen sich selbst, wie auch gegen andere. Es hat mich aber gelehrt, und dies verdanke ich den Patienten, wie enorm groß die Fähigkeiten sind, solche dysfunktionalen Muster von Gewaltausübung zu stoppen und den Raum in sich selbst zu öffnen für Neues, Gesundes. In wenigen Situationen nur wird dem Psychotherapeuten so deutlich, wie sehr eine Musterveränderung ein Akt ist, der auf Verantwortungsübernahme und auf einer Entscheidung beruht. Deshalb ist das größte Hindernis in der Arbeit mit selbstverletzenden Patienten gerade das fehlende Vertrauen der Behandler in die Fähigkeiten ihrer Patienten zu stoppen, sich zu wandeln und neu zu beginnen.

Der folgende *vierte Teil* besteht aus nur einem Kapitel über virtuelle Welten. Dieses Thema, ich leugne es nicht, beschäftigt mich hauptsächlich, weil es mich wütend macht. Ich habe das gewaltsame Eindringen von Bildschirminhalten in mein Gehirn schon immer als seelische Verletzung empfunden, fast wie Körperverletzung, und bin wie viele andere der Meinung, dass unsere Kinder nicht von Bildschirmen erzogen werden dürfen. Ich würde mich einer Partei anschließen, die dies zu ihrem Programm macht, weil der Verlust von sicherer Bindung die Persönlichkeitsentwicklung unserer Kinder behindert, so mein Standpunkt. Das Kapitel ist dennoch nicht polemisch, sondern argumentiert sachlich. Sollte ich Ihnen hier zu parteiisch sein, überschlagen Sie es.

Der *fünfte Teil* enthält einige Artikel über die Arbeit mit essgestörten Patientinnen. Diese Patientinnen haben mir sehr viel beigebracht. Zunächst einmal ist es überhaupt nicht möglich, eine Magersüchtige zum Essen zu zwingen, auch wenn es vielerorts mit vielen Methoden versucht wird. Ich lernte aber sehr schnell, dass es nicht geht und – noch wichtiger – dass dieser Zwang die Magersucht erzeugt. Die Patientinnen lernen in solchen fremdorganisatorischen Therapiekulturen, all ihre Fähigkeiten, ihre Intelligenz, ihre Energie, ihre Lernfähigkeit in den Dienst der Magersucht zu stellen und die Therapie mit all ihrer Kraft zu unterlaufen. Ich wüsste allerdings nicht, weshalb ich meine Energie darauf verwenden sollte, die Patientinnen zu perfekten Magersüchtigen zu trainieren.

Ferner begriff ich, dass die Magersüchtigen ihr Gewicht sehr genau steuern können, die Magersucht beruht darauf. Sie setzen diese Fähigkeit allerdings fast nur für ihre Magersucht ein, manchmal jedoch, wenn es ihren Zielen dient, können sie vollkommen normal zunehmen und tun das auch. Mir wurde klar, dass hier, in dieser Fähigkeit zur Gewichtskontrolle, die Kraft zur Heilung der Magersucht steckte, nicht im Zwang, den die Behandler auf die Patientinnen ausüben.

Was aber war nötig, damit die Magersüchtigen diese Kraft *für sich* statt für die Magersucht einsetzen?

Wir begannen das zu verstehen und bauten den stationären Behandlungsrahmen so um, dass er genau diese Aufgabe immer besser erfüllte: Entscheidungen bei den Patientinnen erzeugen, Fähigkeiten entdecken, Muster verändern. Das ist Selbstorganisation. Keiner Patientengruppe verdanke ich mehr als den Magersüchtigen im Verstehen der Prinzipien, auf denen seelische Heilung beruht.

Die Klinik, in der ich arbeite, ist nicht nur für dieses selbstorganisatorische Prinzip bekannt, sondern auch dafür, dass sie die EMDR-Methode beherrscht und einsetzt, die einzelnen Kapitel dieses Teils beschreiben das auch. In der Tat ist EMDR ein sehr erstaunliches, sehr wirksames, sehr variables Werkzeug, von dem ich enorm viel gelernt habe. Aber: Ohne die selbstorganisatorischen Veränderungsprozesse, die der Behandlungsrahmen ermöglicht, wäre EMDR unwirksam oder sogar schädlich, auf jeden Fall schnellstens verschlissen.[3]

Deshalb bilden diese Arbeiten über Essstörungen die Grundlage für den *sechsten Teil*: Prozessorientierte Psychotherapie.

Kein Gedanke ist typischer für meine Arbeit als dieser: Inhalt und Prozess seelischer Transformationsvorgänge sind etwas grundsätzlich Verschiedenes. Die Inhalte sind das Was, der Prozess ist das Wie, so wie der Unterschied zwischen Wasser und Fluss.

Wenn die Sätze, die Sie gerade gelesen haben, eine philosophische Weisheit wären, dann müsste man Ihnen zügiges Weiterlesen empfehlen, bis es wieder interessanter wird.[4] Es ist aber anders. Diesen Prozess nennen wir *Transformationsprozess*, weil sich in ihm die psychischen Muster wandeln, oder *Reorganisationsprozess*, weil sich die Dinge innerlich neu ordnen, oder einfach *Heilungsprozess*, weil er genau das erzeugt: mehr Gesundheit. Er ist eine natürliche biologische Funktion, eine Fähigkeit unseres Nervensystems, von diesem permanent und ohne Zutun eines Therapeuten ausgeübt wie Atem und Herzschlag. Dieser Transformationsprozess ist deshalb, weil er so biologisch und auch so körperlich abläuft, für Therapeut und Patient mit den Sinnen klar und deutlich wahrnehmbar. Aus mir nicht ganz klaren Gründen beginnt man sich erst jetzt dafür zu interessieren, vielleicht sind wir zu intellektuell und weigern uns, zu glauben, dass unser Nervensystem ein Körperorgan ist wie jedes andere auch, mit besonderen Fähigkeiten allerdings. Patienten wissen erfahrungsgemäß ohne viel nachzudenken, was

---

3 Die Arbeit mit EMDR (Eye Movement Desensitization and Reprocessing) ist in meinen ebenfalls im Psychosozial-Verlag erschienenen Büchern *Die Kunst des Lassens* (2. Aufl. 2010) und *Im eigenen Rhythmus* (2008) beschrieben.

4 Mein Verhältnis zur Philosophie ist durchaus gestört. Bei den meisten Philosophen verstehe ich zwar, was sie sagen, aber nicht, worüber sie nachdenken. Unsterblich Heideggers Satz: »Der Platz ist das je bestimmte Dort und Da des Hingehörens eines Zeugs.« Ist das tiefe schwere Weisheit oder perfekter Nonsens?

gemeint ist, wenn ich mit Ihnen diskutiere, was der Heilungsprozess in einem bestimmten Moment einer bestimmten Stunde benötigt.

In den Arbeiten über Prozessorientierte Psychotherapie gebe ich mir Mühe, einige leicht beobachtbare Eigenschaften der seelischen Transformationsprozesse zu beschreiben und daraus eine Behandlungstechnik, die *Prozessorientierte Psychotherapie* zu begründen und zu beschreiben.

Der *siebte Teil* besteht aus einem längeren Werkstatttext, der in Seminaren mit meinen Mitarbeitern entstanden ist, er beschreibt Modell und Praxis der *Prozessorientierten Gruppentherapie* (Kapitel 19).

Jeder Teil des Buches und auch jedes Kapitel kann für sich gelesen werden, folgen Sie einfach Ihrem Interesse. Gute Reise durch die Texte!

Teil I
Anfang

Kapitel 1

Psychosomatische Medizin – Eine Standortbestimmung[1]

Die Medizin heilt nicht nur, sie ist auch Patient mit Problemen. Ein wenig beachtetes Symptom einer Medizin in der Krise ist, dass ihr in Scharen der Nachwuchs davonläuft. Nach dem Studium verlassen 50% der Absolventen die Medizin und gehen in andere Berufe, vom Rest ist nach einem Jahr wiederum die Hälfte der Meinung, sie hätte etwas anderes studieren sollen. Weder die Ursachen noch die Folgen dieses katastrophalen Nachwuchsmangels werden bislang realisiert. Wie also muss eine Medizin beschaffen sein, die wieder Sinn macht, indem sie genau das tut, was sinnvoll ist, nicht mehr und nicht weniger. Ich nehme das Ergebnis vorweg: Es muss eine psychosomatische Medizin sein.

Wenn ich dies näher ausführe, so ergibt sich eine Standortbestimmung für die psychosomatische Medizin heute.

Eine gängige Vorstellung, mit der man sich auseinandersetzen muss, ist, die Medizin sei ein produzierendes Dienstleistungsgewerbe mit möglichst hohem technischem Standard, deshalb durchaus einer Industriebranche vergleichbar, zum Beispiel der Automobilindustrie. Daraus resultieren Rationierungsstrategien, die das Produkt, nämlich die medizinische Leistung, gerecht verteilen sollen. Der Patient habe gleichsam ein Recht auf ein Auto, eine S-Klasse müsse es aber nicht sein. Daraus ergeben sich dann Einzel- und Globalbudgets und im Fall der Rehamedizin beispielsweise Festlegungen von Häufigkeit und Dauer der Behandlungen. Betrachtet man allerdings den einzelnen Fall, den konkreten Patienten, so sieht man rasch die Probleme dieses

1 Vortrag auf der Jubiläumsveranstaltung zum zehnjährigen Bestehen der Burg-Klinik Stadtlengsfeld, 8. September 2001.

Ansatzes. In einem Fall ist hoher Aufwand nötig, also beispielsweise Phase II Reha, stationäre Langzeitpsychotherapie, stationäre Intervalltherapie, um nur einige Beispiele aufwendiger Maßnahmen zu nennen. In anderen Fällen oder beim gleichen Patienten zu anderen Zeiten kann etwas völlig anderes angemessen und erfolgreich sein, zum Beispiel hausärztliche Grundversorgung mit einfachen Mitteln.

Was aber ist wann und bei wem angemessen und sinnvoll?

Wir sehen hier Folgendes: Rationierungsstrategien durch Angebotsverknappung oder andere Formen der Deckelung können nur funktionieren, wenn die Medizin über sorgfältig entwickelte Methoden der Einzelfallbeurteilung verfügt, anderenfalls bleibt es dem Zufall überlassen, wer Behandlung bekommt und wer nicht und welche. In Großbritannien hat man bekanntlich sehr auf Rationierung gesetzt. Die Wartezeiten auf einen Facharzttermin lagen im Jahr 2001 bei durchschnittlich vier Monaten: Etwa eine Million Briten wartete auf eine dringend notwendige Operation, weshalb die britische Regierung durch Urteil des europäischen Gerichtshofes verpflichtet worden ist, Behandlungen im Ausland zu bezahlen. Ein sehr lehrreiches Desaster und natürlich Morgenluft für die europäische Konkurrenz in Deutschland und Frankreich. In Deutschland ist so etwas hoffentlich politisch nicht durchsetzbar.

Eine zweite versuchte Lösungsstrategie zur Schaffung einer anderen Medizin ist die betriebswirtschaftliche. Man veranlasst die Medizin, sich als renditeorientiertes Unternehmen zu definieren. Dies hat zunächst, wie jeder weiß, einige erwünschte Folgen. Unwirtschaftliche Krankenhäuser beispielsweise gehen in private Trägerschaft über und werden durch konsequent betriebswirtschaftliche Führung insbesondere auf der Ausgabenseite merklich wirtschaftlicher. Stationäre Rehabilitation wird dann zum Preis eines Mittelklassehotels möglich. Natürlich werden aber nicht nur die Ausgaben kontrolliert, sondern es wird auch immer präziser berechnet, welcher Patient profitabel ist und welcher nicht. Eine Arztpraxis oder ein Krankenhaus wird es sich nicht mehr leisten können, unwirtschaftliche Behandlungen durchzuführen.

Ein Beispiel: Das betriebswirtschaftlich notwendige Honorar für eine Psychotherapiesitzung liegt laut Urteil des Bundesverfassungsgerichtes von 1999 bei 145 DM. Die Honorare vieler kassenärztlicher Vereinigungen liegen weit darunter auf einem Niveau, auf dem eine psychotherapeutische Praxis nicht wirtschaftlich betrieben werden kann. Die Folge laut der von Zepf durchgeführten Saarbrücker Psychotherapiestudie: Primärkassenversicherte warten im Durchschnitt sechs Monate auf einen Therapieplatz, Ersatzkassenpatienten fünf Monate, Privatversicherte 3,2 Monate. Mit anderen Worten: Der Primärkassenpatient bekommt die Behandlungsplätze, die übrig bleiben. Dies ist, wie Zepf sagt, betriebswirtschaftliches Denken angesichts blanker wirtschaftlicher Zwänge. Dem muss man zustimmen.

Im Krankenhausbereich werden die DRGs natürlich auch zur Folge haben, dass jeder Patient genauestens ökonomisch klassifiziert wird. Das wirtschaftliche Überleben eines Krankenhauses wird davon abhängen, dass es überwiegend hochrentable Behandlungen macht und möglichst selten unwirtschaftliche. Die daraus resultierende und auch angestrebte Abkürzung der Verweildauern führt bereits heute zu extrem forciertem frühzeitigem Verlegen aus Akutkliniken in Rehakliniken. Damit wird jedoch ein wirtschaftliches, nicht ein medizinisches Problem behandelt. Oder was wird mit älteren Menschen geschehen, die nicht entlassen werden können, weil es keine Pflegeplätze gibt? Die Kliniken werden eben nicht bereit sein, einen solchen Patienten zwei Wochen länger zu behalten.

Es muss aber, wie ich meine, unbedingt verhindert werden, dass eine Medizin entsteht, die erst rechnet und dann hilft statt umgekehrt.

Wo also liegt die Lösung?

Die Lösung liegt in der Abkehr von einer nur fiskalisch gesteuerten oder nur marktwirtschaftlichen Medizin und in der Hinwendung zu einer Medizin des Einzelfalles, dies allerdings nicht in einer nostalgischen Rückwärtsbewegung in die Zeit unbegrenzter und unkritischer Handlungsfreiheit des Arztes, sondern in der Entwicklung einer theoretisch fundierten, methodisch transparenten und wissenschaftlich kontrollierbaren Medizin des Einzelfalles, also einer Integrierten Medizin. Was brauchen wir dafür?

Der Mensch, seine Gesundheit und seine Krankheit sind das komplexeste System, was wir kennen. Wir haben es im Sinne der Systemtheorie mit zahlreichen miteinander interagierenden Systemebenen zu tun, den psychischen, den somatischen und den sozialen. All diese Systemebenen reagieren nicht schematisch, sondern individuell, das heißt, sie sind nur zusammen mit der Geschichte des Individuums verständlich. Im Sinne des Konstruktivismus nach Heinz von Foerster sind Menschen deshalb »geschlossene Systeme«. Jeder Mensch hat seine eigene individuelle Gesetzmäßigkeit. Der Arzt ist derjenige, der mit dem Patienten zusammen die Art der Störung, ihre Zusammenhänge und ihre Geschichte rekonstruiert, das aktuell vorrangige, die weitere Entwicklung und Selbstständigkeit behindernde ungelöste Problem identifiziert und nach zum Patienten passenden Lösungen sucht.

Damit habe ich meinen Standort und den meines Teams beschrieben. Wir haben in den letzten zehn Jahren in der Burg-Klinik Stadtlengsfeld diese Art von Medizin vertreten, in der Praxis so gut wir konnten realisiert, mit Begleitforschung evaluiert und insbesondere in den letzten Jahren an der Entwicklung eines theoretischen Fundamentes intensiv mitgewirkt. Letzteres war deshalb nötig, weil die Medizin nicht versäumen darf, den eingangs geschilderten gesundheitspolitischen und betriebswirtschaftlichen Lösungsstrategien eine zusätzliche ärztliche hinzuzufügen.

Die systematische Hinwendung zum Einzelfall, die systematische Suche nach dem ungelösten Problem auf allen Systemebenen, im Bewussten wie im Unbewussten, die Suche nach Lösungsstrategien, die zum Individuum passen und deshalb auch vom Individuum angenommen und umgesetzt werden können, nennen wir Passungsarbeit. Sie ist nach meiner Überzeugung und Erfahrung nicht verzichtbar. Die Erfahrung zeigt nämlich, dass nur ein kleiner Anteil der medizinischen Probleme ohne individuelle Klärungsarbeit auf standardisierte Weise behandelbar ist. Nach meiner Einschätzung entstehen steigende Kosten im Gesundheitswesen nicht in erster Linie durch teure Diagnostik oder neue teure Behandlungsformen, sondern durch ungezieltes Agieren auch dort, wo individuelle Passungsarbeit notwendig wäre.

Ein Beispiel: Hontschik hat in seiner Studie von 1987, für die er auch den Römerpreis bekam, nachgewiesen, dass 65% der durchgeführten Blinddarmoperationen nicht indiziert war. Die Blinddarmentzündung ist nämlich eine Erkrankung des jungen Mannes. Tatsächlich werden ganz überwiegend junge Frauen operiert, bei denen, wie sich dann im Nachhinein herausstellt, ein Innocens, also ein unschuldiger Blinddarm vorliegt. Wir wissen heute, dass der Unterbauchschmerz des jungen Mädchens in den allermeisten Fällen keine Blinddarmentzündung, sondern eine psychosomatische Symptombildung ist, die zum Beispiel unbewusste Schwangerschaftsfantasien zu Beginn der Pubertät ausdrückt. Dies muss erkannt werden und dann das richtige, nämlich eine psychologische Beratung der Familie, stattfinden und keine Blinddarmoperation. Die Zahl der Blinddarmoperationen ist seit dieser Studie von 600 auf 160 pro Jahr gesunken. So spart man Kosten. Diese Operationen sind nicht etwa notwendige Grundversorgung gewesen, sondern pure Verschwendung. Wie kommt es dazu?

Die Realität der Medizin lässt an vielen Stellen keine systematische, auf das Individuum gerichtete Passungsarbeit zu. Es fehlen Methoden, theoretische Modelle und im Alltag ganz praktisch die Zeit. Ich möchte es sehr klar ausdrücken: Man muss den Ärzten die Zeit wiedergeben, denn andernfalls wird weder eine bessere noch eine ökonomischere Medizin existieren.

Stellen Sie sich vor, Sie stehen mit ihrem Auto vor einer Ampel und haben für die Dauer der Rotphase Zeit, einem Arzt am Straßenrand zu erklären, was Ihnen fehlt, damit er Ihnen ein Rezept hereinreicht.

Dies ist eine bizarre Vorstellung, die der Realität allerdings ziemlich nahekommt. Nach einer kürzlich durchgeführten Untersuchung der Universität Düsseldorf liegt die durchschnittliche Redezeit des Patienten in der Arztpraxis bei exakt 180 Sekunden pro Konsultation. Die Medizin kann also nur das leisten, was innerhalb dieser 180 Sekunden machbar ist. Es wird keine sehr individuelle und zielgerichtete Medizin sein.

Ich möchte deshalb ein Beispiel für Passungsarbeit schildern, wie ich sie mir vorstelle, fast beliebig aus der jüngsten klinischen Tätigkeit herausgegriffen.

Ein 30-jähriger junger Mann kommt mit der Diagnose »psychisch bedingte Lähmung beider Arme bei neurotischer Persönlichkeit«. Neurologisch sei alles abgeklärt, so entnehmen wir den Vorbefunden. Der Patient ist Dachdecker von Beruf, ein offenbar impulsiver Mensch, der schon mehrfach in Schlägereien verwickelt war. Er war vom Dach gefallen und man vermutete eine durch den Schock bedingte psychogene Lähmung. Er ist seit über einem Jahr krankgeschrieben und hat einen Rentenantrag gestellt.

Nach einem ersten Visitenkontakt, einer ausführlichen Falldiskussion mit der behandelnden Assistenzärztin bestelle ich mir den Patienten zum psychosomatischen Interview ein unter anderem deshalb, weil ich den Eindruck hatte, dass er eine von körperlicher Belastung abhängige, nicht eine konfliktabhängige Symptomatik in der Visite beschrieben hatte.

Was sind nun die Anforderungen an dieses Interview? Es soll klären, inwiefern eine psychische Problematik, inwiefern eines oder mehrere körperliche Probleme vorliegen, wie Somatisches und Psychisches zusammenhängen, was das aktuelle Hauptproblem darstellt, und wie eine erfolgversprechende therapeutische Strategie aussehen müsste, die vom Patienten auch angenommen und umgesetzt werden kann, also passt. Um diese Ziele zu realisieren, benötigt man die somatisch orientierte Krankengeschichte, die biografische Anamnese, eingebettet in die Technik des psychoanalytischen Interviews und circa eine Stunde Zeit, nicht 180 Sekunden.

Was kam dabei heraus?

Der Patient ist in der Tat ein impulsiver, aggressiver Mensch, der mich zu Beginn des Gespräches anfährt, was ich eigentlich von ihm will. Über seine

Lebensgeschichte wolle er nicht sprechen, er vertrage das seelisch nicht. Er wäre, das war mir klar, explodiert, hätte ich diese Grenze nicht respektiert. Ich hätte hier das Gespräch mit ihm als scheinbar unkooperativem und unmotiviertem Patienten beenden können, nur hatte ich weiterhin das Gefühl, dass er litt und Hilfe suchte, aber wofür? Hier war also Passungsarbeit nötig, um im Dialog zu bleiben, sodass ich ihm vorschlug, zunächst genau seine körperliche Symptomatik durchzusprechen, um mir davon ein detailliertes Bild zu ermöglichen.

Er war damit einverstanden und ich brauchte fast eine halbe Stunde, um mit diesem misstrauischen, verschlossenen Mann seine neurologischen Ausfälle herauszuarbeiten. Ich erfuhr, dass er nach längerer Benutzung des Dachdeckerhammers nicht mehr zum Faustschluss imstande war, er hatte sich deshalb nicht mehr festhalten können und war vom Dach gestürzt. Nach längerem Fahrradfahren in Rückwärtsbeugung der Handgelenke traten Lähmungserscheinungen und Empfindungsstörungen auf, nachts von den Händen bis zu den Armen hochziehende Schmerzen, die sogenannte brachialgia parästhetica nocturna, darüber hinaus ein fast ständiges taubes Gefühl und Missempfindungen in den Fingern beider Hände.

Erst nach dieser gelungenen Verständigung auf der Systemebene Körper öffnete er sich ein wenig für seine Geschichte und erzählte so knapp und sachlich wie möglich von den extremen Misshandlungen durch seinen Stiefvater, von seinem jahrelangen Krafttraining, um sich nie wieder wehrlos zu fühlen, und seinen Schlägereien, bei denen zwei Menschen zu Tode gekommen waren.

Was also hat das diagnostische Interview ergeben? Es war keine psychogene Lähmung, sondern ein beidseitiges schweres Karpaltunnelsyndrom. Wir haben die klinische Diagnose elektroneurografisch gesichert und die Abklärung der Operationsindikation als vorrangige therapeutische Maßnahme in die Wege geleitet.

Trotzdem ist dieser Patient ein psychosomatischer Fall. Er braucht seine Arme zum Selbstschutz und fürchtet sie als Werkzeug seiner Aggression. Er hat seine Arme wahrscheinlich schonungslos überfordert und damit das Symptom ausgelöst. Diesen Konflikt und die daraus resultierende Erkrankungsbereitschaft wird die Operation nicht lösen und doch ist sie der notwendige erste Schritt.

Der Zeitaufwand für Auswertung der Vorbefunde, Teamdiskussion und psychosomatisches Interview auf der Suche nach dem vorrangigen Ansatzpunkt ist keine Form der Luxusmedizin, sondern führt immer und auch in diesem Fall zur ökonomischsten aller Behandlungsformen. Der bereits im Rentenverfahren befindliche junge Mann wird wahrscheinlich weder Rente noch Umschulung brauchen. Natürlich wäre er gut beraten, auch eine Psychotherapie zu beginnen, um zu versehen, was hinter der Erkrankung seiner Arme steckt, also die psychische und biografische Dimension seiner Krankheit. Passungsarbeit muss also dazu bereit sein, die Systemebene zu wechseln, hier zunächst von der psychischen zur somatischen, oft genug ist es umgekehrt.

Der geschilderte Fall ist ein typischer komplexer Fall, der mit den Kompetenzen einer integrierten psychosomatischen Klinik durch Interdisziplinarität und Teamarbeit lösbar ist, sofern die Zeit reicht. Jede in Passungsarbeit investierte Stunde mit interdisziplinärem Navigieren durch alle Systemebenen des Psychischen, Somatischen und Sozialen spart dem Patienten und der Medizin sinnlose Umwege, sofern man diese Stunde hat. Viel zu selten ist das der Fall.

Teil II
Integrierte Medizin

Kapitel 2

Integrierte Medizin und Neurobiologie – Das Menschenbild der Humanmedizin[1]

Einleitung

In der modernen Neurobiologie gehen sehr aufregende Dinge vor sich, mit denen zu beschäftigen sich nach meinem Dafürhalten lohnt.

Mein persönlicher Zugang zum Thema war die Psychotraumatologie. Man sieht dort selbstorganisatorische Heilungsprozesse, die sich mit den bekannten Modellen des Psychischen nicht gut beschreiben lassen. Deshalb war eine epistemologische Rundschau notwendig und ich fand es sehr hilfreich, mich mit einigen Ergebnissen der neurobiologischen Grundlagenforschung vertraut zu machen.

Beginnen wir also am Anfang: Wie kommuniziert Lebendiges, wie erinnert Lebendiges, wie denkt Lebendiges? Die Neurowissenschaften, ebenso wie die Integrierte Medizin, sind *Lebenswissenschaften*, ein von Michael Hagner (2006) eingeführter Begriff, den ich sehr gelungen finde. Der Begriff hätte Thure von Uexküll wahrscheinlich auch gefallen, er war als Arzt und Biologe auch Philosoph und hat die künstliche akademische Trennung der Natur- und Geisteswissenschaften ignoriert.

Können wir nun die Erforschung der Kommunikationsprozesse des Lebendigen gleichsetzen mit der Erforschung des Gehirns? Ich glaube nicht. Nicht nur das Gehirn denkt, erinnert, sondern jede Zelle und damit jeder Teil des lebendigen Körpers kommuniziert, erinnert, denkt, und zwar jeweils auf seine Weise. Andernfalls wäre er lebensunfähig und nicht in der Lage, Teil eines

---

1 »Integrierte Medizin und Neurobiologie: Das Menschenbild der Humanmedizin«. Vortrag auf der AIM-Tagung in Frankfurt am Main, 28./29. September 2007.

geordneten lebendigen Ganzen zu sein. Diese *Organintelligenz* wird meiner Einschätzung nach grob unterschätzt und kaum beforscht. Das gilt nicht nur für die Neurowissenschaften, die bekanntlich sehr *cerebrozentristisch* denken, sondern auch für Psychotherapeuten. Es ist wenig verbreitet, auch darüber nachzudenken, welchen Beitrag der Körper beim Denken, Fühlen und Integrieren, beim Ganzsein leistet. Diese cerebrozentristische Sichtweise fällt nicht nur an den Neurowissenschaften und der Psychotherapie auf, sie scheint überhaupt Merkmal unseres gegenwärtigen wissenschaftlichen Menschenbildes zu sein. Die Medizin sucht ihr Menschenbild, indem sie das Gehirn beforscht.

Wie aber verhält sich die Neurobiologie zur Integrierten Medizin? Soviel vorweg: Wir werden zum einen immer wieder auf Versuche stoßen, mithilfe der neurobiologischen Befunde das sattsam bekannte Modell der trivialen Maschine über seine begrenzte Reichweite hinaus zu einem allgemeinen Menschenbild zu erweitern. Es wird unsere Aufgabe sein, solche Modelle zu erkennen und sie in ihrer Reichweite auf das zu begrenzen, was sie erklären können. Als Menschenbild, soviel ist sicher, taugen sie nicht. Wir werden aber auch auf Modelle des nicht trivialen, also des Lebendigen, stoßen, die wir mit den Gedanken Thure von Uexkülls und der AIM vergleichen können. Die Verwandtschaft dieser neu entstandenen, neurobiologisch fundierten Modelle von Fühlen, Erinnern, Denken, von Persönlichkeits- und Identitätsentwicklung mit dem Modell der Integrierten Medizin ist wahrhaft erstaunlich.

Ich möchte nun so vorgehen, dass ich zunächst die Geschichte der Neurowissenschaften ungefähr vom Beginn des 19. Jahrhunderts an nachzeichne, insbesondere um diese beiden Modellfamilien, das Reduktionistische und das Komplexe, das Triviale und das Nicht-Triviale zu verdeutlichen. Ich werde Ihnen einige Beispiele für reduktionistische Modelle zeigen, die am Beginn der modernen Neurowissenschaften standen und ich werde versuchen, das alles ohne Überheblichkeit zu referieren. Mechanistisch-reduktionistische Modelle sind nicht falsch, sie müssen nur immer wieder an die Grenzen ihrer Reichweite erinnert werden. Ein Betonmischer ist notwendig, aber er ist nicht das Wesentliche am Konzertsaal, der damit gebaut wird, und der Konzertsaal ist noch nicht die Musik, die darin gespielt wird.

Im Anschluss daran möchte ich Ihnen einige Forschungsergebnisse von Eric Kandel und Antonio Damasio vorstellen. Damasio hat das nach meinem Dafürhalten umfassendste und komplexeste neurobiologisch fundierte Persönlichkeitsmodell vorgelegt und wir können es gleichsam neben das Modell der Integrierten Medizin halten, um zu sehen, wie Zeichentheorie, Konstruktivismus und Systemtheorie auch in der neurobiologischen Grundlagenforschung bei der Entwicklung solcher komplexer, nicht trivialer Modelle unverzichtbar waren.

Triviale und nicht triviale Modelle in der Neurobiologie

Der Wunsch, die Psyche zu lokalisieren, ist so alt wie die Neurowissenschaften und erzeugt eine breite Spur von Lokalisationstheorien, die in den Jahren nach 1800 beginnt und seither bis in die Gegenwart hinein ständig neue Entwürfe hervorbringt.

Es scheint mir sinnvoll, diese Modellfamilie zu kennen, um ihre jeweils neuen Mitglieder identifizieren und zuordnen zu können, aktuell beispielsweise die Vorstellung eines *limbischen Systems*. Wir hatten uns bereits daran gewöhnt, dass dieses limbische System für die Entstehung und Regulation von Emotionen zuständig sei, nur hat die neuere Emotionsforschung insbesondere von Joseph LeDoux (2001) gezeigt, dass man es im Gehirn nicht finden kann, alles ist viel komplexer. Es gibt nicht das eine Emotionsorgan. Auch von der Amygdala, dem Mandelkern, hatte man sich die Vorstellung gebildet, es handele sich um einen Kern, der für rasche emotionale Klassifikation zuständig sei. Auch das ist durch neuere Grundlagenforschung längst überholt. So wenig wie sich ein limbisches System finden ließ, ist der Mandelkern ein kompakter Kern, sondern eine hochkomplexe Kerngruppe mit einer Vielzahl von Funktionen und – soweit man heute weiß – nur für negative Emotionen zuständig, nicht für Positive, deren Zentren noch weitgehend unbekannt und unerforscht sind.

Gleichwohl gibt es keinen Grund, sich für vereinfachte Lokalisationstheorien zu schämen. Sie sind Arbeitsmodelle, aber sie müssen, wie Thure von Uexküll es ausgedrückt hat, immer lernende Modelle bleiben und bereit sein, sich an ihre Grenzen erinnern zu lassen. Sicher ist, dass das menschliche Gehirn das komplexeste System ist, das die Evolution hervorgebracht hat.

Seien wir also nachsichtig mit uns. Angesichts der unvorstellbaren Komplexität unseres Gegenstandes dürfen wir uns Vereinfachungen erlauben, sie sind sogar notwendig. Wir müssen ihre Begrenztheit aber rechtzeitig erkennen, insbesondere dann, wenn reduktionistische Modelle beanspruchen, ein Menschenbild zu definieren. Die Integrierte Medizin hat uns dafür gut gerüstet. Sie ist, wie Thure von Uexküll sagt, ein lernendes Modell und ich kenne keine andere Anthropologie, die sich ihrer eigenen Modelle derartig bewusst ist wie die Integrierte Medizin. Wir verdanken von Uexküll die Selbstverständlichkeit, verschiedene Erkenntnistheorien zu unterscheiden und anzuwenden, wir verdanken ihm den selbstverständlichen Umgang mit der Zeichentheorie. Wir können deshalb mit anderen Disziplinen, auch der Neurobiologie, neugierig, herzhaft und selbstbewusst diskutieren.

Damit medias in res.

Lokalisationstheorien

Die modernen Neurowissenschaften beginnen mit Franz Joseph Gall und seiner Phrenologie genannten Lokalisationstheorie.

In der Frühzeit der Hirnforschung des 19. Jahrhunderts wurde insbesondere in Deutschland versucht, Lokalisationen für geistige Funktionen zu finden. Franz Joseph Gall (Gall/Spurzheim 1810) definierte 27 geistige Fähigkeiten, die er *mentale Organe* nannte und die nach seiner Auffassung (er nannte seine Lehre »Phrenologie«) unter bestimmten Schädelhöckern zu finden seien. Damit wollte er die pathologisch-anatomische Hirnforschung für abgeschlossen halten.

Später hat man die Anzahl der *mentalen Organe* auf 37 erhöht und sah die menschliche Psyche wie in Abbildung 2 dargestellt.

Es fällt einem leicht, über so viel naive Lokalisationstheorie zu spotten, was auch die Zeitgenossen, insbesondere die französische Neurologie, fleißig besorgt haben. Die Gall'sche Lokalisationslehre und ihre Nachfolger waren aber gerade wegen ihrer Unhaltbarkeit maßgeblich an der Entstehung der Psychoanalyse beteiligt.

Ende des 19. Jahrhunderts arbeitete Freud als Neurologe, er war ab 1877 im Labor tätig (Kaplan-Solms/Solms 2003, S. 15) und untersuchte Flusskrebse, Aale und andere primitive Fische (Kandel 2006, S. 89). Ab 1880 arbeitete er in der klinischen Neurologie. Seine Zeit in der Salpêtrière bei Charcot in den Jahren 1885 bis 1886 brachte ihn mit der sehr stark klinisch denkenden französischen Neurologie in Berührung und bewirkte seine Abwendung von der deutschen, damals eher anatomisch und statisch denkenden Neurologie, obwohl er offenbar ein sehr erfolgreicher Neuroanatom war (Freud 1925, S. 36). Die deutsche Neurologie verweigerte sich aber der Erforschung psychischer Störungen.

Als Freud 1886 aus Paris nach Wien zurückkehrte, war er ein überzeugter Anhänger der klinischen Denkweise Charcots und grenzte sich entschieden von der Beschränkung der Neurologie auf pathologisch-anatomisch lokalisierbare Veränderungen ab. Es war ihm vollkommen klar geworden, dass psychische Störungen (»Hysterien«) nicht mit groben Veränderungen der Hirnbeschaffenheit einhergingen (Kaplan-Solms/Solms 2003, S. 26).

In den Jahren um 1890 wurde die wissenschaftliche Herausforderung, psychische Vorgänge zu erforschen, international intensiv gespürt. Hermann von Helmholtz, einer der berühmtesten Physiologen des 19. Jahrhunderts, dem jegliche Romantik fremd war, stellte 1885 fest, ein Großteil der geistigen Prozesse, die mit visueller Wahrnehmung und Handeln zusammenhingen, seien von unbewusster Natur. Der amerikanische Philosoph William James unterschied 1890 *unbewusstes Handeln* von *bewusstem Erinnern*. In diesen Jahren war die Erforschung des Unbewussten *die* Herausforderung für die Medizin, die Erfindung der Psychoanalyse als klinische Methode lag in der Luft (Kandel 2006).

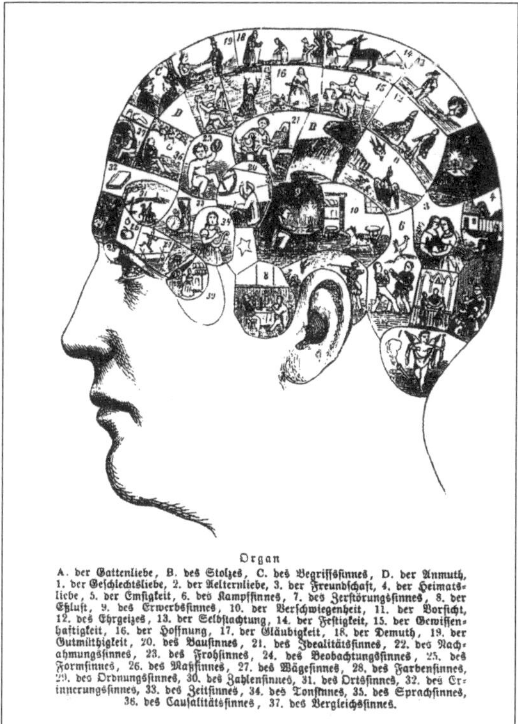

Abbildung 2: Ikonische Darstellung der phrenologischen Lokalisationslehre

Schauen wir uns noch einige weniger naive Nachfolger der Gall'schen Lokalisationstheorie an, und zwar mit besonderem Augenmerk auf ihre modelltheoretischen Eigenschaften:

Carl Wernicke erregte 1874 mit seiner *Aphasielehre* einiges Aufsehen. Er fügte zu der bekannten vorderen Broca'schen Region, die den motorischen Anteil der Sprache ausmacht, ein hinteres, sensorisches Zentrum hinzu, welches Erinnerungsbilder gegenwärtiger und früherer Sinneseindrücke enthalte. Er hatte damit das Modell einer *sensomotorischen Maschine* entworfen.

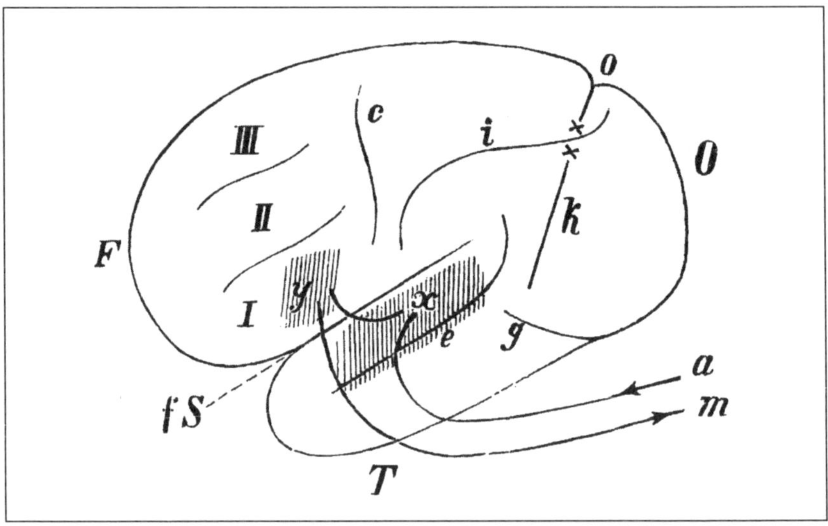

Abbildung 3: C. Wernickes Schema des cortikalen Sprachmechanismus: x ist das sensorische, y das motorische Sprachzentrum; ax stellt die Hörbahn dar, ym die Bahn zur Sprechmuskulatur.

Nicht alles daran ist falsch. Niemand bestreitet, dass es Sprachzentren im Gehirn gibt. Wir erkennen aber sehr deutlich den reduktionistischen Versuch, so etwas Urmenschliches wie Sprache und damit das Menschsein insgesamt als mechanischen Reflexbogen aufzufassen. Auch Wernicke versuchte den Menschen als triviale Maschine zu beschreiben.

Immer wieder ist es ein neuer morphologischer Befund, der uns ein darauf aufgesetztes mechanisches Menschenbild als ebenfalls wahr suggerieren möchte.

Wir sehen das auch an den Befunden des Breslauer Neurochirurgen Otfried Foerster (1925). Er führte die ersten Hirnoperationen am offenen Gehirn beim nichtnarkotisierten Patienten durch und reizte alle zugänglichen Großhirnareale elektrisch mit der Folge von sensiblen und motorischen Reaktionen des wachen Patienten. Er entwarf eine Kartografie der Hirnoberfläche und baute hierauf in einem weitgehenden Entwurf ein Menschenbild auf: das im Gehirn repräsentierte kartografierte Subjekt.

Der kanadische Neurochirurg Wilder Penfield (1950) hat diese Vorstellung des kartografierten Subjektes weiterentwickelt zum sogenannten Homunkulus. Dies blieb jahrzehntelang fast bis in die Gegenwart medizinisches Lehrbuchwissen.

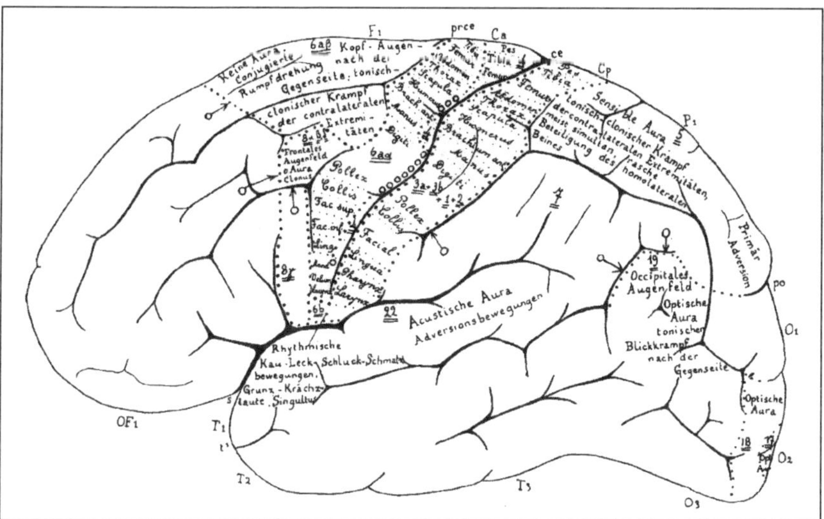

Abbildung 4: Sensorische und motorische Regionen nach Otfried Foerster, ermittelt durch direkte Stimulation der Hirnrinde während neurochirurgischer Operationen.

Wiederum ist nicht alles daran falsch. Es gibt ohne Frage sensible und motorische Areale der Großhirnrinde. Falsch ist die Vorstellung, damit sei das subjektive Selbst, die Identität, beschreibbar.

Nachdem Hans Berger 1925 das EEG entwickelt hatte, versuchte Norbert Wiener es zum Gedankenlesen zu benutzen (Borck 2005). Er zeichnete Einsteins EEG auf und bat ihn, erst an gar nichts und dann an die Relativitätstheorie zu denken. Es war dann aber auch dem besten EEG-Experten nicht möglich, das Abbild genialer Gedanken im EEG zu finden, sodass dieser Ansatz nicht weiter verfolgt wurde.

Die Nachfolger dieser Idee, das Subjektive zu lokalisieren und abzubilden, sind die modernen bildgebenden Verfahren der Neurologie und damit sind wir in der Gegenwart angekommen.

Die bildgebenden Verfahren wie CT, MRT, funktionelles MRT, SPECT beanspruchen, das menschliche Subjekt objektiv abzubilden, dem Denken, Fühlen und Leiden einen Ort und ein Aussehen zu geben. Dabei stoßen wir neben der in immer neuer Variante auftauchenden Lokalisationstheorie auf deren nahen Verwandten, den Objektivismus. Die farbigen Hirnbilder werden präsentiert, wie wenn jemand, der die Schädeldecke öffnet, diese Bilder sehen könnte. Das, was die Bilder zeigen, so scheinen sie zu suggerieren, sei objektiv wahr.

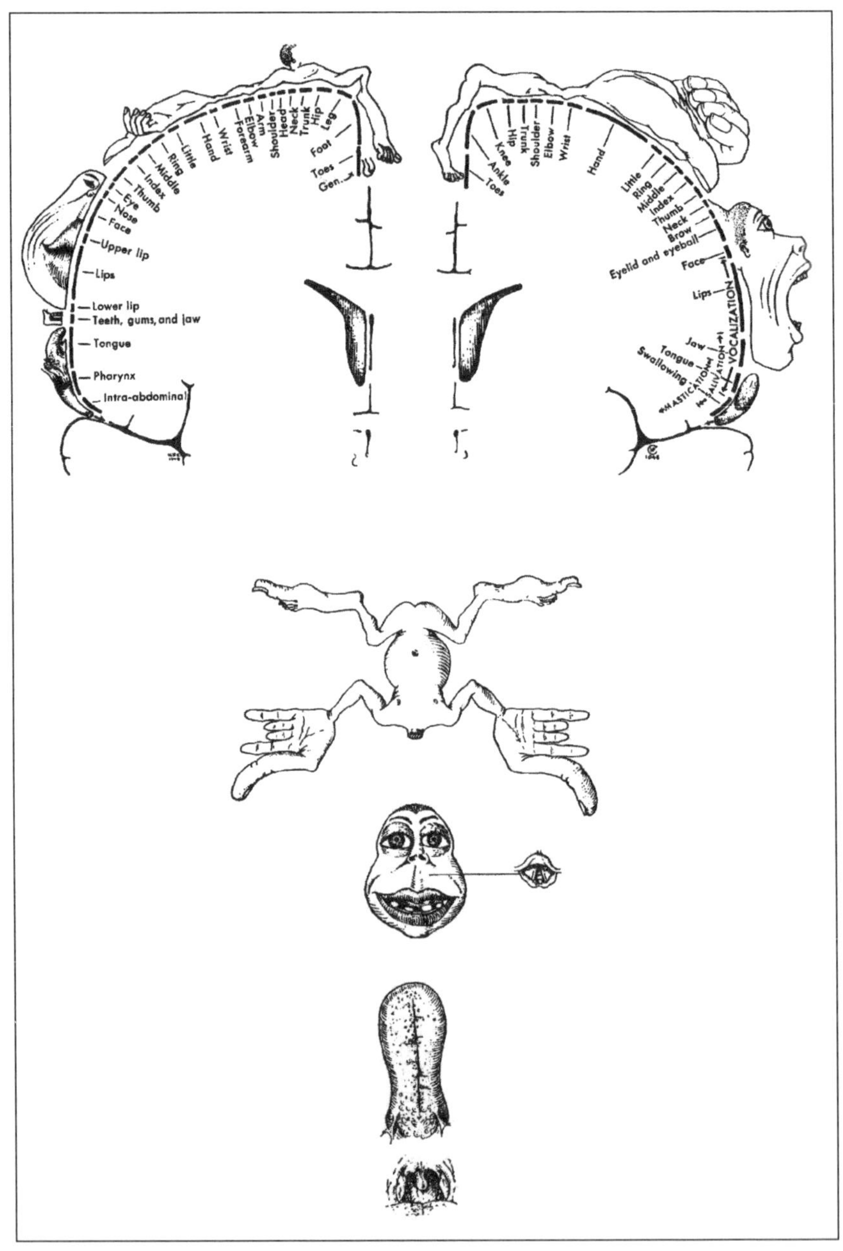

Abbildung 5: Sensorische (links) und motorische (rechts) Repräsentationen des Körpers auf der Hirnrinde nach Wilder Penfield.

Das Gegenteil ist der Fall. Die farbigen Hirnkarten des MRT sind virtuelle Konstruktionen, die niemand sehen kann, sondern von der Auswertungssoftware konstruiert werden. Sauerstoffreiche Gebiete werden rot dargestellt, damit wird gleichsam Hitzeaktivität suggeriert, sie sind natürlich nicht rot, sondern aus den Daten über Stoffwechselunterschiede wird ein virtuelles, das heißt nirgendwo vorhandenes Bild konstruiert.

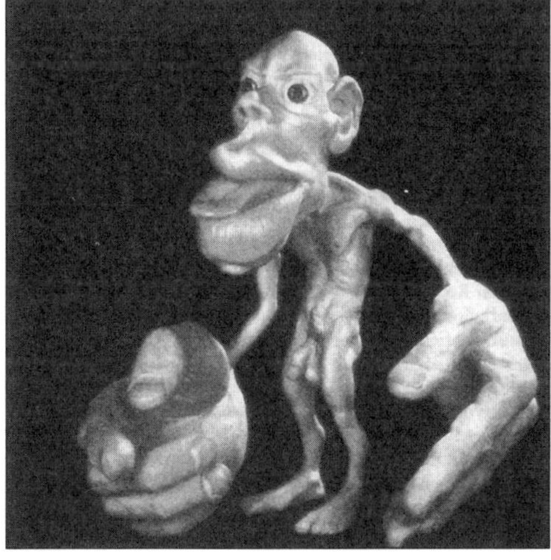

Abbildung 6: Museumsversion des Penfield'schen Homunkulus (nach Penfield 1950).

Auf den verschiedenen Betrachtungsebenen einer fMRT-Aufnahme symbolisieren die farbig dargestellten Bereiche einen erhöhten Stoffwechsel und somit eine Hirnaktivität. Je weiter die Farbe ins gelbliche abweicht, desto wahrscheinlicher ist Aktivität.

Die vorläufig letzte Variation dieser Modellfamilie sind die Spiegelneuronen. Sie gelten als psychisches Abbildungsorgan, das Verhalten und Gefühle des jeweiligen Gegenübers spiegeln kann, funktionieren also gleichsam als mentale Fotoapparate. In der derzeitigen Diskussion werden sie zu mentalen Kommunikationsorganen schlechthin stilisiert. Warten wir also ab, wie die Reichweite dieser Renaissance der Lokalisationstheorie in einigen Jahren beurteilt wird.

Komplexe Modelle

Damit verlassen wir diese Modellfamilie. Ich möchte Sie nun in eine andere Modellwelt mitnehmen, und zwar die der Zeichentheorie, des Konstruktivismus und der Systemtheorie, also die Welt der nicht trivialen Maschine.

Man könnte nun so vorgehen, dass ich Ihnen einige Forscherteams, deren Methode und deren Ergebnisse, so gut ich es weiß, vorstelle. Ich halte es aber für sinnvoller, nicht die Methoden, sondern die Modelle in den Mittelpunkt zu rücken.

Beginnen wir mit dem *Konstruktivismus*. Wie sind die neurologischen Befunde zum Vorgang des Erkennens?

Klinisch wissen wir: Überstarke negative Erlebnisse sind implizit gespeichert als Emotionen verbunden mit Körperreaktionen und Sinneseindrücken sowie Bruchstücken von Gedanken. All das ist im Moment der Entstehung aber noch nicht *geordnet* in den Kategorien von Zeit und Raum. Wird es in dieser ungeordneten Weise gespeichert, so scheint es beim Erinnern im Jetzt und Hier wieder aufzuerstehen ohne definierten Ort in der Zeit.

Wie also bildet sich diese innere Zeit- und Landkarte, die wir für die Ordnung unserer Erinnerung brauchen, warum bildet sich diese Ordnung bei überstarken negativen Erlebnissen nicht und wie hilft Therapie, dies nachzuholen? Zunächst wurde die *Beschaffenheit* dieser Zeit- und Raumkarte untersucht.

Es wurde klar, dass die Pyramidenzellen des Hippocampus für die Speicherung eines räumlichen Bildes der Umgebung (von Mäusen) zuständig sind. Der Hippocampus verwertet aber nicht etwa die Eindrücke nur eines einzigen Sinnesorgans, etwa des Auges, sondern alle Sinnesqualitäten: Sehen, Hören, Fühlen, Bewegen etc. *Der Hippocampus ist ein multisensorisches Integrationsorgan* (O'Keefe/Dostrovsky 1971).

Die räumliche Umgebung wird in kleine, sich etwas überschneidende Areale zerlegt, gleichsam gerastert. In jedem Areal werden alle zur Verfügung stehenden multisensorischen Informationen über jeweils diese Rasterzelle gespeichert. Aber *was* wird geordnet und gespeichert und unter welchen Voraussetzungen? Wir stehen hier direkt vor dem von Therapeutenseite unendlich oft benutzten Begriff der *Verarbeitung*.

Es zeigte sich ein sehr eindeutiger und sehr erstaunlicher Befund. Alle Wahrnehmung, also Hören, Sehen, Körperwahrnehmung beginnt mit einem Prozess der *Dekonstruktion*. Die beispielsweise vom Auge aufgenommenen Informationen werden von hoch spezialisierten Zellen im visuellen Kortex in zahlreiche Sinnesmodalitäten zerlegt, diese Zellen sind zu Säulen angeordnet und bilden so etwas wie einen biologischen Sensor für ganz bestimmte Wahrnehmungselemente. Im Bereich der visuellen Wahrnehmung gibt es spezialisierte Neuronen-Säulen für lineare Umrisse, Bewegung von Linien, Winkel, Abstand von Vorder- zu Hintergrund, Form und Farbe. Was wir also sehen oder erinnern, ist nicht das, was gewesen ist, sondern das, was nach vollständiger Dekonstruktion und erneuter Konstruktion *neu* entsteht. Wir können ganz sicher sagen, dass dieses Konstrukt *ist*, aber nicht, dass es *wahr* ist (Kandel 2006, S. 327). Ein Teil dieser dekonstruierten Informationen wird dem Hippocampus zugeleitet, um dort zur Raum-Zeit-Karte geordnet zu werden, die uns erst die kontrollierte Nutzung einer Erinnerung erlaubt.

Welche fatalen Folgen es hat, wenn ein Erlebnis nicht in das Raum-Zeit-Raster des Hippocampus integriert wird, sehen wir an unseren Patienten mit traumabedingten Symptomen. Das Erlebnis ist in ungeordnete dekonstruierte Stücke der verschiedenen Sinnesqualitäten zerfallen. Wir nennen dies nach van der Kolk *primäre Dissoziation* (van der Kolk et al. 2000). Was also sind die Bedingungen, damit dieses Einordnen einer Erfahrung in das Raum-Zeit-Raster gelingt?

Die Tierversuche ergaben Folgendes: Der Hippocampus konstruiert aus den zur Verfügung stehen multisensorischen Informationen (Fühlen, Sehen, Hören, Bewegen etc.) ein Bild der Umgebung. Dieser Konstruktionsvorgang benötigt einige Zeit in der Größenordnung von mehreren Minuten. Unverzichtbare Voraussetzung für das Bilden dieses Ordnungssystems im Hippocampus ist die ungestörte Fähigkeit des Individuums zur *Fokussierung*, also zur kontrolliert gesteuerten Aufmerksamkeit. Nur wenn das Individuum *entscheiden* kann, wofür es sich im jeweiligen Moment interessiert und wofür nicht, setzt die Bildung der Raum-Zeit-Ordnung des expliziten Langzeitgedächtnisses ein. Anders ausgedrückt: *Orientierung entsteht bei ausreichend Zeit und ausreichend Ruhe.*

Damit wird klar: Überstarke negative emotionale Erfahrungen lassen den Betroffenen nicht die Zeit, sich zu orientieren, und nicht die Freiheit, seine Aufmerksamkeit aktiv und bewusst zu steuern. Solche Erfahrungen werden deshalb nicht in den Hippocampus integriert und folglich auch nicht geordnet. Ein Traumaschema ist entstanden.

Wenn es also so etwas wie Spiegelneuronen oder, besser gesagt, eine Spiegelungsfunktion nicht nur im Affengehirn, sondern auch im menschlichen Gehirn geben sollte, dann wird dieser innere Spiegel eben kein Spiegel sein, wie der Begriff suggeriert. Alle Informationen, die ein irgendwie daran beteiligtes Neuron erhält, haben bereits den Vorgang der Dekonstruktion durchlaufen und werden daraus etwas Neues rekonstruieren.

Kommen wir zur *Systemtheorie* in der Neurobiologie.

Damasio hat nach meinem Dafürhalten ein äußerst elegantes Modell vorgelegt, wie das Gehirn in der Evolution und im Individuum drei verschiedene Klassen psychischer Objekte erzeugt, die für die Selbstorganisation der unendlich komplexen Lebensvorgänge nützlich und notwendig sind. Diese psychischen Objekte bilden im abstrakten Sinne Abbildungsebenen, sie heißen *Protoselbst, Kernselbst, autobiografisches Selbst.* Dies bringt entscheidende

Vorteile für die Selbstorganisation des komplexen Systems: Es entstehen neue Möglichkeiten der Kontrolle und Regulation.

Die schon auf molekularer und zellulärer Ebene unendlich komplexen Vorgänge werden auf jeder neuen Repräsentanzenebene abgebildet, sie werden dadurch »überschaubar«, also gleichsam aus einer Distanz betrachtbar. Auf einer neuen »betrachtenden« Ebene befindet sich aber nicht das Gleiche, wie das »Betrachtete«, sondern es bildet sich jeweils eine zusätzliche Klasse neuer psychischer Objekte.

Das Schaffen neuer Abbildungsebenen (wir können es das *Repräsentanzprinzip* nennen) lässt ferner zusätzliche Möglichkeiten der Kreativität entstehen, indem sich die neugeschaffenen psychischen Objekte der zusätzlichen Abbildungsebene miteinander verbinden und damit neue integrierte psychische Objekte schaffen können.

Ferner entsteht eine neue Dimension der Unabhängigkeit: Die Elemente einer höheren Abbildungsebene werden nicht so direkt von den Vorgängen im Organismus beeinflusst wie die Elemente einer niederen Abbildungsebene. Man könnte das vergleichen mit dem Unterschied zwischen Straße und Schiene. Die Schiene, obwohl direkt auf den Boden aufgebracht, stellt ein sehr viel unabhängigeres System dar, in dem die Einflüsse des Wetters fast aufgehoben sind.

Jede Abbildungsebene konstruiert eine neue, vorher nicht vorhandene Realität. Es entsteht aus Informationen erster Ordnung eine neue Realität zweiter Ordnung, daraus eine Realität dritter Ordnung.

Die Evolution behält niemals Überflüssiges bei. Wenn also die Repräsentanzenbildung durch die Evolution hindurch Grundprinzip der Gehirnentwicklung war (und ist), dann dürfen wir sicher sein, dass sie unverzichtbar ist, um komplexe Lebensprozesse zu organisieren. Selbstorganisatorisch gedacht ist der uns immer wieder begegnende Vorgang der Repräsentanzenbildung deshalb eine Technik der Mustererzeugung, die offenbar zum Leben benötigt wird.

Es gibt *Psychische Objekte erster Ordnung*, das sind die Inhalte des *Protoselbst.* Es entsteht dadurch, dass alle körperlichen Vorgänge nicht nur einfach geschehen, sondern auch abgebildet werden. Es entsteht so ein (unbewusstes) *Wissen über das, was im Körper geschieht.*

Wir können sicher sein, dass von den unendlich vielen, in jedem Moment geschehenden Regulationsvorgängen im Körper nur jener Teil bevorzugt abgebildet und damit zum Inhalt des Protoselbst wird, von dem zu wissen für den Organismus notwendig ist, beispielsweise deshalb, weil durch dieses

Protoselbstwissen die Basis geschaffen wird, auf höheren Wissensebenen günstige Bedingungen für das Überleben des Organismus herzustellen. Über Wassermangel in den Zellen sollte es ein Wissen geben, sonst ist weder Durst noch Trinken möglich.

Dieses Körperwissen erster Ordnung ist vorhanden, aber unbewusst. Es bildet das Protoselbst.

Wissen zweiter Ordnung bildet die Abbildungsebene des *Kernselbst*. Es schafft eine neue Klasse von psychischen Objekten, indem es all das abbildet, was im Organismus geschieht, *wenn er mit der Verarbeitung eines Objekts beschäftigt ist* (Damasio 2000, S. 40).

Zu dieser neuen Form von Wissen gehört erstmals *Bewusstsein* dazu. Bewusstsein beginnt *»als das Fühlen dessen, was geschieht«*. Damasio betont nachdrücklich, dass Bewusstsein von seinem innersten Wesen her eine *Empfindung* ist, Bewusstsein ist das Gefühl des Erkennens. Seine Vorläufer sind erst Wachheit, dann ungerichtete, dann gerichtete Aufmerksamkeit (ebd., S. 31).

Diese Feststellung ist von größter Bedeutung. Bewusstsein arbeitet nicht wie die Lampe, die ungerichtet den psychischen Raum mit dem Licht des Erkennens füllt, sondern Bewusstsein wurde anscheinend evolutionär geschaffen, um Aufmerksamkeit zu *fokussieren*. Anders ausgedrückt: Die Wissensebene des Kernselbst hat evolutionär die Aufgabe, die Interaktion zwischen Organismus und Objekten abzubilden und durch aktiv gerichtete Aufmerksamkeit *Entscheidungen* zu erzeugen. Gerade darin scheint der evolutionäre Qualitätssprung zu bestehen: Das Individuum gewinnt die Fähigkeit, sein Wissen für Entscheidungen zu nutzen. Selbstorganisatorisch ausgedrückt: Bewusstsein wird benötigt, um aktiv Musterveränderungen zu erzeugen.

Wissen dritter Ordnung bildet die Ebene des *autobiografischen Selbst*. Das Wissen erster und zweiter Ordnung wird in diese Abbildungsebene eingefügt und es wird eine neue Klasse psychischer Objekte gebildet, die im Stande ist, dem Selbst eine weitere Dimension zu geben: seine Autobiografie. Während das Wissen des Kernselbst nur den Moment abbildet, kann das Wissen dritter Ordnung alle Inhalte des Kernselbst in eine *Geschichte des Selbst* integrieren, besser gesagt eine solche *konstruieren*. Auch dieses Abbild ist nicht objektiv, sondern ein Konstrukt. Zur Ebene dritter Ordnung gehört das *autobiografische Bewusstsein*, welches wieder wie alles Bewusstsein im Kern aus einem *Gefühl des Erkennens* entsteht. Es wird dem Menschen ermöglichen, ganz neue Klassen psychischer Objekte zu bilden: Sprache, Gewissen, Kunst.

Was wissen wir noch über die Bildung psychischer Systemebenen? Sicher scheint die absolut unverzichtbare Rolle von Emotion und Gefühl bei jeder Bildung neuer psychischer Objekte. Warum ist das so? Vermutlich ist die Erklärung sehr einfach. Wahrscheinlich sind Emotion und Gefühl jene Informationen, mit denen das Gehirn zwischen »positiv« und »negativ« unterscheidet. Positiv wäre alles, was der Organismus für »aufbauend«, dem Organismus nützlich hält, während als »negativ« alles markiert wird, was der Organismus für schlecht erachtet. Das wären jene inneren oder äußeren Objekte, die dem Leben schaden[2]. Natürlich sind dies wie bei allen mentalen Konstruktionen keine objektiven Beurteilungen, es sind emotionale Bewertungen, die notwendig sind, um die psychischen Inhalte zu ordnen. Damasio differenziert Emotionen in *Hintergrundsemotionen, primäre Emotionen (Freude, Trauer, Furcht, Ärger, Überraschung, Ekel)* und *zusammengesetzte Emotionen*. Er unterscheidet Emotion, die unbewusst ist (auf der Ebene des Protoselbst), von *Gefühl*, also wahrgenommener Emotion auf der Ebene des Kernselbst.

Immer klarer wird auch, dass jedes psychische Objekt die Information »Zeit« enthält. Wie eingangs schon besprochen, ist dies unmittelbar plausibel, da nur die Eigenschaft »Gleichzeitigkeit« das Zusammenfügen aller psychischen Teilobjekte zu einem neuen psychischen Objekt ermöglicht. Wie die Information »Zeit« biologisch erzeugt wird, ist vollkommen unerforscht. Wir wissen nichts über beteiligte Hirnstrukturen und nichts über die Arbeitsweise und Genauigkeit dieses biologischen Zeitsinns. Jeder weiß aus eigener Erfahrung, dass man auf die Minute pünktlich erwachen kann, sehr wahrscheinlich ist aber für die Ordnung der psychischen Inhalte zu neuen psychischen Objekten eine sehr viel höhere Genauigkeit im Millisekundenbereich erforderlich. Wie dies biologisch geleistet wird, muss künftige Forschung klären.

Damasios Modell der Entstehung und Funktion von Bewusstsein entwirft auch ein Modell davon, wie sich Identität bildet. Auf allen mentalen Ab-

2 Damasio stellt sich hier mit seinem Modell ganz in die Tradition Freuds, der in seinem Spätwerk »Jenseits des Lustprinzips« (Freud 1920) die Begriffe *Lebenstrieb* und *Todestrieb* einführte. Wenn dem so ist, benötigt das Individuum eine Information, was aufbauend (Lebenstrieb) und was abbauend (Todestrieb) ist. Die etwas unglückliche Bezeichnung Todestrieb hat sich dem intuitiven Verstehen widersetzt und die Nutzung von Freuds Konzept behindert. Man sollte sich aber klar machen, dass Aufbauen und Abbauen ständig vorkommende und notwendige Ereignisse sind. Auf molekularer und zellulärer Ebene wird ständig zusammengesetzt und aufgelöst, gelebt und gestorben.

bildungsebenen von Protoselbst, Kernselbst und autobiografischem Selbst wird den dort gebildeten psychischen Objekten offenbar die Information »Selbst« eingeschrieben.

Bislang waren Konstrukte wie *Persönlichkeit* oder *Ich*, aber auch der psychoanalytische Begriff des *Selbst* rein psychologisch definiert. Das Überprüfen solcher psychologischer Begriffe anhand der neurobiologischen Befunde ist nun möglich geworden. Klinisch wird das von einigem Nutzen sein. Bei traumabedingten Störungen bleibt der innerste Kern des Traumaschemas außerhalb der Persönlichkeit desintegriert.

Wenn wir also klinisch genau betrachten, wie Desintegriertes integriert wird, so werden wir Zeuge sein, wie vor unseren Augen ein neues Stück Selbst entsteht, welches sich in die Identität der Person, also ins Ganze einfügt. Zum innersten Wesen von Selbst und Identität gehört, dass sie ein *Ganzes* bilden, also muss es im mentalen Apparat irgendein Wissen davon geben, was bei diesem Individuum das Ganze ist. Dies ist keine philosophische Frage, sondern eine in jeder Therapiestunde beobachtbare äußerst erstaunliche Tatsache: Der Heilungsprozess kennt sein Ziel. Das Beste, was wir tun können, ist deshalb, den normalen Weg dahin nicht zu stören, sondern zu fördern.

Vom körperlichen Wachstum her ist uns dieser Vorgang so vertraut, dass man manchmal aufhört, darüber zu staunen. Von den allerkleinsten Anfängen der Zellteilung bis zum ausgewachsenen Menschen ist das steuernde Wissen vom Wachstum in jedem Moment präsent und aktiv. Wir wissen aber weder wie noch wo. Das psychische Wissen vom eigenen »Selbst« ist vermutlich nur ein kleiner, aber wichtiger Teil dieses noch ziemlich rätselhaften Wissens über Ganzheit.

Damasio (2000) vermutet, dass sich die einzelnen Ebenen der Lebensvorgänge in sich und die Ebenen untereinander wie Musiker eines Orchesters aufeinander einstimmen (ebd., S. 112). Aber auch das ist nur eine Metapher. Staunen wir also über das, was wir nicht wissen und betrachten genau, was wir wissen.

Kommen wir nun zur *Zeichentheorie*.

Jede zusätzliche Abbildungsebene wird dadurch geschaffen, dass ein neuer, ihr eigener Typ von psychischen Objekten, man könnte sie auch *Zeichen* nennen, verwendet wird. Die Ebene des Protoselbst wird von anderen Zeichen gebildet als die Ebene des Kernselbst und des autobiografischen Selbst.

Die Zuordnung aller psychischen Objekte zu diesen drei Ebenen von Protoselbst, Kernselbst und erweitertem autobiografischem Selbst wurde von Damasio erstmals beschrieben. Wir können hier allerdings mit einigem

Respekt erkennen, dass diese Dreiteilung des psychischen Innenraumes schon lange bekannt war. Der amerikanische Mathematiker und Philosoph Charles Sanders Peirce (1839–1914) hat drei Zeichenklassen beschrieben (er nennt sie *ikonisch, indexikalisch und symbolisch*), die praktisch deckungsgleich mit Damasios Modell der Abbildungsebenen sind (Peirce 1993; Nöth 2000). Thure von Uexküll hat deshalb die Peirce'sche Zeichenlehre zu einer der Grundlagen seines Modells einer Integrierten Medizin gemacht (Uexküll/Geigges/Plassmann 2002).

Zum Wesen des Nervensystems und des Gehirns als dessen Zentrum gehört es, von *allen* Körperteilen Informationen zu bekommen und aus Ihnen ein Abbild zu konstruieren. Dieses Abbild besteht aus *Wissen erster Ordnung*. Damasio nennt es, wie wir gehört haben, das Protoselbst. Die hier erzeugten psychischen Objekte sind unbewusst, sie werden benötigt für die Steuerung des extrem komplexen Systems Körper und: Diese Objekte enthalten die Information »Selbst«. Nach Peirce sind es die Ikonischen Zeichen.

Die Wahrnehmungen aus dem Körper werden in bestimmten Gehirnregionen kartografiert, dem *somatosensorischen System*. Es besteht »aus mehreren Subsystemen, die dem Gehirn Signale übermitteln und es jeweils über ganz verschiedene Aspekte des Körpers informieren« (Damasio 2000, S. 182). Die verschiedenen Subsysteme des somatosensorischen Systems arbeiten parallel und befinden sich auf allen Ebenen des Nervensystems vom Rückenmark und Hirnstamm bis hin zur Großhirnrinde[3]. Es werden dort ständig unzählige Abbildungen des jeweiligen Körperzustands erzeugt, miteinander vernetzt, um neue psychische Objekte als Inhalte des Protoselbst zu schaffen.

Nun muss man sich die Kartografierung des Körpers auf der Ebene des Protoselbst nicht als objektive Abbildung vorstellen. Wie wir es schon bei den visuellen Informationen gesehen haben, werden alle Informationen nämlich zunächst vollständig *dekonstruiert*, indem sie in Einzelqualitäten zerlegt und erst im Rückenmark und Gehirn neu gemischt und zu einem Bild des Körpers *konstruiert* werden. Bei der Synthese dieser komplexen

3 Das Gehirn ist bekanntlich sehr wirksam chemisch abgeschirmt gegen den Körper, um ungestört arbeiten zu können in einem konstanten biologischen Milieu. Interessanterweise sind einige wenige Hirnstrukturen (die Area postrema und die sogenannten Subfornikalorgane im zirkumventrikulären Bereich) nicht abgeschirmt, sondern gleichsam eingetaucht in das chemische Milieu des Körpers. Bestimmte große Moleküle haben nun gleichsam das Recht, auf diese Hirnregionen direkt einzuwirken, an allen Barrieren vorbei. Das bekannteste dieser Moleküle ist das Oxytocin, welches auf eine äußerst wirksame Weise all das steuert, was für Bindung erforderlich ist, und zwar sowohl für die Bindung der Mutter an ihr Kind als auch für die Mann-Frau-Bindung.

Informationen zu neuen psychischen Objekten, die den Körper abbilden, ist wieder ein zeitlicher Steuerungsmechanismus im Spiel, der Wahrnehmungen die Informationen »gleichzeitig« einschreibt, ansonsten entstünde ein psychotisches Durcheinander von Informationen, die nicht zueinander gehören.[4] Auf diese Weise konstruiert das Protoselbst neue psychische Objekte, die das Wissen vom physischen Selbst darstellen.

Diese psychischen Objekte auf der Ebene des Protoselbst sind die absolut unverzichtbare Grundlage, auf der sich nun – beim Menschen – höhere Formen von Identität durch höhere Zeichenklassen aufbauen können.

Damasio postuliert eine weitere Abbildungsebene, das *Kernselbst*. Es besteht aus einer neuen Zeichenklasse, und zwar Abbildungen von Veränderungen, die sich dadurch ergeben, dass der Organismus Informationen über neue Objekte aufnimmt und verarbeitet (ebd., S. 205). So entstehen *Karten zweiter Ordnung*, in denen die Veränderung der Inhalte des Protoselbst erfasst wird. Nach Peirce ist dies Zweiheit, gebildet am indexikalischen Zeichen.

Auf der Ebene des Kernselbst entsteht erstmals ein bewusstes Selbstgefühl. Es ist wichtig, niemals zu vergessen, dass es im innersten Kern auf dem Pulsieren unserer Körperlichkeit beruht, die sich in der Beschäftigung mit neuen Objekten verändert. Auf der Ebene des Kernselbst werden erstmals die vorher unbewussten Emotionen *gefühlt*. Der erste Kern eines Bewusstseins von uns selbst ist wiederum ein Gefühl, das Gefühl des Erkennens, wie sich unser Körper in der Beziehung zu anderen Objekten verändert. Emotionen ändern auf der Ebene des Kernselbst ihren Charakter, sie werden bewusst wahrnehmbar, und zwar als *Gefühl*. Gefühle bewerten, ordnen, steuern – sie enthalten Informationen darüber, wie sich das Selbst in der Interaktion mit der Welt fühlt.

Immer sind die psychischen Objekte des Kernselbst *Momentaufnahmen*, sie bilden nur das Hier und Jetzt ab. Eine völlig neue und spezifisch menschliche Form der Identität entsteht nun auf der Ebene des *autobiografischen Selbst*. Wenn das Kernselbst gleichsam Fotos enthält, so ist das autobiografische Selbst das Fotoalbum. Die Abbildungsebene des autobiografischen Selbst ist imstande, die Inhalte des Kernselbst aufzurufen, also zu erinnern und zu einer *Geschichte* zu verknüpfen. Zu dieser Ebene des autobiografischen Selbst gehört auch eine neue Form des Bewusstseins, das *erweiterte*

4 Es ist wie bei einem digitalen Fotoapparat: Die Fotos werden nach Gleichzeitigkeit gespeichert, nur so entsteht ein Bild. Würden die Aufnahmen alle ungetrennt übereinander gespeichert, entstünden keine identifizierbaren Objekte.

Bewusstsein, nach Peirce die aus *symbolischen Zeichen* bestehende Drittheit. Es ist imstande, jeder weiß das aus seiner eigenen Erfahrung, zu erinnern, also bestimmte Inhalte des Kernselbst, die im Langzeitgedächtnis niedergelegt waren, aufzurufen, sie miteinander zu verknüpfen und damit jenen gesamten gewaltigen Raum von Nachdenken und Fantasie zu bilden über unsere Geschichte, unsere Gegenwart und unsere Zukunft. Das Kernselbst ist in dieser neuen, spezifisch menschlichen Welt der Kompass. Das Kernselbst definiert, was der Mensch erlebt hat, wie es empfunden wurde, was es wert war, wie wichtig und wie unwichtig etwas war, ob es gut war oder schlecht, nützlich oder schädlich. Nur aus diesen Elementen kann das autobiografische Selbst zusammengesetzt und in die Zukunft fortgeschrieben werden. Anders ausgedrückt: Nur durch *kontinuierlichen, niemals unterbrochenen Kontakt* des Menschen zu seinem eigenen Kernselbst, welches wiederum auf dem Protoselbst beruht, entsteht eine in sich ganze, *heile* Persönlichkeit. Diese Erkenntnis ist von großer Tragweite. Störungen der Persönlichkeitsentwicklung werden dadurch entstehen, dass der permanent nötige und ungestörte Kontakt zu allen Inhalten des Kernselbst beeinträchtigt ist. Bestimmte Erlebnisbereiche werden aus Gründen, die wir klinisch zu untersuchen haben, desintegriert bleiben. Was der Mensch in bestimmten Situationen und bestimmten Zusammenhängen erlebt hat, ist dann gleichsam blockiert und von der permanenten, niemals ruhenden integrierenden synthetischen Funktion des autobiografischen Bewusstseins ausgeschlossen. Die meisten dieser Störungen werden von selbst heilen, indem der mentale Apparat in Zeiten des Schlafs, der Ruhe, der Kontemplation und der Kommunikation Kontakt aufnimmt mit jenen noch unverarbeiteten, also in das autobiografische Selbst noch nicht integrierten Ereignissen, um daraus wieder Ganzheit zu erzeugen. *Passung* ist jede Beziehung, die diesen Vorgang fördert.

Schluss

Alle bisher besprochenen Modelle waren solche von normaler Entwicklung und Gesundheit. Daran wird sich jetzt nahtlos die Beschreibung von pathologischen Störungsmustern anschließen, die wir dann wiederum sowohl in der Sprache der Neurobiologie wie auch in der Sprache der Integrierten Medizin formulieren können, um die Modelle zu vergleichen. Auf der Ebene der Modelle werden wir dann das gleiche erreichen, was der menschliche Organismus ohnehin unentwegt anstrebt: ein Ganzes.

Kapitel 3

Konstruktion von Wirklichkeit[1]

Reinhard Plassmann & Thure von Uexküll

Einleitung

Dieser Text hat, wie könnte es anders sein, eine Geschichte. Auf dem Lehrkörpertreffen der Akademie im Mai 2001 in Stadtlengsfeld ereignete sich am Rande der Tagung folgender Dialog:

Thure v. Uexküll: »Schön, dass Sie den Segeberg-Vortrag machen, hier meine Materialien dazu.«
Ich: »Ich werde es versuchen, ich kenne allerdings meine Grenzen.«
Thure v. Uexküll: »Gehen Sie einfach über Ihre Grenzen.«

Mir hat das eingeleuchtet, vielleicht weil es der Kerngedanke in Thure von Uexkülls Werk ist: Grenzen von Modellen überschreiten.

Wohlan. Die Konstruktion von Wirklichkeit in der Medizin, die Herstellung gemeinsamer Wirklichkeiten zwischen Arzt und Patient ist eines von Thure von Uexkülls großen Themen. Hierfür musste ein lernendes Modell gefunden werden. Dieses Modell ist selbst eine Konstruktion von Wirklichkeit.

Wie stellt man nun auf eine passende Weise dieses Modell dar? Klar ist, dass die Darstellung dem Charakter des Modells entsprechen muss. Wenn wir in der Chemie ein Molekül darstellen, so ist dies nicht die Abbildung der Wirklichkeit, auch wenn das gerne so angenommen wird, sondern die Abbildung des Moleküls ist Symbol für ein objektivistisches Modell von Wirklichkeit:

1 »Die Konstruktion von Wirklichkeit«. Vortrag auf der Jahrestagung der Akademie für Integrierte Medizin in Bad Segeberg, September 2001.

statisch und dinglich. Der Integrierten Medizin wäre ein solches statisches Modell nicht angemessen, es verlangt nach anderen Darstellungsformen, und zwar, wie ich meine, nach dem Narrativ. Integrierte Medizin ist die Geschichte der Einheit von Organismus und Umwelt. Narrative sind lebende und lernende Entwürfe von gemeinsamer Wirklichkeit, sie sind selbst Lebewesen. Vermutlich ist das Narrativ die komplexeste Form von Modellbildung, sprich Wirklichkeitskonstruktion, über die der Mensch verfügt.

Um Thure von Uexkülls Modell der Integrierten Medizin zu verstehen, ist es sehr nützlich, die Geschichte des Modells zu kennen. Die Arbeitsgruppe Integrierte Medizin beispielsweise traf sich mehrere Jahre in Freiburg, um das Buch *Integrierte Medizin – lernendes Modell* zu schaffen. Als es fertig war, empfanden alle Beteiligten es als notwendig, auch die Geschichte dieses Buches aufzuschreiben und deshalb wird das Buch ein etwas anderes Vorwort haben als üblich, nämlich eines, welches seine Geschichte schildert.

Das gleiche gilt für die Integrierte Medizin insgesamt. Rainer Otte hat ein meisterhaftes Buch über Thure von Uexküll und seinen Weg zu Konstruktivismus und Zeichentheorie geschrieben. Diese Geschichte zu kennen, hilft sehr, Uexkülls Werk als lernendes Konstrukt von Wirklichkeit aus dem Leben und für das Leben zu erfassen. Ich empfehle dieses Buch deshalb sehr. Es enthält das Narrativ seines Werkes.

Die Bildung autobiografischer Narrative scheint eine Überlebensnotwendigkeit für den Menschen zu sein, um, wie Bateson sagt, Einheiten des Überlebens zu bilden. Was treibt den Menschen an, sich Gedanken zu machen? Was treibt einen Thure von Uexküll an, sich ein Leben lang Gedanken über die Konstruktion gemeinsamer Wirklichkeiten zu machen? Alles, was lebenswichtig für den Menschen ist wie Essen oder Fortpflanzung, ist als überlebensnotwendiges biologisches Bedürfnis mit einem starken Lustgefühl verbunden. Was aber ist mit der Lust, aus Gefühlen Sprache zu machen? Die Lust, die Notwendigkeit und das Bedürfnis zu denken haben bislang keine Beachtung und keinen Namen gefunden. Meiner Auffassung nach kann diesbezüglich von *Symbolisierungslust* die Rede sein.

Hierzu ein Beispiel aus der Tätigkeit der Arbeitsgruppe »Subjektive Anatomie«. Thure von Uexküll berichtet:

> »Man spürt etwas und versucht, es zu verbalisieren. Und man merkt, es fällt oft schwer oder es geht gar nicht. Es ist eine enorme Anstrengung. Plötzlich findet man den richtigen Ausdruck. Das ist ein Glücksgefühl, das ich in dieser Gruppe sehr deutlich am eigenen Leib erlebt habe!« (Th. v. Uexküll zitiert nach Otte 2001, S. 185)

Ein anderes Beispiel ist die Lust, die Freud empfand, als er Irmas Traum entschlüsselte. Seine Freude war bekanntlich so groß, dass er an der Berggasse 19 in Wien ein Schild anbringen lassen wollte: »Hier entschlüsselte sich dem Privatdozenten Sigmund Freud das Geheimnis des Traumes.«

Wir erleben dies, wie ich meine, in kleinerer Form in jeder einzelnen Therapiestunde, wenn es gelingt, mit einer »guten Deutung« das in Sprache zu fassen, was wir vorher gefühlt, erlebt und gemacht haben.

Peirce, der viel zitierte Begründer der modernen Semiotik, hat mit seinem Begriff der Abduktion dem Terminus der Symbolisierungslust sehr klar den Weg gewiesen. Abduktion ist nach Peirce die Imagination einer möglichen Gesetzmäßigkeit. Sie ist ein kreativer Akt, in dem als bloße Möglichkeit ein Modell von Wirklichkeit entworfen wird. Peirce führt damit die Kategorie der Imagination als heuristische Größe in den Prozess der wissenschaftlichen Erkenntnis ein. Er schreibt: »Nur Imagination kann uns schließlich einen Schimmer der Wahrheit vermitteln« (Peirce 1.46 zitiert nach Nöth 2000, S. 68) und »die wissenschaftliche Imagination träumt von Erklärungen und Gesetzen« (Peirce 1.48 zitiert nach ebd., S. 69). Nach seiner Auffassung ist deshalb nicht die Deduktion oder die Induktion, sondern die Abduktion der Garant der wissenschaftlichen Kreativität. Er schreibt: »Alle wissenschaftlichen Ideen entstehen auf dem Wege der Abduktion« (Peirce 5.145 nach ebd., S. 68).

Der konstruktivistische Ansatz der Integrierten Medizin

Umwelt, Umgebung und Konstruktivismus

Die Begriffe »Umwelt« und »Umgebung« werden gewöhnlich unreflektiert als austauschbare Bezeichnungen für eine Welt verwendet, die alle Lebewesen umgibt. Die englische Sprache hat dafür den Begriff »environment«, der auch beides bedeutet: Umwelt und Umgebung.

Der Biologe Jakob von Uexküll (1864–1944) hat die beiden Begriffe neu definiert (J. v. Uexküll 1973). Die Notwendigkeit einer solchen Neudefinition für die Beziehungen, die uns (und jedes Lebewesen) mit der Außenwelt verbinden, sieht Bateson (ohne die Schriften Jakob von Uexkülls zu kennen) darin, dass wir »Bündel von Informationen« unserer Sinnesorgane mit »der objektiven Außenwelt« verwechseln, statt uns Rechenschaft zu geben, dass wir aus ihnen »bildliche Vorstellungen von Gegenständen und Vorgängen« einer objektiven Außenwelt konstruieren (Bateson 1985a).

Um diesen Fehler zu vermeiden, hat Jakob von Uexküll vorgeschlagen, für die subjektiven Weltkonstruktionen den Begriff »Umwelt« zu verwenden und den Begriff »Umgebung« für die soziale Konstruktion einer gemeinsamen Welt zu reservieren.

Damit hat er »Umwelt« als »subjektive Welt« definiert, die ein Lebewesen aufgrund seiner artspezifischen Organisation, seiner biologischen Bedürfnisse und Verhaltensdispositionen aus seinen Sinneszeichen aufbaut. Diese »Umwelt« enthält Informationen über die Gegenleistungen der Umgebung, welche die Leistungen des Subjekts ermöglichen oder behindern. Für Jakob von Uexküll lebt jedes Tier in seiner eigenen, zu seinen biologischen Bedürfnissen passenden, seinen Sinnes- und Bewegungsorganen entsprechenden Umwelt. Hunde leben in »Hunde-Umwelten«, Vögel in »Vogel-Umwelten« und Regenwürmer in »Regenwurm-Umwelten« (Uexküll/Kriszat 1934).

Auch Menschen leben in »Menschen-Umwelten«, die menschlichen Sinnes- und Bewegungsorganen entsprechen. Sie unterscheiden sich aber von den Umwelten ihrer tierischen Mitgeschöpfe durch eine Besonderheit, die unsere psychische Entwicklung hervorbringt: Menschen beginnen im Alter von etwa zwei Jahren damit, eine »Vorstellungswelt« aufzubauen, in der abwesende Dinge gegenwärtig sein können. Diese Entwicklung fällt mit dem Beginn des Spracherwerbs zusammen. Piaget (1975, S. 82) beschreibt sie folgendermaßen:

> »Eine letzte wesentliche Konsequenz der Entwicklung der Vorstellung (beim Kinde) ist, dass künftig der eigene Körper selbst als ein Objekt aufgefasst wird. […] Derart zu einem Objekt unter den anderen in eben dem Moment geworden, in dem es lernt, sich die Permanenz dieser letzteren (Objekte) sogar außerhalb jeder direkten Wahrnehmung zu gewärtigen, kehrt das Kind schließlich seine anfängliche Welt ganz um, […] und formt sie zu einer festen Welt von koordinierten Objekten um, die den eigenen Körper als Element mit einschließt.«

Menschen leben daher von diesem Alter ab nicht mehr in »subjektiven Umwelten«, sondern in »individuellen Wirklichkeiten«, denen »Innenwelten der Vorstellung und Phantasie« entsprechen (Uexküll/Wesiack 1998). Sie müssen auf Umweltveränderungen nicht mehr reflektorisch oder zwanghaft wie die Tiere reagieren, sondern lernen nach Antwortprogrammen zu

»antworten«, die in ihrer Innenwelt, das heißt in ihrer Fantasie, durch »Probehandeln vorgetestet« wurden (= Denken nach Freud).

»Umgebung« kann jetzt als Begriff für die Konstruktionen verwendet werden, die wir aufgrund sozialer bzw. kommunikativer Regeln zu einer Gruppe »objektiver Sachverhalte« oder interindividuell gültigen Informationen synthetisieren.

Diese neuen Begriffsbestimmungen sind gut belegt und von großer Bedeutung für unser Verständnis der Zusammenhänge; denn mit ihnen wird klar, dass alles, was wir »Umgebung«, »Außenwelt«, »Natur« oder »Kosmos« nennen, Konstruktionen sind, die Menschen aufgrund sozialer Übereinkunft geschaffen haben, um gemeinsame Handlungen zu ermöglichen.

Philosophisch nennt man die Position, die diese Auffassung vertritt, »Konstruktivismus«. Moderne Vertreter dieser Richtung sind Jakob von Uexküll, Jean Piaget, Gregory Bateson, Ernst von Glasersfeld, Heinz von Foerster, Paul Watzlawick und andere wie Thure von Uexküll.

Seit dieser Einsicht müssen wir »Realität« neu definieren und davon ausgehen, dass jeder Beobachter aus dem, was ihm seine Sinnesorgane mit oder ohne Hilfe von Beobachtungsinstrumenten wie Teleskopen, Mikroskopen, bildgebenden Verfahren usw. zeigen, die Gegenstände und Vorgänge »der Wirklichkeit« konstruieren muss. Seine Konstruktionen müssen sich nur zwei »Kriterien« gegenüber verantworten: dem »pragmatischen« und dem »kommunikativen Realitätsprinzip«.

Unter dem ersten versteht man die Forderung, dass Handlungen, die wir aufgrund unserer Umwelt-Konstruktion durchführen, zum Ziel führen. Man kann auch von einem »kybernetischen Realitätsprinzip« sprechen, wenn man unter dem Erfolg einer Handlung die »Rückmeldung« der konstruierten Umwelt bzw. individuellen Wirklichkeit versteht. Wir fassen den Beobachtungsvorgang dann als »Kreisgeschehen« auf, wie ihn Jakob von Uexküll (1973) als »Funktionskreis« beschrieben hat.

Das »kommunikative Realitätsprinzip« fordert, dass die Wirklichkeitskonstruktionen der Partner von Gemeinschaftshandlungen soweit übereinstimmen, dass der Erfolg der Handlung gesichert ist (Mead 1968). Aber um die Bedeutung dieses Realitätskriteriums zu verstehen, müssen wir zunächst wissen, was wir uns unter »Konstruieren einer Realität« konkret vorstellen sollen.

Wir müssen daher klären, wie Kommunikation zwischen geschlossenen Systemen möglich wird, und das heißt, wie es ihnen gelingt, gemeinsame Wirklichkeiten zu konstruieren, um begründet von einem »kommunikativen Realitätsprinzip« sprechen zu können.

Die Wiederentdeckung der Zeichenlehre

Diese Probleme bekommen einen neuen Aspekt, wenn wir davon ausgehen, dass unsere Beziehungen zur Außenwelt nicht auf zweigliedrigen Kausalprozessen aus Ursachen und Wirkungen oder Reizen und Reaktionen, sondern auf dreigliedrigen Zeichenprozessen beruhen, die aus einem Zeichen, einem Bezeichneten und einem Interpretanten als Verbindungsglied bestehen.

Die konstruktivistische Wende bedeutet die Wiederentdeckung der Zeichenlehre: Für sie sind Farben, die wir sehen, Töne die wir hören, Wärme und Härte, die wir fühlen, Zeichen, aus denen unsere Wahrnehmung Eigenschaften für Vorgänge und Gegenstände einer Welt konstruiert, mit der wir umgehen können. Der Erfolg unseres Verhaltens bei diesem Umgang ist das pragmatische Realitätskriterium für das »Passen« unserer Konstruktionen.

Bei diesen Konstruktionen spielen Bedürfnisse die prägende Rolle als Interpretanten, die den Zeichen ihre Bedeutungen erteilen. Sie entscheiden, welche Bedeutung Farben, Töne, Temperaturen usw. für die Dinge und Vorgänge haben, die wir in unserer Umwelt oder individuellen Wirklichkeit erleben. Und da keiner die Bedürfnisse kennt, welche die Umwelt- oder Wirklichkeitskonstruktion eines anderen bestimmen, sind lebende Systeme für einander verschlossene Systeme.

Das bedeutet für das Problem der Kommunikation als Vorbedingung für Gemeinschaftshandlungen auch von Arzt und Patient sowie für die Bildung sozialer Einheiten, dass lebende Systeme sich über ihre Interpretanten verständigen bzw. gemeinsame Interpretanten »aushandeln« müssen.

Aus solchen Erfahrungen lernen wir, dass wir von »der Realität« nur persönliche Modelle besitzen, die keine Ab- oder Nachbildungen eines Originals, sondern Hypothesen für den Inhalt eines »schwarzen Kastens« sind. Die Hypothese hat die Aufgabe, aus der Beobachtung dessen, was in den Kasten hineingeht (dem Input), vorherzusagen, was (als Output) aus ihm herauskommen wird oder umgekehrt aus dem Output den Input zu rekonstruieren. Wie Heinz von Foerster und Ernst von Glasersfeld (1999) betonen, dürfen wir aber nie glauben, erfolgreiche Hypothesen könnten den Inhalt eines schwarzen Kastens »abbilden«.

Peirce und die Universalkategorien

Ein »Aushandeln gemeinsamer Interpretanten« als Voraussetzung für Kommunikation und für den Aufbau gemeinsamer »Umwelten« ist auch

Voraussetzung für das Entstehen komplexer biologischer Systeme aus Subsystemen, die als Zellen, Organe, Organismen usw. in Integrationsebenen gegliedert sind, zwischen denen »Auf- und Abwärts-Effekte« (Uexküll/Wesiack 1996) die Einheit des Ganzen erhalten.

Bei diesem Aufbau handelt es sich nicht um ein Zusammenfügen selbstständiger Einheiten wie bei Kolonien, sondern um Differenzierung und Spezialisierung der Klone einer Mutterzelle zu Subsystemen mit entsprechend differenzierten Zeichen und Kommunikationsregeln. Diese Selbstentwicklung (Autopoiese) lebender Systeme wurde zeichentheoretisch erst nachvollziehbar, nachdem die klassische Zeichentheorie durch den Logiker, Naturwissenschaftler und Philologen Charles Sanders Peirce (1839–1914) ihre differenzierte Form erhalten hatte, die auch der Biologie die Konzeption einer »Biosemiotik« ermöglicht.

Seine Zeichenlehre, die heute als Fundament der allgemeinen Zeichentheorie anerkannt ist (Nöth 2000), hat die zehn bis zwölf Kategorien von Aristoteles bis Kant und Hegel auf drei »Universalkategorien« kondensiert, die Peirce »Erstheit«, »Zweitheit« und »Drittheit« genannt hat. Ihre Bedeutung für die Biologie beruht auf der Möglichkeit einer zeichentheoretischen Deutung der Phylogenese (Deacon 1997). Der Medizin eröffnet diese Deutung die Möglichkeit, die menschliche Ontogenese bzw. Entwicklungspsychologie differenzierter zu verstehen. Doch zunächst: Was meinen diese Begriffe?

Erstheit wird von Peirce definiert als »die Seinsweise dessen, das so ist wie es ist, in positiver Weise und ohne Bezug auf etwas anderes« (Nöth 2000, S. 61).

Von den drei Zeichenklassen, die er »Ikon«, »Index« und »Symbol« genannt hat, gehört das Ikon, das (mit dem dazugehörigen Interpretanten) durch seine Ähnlichkeit auf sein Objekt verweist, zu dieser Kategorie. Die ikonischen Zeichen entsprechen den Qualitäten der Wahrnehmung, die ein Lebewesen unterscheiden kann. Deshalb wird das Ikon auch »Quali-Zeichen« genannt.

Zweitheit ist das Sein in Bezug auf ein Zweites. Es ist die Kategorie dessen, das bereits durch sein Dasein auf etwas anderes hinweist. Sie »begegnet uns in Tatsachen wie dem Anderen, der Relation, des Zwangs, der Wirkung, Abhängigkeit, Unabhängigkeit, Negation des sich Ereignenden, der Realität und des Ergebnisses« (ebd.).

Zu dieser Kategorie gehört der Index, die Zeichenklasse der räumlichen, zeitlichen und kausalen Zusammenhänge wie Anstrengung und Widerstand oder Rauch und Feuer.

Drittheit schließlich »ist die Kategorie der Vermittlung, Erinnerung, Gewohnheit, Notwendigkeit, Gesetzmäßigkeit, Kontinuität, Synthese, Kommunikation, Repräsentation, Semiose und der Zeichen« (ebd.).

Ihre Zeichenklasse ist das Symbol. Symbole sind für Peirce auf sozialer Übereinkunft beruhende, konventionelle Zeichen. So sind Sprachen symbolische Zeichensysteme. Da Symbole ikonische und indexikalische Zeichen integrieren, schwingen bei unserem Sprechen immer ikonische und indexikalische Inhalte mit, nur mit wechselndem Gewicht.

Michael Balint (2001, S. 92) spricht von einer »Aura der Assoziationen, von denen jedes Wort umgeben ist, und die in jeder Sprache verschieden ist, verschieden auch in den wechselnden menschlichen Beziehungen bei gleicher Sprache«.

Man kann vermuten, dass der Effekt therapeutischer Gespräche davon abhängt, ob und wie intensiv die ikonische Dimension erreicht wurde.

Semiotisch lässt sich die Zweier-Beziehung, die Balint beschreibt, als Kommunikation zwischen zwei Personen auf einer ikonischen Ebene definieren, in der jede Person die Bedürfnisse der anderen empathisch miterlebt, und in der die zweite Person die Bedürfnisse der ersten erfüllt. Diese Fähigkeit macht die Mutter für den Säugling zu der hilfreichen »Umwelt«, die er noch nicht konstruieren kann. Diese Fähigkeit lässt die Mutter auch spüren, wie viel Frustrationen sie ihrem Kind zumuten kann, die nötig sind, um sich zu einer autonomen Persönlichkeit zu entwickeln.

Mit diesem Kommunikationsmuster der Zwei-Personen-Beziehung beschreibt Balint letztlich auch die Strategie, die ein Arzt lernen muss, der mit seinem Patienten eine gemeinsame Wirklichkeit aufbauen will, in der er die Bedürfnisse und Möglichkeiten des Patienten empathisch, das heißt jenseits einer sprachlichen Kommunikation, erkunden kann.

In diesem Zusammenhang ist Winnicotts Beschreibung wichtig, wie die Mutter ihrem Kind langsam und einfühlend wachsende Frustrationen zumuten muss, in denen es lernen kann, *»eine ausreichend gute Umwelt selbst in eine vollkommene Umwelt zu verwandeln«* (Winnicott 1983, S. 168).

Damit hilft sie ihrem Kind aus der Phase der ikonischen Umwelt-Beziehungen in die Phase zu gelangen, in der indexikalische Zeichenprozesse die Umwelt-Konstruktionen erweitern. Nach Stern (1992) beginnt diese Phase nach dem vierten Lebensmonat mit der zunehmenden Entwicklung der Willkürmotorik. Jetzt lernt das Kind, »sich selbst als Ursache für Veränderungen« in der sich entwickelnden, von nun an auch räumlich und kausal nach Ursache und Wirkung gegliederten Umwelt zu erleben.

Diese Erfahrung ist die Quelle des »Autarkie-Erlebens«, das die »Autonomie« der Omnipotenzfantasien modifiziert. Ein Versagen in diesem Stadium der frühen Entwicklung kann zu zwanghaften Störungen führen, alles kontrollieren zu müssen.

Bei gesunder Entwicklung können jetzt aus Passungsstörungen Vorgänge konstruiert werden, die kausal-mechanisch angreifen und sich nach dem gleichen Rezept abwehren lassen.

Das symbolische Zeichensystem der Sprache, das nur der Mensch ausbildet, beginnt sich erst nach dem 16. bis 18. Lebensmonat mit der Entstehung des Vorstellungsvermögens und dem Beginn des Spracherwerbs als Voraussetzung für Objektkonstanz zu entwickeln. Piaget (1975) spricht von einer »kopernikanischen Wende«, in der das Kind seine bisherige Welt »ganz umkehrt« und als eine Vorstellungswelt organisiert, in der auch der eigene Körper zu einem Objekt unter anderen Objekten in seiner Welt wird.

Damit entsteht für das Erleben unserer Körperlichkeit eine tiefgreifende Ambivalenz: Wir »sind (wie alle Lebewesen) unser Körper«, den wir keinen Augenblick verlassen können, und wir »haben einen Körper« (Plessner 1976), den wir manipulieren und dessen Behandlung wir an einen Arzt delegieren können. In diesen beiden Körperlichkeiten erleben wir unsere ikonische und indexikalische Vergangenheit in der symbolischen Integration unserer Sprachwelt. Hier liegt die erlebnismäßige Wurzel für die Konstruktionen eines psycho-physischen Dualismus und für die Paradoxie, die darin besteht, dass wir den lebenden Körper gleichzeitig als »geschlossenes« und als »offenes« System erfahren. Heinz von Foerster (1988) hat für diese beiden Erfahrungsmodi die Modelle der »trivialen und der nicht-trivialen Maschine« entwickelt.

In unserem »Körper-Haben« als offenem und unserem »Körper-Sein« als geschlossenem System wird die Paradoxie von uns erlebt.

Wenn wir von lebenden Systemen als Einheiten oder als Ganzes sprechen, müssen wir den doppelten Aspekt ihres »Innen« und »Außen« mitdenken, ob es sich um einen Menschen, ein Tier, eine Pflanze, ein Organ oder eine Zelle handelt, ob wir als Arzt, als Anatom, als Physiologe oder Zellforscher damit zu tun haben. Daher ist die Kenntnis dieser »zwei Seiten« lebender Gebilde für die Medizin von grundsätzlicher Bedeutung; denn als lebende Einheit ist der Mensch, der seine individuelle Wirklichkeit als Ergänzung seiner Körperlichkeit ständig neu konstruieren muss, für den Arzt ein geschlossenes System.

Im Narrativ der Lebensgeschichte schlägt sich die ikonische und indexikalische Vergangenheit eines Menschen in der symbolischen Einheit der Sprache nieder: Sie eröffnet dem Arzt und dem Patienten einen »Vorstellungs-Raum in der Zeit«, in dem beide gemeinsam aus der Gegenwart in die Vergangenheit gehen können. Die Möglichkeit bei Erlebnissen, die der Patient berichtet, »dabei zu sein«, eröffnet dem Arzt einen Zugang zu dessen Wirklichkeit und ihren therapeutischen Möglichkeiten.

Zeichentheoretisch heißt das: Der Organismus konstruiert sich von Anfang an als »Körper-in-seiner-Umwelt«. Wie oben beschrieben, wissen wir durch Piagets Untersuchungen, dass Körper und Umwelt erst mit der Entwicklung des Vorstellungsvermögens und des Spracherwerbs getrennt erlebt werden. Nach Plessner (1976) erfolgt damit der Wandel von »Körper-Sein« zu »Körper-Haben«. Semiotisch entspricht diesem Wandel der Beginn der Integration ikonischer und indexikalischer Zeichen in die symbolischen Zeichenprozesse der Sprache, die nach Wilhelm von Humboldt zur Konstruktionsregel unserer Erwachsenen-Welt wird (Gipper 1964).

In der Medizin sind wir ständig mit der Paradoxie konfrontiert, dass uns lebende Systeme, und das heißt Zellen, Organe und Organismen einschließlich unseres eigenen Körpers einmal als »offene Systeme« begegnen, die man wie Uhren öffnen kann, um hineinzuschauen und erforderliche Reparaturen durchzuführen, dass sie dem außen stehenden Beobachter aber gleichzeitig verschlossen sind. Die Paradoxie, mit der wir als Ärzte fertig werden müssen, besagt, dass jeder Patient beides ist: Er »hat« einen Körper, dessen innere Mechanismen wir mit bildgebenden Verfahren sichtbar machen und durch chirurgische, radiologische und medikamentöse Eingriffe verändern können. Gleichzeitig »ist« er ein Körper, dessen Gefühle, Bedürfnisse und Nöte uns unzugänglich sind, eine »Blackbox«, bei der wir feststellen können, was hineingeht und was an Reaktionen herauskommt, dessen Inneres uns aber verschlossen bleibt, es sei denn, wir versuchen, durch teilnehmende Beobachtung sein ikonisches und indexikalisches Erleben mit ihm zu teilen.

Diese Paradoxie hat die Medizin bisher nach dem cartesianischen Schema zu lösen versucht: Sie hat den Körper, den man als ein Objekt unter anderen Objekten seiner Wirklichkeit »hat«, als den »wirklichen Körper« erklärt. Den Körper, den niemand verlassen kann, solange er lebt, hat sie den Psychologen überlassen.

Die Konstruktion von Wirklichkeit in der Medizin

Zum Schluss seien einige Beispiele gegeben, wie wir andere Konstruktionen von Wirklichkeit erreichen können als die nominalistische und dualistische

Schulmedizin. Hierzu steht mittlerweile eine ständig wachsende Anzahl von Publikationen zur Verfügung, von denen jede einzelne ein wahres Lesevergnügen bietet, beispielsweise Bernd Hontschiks frühe Arbeit über die Konstruktion von Wirklichkeit bzw. Sprachverwendung in medizinischen Lehrbüchern (Hontschik 1976), die Studie von Martin Konitzer und Mitarbeitern über die in Gestalt der Misteltherapie verabreichte homöopathische Magie (Konitzer et al. 2001) oder Thure von Uexkülls Arbeit über verschiedene Menschenbilder in der Allgemeinpraxis (Th. v. Uexküll 2001).

Natürlich läge auch die Darstellung der reflektierten Kasuistik als Methode der Behandlung, der Ausbildung und der Forschung mit einer nach diesem Modell erstellten Kasuistik auf der Hand. Mein Vorschlag ist aber ein anderer. Im Folgenden möchte ich die aus der klinischen Praxis entstandene Methode der Arbeit mit dem autobiografischen Narrativ, dem Kurznarrativ erläutern.

Das Kurznarrativ

Autobiografische Narrative sind Konstruktionen subjektiver Wirklichkeit. Sie enthalten die subjektive Erfahrung in allen Zeichenklassen, sie ordnen diese Erfahrung in den Kategorien von Zeit, Raum, Kausalität, Sinn und Finalität. Große Teile dieses Narrativs sind unbewusst, insbesondere Sinn und Finalität. Der Mensch hat zwar sein Konstrukt von Geschichte, aber er kennt es nur zum Teil.

Auf unsere Bitte hin wird uns ein Patient also allenfalls den bewussten Anteil seiner Geschichte erzählen, der unbewusste Anteil erschließt sich erst durch Formen der Unbewusst-zu-unbewusst-Kommunikation, beispielsweise in der reflektierten Kasuistik, dem psychoanalytischen Interview, der Therapiestunde oder der Balintgruppe. Das Narrativ wird dort konstruiert. Es hat gleichsam den Charakter eines Hologramms: Es ist weder im Einen noch im Anderen, sondern im Raum dazwischen. Wir könnten deshalb analog zu Traumphänomenen vom manifesten und vom latenten Narrativ sprechen.

Wenn wir also davon ausgehen, dass das autobiografische Narrativ das vollständigste Integral subjektiver Wirklichkeit ist, dann muss es die Krankheiten der Person nicht nur abbilden, sondern tatsächlich auch enthalten. Bestimmte Bereiche des Narrativs müssen krank sein oder Eigenschaften des Krankhaften besitzen. Wir erkennen diese Bereiche an ihrer Desintegriertheit, sie sind verletzt. Im Bereich traumatischer Erfahrungen beispielsweise ist das freie Spiel der Zeichenklassen aufgehoben. Ikonische Zeichen, also überwältigend intensive emotionale Eindrücke dominieren, die indexikalische Ordnung in der Zeit fehlt, ebenso Sinn und Finalität. Ich habe dies in meiner Arbeit über den Unterschied zwischen Prozessdeutungen und Inhaltsdeutungen ausgeführt.

Doch nun zur Technik des Kurznarrativs.

Wenn wir einen Patienten in einer Visitensituation bitten, zu erzählen, warum er zur Behandlung kommt, so weiß dieser Patient, dass für seine Erzählung nur kurze Zeit zur Verfügung steht. Er wird ein »Kurznarrativ« entwerfen, welches zahllose Details weglässt und gerade dadurch die Grundlinien von Sinn und Finalität sehr deutlich hervortreten lässt. Dieses Kurznarrativ bettet die aktuelle Begegnung mit mir als Arzt in die individuelle Sinnhaftigkeit seiner Geschichte ein und entwirft eine gemeinsame Zukunft.

Ein Beispiel: Ein Patient sagt: »Meine Rückenschmerzen werden seit Jahren schlimmer, mein Hausarzt hat gesagt, ich muss damit leben, soll aber noch die psychosomatische Kur versuchen. Der Frühsport, den ich hier mitmache, bekommt mir allerdings gar nicht gut.«

Dies Kurznarrativ enthält nur Abwärtslinien was die eigene Gesundheit angeht, meist auch in der Stimme ausgedrückt, also im ikonischen Teil der Sprache. Die Sätze bilden die Melodie der Hoffnungslosigkeit in Moll. Das Narrativ endet ohne irgendeine Idee von Lösung, es gibt keinen Vorschlag, keine Anregung, keine Frage. Dieser Patient kann sich Passungsarbeit nicht vorstellen. Die Zukunft, auch die Therapie, ist die unbeeinflussbare Fortsetzung des Leidens.

Nach meiner Vermutung und Erfahrung kommt diesem Entwurf von Finalität bei chronischen Krankheiten hohe prognostische Bedeutung zu, und zwar sowohl für die aktuelle gemeinsame Therapie wie auch für die Zeit darüber hinaus.

Zusammenfassung

Thure von Uexküll

1. Lebende Systeme sind »Einheiten des Überlebens« aus Organismus und Umwelt (Bateson 1985b). Organismen konstruieren ihre Umwelten mit Zeichenprozessen im Rahmen von »Assimilations-« und »Akkommodations-Leistungen« (Piaget 1969). Gesundheit und Krankheit ent-

sprechen »Passung« oder einem »Passungsverlust« zwischen Organismus und Umwelt.

Lebende Systeme sind aus »Subsystemen« als Teilen eines Ganzen aufgebaut. Auch Teile haben die Eigenschaften von Ganzheiten (Wygotski 1964). Sie dürfen nicht mit Elementen verwechselt werden. Als Subsysteme sind Zellen, Organe, Organismen und soziale Einheiten in Ebenen der Komplexität gegliedert. Diese Ordnung ist Ausdruck des Prinzips »Emergenz«, das als Ergebnis einer Restriktion der Möglichkeiten für Einheiten der tieferen Stufe auf der komplexeren Stufe erklärt wird (Medawar/Medawar 1977).

2. Als Erbschaft unserer »genetischen Epistemologie« (Piaget 1973) und unserer biosemiotischen Entwicklung (Deacon 1997) benötigen wir zur Beobachtung lebender Systeme zwei Modelle: das Modell des »geschlossenen« und das des »offenen Systems«. Das erste erlaubt eine »teilnehmende«, das zweite eine »technische« Beobachtung. Diese Feststellung hilft das Missverständnis des Dualismus zu durchschauen, der den Menschen in eine Seele ohne Körper und einen Körper ohne Seele aufteilt.

Das Modell des »geschlossenen Systems« beschreibt das »Körper-Sein« des Menschen (Plessner 1976), denn der Mensch ist sein Körper, solange er lebt. Er erlebt ihn ikonisch. »Teilnehmende Beobachtung« will an den Wirklichkeitskonstruktionen des Beobachteten teilnehmen: Sie sucht die »Interpretanten«, die den Zeichen des Beobachters und dem Beobachteten die gleiche Bedeutung erteilen.

Das Modell des »offenen Systems« beschreibt Menschen als »Körper-Haben«: Der Mensch hat einen Körper, mit dem er wie mit einem Gegenstand umgehen, den er behandeln und behandeln lassen kann. Er erlebt ihn indexikalisch. »Technische Beobachtung« sieht den Menschen und dessen Wirklichkeit als mechanisches Geschehen und versteht sein Verhalten wie die Zeigerbewegungen einer Uhr, die man öffnen kann, um ihren Mechanismus zu beobachten.

Beide Modelle ergänzen einander. In geschlossenen Systemen entstehen mit Bedürfnissen und Wünschen Handlungsziele. Offene Systeme versuchen diese Ziele durch Handeln zu erreichen. Ohne das offene System wären wir handlungsunfähig, ohne das geschlossene intentionslos.

Ein Arzt, der seinen Patienten gerecht werden will, muss sie nach beiden Modellen »teilnehmend« und »technisch« beobachten. Er muss aber die beiden Beobachtungsformen auseinanderhalten und sich Rechenschaft geben, nach welchem Modell er jeweils beobachtet und welche seiner Beobachtungen zu welchem Modell gehören.

3. »Maschine als Metapher«: Heinz von Foerster (1988) verwendet die Modelle der »trivialen« und der »nicht trivialen« Maschine als Metaphern für einen »Operator«, der einen »Input« in einen »Output« verwandelt. Das Modell der »trivialen Maschine« beschreibt Menschen und ihr Verhalten als Mechanismen. Sein Interpretant ist das Bedürfnis der Willkürmotorik nach einer räumlich und kausal gegliederten Welt, um handeln zu können.

Das Modell der »nicht-trivialen Maschine« beschreibt Menschen und ihre individuellen Wirklichkeiten als biosemiotische Systeme, die einem Beobachter, der ihre Interpretanten nicht kennt, verschlossen sind. Ihre Interpretanten sind biologische und soziale Bedürfnisse.

4. Biosemiotische Systeme bestehen aus einem Zeichenempfänger und seiner aus Zeichen für Objekte und Vorgänge konstruierten Umwelt. Sie lassen sich in folgende System- und Subsystemebenen gliedern:

- ➢ Eine Ebene zellulärer (und pflanzlicher) Systeme mit Zellen als Zeichenempfänger, deren Umwelten als »Wohnhüllen« (J. v. Uexküll 1973) beschrieben werden können. Sie werden nach »Regelkreisen« konstruiert;
- ➢ eine Ebene animalischer Systeme mit Organismen als Zeichenempfänger, deren Umwelten nach »Funktionskreisen« konstruiert werden, und
- ➢ eine Ebene humaner Systeme mit einem menschlichen Körper als Zeichenempfänger, dessen Umwelt – seine »individuelle Wirklichkeit« – eine Konstruktion nach Situationskreisen benötigt.

Das biosemiotische Modell der »nicht-trivialen Maschine« beschreibt die Umwelten der Lebewesen und die individuelle Wirklichkeit des Menschen als geschlossene Systeme. Sie erscheinen einem außen stehenden Beobachter als »Blackbox«. Kommunikation setzt ein »Aushandeln« gemeinsamer Interpretanten voraus.

Sprachen sind symbolische Zeichensysteme, die ikonische und indexikalische Zeichen integrieren. Ihre Begriffe liefern Benutzern der gleichen Sprache gemeinsame Interpretanten. Sprachen ermöglichen den Mitgliedern einer Sprachgemeinschaft Kommunikation über begrenzte gemeinsame Wirklichkeiten.

5. Die Modelle der Anatomie, Physiologie und Biochemie sind Modelle der trivialen Maschine. Sie beschreiben Wirklichkeiten als offene Systeme und menschliches Verhalten als Mechanismen. Ihnen verdankt die Medizin der

letzten 100 Jahre Erfolge, die alles in den Schatten stellen, was in den Jahrtausenden vorher gelungen ist. Sie ignorieren aber die individuelle Wirklichkeit des Patienten. Die Modelle der Psychologie und Psychotherapie suchen die dadurch entstandenen Defizite zu kompensieren. Wenn wir sie unter den Gesichtspunkten der Zeichentheorie und der Systemtheorie verstehen, beginnen sich die Umrisse einer Integrierten Medizin abzuzeichnen, welche die beide Modelle in einem Metamodell vereinigt. Um Integrierte Medizin selbst und in Zusammenarbeit mit Kollegen ausüben zu können, muss der Arzt daher über das erforderliche technische und psychotherapeutische Wissen und Können verfügen.

6. Im Rahmen der Integrierten Medizin hat das Modell des geschlossenen Systems die Aufgabe, dem Arzt Zugang zu den individuellen Wirklichkeiten seiner Patienten zu eröffnen, in denen Passungsstörungen als Krankheitssymptome erlebt werden und die therapeutisches Eingreifen erfordern können. Patienten konstruieren zur Deutung ihrer Symptome eigene Diagnosen, die der Arzt in Erfahrung bringen muss, um ihnen seine ärztliche Diagnose gegenüberstellen und versuchen zu können, mit dem Patienten zu einer Diagnose in einer gemeinsamen Wirklichkeit zu kommen. Aus ihr ergibt sich der Behandlungsauftrag des Patienten an den Arzt als Voraussetzung für ein »therapeutisches Bündnis«.
Die Qualität dieses Bündnisses ist nicht nur Voraussetzung für eine vertrauensvolle Zusammenarbeit, sie hat auch – was meist übersehen wird – therapeutische Konsequenzen. Balint (2001) hat diese Konsequenzen »Wirkungen der Droge Arzt« genannt und ihre Pharmakologie und Toxikologie angemahnt. Die Wirkung dieser Droge wird »Placeboeffekt« genannt und ebenso unterschätzt wie die Möglichkeit ihrer »Toxizität«, des »Noceboeffekts«. Gauler und Weihrauch (1997) haben die Literatur über diese Effekte zusammengestellt. Sie berichten über die Ergebnisse eigener Untersuchungen bei Schlaganfall, Angina pectoris, Diabetes mellitus und gastrointestinalen Läsionen. Sie finden erstaunliche, auch objektivierbare Wirkungen des Placeboeffekts.

Teil III
Selbstverletzendes Verhalten

Kapitel 4

Der Arzt als Detektiv – Das Münchhausen-by-proxy-Syndrom[1]

Einleitung

Was wissen wir über Kindheitsereignisse, die seelische, manchmal auch körperliche Verletzungen hinterlassen? Es wäre natürlich schöner, wenn wir uns diese Frage überhaupt nicht stellen müssten, weil Kindheit, so wie es sein soll, in aller Regel in einer haltenden und fördernden Umgebung stattfände, aber gerade die Beschäftigung mit Krankheiten hat uns eines Besseren belehrt.

Es war allerdings lange ein Tabu, sich mit dem zu beschäftigen, was Erwachsene Kindern antun. Als Freud 1895 in den *Studien über Hysterie* konstatierte, dass sich die hysterischen Symptome seiner Patientinnen als Berichte des Unbewussten über sexuelle Übergriffe dechiffrieren ließen, löste er im Wien des 19. Jahrhunderts einen Sturm der Entrüstung aus. Vielleicht deshalb, sicher auch seinem eigenen Interesse folgend, hat er sich in den späteren Jahrzehnten weitgehend auf die Erforschung seelischer Konflikte konzentriert und keine Psychologie des seelischen Traumas entwickelt. Er hat dennoch nie die Bedeutung traumatischer Erfahrungen angezweifelt und formulierte 1939 gegen Ende seines Schaffens: »Die früh erlebten, später vergessenen Eindrücke, denen wir eine so große Bedeutung für die Ätiologie der Neurosen zuschreiben, heißen wir Traumen« (Freud 1939, S. 177).

Die Frage, inwiefern die Erkrankungen unserer Patienten eine abnorme Art von Erzählungen sind, hat sich bei der Beschäftigung mit Patienten, die

1 »Der Arzt als Detektiv: Das Münchhausen-by-proxy-Syndrom«. Vortrag auf der Frühjahrs-Regionaltagung des Psychotherapeutischen Zentrums Bad Mergentheim, 10. April 2002.

sich selbst verletzen, erneut gestellt. Dies sind Patienten, aus denen wie aus einem anderen Ich immer wieder eine latente Destruktivität herausbricht, sehr häufig als Destruktivität dem eigenen Körper gegenüber mit offen oder heimlich durchgeführten Verletzungen und Zerstörungen des Körpers.

Als man begann, diese als frühe Persönlichkeitsstörung oder als Borderline-Störung bezeichneten Krankheitsbilder zu beforschen, ging man zunächst bis Mitte der 80er Jahre davon aus, dass die Ursache dieser Destruktivität ein übermäßiger Aggressionstrieb sei, in der Folge sei die Integration von Hassgefühlen in die Persönlichkeit, also in die Selbst- und Objektvorstellungen unvollständig geblieben. Dem mag so sein. Mittlerweile wissen wir allerdings, dass diese Patienten auch Überlebende einer traumatischen Kindheit sind. Sie waren in erheblichem, manchmal extremem Ausmaß offener oder verdeckter Destruktivität ausgesetzt und konnten dies nur mit eben jenen seelischen Notmaßnahmen beantworten, die wir später als Krankheitsbild beobachten.

Wenn wir heute solche Krankheiten sehen und behandeln, so können wir sie als Versuch verstehen, passiv erlebte destruktive Erfahrungen immer und immer wieder aktiv zu wiederholen, um sich möglichst nie wieder so hilflos zu fühlen wie damals. Gerade in dieser aktiven Bewältigung des passiv erlebten Traumas liegt allerdings auch der Keim zur Täterschaft, das heißt zur Weitergabe der Gewalt, sei es an den eigenen Körper oder an die eigenen Kinder, wie wir beim Münchhausen-by-proxy-Syndrom sehen werden.

Kindheit wird besonders dann zum Trauma, wenn drei Faktoren zusammentreffen (Peichl 2001):

a) Konstitutionell-neurobiologische Ebene: Dies sind angeborene Persönlichkeitseigenschaften, die in einem bestimmten Milieu das Entstehen von Hass und Gewalt begünstigen.
b) Negative frühe Bindungserfahrungen: high tension state;
c) Traumaerfahrung durch emotionale Vernachlässigung, verbal-emotionale Destruktivität, physischen und sexuellen Missbrauch.

Wenn mittlerweile sowohl die Medizin wie die Gesellschaft sich ein Herz gefasst haben und bereit sind, sich mit diesen düsteren Kapiteln des Kindseins zu befassen, dann mutet uns die Realität doch Einiges zu, wie wir noch sehen werden. Andererseits gehen gerade von der Beschäftigung mit Krankheitsbildern, die auf traumatischen Kindheitserfahrungen beruhen, intensivste wissenschaftliche, klinische und auch – hoffentlich – gesellschaftspolitische Impulse aus. Sie zeigen uns die Vergangenheit als Gegenwart. Für das Münchhausen-by-proxy-Syndrom gilt dies in besonderem Maß. Kindheit als Trauma findet solange vor unseren Augen statt, bis wir es sehen, eingreifen und dann versuchen, zu verstehen, was wir gesehen haben. Auf drei Aspekte werde ich im Rahmen der Beschäftigung mit dem Münchhausen-by-proxy-Syndrom besonders eingehen:

- die Heimlichkeit der Gewalt, die den Arzt zum Detektiv macht;
- der Missbrauch des Arztes, der zum Kindesschädiger werden soll;
- die transgenerationale Weitergabe traumatischer Erfahrung von einer Generation zur nächsten.

Das Münchhausen-by-proxy-Syndrom

Worum also handelt es sich?

Der englische Kinderarzt Roy Meadow hatte 1977 zwei Fälle publiziert, in denen Mütter ihre Kinder, wie er herausgefunden hatte, heimlich krank gemacht hatten. In einem Fall hatte die Mutter seit Geburt bis zum Alter von sechs Jahren heimlich Blut und Eiter dem Urin des Kindes beigemischt, sodass das Kind eine endlose Tortur von medizinischen Untersuchungen und Behandlungen erlitt, bis im sechsten Lebensjahr erst die richtige Diagnose gestellt wurde, nämlich ein völlig gesundes Kind als Opfer einer bislang unbekannten Form der heimlichen Kindsmisshandlung.

Im zweiten Fall wurde, wie Meadow schreibt, der kleine Charles im Alter von sechs Wochen erstmals stationär aufgenommen wegen Erbrechen und Bewusstseinstrübung. Dies wiederholte sich unzählige Male. Man fand immer wieder extrem erhöhte Salzwerte (Hypernatriämie) im Blut. Im Krankenhaus erholte sich das Kind jeweils sehr rasch, es wirkte gesund, normal und gedieh. Erst mit 14 Monaten, also ein Jahr später, fiel den Ärzten der Zusammenhang auf: Niemals waren solche Zustände in der Klinik aufgetreten, sondern ausschließlich zu Hause. Man begann etwas zu ahnen und trennte Mutter und Kind für einige Zeit, in der das Kind sich vollständig erholte. Genau am nächsten Besuchstag trat das nächste Koma auf. Dann passierte der entscheidende Fehler: Man gab der Mutter das Kind wieder mit und begann über sozialtherapeutische und psychologische Maßnahmen zum Schutz des Kindes und zur Therapie der Mutter nachzudenken. In dieser Phase brachte die Mutter das Kind erneut in tiefem Koma in die Klinik, wo es nach wenigen Stunden starb. Man fand bei der Autopsie eine extreme Salzvergiftung und rekonstruierte, dass die Mutter,

Krankenschwester von Beruf, dem Säugling das Salz wahrscheinlich mit einer Magensonde zugeführt hatte.

Meadow nannte das Krankheitsbild Münchhausen-by-proxy-Syndrom, also Münchhausen in Vertretung nach der auch in England populären Gestalt des Barons von Münchhausen, weil die Mütter systematisch den Arzt mit frei erfundenen Geschichten über Krankheiten täuschen, dabei aber nicht den eigenen Körper, sondern gleichsam in Vertretung – by-proxy – den des Kindes benutzen.

Der kleine Artikel von Roy Meadow im *Lancet* hat international zahlreiche Berichte über ähnliche Fälle zur Folge gehabt und seit dieser Erstbeschreibung aus dem Jahre 1977 wächst die Zahl der bekannt gewordenen Münchhausen-by-proxy-Fälle rasant an. Nach einer einzigen Umfrage von Schreier und Libow (1993) bei 1.450 englischen Kinderärzten wurden 570 gesicherte oder hochverdächtige Fälle berichtet. In der internationalen Literatur sind seit 1957 circa 250 wissenschaftliche Arbeiten über das Krankheitsbild erschienen, mittlerweile auch die große Monografie der beiden Amerikanerinnen Parnell und Day (1997).

Die Beschäftigung mit diesem Krankheitsbild hat etwas Detektivisches. Wir müssen einige Puzzlesteine zusammensetzen, bis endlich ein klares Bild entsteht.

Beginnen wir mit den Täterinnen: Es sind in 98% der Fälle Frauen, 90% sind die leiblichen Mütter, der Rest Stief- und Pflegemütter. Die Väter sind in diesen Familien praktisch niemals an der heimlichen Gewalt am Kind beteiligt, weil sie die Kinder völlig ihren Frauen überlassen, von denen sie selbst wie Kinder abhängig sind. Die Gewalt von Vätern, dies wäre hier zu ergänzen, geht andere Wege. Auffällig häufig sind die Männer ihren Frauen intellektuell weit unterlegen und ordnen sich ihnen unter. Dies mag ein Hinweis sein, dass die Mütter, die späteren Täterinnen, versuchen, bei Mann wie Kind soviel Abhängigkeit wie möglich herzustellen.

Was machen diese Mütter mit ihren Kindern?

Manche Mütter setzen schon das ungeborene Kind im eigenen Leib ständigen Untersuchungen aus, in dem sie unentwegt Untersuchungen fordern und zu diesem Zweck oft auch Schwangerschaftskomplikationen erfinden, die sie tatsächlich nicht haben. Dieses Muster setzt sich fort, kurz nach der Geburt beginnt das tödliche Spiel. Die Mutter scheint von der Fantasie beherrscht, das Kind sei krank, lebensuntüchtig, es könne nicht gedeihen, sei auf Dauer vollständig abhängig von ihr, der Mutter. Sich selbst sehen die Mütter im Bündnis mit den Ärzten als lebensrettende Engel, denen nichts auf der Welt näher am Herzen liegt als das Wohl ihres Kindes, welches nur aufgrund des eigenen grenzenlos aufopferungsbereiten Bemühens noch am Leben sei. Zu diesem Zweck erfinden die Mütter Alarmsymptome im Bereich lebenswichtiger Organsysteme des Kindes oder sie erzeugen solche Störungen heimlich.

Am häufigsten sind Bewusstseinsstörungen, angebliche Anfälle, angebliche Blutungen oder angebliche Gedeihstörungen. In seiner ersten großen Übersichtsarbeit kam Meadow (1984a) beispielsweise bei insgesamt 31 Fälle von angeblichen Krampfanfällen zu folgenden Ergebnissen: Bei zwei Dritteln der Fälle hatten die Mütter die Krampfanfälle und Zustände von Bewusstlosigkeit nur berichtet und damit Odysseen von medizinischen Untersuchungen ausgelöst, in einem Drittel der Fälle hatten die Mütter die Anfälle selbst erzeugt, durch Ersticken des Kindes mit der Hand, einem Kissen oder einer Plastiktüte oder durch heimliches Vergiften mit Überdosen von Salz, wie im beschriebenen Fall, oder mit Vergiftungen von Medikamenten (Palmer/Yoshimura 1984; Hickson et al. 1989).

Am zweithäufigsten ist das Manipulieren von angeblichen Spontanblutungen beim Kind. Die Mütter nehmen sich selbst Blut ab, verschmieren es um den Mund oder andere Körperöffnungen des Kindes oder mischen es unter Urin, Speichel oder Stuhl. Ärzte denken erfahrungsgemäß zuletzt oder nie an die Möglichkeit einer Manipulation, sodass die Kinder in der Regel einer Tortur aufwendigster medizinischer Maßnahmen unterworfen werden.

Ebenfalls häufig wird das Kind als gedeih- und ernährungsgestört präsentiert, es nehme trotz sorgfältigster Ernährung einfach nicht zu, berichten die Mütter.

Smith und Killam (1994) haben den Fall des kleinen Robert publiziert, der ständig an Gewicht verlor und deshalb anderthalb Jahre lang einer einzigen Serie von stationären Untersuchungen ausgesetzt war. Schließlich wurde durch genaue Verhaltensbeobachtungen deutlich, dass die Mutter dem völlig gesunden Kind auf eine unauffällige und perfekte Weise sowohl zu Hause als auch im Krankenhaus ständig jede Nahrung vorenthielt, indem sie Fläschchen oder Teller außer Reichweite stellte mit charmanten Begründungen wie »Oh, er mag das nicht« oder »Er hat gar keinen Hunger, er will damit nur spielen«, wenn das Kind sich »gierig«, wie die Autoren schreiben, auf das Essen stürzen wollte. Die Mutter war einerseits im Begriff, das Kind verhungern zu lassen und brachte es andererseits stets ins Krankenhaus, um sich dort als liebevolle, sorgende und aufopferungsvolle Mutter zu präsentieren.

Eine andere Mutter, ebenfalls Krankenschwester von Beruf, saugte die im Krankenhaus gefütterte Milch mit Spritze und Plastikschlauch aus dem Magen ihres ausgehungerten Kindes wieder ab (Meadow 1984b).

Ich schildere diese Fälle nicht, um Sie das Gruseln zu lehren, sondern um zu illustrieren, wie extrem schwierig es sein kann, diese perfekt getarnten Formen von versuchter Kindstötung zu erkennen. In mehreren Fällen gelang dies erst durch die Installation von Videokameras im Krankenzimmer (Southall et al. 1987). Der Arzt wird also in der Tat zum Detektiv.

Was die Mütter mit ihren in aller Regel noch kleinen Kindern machen, hat meist einen direkten Bezug zu den lebenswichtigen Körperfunktionen. Es ist, als ob die Mütter sagen wollten: Ihr sollt nicht dieses Kind für seine Vitalität lieben, sondern mich, die Retterin dieses lebensunfähigen Wesens.

Folgende Tabelle gibt eine Übersicht über die bekanntgewordenen Manipulationen (Rosenberg 1987).

Etwa ein Viertel der Mütter erfinden die Symptome oder manipulieren Messwerte, indem sie zum Beispiel dem Urin, dem Stuhl oder dem Speichel etwas beimischen, 75% der Mütter manipulieren direkt den Körper des Kindes (Rosenberg 1987).

Die Mortalität dieser Form der heimlichen Kindsmisshandlung ist infolgedessen erschreckend. In verschiedenen Studien wurden zwischen neun und 31% Todesfälle unter den Kindern gefunden. Die Todesrate wird umso höher, je mehr Zeit nach der Diagnosestellung vergeht, ohne die Kinder aus der Familie zu entfernen.

Wie wir mittlerweile wissen, muss der Arzt damit rechnen, dass nicht nur das ihm vorgeführte Kind, sondern auch dessen Geschwister gleichfalls Opfer sind. In einer Studie von Jureidini (1993) hatten sechs Mütter 19 Kinder, von denen 14 betroffen waren. Dieses Phänomen wird Multiple-Child-Münchhausen-by-proxy-Syndrom genannt. In einer Studie von Alexander et al. (1990) fanden sich in einer Gruppe von fünf Familien 18 Kinder, von denen 71% betroffen waren, 31% starben nach mehrjährigem Verlauf. In der Studie von Bools et al. (1992) waren 39% der Geschwister betroffen, 11% starben. Insbesondere wenn ein zunächst präsentiertes Kind zu seinem Schutz aus der Familie entfernt wurde, gingen die Manipulationen häufig mit einem anderen Kind weiter. Die Mütter scheinen wie süchtig nach der Existenz eines von ihnen auf Leben und Tod abhängigen Kindes. Bei den Geschwistern liegt die Todesrate in ähnlicher Höhe. Von den überlebenden Kindern haben mindestens 8% bleibende körperliche Dauerschäden, und zwar häufig Hirnschäden durch Erstickungsversuche (Rosenberg 1987).

Die Kinder sind meist noch sehr klein, wenn die Manipulationen beginnen, das Durchschnittsalter bei Diagnosestellung liegt bei circa dreieinviertel Jahren, von Manipulationsbeginn bis Diagnosestellung vergehen im Mittel 15 Monate (ebd.).

Wir müssen uns nun einen weiteren Puzzlestein näher anschauen, und zwar die auffällige Affinität dieser Mütter zu Ärzten und zur Medizin.

Präsentation	Methoden der Simulation und/oder Erzeugung	Methoden der Diagnoseerstellung
Blutungen	1. Marcumar-Vergiftung 2. Phenolphthalein-Vergiftung 3. Blutverschmierungen an Körperöffnungen 4. Ausbluten des Kindes 5. Hinzufügen von Farbstoffen zu Stuhl oder Urin	1. Toxikologisches Screening 2. Nachweis in der Windel 3. Blutgruppenbestimmung 4. Erythrocytenmarkierung 5. Überführung der Mutter 6. Nachweis
Anfälle	1. Erfinden 2. Vergiftung (Phenothiazine, Hydrokarbonat, Salz, Imipramin) 3. Erstickung oder Karotissinuskompression	1. Suchen nach anderen MBPS-Merkmalen 2. Blutanalyse, Urinanalyse, Analyse der Kindsnahrung 3. Beobachten, Nachweis, Fotos von Druckstellen
Bewusstseinstrübung	1. Drogen (Insulin, Chloralhydrat, Barbiturate, Aspirin, Imipramin, Antidepressiva, Paracetamol 2. Erstickung	1. Blutanalyse, Probe des Mageninhaltes untersuchen, Urinanalyse, Analyse des Insulin-Typs 2. Wie bei »Atemstillstand« und »Anfälle«
Atemstillstand	1. Erzeugen des Erstickens mit der Hand 2. Vergiftung 3. Erfinden	1. Druckstellen auf der Nase 2. Direktes Überführen (Videokamera) 3. Ausschluss anderer Diagnosen 4. Toxikologische Untersuchung des Mageninhaltes und des Blutes 5. Flüssigkeitschromatographie 6. Ausschluss anderer Diagnosen

Durchfall	1. Phenolphthalein oder andere Laxanzien 2. Salzvergiftung	1. Analyse des Stuhlgangs 2. Probe des Mageninhaltes untersuchen
Erbrechen	1. Vergiftung mit Brechmitteln 2. Erfinden	1. Substanznachweis 2. Stationäre Beobachtung
Fieber	1. Verfälschen der Temperatur 2. Verfälschen der Fieberkurve	1. Genaues Aufzeichnen, Nachprüfen 2. Genaues Aufzeichnen, Nachprüfen 3. die Fieberkurve im Schwesternzimmer duplizieren
Ausschlag	1. Vergiftung 2. Zerkratzen 3. Säure auf das Gesicht auftragen	1. Probe nehmen 2. Ausschluss anderer Ursachen 3. Probe entnehmen, abwaschen

Tabelle 1: Münchhausen-by-proxy-Symptome: Methoden der Erzeugung und der entsprechenden Diagnosestrategien.

Alle diese Mütter bringen ihre Kinder selbst zum Arzt und ins Krankenhaus mit Berichten über dramatische Gesundheitsstörungen der Kinder. Dort sind sie scheinbar die idealsten Mütter, die man sich vorstellen kann. Sie weichen dem Kind nicht von der Seite, verbringen Tage und Nächte im Krankenhaus, sie sind völlig identifiziert mit dem medizinischen Team, insbesondere mit den Krankenschwestern. Sie begrüßen jede medizinische Maßnahme am Kind, und sei sie noch so belastend, schmerzhaft oder gefährlich für dieses. Dabei unterstützen sie das medizinische Team nach all ihren Kräften. Sie nehmen sehr gerne persönliche Kontakte zum Stationsteam auf, sie verhalten sich, wie wenn sie zum Stationsteam gehören würden, kurzum: wie wenn sie Krankenschwestern wären. Tatsächlich sind diese Mütter mit dem Beruf der Krankenschwester sehr stark identifiziert, wahrscheinlich deshalb, weil er ihrer Selbstillusion der liebenden und allmächtigen Frau am nächsten kommt. Die Täterinnen geben ganz regelmäßig an, Krankenschwester zu sein, und zwar häufig auch dann, wenn sie es de facto gar nicht sind.

In der Fantasie dieser Mütter scheint es in der Beziehung zu ihren Kindern eine bizarre Spaltung zu geben: Ein Teil der Mutter erlebt das Kind als

Bedrohung, das Kind scheint nur zu fordern und nicht zu geben, es scheint die Mutter zerstören zu wollen, es scheint der Mutter das zu nehmen, was sie selbst braucht. Dieser Teil der Täterinnen erkennt im Kind wahrscheinlich die eigene Mutter wieder. Im heimlichen Krankmachen der Kinder finden die Mütter die Lösung. Nun sind nicht mehr sie selbst von der Stimmung des Kleinkindes, das sie zu beherrschen scheint, abhängig, sondern kehren die Situation um: Das Kind wird völlig abhängig von ihnen selbst und sie können die Illusion der perfekten Krankenschwester/Mutter leben und bekommen vom Krankenhaus das, was sie emotional brauchen, nämlich Bestätigung und Bewunderung, zumindest bis zur Diagnosestellung.

Um diese bizarre Spaltung zu begreifen, brauchen wir als weiteren Puzzlestein die in der Kindheit der Mütter in deren eigenes Unbewusstes eingeschriebenen Erfahrungen.

Was hierüber an Berichten existiert, spricht eine einheitliche Sprache. Die eigene Kindheit war von Serien von Arztbesuchen und Operationen durchzogen, und zwar jeweils mit fragwürdigen Begründungen. Man spricht hier vom Second-generation-Münchhausen-by-proxy-Syndrom, die heutigen Täterinnen sind die ehemaligen Opfer. Auch Vernachlässigung, emotionaler Missbrauch ebenso wie körperliche Misshandlungen, sexueller Missbrauch häufen sich in den Biografien der Mütter/Täterinnen (Parnell/Day 1997).

Diese transgenerationale Weitergabe erlebter Destruktivität in der Kindheit deckt sich mit unseren Erfahrungen aus anderen Formen des Kindsmissbrauchs. Wir wissen, dass 50% der sexuell missbrauchten Töchter eine ebenfalls sexuell missbrauchte Mutter haben, ebenso 40% der männlichen Täter (Dulz/Nadolny 1998).

Wir wissen heute, dass regelmäßig aus Opfern Täter werden, häufig an den eigenen Kindern. Kinder mit solchen traumatischen Kindheitserfahrungen haben jene gute Mütterlichkeit und Väterlichkeit, die sie für ihre eigenen Kinder brauchen, nicht verinnerlicht. Sie können ihren Kindern nur das geben, was sie selbst bekommen haben. Folglich bilden sich gleichsam Destruktivitätsdynastien. Während Frauen die Destruktivität in der Regel an ihren eigenen Körper oder an ihr Kind weitergeben, geht die Tradierung bei jungen Männern etwas andere Wege. Der traumatisierte Junge wird später mit hoher Wahrscheinlichkeit sein destruktives Potenzial nach außen richten. Der vom Vater verprügelte Sohn will sich nie wieder so hilflos fühlen wie damals und sucht sich Opfer, in denen er seine eigene Hilflosigkeit ablädt und damit seine Vater-Sohn-Geschichte wiederholt. Wir finden diese jungen Männer deshalb nicht im Krankenhaus als Patienten, sondern im Gefängnis als Täter, und sie ziehen als prügelnde Väter die nächste Generation von Opfern heran, die dann wieder zu Tätern werden.

Die traumatisierten Frauen hingegen richten die Destruktivität auf den eigenen Körper oder auf ihr Kind, das wie ein Teil des eigenen Körpers behandelt wird.

Schluss

Zum Glück wird nicht jede traumatisierte Mutter zu einer Münchhausen-by-proxy-Mutter, die ihr Kind heimlich misshandelt.

Das Syndrom zeigt uns aber mit aller Deutlichkeit die Gefahr transgenerationaler Weitergabe eigener traumatischer Kindheitserfahrungen an die nächste Generation.

Die Münchhausen-by-proxy-Mütter geben ihr eigenes Trauma rücksichtslos an ihr Kind weiter. Sie suchen keine Hilfe, verleugnen ihre Täterschaft, der Schutz des Kindes muss deshalb mit medizinischem und juristischem Druck durchgesetzt werden. Das Krankheitsbild lehrt uns aber sensibel zu sein für jene, die Hilfe suchen.

Viele unserer jugendlichen Patientinnen hier in der Klinik haben in sich ein psychisch verletztes inneres Kind, welches sie heilen wollen. Immer wieder stoßen wir hier schon bei 14-Jährigen auf die Fantasie, so schnell wie möglich und egal von wem schwanger zu werden. Im Mutterwerden wollen sie eigentlich Kind sein und vom Kind bekommen, was die eigene Mutter nicht geben konnte. Natürlich müssen wir diese Form des Kindesmissbrauchs verhindern und den Patientinnen in Form von Psychotherapie geben, was sie brauchen.

Eine weitere Patientengruppe, die Hilfe sucht und Hilfe braucht, sind junge Mütter. Sie erkranken wenig nach der Geburt ihres Kindes, beispielsweise an schweren Essstörungen, sie magern anorektisch ab und wehren sich damit gegen das unbewusste Gefühl des Beherrschtwerdens durch ihr neugeborenes Kind oder entwickeln exzessive Fress-Kotz-Attacken, in denen sie ihre eigene kindliche ungestillte Gier ausleben und im Erbrechen wieder ungeschehen machen.

Was wir hier an Krankheiten bei den jungen Müttern sehen, entsteht im Grunde aus einem konstruktiven Impuls. Die Frauen versuchen, mit ihren Kindern etwas besser zu machen, als sie es selbst erfahren haben. Sie versuchen gute Mütter für ihr Kind zu sein, voll Liebe, Freude, Stolz und

Geduld für ihr Kind. Sie scheitern an diesem Anspruch und sie sind zutiefst beunruhigt von Zuständen voll Wut und kaum noch zügelbarer Aggressivität oder unendlicher Hilflosigkeit ihren Kindern gegenüber. Viele der Mütter verstehen zunächst ihre eigenen Reaktionen nicht und öffnen sich erst in einem schmerzlichen, aber heilsamen Prozess für die unverarbeiteten Traumata der eigenen Geschichte. Dass junge Mütter sehr häufig mit ihren Kindern zu uns in Behandlung kommen, beruht nicht ausschließlich auf praktischen Schwierigkeiten der Kinderversorgung. Die Mütter bringen gleichsam ihr Problem mit und fordern uns dazu auf, mit ihnen zusammen im therapeutischen Durcharbeiten den Teufelskreis der Gewalt zu durchbrechen.

Hierzu gibt es keine Alternative. Immer gilt: Erfahrene Gewalt wird so lange handelnd wiederholt, bis sie im schmerzlichen Prozess erinnert, durchgearbeitet, versprachlicht und integriert werden kann.

Ein zentrales Merkmal traumatischer Erfahrungskomplexe ist, wie wir heute wissen, die Sprachlosigkeit. Die Ereignisse sind aufgrund eines qualitativ veränderten Zustands gewissermaßen psychisch eingefroren, notdürftig eingekapselt, ohne Worte, ohne Zeitgefühl, ohne Sinn. Therapie ist deshalb immer die kontrollierte Annäherung, die der heutigen erwachsenen Persönlichkeit ermöglicht, die eingekapselten Erfahrungen langsam zu eröffnen. Diese Sprengstücke der eigenen Biografie verlieren damit ihren extraterritorialen Charakter, sie werden in die eigene Geschichte eingefügt, bekommen einen Ort in der Zeit und müssen nicht mehr zwanghaft wiederholt und an die nächste Generation weitergegeben werden.

Kapitel 5

Unbewusste Operationsmotive[1]

Einleitung

Die Operation des menschlichen Körpers wird in aller Regel als eine Handlung angesehen, die der Chirurg aufgrund streng rationaler Indikationsstellung durchführt.

Wir sehen nun allerdings, dass auch Patienten in großem Umfang mit »Chirurgiefantasien« beschäftigt sind, das heißt mit Vorstellungen, dass bestimmte Körperteile operiert, also verändert oder entfernt werden müssten. Ein Teil dieser Patienten möchte den Eingriff vom Chirurgen durchführen lassen, ein anderer Teil der Patienten entwickelt einen Drang zu selbstmanipulativen destruktiven Maßnahmen am eigenen Körper.

Die klinischen Syndrome, die hieraus resultieren, sind verschiedene Formen der pathologischen Operationsbereitschaft (Chertok 1972; Menninger 1934; Brody 1959; Hontschik 1994), die pathologische Unfallbereitschaft, verschiedene Formen von selbstmanipulativem Verhalten (Plassmann 1996), oder auch eine chronische Schmerzkrankheit (Engel 1959). Diese Pathologien kommen sehr oft beim selben Patienten gleichzeitig vor oder wechseln sich phasenweise ab.

1 Das Kapitel ist eine überarbeitete und gekürzte Version folgenden Textes: Plassmann, R.: Selbstbeschädigung – unbewusste Operationsmotive. In: Hontschik, B. (Hg,) (2003): Psychosomatisches Kompendium der Chirurgie. München, (Marseille), S. 249–257. Eine ausführliche Version ist abgedruckt in: Hontschik, B & Uexküll, Th. v. (Hg.) (1999): Psychosomatik in der Chirurgie. Stuttgart (Schattauer).

Die Theorie der Organwelt

Um zu einer Klassifikation und Ordnung der pathologischen körperbezogenen Fantasien zu kommen, wäre es einerseits möglich, sich an der gewohnten anatomischen Systematik zu orientieren. Man müsste dann zu jedem Organ oder Organsystem die am häufigsten vorkommenden pathologischen Fantasien und Impulse beschreiben. Beispielsweise werden die inneren Sexualorgane der Frau sehr häufig zum Objekt unbewusster Ab- und Austreibungsfantasien, oder die Gebärmutter wird sehr konkretistisch zum Muttersymbol, welches die Patientin aus ihrem Körper entfernen (lassen) möchte.

Die hier verwendete Klassifikation ist jedoch entwicklungspsychologisch orientiert (Plassmann 1993).

Ich möchte zunächst pathologische Fantasien über den Körper, also *pathologische Inhalte* des Körperselbst, darstellen und einer ersten Klassifikation unterziehen.

Tote Zonen im Körperselbst

Solche Fantasien finden sich zum Beispiel bei Patienten, die mit artifiziellen Geschwüren agieren. Die in den Geschwüren abgestoßenen Massen toten Gewebes (nekrotisches Material, Eiter) stellen den toten Teil des Körperselbst dar. Das geschwürige Loch, der Defekt im Körper symbolisiert den Bereich, in dem kein Leben ist, sondern ein »Loch im Körperselbst«. Das ganze Geschwür, sei es durch Fremdkörper- oder Bakterienimplantation, durch Applikation von Säure oder durch mechanische Manipulation entstanden, stellt das Nebeneinander und die Grenzzone zwischen Leben und Tod im eigenen Körper dar und darf nie ausheilen, weil das Tote zum Körperselbst der Patienten gehört und irgendwo seine Symbolisierung im Körper braucht. Die Fantasien der Patienten repräsentieren eine *tote Zone im Körperselbst.*

Fallbeispiel 1

Frau S. ist Einzelkind. Die frühe Situation lässt sich als eine weitestgehende körperliche und emotionale Deprivation beschreiben. Das Kind wurde nach der Geburt zu einer Großmutter gegeben – nicht nur, weil die Mutter arbeiten gegangen war, sondern auch, weil sie das Kind emotional nicht annehmen konnte. Der Vater war zu dieser Zeit im Ausland. Die Mutter scheint jede körperliche Berührung mit dem Kind soweit wie möglich vermieden zu haben. Diese Ablehnung des Kindes wurde von der Mutter später und von beiden Eltern stets mit Eigenschaften des Kindes begründet. Es wurde der Patientin auf verschiedene Weise immer wieder vermittelt, dass an ihr etwas Inakzeptables sei. Sehr wahrscheinlich ist die Patientin auch bei der Großmutter eher »mechanisch« versorgt worden, es gab nie Hinweise für eine emotionale Bindung. Traumatisch war in diesem Fall das körperliche und emotionale Nicht-wahrgenommen-Werden. Aktive körperliche Misshandlungen sind in diesem Fall nicht bekannt.

Die Patientin hat von klein auf, um psychisch zu überleben, Pflanzen und Gegenstände, auch Gebäude, als Ersatzobjekte gesucht, an denen sie mit tiefer Liebe hing. In Zuständen unerträglicher Einsamkeit verbarg sie sich schon im Vorschulalter in Kirchen, wo sie dann schlafend oder träumend nach vielen Stunden gefunden wurde. Sie kann Pflanzen lieben und fühlen, sie erlebt deren Realität und Körperlichkeit viel intensiver als ihren eigenen Körper und den ihrer Eltern. Die Wirklichkeit der Eltern kann von ihr nur als Pseudowirklichkeit erlebt werden. Die körperliche Realität der Eltern, mit denen sie wahrscheinlich bis ins frühe Erwachsenenalter so gut wie keine körperliche Berührung hatte, ist innerlich in ihr kaum abgebildet. Auch für die späteren schweren körperlichen Krankheiten der Eltern und deren Tod gibt es bei der Patientin keine innerliche Vorstellungskategorie.

Die Mutter starb nach langem Siechtum, nachdem sie von der Patientin jahrelang gepflegt worden war. Sie war nach einem Schlaganfall gelähmt, bettlägerig, hatte Druckulzera und Sprachstörungen. Erkrankung und Tod der Mutter wurden von der Patientin in Identifikation mit deren Körper verarbeitet. So wie die Mutter gelähmte Beine mit Geschwüren gehabt hatte, so bekam die Patientin nach dem Tod der Mutter (artifizielle) Abszesse und Geschwüre der Beine, lag fast zwei Jahre in stationärer chirurgischer Behandlung und wurde zahllose Male operiert. Der Vater starb einige Jahre später an einem Schilddrüsenkarzinom, das sich im Hals und Kopf massiv ausgebreitet hatte. Sie war bis dahin, nur durch den ersten Schub von Artefaktkrankheit unterbrochen, in einem Büroberuf tätig gewesen. Der Verlust des Arbeitsplatzes durch Konkurs der Firma löste einen erneuten schweren Schub von Artefaktkrankheit aus. Unmittelbar nach dem letzten Arbeitstag, an dem sich die Patientin »wie aus der Welt geworfen« gefühlt hatte, ließ sie sich wegen Gallenbeschwerden operieren und lag dann mit Serien von artifiziellen Bauchdeckenabszessen und insgesamt über 30 Operationen wiederum mehr als ein Jahr stationär in der Chirurgie, bis die Diagnose einer artifiziellen Krankheit schließlich gestellt wurde und sie nach längerer Vorbereitungsphase zur klinischen Psychotherapie kam.

Die Erkrankung der Patientin kann psychodynamisch so verstanden werden, dass die Patientin den Verlust ihrer Eltern nur bewältigen konnte, indem sie sich mit den kranken Körpern beider Eltern identifizierte. Die Abszesse am Bauch liegen topografisch zwischen den Geschwüren der Mutter (an Beinen und Gesäß) und denjenigen des Vaters (im Kopfbereich).

Wie sich im Verlauf der Psychotherapie klärte, hatte die Patientin Abszesse erzeugt, indem sie heimlich Fremdkörper in ihre Bauchhaut praktiziert hatte. Die Abszesse am Bauch hatte ihre Fantasie, ein nicht lebensfähiger, toter Teil des mütterlichen Körpers zu sein, symbolisiert. Jede Abszessspaltung und -entleerung war wie die Inszenierung einer Geburts- bzw. Abtreibungsfantasie: Die Abszesshöhle war die Gebärmutterhöhle. Eiter und Fremdkörper entleerten sich nach außen, sie waren aber nicht lebensfähig. Jeder neue Abszess war dann wie eine »Wiederbelebung« ihrer eigenen Person, indem sie einen neuen Abszess, sprich Fetus, am eigenen Bauch erzeugte. Die Grenzen zwischen den handelnden Personen waren dabei völlig verwischt. Sie war Mutter, Kind und zeugender Vater zugleich.

Fusionäre Zonen im Körperselbst

Bei dieser Kategorie körperbezogener Fantasien scheint der Körper Bereiche zu haben, in denen er keine Begrenzung hat, sondern offen ist. Prädilektionsstellen für solche Fantasien sind zunächst alle Organe, die tatsächlich mit der Durchdringung der Innen-Außen-Barriere zu tun haben. Dies sind von den Sinnenorganen besonders Auge, Ohr und Nase, da hier Öffnungen anatomisch vorgegeben sind. Die Augen werden ebenfalls, obwohl anatomisch nicht zutreffend, als Öffnungen fantasiert, als gleichsam gläserne Zonen, durch die verfolgende Blicke ohne Barriere ins Selbst eindringen können. Augenartefaktpatienten »blenden« diese Augen durch die Manipulation von Entzündungen und den ärztlicherseits angelegten Verband, um die »Öffnung im Selbst« zu schließen. Auch alle anderen physiologischen Öffnungen des Körpers, die für Aufnahme oder Abgabe anatomisch vorgesehen sind, können als fusionäre Zonen erlebt werden, so zum Beispiel Mund, Anus, Rektum und ganz besonders das weibliche Genitale. Bei Frauen ist die Fantasie des Genitales als Ort gewaltsamer fusionärer Entgrenzung durch sexuellen Angriff außerordentlich häufig. Hierfür bietet sich die Benennung als fusionär-inzestuöse Zone oder als symbiotisch-inzestuöse Zone an.

Fallbeispiel 2

Die 38 Jahre alte Frau C. berichtete, angefangen habe alles mit einem Sportunfall vor mehr als vier Jahren, bei dem sie sich beim Jiu-Jitsu einen Kreuzbandriss links zugezogen hatte, der über Monate nicht diagnostiziert und damit auch nicht adäquat behandelt worden war. Als die Diagnose schließlich durch einen bekannten Sportarzt gestellt und die Patientin auch operiert worden war, erhielt sie die Information, dass sie diesen Kampfsport nicht mehr würde betreiben können, da die Operation zu spät erfolgt sei. In dieser Zeit sei sie sehr unruhig geworden, vor allem nachts, sie sei dann auch wegen der unerträglichen Unruhe aufgestanden, obwohl sie das Bein nicht belasten sollte. Sie habe die »komische Idee« gehabt, dass das Bein eben ganz kaputtgehen solle, wenn sie keinen Sport mehr machen könne. Sie habe dann die Wunden immer wieder selbst aufgemacht. Später hat sie sich durch unsterile Injektionen in das Knie und durch Manipulationen an den Wunden immer wieder Entzündungen beigebracht, die zu hohem Fieber und Schüttelfrost führten. Es sei aus einem unüberwindbaren inneren Zwang heraus geschehen, sich zu schädigen. Gebe sie diesem Drang nicht nach, entwickelten sich unerträgliche Ängste, die sich bis zur existenziellen Panik steigerten. Seit März 1986 habe sie sich selber immer wieder Blut abgenommen, dies meist mehrere Tage unsteril herumstehen lassen, um es sich mit immer den gleichen Spritzen in das Kniegelenk zu injizieren. So habe sie immer wieder hohes Fieber, Schüttelfröste und Gewichtsabnahme provoziert.

Die Patientin wurde in den verschiedensten Kliniken behandelt, unter anderem eine längere Zeit in der Medizinischen Hochschule in Hannover und in Bremerhaven, wo mehr als zehn Operationen erfolgten. Im September 1987 wurden septische Metastasen in drei Wirbelkörpern entdeckt, die ebenfalls operiert werden mussten. Unter der Operation kam es zu einem Herzstillstand, später zu einem septischen Schock. Auch am rechten Arm gab es eine septische Metastase. Eine Beinamputation, um weitere Abszesse, die unter Umständen auch das Gehirn oder die Leber betreffen könnten, zu verhindern, lehnte die Patientin ab. Vom Umgang der Patientin mit ihrem Körper war bis zu diesem Zeitpunkt noch nichts bekannt. Sie wurde schließlich in eine Düsseldorfer Klinik verlegt, wo dann auch ein großer Lungenabszess gefunden wurde. Die Chirurgen sahen aber von einer Lungenoperation ab, da der Abszess gut abgekapselt sei. Am Bein legten sie einen Fixateur externe an, um eine Kallusbildung und vielleicht eine Versteifung des Beines zu erreichen. Die Chirurgen konfrontierten sie auch erstmalig mit ihrem Verhalten, was die Patientin als Erleichterung erlebte, da sie aus Angst und Scham nicht habe darüber sprechen können.

Zu ihrem aktuellen Befinden gab sie Folgendes an: Wegen ihrer ständigen starken Schmerzen bekomme sie Schmerzmittel. Deswegen und wegen einer ausgeprägten Anämie fühle sie sich ständig schlapp und müde. Sie habe regelmäßig Albträume, aus denen sie voller Angst wach werde. Ab und zu bekomme sie auch panikartige Zustände, vor allem nachts und am Vormittag, wenn die anderen Patienten weg sind und sie ins Nachdenken komme über ihre Familie, ihre Kinder, ihre Geschichte. Sie werde dann unruhig, bekomme Herzklopfen und Schweißausbrüche sowie Atemnot. Sie müsse sich dann einfach wehtun, kratzen oder den Kopf an die Wand hauen.

Aus der Lebensgeschichte erscheint bedeutsam, dass die Patientin als drittes von fünf Kindern eines Großbauern in der Lüneburger Heide aufgewachsen ist. Sie hat einen vier Jahre älteren Bruder, der kürzlich an Prostatakrebs verstorben ist. Die einzige Schwester der Patientin war im Alter von drei Jahren, kurz vor der Geburt der Patientin, an Diphtherie verstorben. Ein Zwillingsbruder der Patientin starb bei der Geburt. Davon hatte die Patientin sehr früh erfahren, weil ihre Mutter ihr ständig vorgehalten habe, sie sei schuld am Tod des Bruders, weil sie sich vorgedrängt habe. Die Mutter hätte wohl lieber einen Sohn gehabt. Die Patientin hat noch einen zwei Jahre jüngeren Bruder, der an Hodenkrebs leide. Beide Eltern der Patientin hätten ebenfalls Krebs, der 78-jährige Vater Hautkrebs, die 68-jährige Mutter Darmkrebs. Der jüngere Bruder, der groß, blond und schön sei und der damit dem Ideal der Eltern von der nordischen Rasse entsprochen habe, sei im Gegensatz zur Patientin sehr verwöhnt worden. Sie selbst sei von der Mutter in übelster Weise misshandelt worden und habe auch von dem lauten und ungerechten Vater keine Unterstützung erfahren. Sie habe sich damals geschworen, sie wolle nie mehr Angst haben und zeigen und nie mehr weinen.

Als ihr älterer Bruder, der bis zum Alter von 13 Jahren bei den Großeltern gelebt hatte, nach Hause zurückgekommen sei, habe die Patientin endlich jemanden gehabt, mit dem sie habe sprechen können. Im Alter von 16 Jahren habe die Patientin in einer Kurzschlussreaktion den großen Bauernhof angezündet und anschließend versucht, sich umzubringen. Mit 18 habe sie einen zweiten Suizidversuch, jetzt mit Tabletten, unternommen, sei aber rechtzeitig gefunden worden, habe allerdings schwere Vorwürfe bekommen. Im Alter von 20 Jahren sei sie gewollt schwanger geworden und habe dem Druck der Mutter, das Kind abzutreiben, nicht nachgegeben. Bis zur Heirat, in die die Mutter schließlich doch einwilligte, habe sie in jeder Konfliktsituation mit Übelkeit und Erbrechen reagiert. Die Mutter habe auch versucht, den Mann der Patientin zu beherrschen und den ersten Sohn für sich zu beanspruchen. Darauf hatte die Patientin mit panischer Angst reagiert. In einer Zeit, als sich die Beziehung zu ihrem Mann, der im Übrigen fest zu ihr steht, verschlechtert hatte, entwickelte die Patientin nächtliche Angst und Unruhe, die sie zu verheimlichen suchte. Sie stürzte sich vermehrt in ihren Kampfsport, wobei sie sich völlig verausgabte. Nach dem Unfall war ihr diese Möglichkeit abrupt genommen.

Das Agieren am Körper ist durchsetzt mit körperfusionären Themen. Sie schafft sich am Knie eine Eintrittspforte für fremde Kleinlebewesen; diese hat sie gezüchtet durch Fusion mit einem anderen Lebewesen, ihrem eigenen Blut. Das Einspritzen bewirkt entweder eine Abkapselung im Abszess oder eine metastatische Ausbreitung im eigenen Körper. In der Abszessentleerung speit der Körper die fremden Lebewesen gleichsam wieder aus, oder sie nisten sich im Körper ein und zerfressen diesen.

Man kann in dieser am eigenen Körper agierten Fantasie vielleicht den latenten arischen Rassismus der Mutter wiedererkennen, die sich einen Volks- oder Familienkörper, der von fremden Eindringlingen zerfressen wird, vorstellte, und kann auch Verbindungen herstellen zum Vorläufersymptom der Patientin, nämlich dem habituellen Erbrechen, mit welchem sie ständig Eingedrungenes ausstieß. Auslösend für das Agieren der Patientin mit ihrem eigenen Körper waren mehrere Karzinomerkrankungen nächster Verwandter gewesen, das heißt, auch in deren Körper hatte sich entartetes, bösartiges Leben breit gemacht. Ferner hatte die sexuelle Beziehung ihres Ehemannes zu einer Arbeitskollegin auslösend gewirkt, sodass das Einspritzen von kleinen Lebewesen in den eigenen Körper vielleicht auch aus diesem Grunde als Fantasie bereitlag.

Spaltungszonen im Körperselbst

Eine weitere Kategorie von Fantasien beinhaltet die Vorstellung eines »guten« und eines »bösen« Bezirks im eigenen Körper. Prädilektionsstellen hierfür sind die paarigen Organe, besonders die Hände, Arme und Beine, aber auch die Ovarien oder die Augen als ebenfalls paarige Organe. Diese Patienten sind für Opferungsinszenierungen sehr anfällig, in denen das »böse Organ« aus dem Körper entfernt wird und nur das »Gute« verbleibt. Auch Körperteile, die normalerweise in einer Aktiv-passiv-Beziehung zueinander stehen (Hand-Mund, Hand-Haut, Hand-Wunde, Hand-Genitale, Mund-Finger etc.) können zur Repräsentanz einer Spaltungsfantasie werden. Die gute Hand katheterisiert beispielsweise die »böse Blase«, die dann schmerzt, blutet und »sich« infiziert. Die entstandenen Körperschäden werden ausschließlich dem als negativ fantasierten passiven Körperteil zugeschrieben. Dieser scheint selbst die Destruktionen angerichtet zu haben, zum Beispiel in Fällen von Wundmanipulation. Die Manipulationen der Hand an der Wunde werden von den Patienten grundsätzlich als gut definiert. Scheinbar hilft die Hand, lindert, säubert und stillt Juckreiz, während sie objektiv betrachtet zerstört. In dieser Aktiv-passiv-Spaltung, in der der passive Teil der Schuldige ist, scheint sich häufig eine ursprünglich interpersonale Szene früher Gewalterfahrungen der Patienten zu wiederholen mit dem Ergebnis einer Spaltungszone im Körperselbst.

Fallbeispiel 3

Die Patientin, Frau G., 25 Jahre alt und Krankenschwester von Beruf, war wegen Entzündungen im Bereich der Fingernägel vielfältig in Hautkliniken gewesen. Es hatte sich schließlich gezeigt, dass sie diese Entzündungen und Verletzungen selbst herbeiführte, indem sie an den Fingernägeln und am Nagelfalz mit spitzen Gegenständen herummanipulierte, mit Nagelfeilen und Nagelscheren. Wiederholt waren dadurch schwere Infektionen entstanden, sodass auch Eingriffe im Bereich der Finger durchgeführt werden mussten. Bei der näheren Beschäftigung mit der Persönlichkeit und der Lebenssituation der Patientin stellte sich heraus, dass sie maximal gebunden war an eine äußerst brutale, lieblose und fordernde Mutter, der gegenüber sich die Patientin in einer sogenannten parentifizierten Position befand. Die Mutter gebärdete sich wie ein Kleinkind und verlangte von der Patientin Selbstständigkeit, Lebenstüchtigkeit und Verantwortung für sie, die Mutter, die sich im Grunde wie das Kind ihrer Tochter aufführte. Es war der Patientin unmöglich, gegen diese Mutter zu opponieren, das Ausmaß der Aggression war viel zu groß. Wenn sie dem nachgegeben hätte, wären wahrscheinlich mörderische Impulse der Mutter gegenüber hochgekommen. Die Berufswahl als Krankenschwester hatte diesen Lebensauftrag, sich fürsorglich um

Hilfsbedürftige zu kümmern, umgesetzt. Sie hatte sich in ihrem Beruf als Krankenschwester, obwohl mühsam und im Grunde ständig überfordert, einigermaßen gehalten, unterbrochen von zahlreichen Krankschreibungen durch die besagten Beschädigungen der Finger.

Die Patientin schloss sich einer anderen jungen Frau an, die alleinstehend war und sich ebenfalls einsam fühlte. Als bereits Pläne besprochen wurden, zusammenzuziehen, stellte sich heraus, dass jene neu gewonnene Freundin in den ersten Wochen schwanger war. Frau G. begann lebhafte Fantasien zu entwickeln, dass dem Ungeborenen Gefahr drohe. Sie fantasierte eine jederzeit drohende Fehlgeburt, gönnte sich keine ruhige Minute mehr und versuchte, jegliche Aufregung und Belastung von dieser Mitpatientin fernzuhalten, um sich nicht an dem in ihrer Fantasie drohenden Tod des Ungeborenen schuldig zu machen. Hierin müssen massive Aggressionen der Patientin diesem ungeborenen Kind gegenüber enthalten gewesen sein, da dieses Ungeborene im Begriff war, sich zwischen sie und die neue Freundin zu schieben. Schließlich traten tatsächlich bei der Freundin vorzeitige Blutungen auf. Diese Mitpatientin musste unsere Klinik verlassen, wurde in eine Frauenklinik verlegt, um die drohende Fehlgeburt zu verhindern. Am anderen Tag erschien Frau G. mit einem dick geschwollenen Finger, der extrem schmerze. Sie habe sich den Finger an der Schranktür geklemmt, das sei eine Kleinigkeit und werde bestimmt am anderen Tag abgeklungen sein. Sie behandelte wiederum ihren Körper so, wie sie sich von ihrer Freundin behandelt fühlte, nämlich gleichgültig und brutal, während der körperliche Schmerz, den sie selbst induziert hatte, ihren seelischen Schmerz ausdrückte.

Das Wochenende kam, an dem die Patientin sich sehr einsam fühlte. Am darauffolgenden Montagmorgen erschien sie bei mir und zeigte wie beiläufig ihren Finger, an dem der halbe Nagel fehlte, und zwar gerade der allerempfindlichste, hintere Teil, der Finger sah regelrecht zerfleischt aus. Der Nagel habe geschmerzt, sagte sie gleichgültig, er habe sich entzündet, sie habe ihn in einer nächtlichen mehrstündigen Aktion mit der Nagelschere entfernt. Die ostentative Gleichgültigkeit und Brutalität der Patientin ihrem Körper gegenüber entsprach ihrer inneren Haltung. Sie hatte sich auf die Seite der Aggressoren geschlagen und ihrem Körper das Verletztsein überlassen. Zugleich war damit inszeniert, wie gleichgültig und brutal sie sich behandelt gefühlt hatte, auch vom therapeutischen Team, das am Wochenende nicht anwesend gewesen war. Meine eigene Übelkeit und mein Entsetzen angesichts dieses Fingers, meine hilflose Wut auf diese Patientin, entstammten wohl der Identifikation mit dem Körper, dem Schmerz zugefügt wurde.

Entwertungszonen im Körperselbst

Besonders bei Patienten mit Artefakten im narzisstisch hoch besetzten Gesicht oder aber auch an den Beinen (speziell im Bereich der Knie) fällt die Bedeutung der Zerstörungszonen als *Repräsentanz negativer Selbstanteile* auf. Manche Patientinnen mit hoher narzisstischer Besetzung von Kraft, Bewegung und Geschicklichkeit, die leidenschaftlich Leichtathletik, Kampfsportarten oder Turniertanz als Leistungssport betrieben hatten, entwickelten anlässlich von Sportverletzungen, welche ihre Leistungsfähigkeit beeinträchtigt hatten, Bein- und Knieartefakte von unglaublicher Destruktivität bis hin zur drohenden Beinamputation, die von den Patienten selbst gewünscht wurde. Das einmal durch Artefakte und Operationen verstümmelte, verunstaltete und behinderte Knie und Bein wurde zum Symbol alles narzisstisch negativ besetzten Hässlichen und Unvollkommenen. Die Patienten fordern von sich (und von ihren Behandlern), das durch Artefakte und Eingriffe immer minderwertigere Organ, das zum negativen Selbstobjekt geworden ist, in einen makellosen narzisstischen Zustand zurückzuversetzen oder es zu entfernen, weil eine Versöhnung nicht vorstellbar ist.

Für Patienten mit entstellenden Gesichtsartefakten wird häufig der Anblick des eigenen Spiegelbildes zur Auslösesituation für weitere Manipulationen. Der Spiegel gibt nicht das makellose, ideale Selbstbild wieder, sondern spiegelt die Schönheitsfehler, das Kleinheitsselbst. Solche pathologischen Fantasiebildungen können als *Entwertungszonen im Körperselbst* klassifiziert werden.

Fallbeispiel 4

Eine 32-jährige, verheiratete Verkäuferin kommt zum Psychotherapeuten, überwiesen von ihrem Chirurgen, da dieser eine vierte Operation am Bauch innerhalb von eineinhalb Jahren abgelehnt hatte. Die Bauchschmerzen hatten vor eineinhalb Jahren begonnen und führten zu Blinddarmentfernung, Eileiterentfernung, Bestrahlung des Bauches, stationärer Untersuchung der Nieren und der Blase, probeweiser Bauchöffnung ohne Ergebnis, versuchsweiser Durchtrennung eines im Bauch verlaufenden Nerven zur Schmerzbekämpfung (N. ileoinguinalis) ohne Erfolg, erneuter stationärer frauenärztlicher Untersuchung, erneuter stationärer Blasenuntersuchung, Einweisung in die chirurgische Klinik zur Abklärung auf Leistenbruch. Alle diese Eingriffe und Untersuchungen waren ausgelöst worden durch drängendes Klagen der Patientin über Bauchschmerzen. Was lag dem zugrunde?

Die Patientin hatte 24-jährig (vor acht Jahren) einen hirngeschädigten Sohn geboren. Dieses Kind war für sie eine ungeheure Kränkung gewesen, die sie sich nie hatte eingestehen können. Sie war selbst von Geburt an unerwünscht gewesen, war in Pflegefamilien aufgewachsen und hatte sich nie als vollwertige Frau erlebt. Die Mutter hatte ihr zu verstehen gegeben, dass sie so, wie sie sei, mangelhaft und nicht akzeptabel sei, obwohl die Patientin äußerlich eine normale Entwicklung mit Schulbesuch, Verkäuferinnenlehre und Heirat genommen hatte. Als sie nun ein hirngeschädigtes Kind geboren hatte, war dies für sie wie ein sichtbarer Beweis für ihre eigene Mangelhaftigkeit. Sie versuchte deshalb auf fast groteske Weise, den Gehirnschaden ihres Sohnes vor sich und der Umwelt zu verleugnen. Sie glaubte den Geburtshelfern die Hirnverletzung nicht, hielt die verzögerte Entwicklung des Kindes mit verspätetem Sitzen, Gehen und Sprechen für normal und verweigerte dem Kind bis zum vierten Lebensjahr trotz ständiger hirnorganisch bedingter Krampfanfälle ärztliche Hilfe. Später schickte sie, trotz von psychiatrischer Seite festgestellter Bildungsschwäche, das Kind in die Normalschule, wo es sofort versagte. Zu diesem Zeitpunkt, dem Offenbarwerden der Minderbegabung des Sohnes, setzten bei ihr heftige Bauchschmerzen ein. Es war, wie wenn sich jetzt endgültig die Worte der Mutter bestätigt hätten, sie sei als Frau eine Versagerin.

Die expressive Funktion des Schmerzes liegt wiederum darin, dass ein seelischer Schmerz, nämlich die Verletzung des Eigenwertes, körperlich zum Ausdruck kommt. Ein finaler Aspekt, also der Aspekt von Krankheit als Lösungsversuch, liegt darin, dass vom eigentlichen Problem, dem kränkenden Ereignis, abgelenkt wird auf eine angebliche, am Körper liegende Störung. Die im Erleben des Patienten tatsächlich stattgefundene Kränkung wird verleugnet. Zugleich entsteht durch die fantasierte Annahme einer körperlichen Krankheit die Illusion einer Reparierbarkeit. Was tatsächlich nicht aus der Welt zu schaffen war, nämlich die geistige Behinderung ihres Sohnes, sollte durch die Annahme eines Bauchschmerzes bei ihr durch einen Eingriff aus der Welt geschaffen werden. Die kommunikative Funktion liegt darin, dass über den körperlich erlebten Schmerz zum einen der seelische Schmerz mitgeteilt wird. Gleichzeitig wird der Helfer zur Marionette für das Unbewusste der Patienten. Er soll den narzisstischen Höhenflug ebenso miterleben wie den darauffolgenden unvermeidlichen Absturz, den die Patienten ebenfalls selbst erlebt haben. Das passiv Erlittene – im Falle der Patientin die Geburt des behinderten Kindes – wird durch das sogenannte Koryphäen-Killer-Verhalten zu einer aktiven Inszenierung, die den Patienten aus der Rolle des passiv Leidenden befreit.

Die bislang beschriebenen pathologischen Fantasien sind zwar unbewusst, üben aber einen starken Wiederholungs- und Inszenierungsdruck aus. Sie werden am eigenen Körper agiert, häufig unter Einbeziehung anderer Personen. Diese werden manipuliert, sich den dabei unbewusst bleibenden Fantasien gemäß zu verhalten und beispielsweise körperfusionäre Fantasien durch Operation oder Spaltungsfantasien durch Exstirpation eines Organs zu agieren. Die Medizin soll ein Teil der Krankheit werden.

Therapie

Wenn die Gruppe der autodestruktiven Patienten immer wieder als psychotherapeutisch nicht motiviert erlebt wird, so liegt dies vermutlich nicht nur an den Patienten, sondern auch an der vom Arzt eingenommenen, offen oder versteckt vorwurfsvollen Haltung. Anders ausgedrückt: Es ist für den Arzt sehr schwer, sich gerade nicht wie die Eltern, der Ehepartner und letztlich das Über-Ich des Patienten zu verhalten, sondern ärztliche respektive psychotherapeutische Neutralität zu bieten.

Die Patienten nehmen an, der Körper mache das von selbst irgendwie, unter gleichzeitiger Verleugnung der Eigenbeteiligung. Wir konfrontieren die Patienten jedoch ziemlich schonungslos mit dem Vorhandensein oder Fehlen eines vom Ich ausgehenden Leidensgefühls. Dieses entsteht angesichts zunehmender verstümmelnder oder lebensbedrohlicher Organzerstörungen und angesichts der eigenen Ohnmacht, die Zerstörungen zu beenden. Es gibt allerdings auch chronifizierte Patienten, die sich mit ihrer Krankheit arrangiert haben und diese weniger fürchten als Veränderung durch Konfliktklärung. Sie benötigen den Arzt mehr zur Fortsetzung ihrer wiederholt inszenierten autodestruktiven Arrangements, ohne daran so sehr zu leiden, dass Veränderung unausweichlich würde.

Die geschilderten Überlegungen sind für den Anfang der stationären Psychotherapie und für die Bildung eines therapeutischen Arbeitsbündnisses wichtig. Die stationäre Psychotherapie kann demnach nach den gleichen Prinzipien geführt werden, wie im folgenden Kapitel für selbstverletzendes Verhalten geschildert.

Der Sonderfall der fehlindizierten Appendektomie

Die Appendektomie ist eine chirurgische Standardoperation, die (zumindest in Deutschland) eine extrem hohe Fehlindikationsquote aufweist, und zwar insbesondere bei jungen Frauen. Hontschik (1988, 1990, 1994) hat diesen Befund untersucht und ist zu folgenden Ergebnissen gekommen:

- Nur die akute Appendizitis ist operationsbedürftig. Sie ist eine Erkrankung, die bei Männern 1,5 Mal häufiger als bei Frauen auftritt (Hontschik 1994, S. 203).
- Operiert werden (in Deutschland) überwiegend Frauen. Die als Begründung angeführte »chronische Appendizitis« gibt es nicht, sie ist eine Pseudodiagnose, die eine Fehlindikation kaschiert.
- Der Grund für die fehlindizierte Appendektomie junger Frauen liegt im psychologischen Bereich. Die Familien fordern imperativ die Operation der Tochter aufgrund unbewusster Fantasien über das keimende Sexualleben des Kindes. Die Operation stellt meist einen Abtreibungs- und Initiationsritus dar.

Fallbeispiel 5 (aus Hontschik 1988)

Anna, 15 Jahre alt, Montagmorgen 09:30 Uhr. Während ich zu dem Untersuchungszimmer gehe, lese ich auf dem Einweisungsschein die Diagnose »chronisch-rezidivierende Appendizitis«. Bei Befund ist »siehe Anlage« vermerkt, als Anlage ist an der Behandlungskarte ein Röntgenbefund angeheftet. Zwei Monate zuvor ist eine Röntgenuntersuchung des Magen-Darm-Trakts mit Kontrastmittelgabe (»MDP«) vorgenommen worden, der Radiologe beschreibt eine »stummelförmige« Appendix, die mit der Umgebung verwachsen sei, als Abschluss seines Befundes empfiehlt er die Appendektomie. Aus dem Abstand von zwei Monaten zur stationären Einweisung schließe ich, dass der Hausarzt von der Notwendigkeit des Eingriffs nicht sehr überzeugt war, nun aber doch die Appendektomie für erforderlich hält.

Im Untersuchungszimmer liegt ein junges Mädchen, daneben stehen ein Koffer und ein tragbarer Fernseher, darüber liegt ein Bademantel. Am Kopfende steht eine etwa 40-jährige Frau, nervös, leicht schwitzend, bayrischländlich gekleidet, und beginnt zu sprechen, kaum dass ich das Zimmer betreten habe. Es handelt sich um die Mutter der Patientin: Was denn das hier noch solle, der Hausarzt sei nun schon seit einem Jahr vergeblich dabei, die Schmerzen »wegzumachen«, alles sei untersucht und gemacht worden, jetzt müsse der Blinddarm endlich raus, und zwar schnell, denn nach Weih-

nachten müsse »das Kind« eine Lehrstelle antreten, bis dahin müsse »alles in Ordnung« sein.

Nachdem ich vorsichtig erwidert hatte, dass wir Chirurgen weitgehend selbstständig und nach unseren Kriterien entscheiden, wer operiert werden muss und wer nicht, merke ich rasch, dass hier mit Vorsicht nichts zu gewinnen ist: Während ich »das Kind« untersuche, redet die Mutter ununterbrochen weiter. »Das Kind« ist kein besonders hübsches Mädchen, hat aber im Gegensatz zur Mutter einen gewissen körperlichen Liebreiz; es kommt mir fast lächerlich vor, von einem »Kind« zu sprechen. Frage ich die Patientin, seit wann sie die Bauchschmerzen habe, antwortet die Mutter sofort: »Seit einem halben Jahr!« Frage ich die Patientin, wo im Bauch denn die Schmerzen seien, antwortet die Mutter wieder: »Rechts unten, rechts unten!« Die Tochter schweigt. Ich habe das Gefühl, dass sie interessiert beobachtet, wie denn der beginnende Machtkampf zwischen mir und ihrer Mutter ausgehen werde. Nachdem ich in der Situation selbst keinen Weg finde, dem Geschehen eine andere Wendung zu geben, entschließe ich mich nach der klinischen Untersuchung, sozusagen als Behelf, zur Blutentnahme. Dabei ist die Mutter endlich still. Die Vorstellung, die Mutter des Raumes zu verweisen, um mit der Tochter, der eigentlichen Patientin, sprechen zu können, verbietet sich irgendwie, hat etwas seltsam Anrüchiges.

Mit dem Blutröhrchen in der Hand verlasse ich den Raum und bin zunächst erleichtert. Mit dem Laborergebnis, notiert auf der Behandlungskarte, kommen wir eine knappe Stunde später in einem anderen Raum erneut zusammen. Beide sitzen jetzt, ich setze mich ebenfalls, hinter den Schreibtisch. Wieder bin ich beeindruckt von dem umfangreichen Gepäck, das zwischen der Mutter und der Patientin aufgebaut ist. Ich komme gar nicht dazu, meine Ablehnung der Operation zu erklären, die bei der Patientin selbst einen eigenartig enttäuschten Gesichtsausdruck auslöst, als die Mutter schon wütend den Einweisungsschein zurückverlangt: Jetzt ginge sie in ein anderes Krankenhaus, vielleicht finde sie dort Ärzte, die an den Sorgen ihrer Patienten interessiert seien, wofür habe man eigentlich jetzt drei Stunden hier herumgesessen?!

Am nächsten Morgen berichtet der diensthabende Oberarzt in der Besprechung von einer nächtlichen Appendektomie bei einem 15-jährigen Mädchen, das am frühen Abend mit seiner Mutter in die Ambulanz gekommen sei. Die Mutter habe gleich nach dem Chefarzt verlangt und mit der Bild-Zeitung gedroht, die bestimmt gerne über ein Krankenhaus berichten werde, wo man den Kranken nicht helfen wolle. Der Oberarzt meinte etwas spöttisch, er habe sich im Interesse unseres guten Rufes zur Operation entschlossen, außerdem hätte das Mädchen nach dem Eingriff bestimmt keine Bauchschmerzen mehr, das sei in diesen Fällen immer so.

Was in solchen Fällen anstelle einer Operation erforderlich wäre (wenn es die Beteiligten zuließen), wäre eine Sexualanamnese der Tochter und eine Entängstigung von Eltern und Tochter anstelle der Operation. Damit kann verhindert werden, dass der Chirurg zum Teilnehmer an europäischen Varianten von Beschneidungsriten wird.

Zusammenfassung

Körperorgane sind nicht nur physische Gebilde, sie sind auch »Organwelten«, also mit hochaktiven körperbezogenen Fantasien besetzte Gebilde. Bei frühgestörten Persönlichkeiten finden wir, dass diese körperbezogenen und körpergebundenen Organfantasien von hochpathologischer Natur sein können. Sie führen zu einem abnormen Operationsverlangen oder zu selbstmanipulativem und selbstverletzendem Verhalten verschiedenster Ausprägungsform.

Beim Sonderfall der Appendektomie finden wir unbewusste Schwangerschaftsfantasien, die zu einem über die (fehlindizierte) Appendektomie vollzogenen Initiations- und Abtreibungsritual führen können.

Aufgabe des Arztes ist es, sich für die Begegnung mit solchen Patienten und ihren irrationalen Organwelten zu sensibilisieren und zu wappnen mit dem Ziel, den Patienten aus der Destruktivität, unter der sie selbst leiden, herauszuhelfen.

Kapitel 6

Selbst zugefügter Schmerz – Psychoanalytische und therapeutische Aspekte selbstverletzenden Verhaltens[1]

Einleitung

Die in diesem Kapitel behandelten Krankheitsbilder unterscheiden sich in einem wesentlichen Punkt von sonstigen somatischen oder psychosomatischen Erkrankungen. Der Körper ist primär gesund oder könnte es zumindest sein, wenn er nicht Opfer eines abnormen Verhaltens würde aufgrund einer abnormen Beziehung zum Körper, an der die Patienten eigentlich leiden. Die klinisch zunächst ganz im Vordergrund stehenden körperlichen Symptome sind nur ein sekundäres Phänomen, eine Folge missbräuchlicher Benutzung des Körpers für psychische Zwecke, zum Beispiel zur Spannungslösung, Affektabfuhr, zur Inszenierung unbewusster Fantasien, zur Aufhebung dissoziativer Phänomene wie Depersonalisation und Derealisation und Erlebniskomplexe.

Neben der pathologischen Beziehung zum Körper ist ein weiteres Merkmal eines Teils dieser Krankheitsgruppe die schwer gestörte Beziehung zum Arzt. Die Patienten sind hochgradig arztfixiert bis hin zur Arzt- bzw. Krankenhaussucht, sie erzwingen ärztliche Behandlung durch ihre Körpermanipulationen, sie führen die Manipulationen aus noch zu diskutierenden Gründen meist heimlich durch, das heißt, sie täuschen den Arzt durch Verschweigen und Erfinden falscher Erklärungen. Der krankhafte Zwang zur Täuschung des Arztes ist in seiner Motivation primär unbewusst, und kann als »Mimikry-Phänomen« (Plassmann 1987) bezeichnet werden. Der aus

1 »Selbst zugefügter Schmerz: Psychoanalytische und therapeutische Aspekte selbstverletzenden Verhaltens«. Vortrag in Salzburg, 26. April 2007.

der Biologie entlehnte Begriff hat den Vorteil, die affektiv hoch aufgeladene Beziehungsstörung zwischen Patient und Arzt möglichst wertneutral zu beschreiben. Eine weitere Untergruppe trägt ihre Verletzungen und Narben öffentlich zur Schau, ähnlich den Initiationsriten bei Naturvölkern, oder lassen sich Tätowieren oder Piercen, verdeckt oder offen.

Kasuistik

1. Beispiel: Frau W. kommt zum zweiten Mal zur stationären Aufnahme. Sie leidet unter einer Essstörung, zeigte in der Vorgeschichte massive Selbstverletzungen und war wiederholt stationär in Krankenhäusern wegen Anfällen, die mal als psychogen, mal als psychogene Anfälle eingestuft wurden. Sie wohnte noch bei den Eltern und bereits beim ersten Aufenthalt stellte sich der Verdacht ein, dass sexuelle Grenzverletzungen innerhalb der Familie stattgefunden haben, auch wenn das mit der Patientin noch nicht besprochen werden konnte. Sie hatte eine platonische Beziehung zu einem schwulen Freund, der sie einerseits anzog, andererseits eher abstieß, weil er mit seinem Hund sehr gewaltsam umgeht. Eine Partnerbeziehung bestand nicht. Innerhalb der Gruppentherapie war sie relativ unauffällig bis auf eine unterschwellige Konkurrenz zu den anderen jungen Frauen in der Gruppe.

Bei der zweiten Aufnahme hatte sie sich vom Gewicht her nahezu verdoppelt, ansonsten bestand Stabilität in Bezug auf die Selbstverletzungen wie bereits beim vorausgegangenen Aufenthalt. Auch beim jetzigen Aufenthalt wirkte sie merkwürdig unauffällig und symptomlos. Die Trennung von ihrer sehr dominanten Mutter gelang ihr nach wie vor nur in Ansätzen, augenscheinlich besteht auch ein sekundärer Krankheitsgewinn darin, in der Kleinmädchenposition zu verbleiben. Der Vater bleibt ihrerseits ausgeklammert in der Therapie. Nach mehreren Wochen bekam sie in der Gruppentherapie einen Anfall, der wie ein epileptischer Anfall anmutete. Zur Abklärung erfolgte die Verlegung in die Neurologie vor Ort. Dort krampfte sie erneut mehrmals. Schließlich wurde eine Mischung aus epileptischem Anfall mit Spikes and Waves im EEG und psychogenen Anfällen diagnostiziert. Bei der Überprüfung des Zimmers stellte sich heraus, dass Frau W. ihre Antikonvulsiva seit mehreren Wochen im Zimmer gehortet hatte, um durch deren Einnahme einen Anfall zu produzieren.

2. Beispiel: Anna, eine 16-jährige Patientin, die mit ihren Eltern vor einigen Jahren aus dem Osten nach Deutschland gekommen ist, fällt im stationären

Setting auf durch eine besonders auffällige Kleidung. Sie ist ein attraktives junges Mädchen, sehr begabt und wirkt unter den anderen Jugendlichen etwas exzentrisch. Sie lebte mit den Eltern und einem jüngeren Bruder zusammen. Auffallend waren Piercings am Genitale und in einer Brustwarze als Ausdruck sexueller Grenzverletzungen innerhalb der Familie, die bekannt, aber nicht besprechbar waren in der Familie und in der Therapie.

3. Beispiel: Marie ist zum dritten Mal stationär in der Klinik. Vor der ersten stationären Aufnahme ritzte sie sich regelmäßig, oft mehrmals am Tag. Von einer Ausnahme abgesehen, hielt sie sich in der Klinik an die Vereinbarung, sich nicht selbst zu verletzen. Die sichtbaren Spuren permanenten Ritzens waren vor allem an den Unterarmen zu sehen, die übersät waren mit dünnen weißen Narben. Marie hatte immer eine Rasierklinge in ihrem Portemonnaie, um jederzeit ihr Instrument zur Verfügung zu haben. Hintergrund ihrer Geschichte sind sexuelle Übergriffserfahrungen durch den Bruder und den Großvater.

Diese Fallbeispiele können nun als klinischer Hintergrund dienen, um die Klassifikation solcher Krankheitsbilder zu besprechen.

Klassifikation und Einteilung

Definierte und unterscheidbare Krankheitsbilder sind:
a) die Artefaktkrankheit (Factitious disease),
b) offene Selbstbeschädigung (Selbstverletzendes Verhalten),
c) Münchhausen-Syndrom (Asher 1951),
d) Münchhausen-by-proxy-Syndrom (Meadow 1977).

a) Die Artefaktkrankheit (Factitious disease): Heimlich durchgeführte Körpermanipulation mit Täuschung des Arztes über die Störungsursachen (»Mimikry-Phänomen«).

b) Offene Selbstbeschädigung: Offene, das heißt nicht verleugnete Selbstverletzungen durch Schneiden, Brennen, Verätzen etc. Diese Patienten machen aus ihrer Tendenz zur Selbstverletzung keinerlei Geheimnis, woraus sich auch der Terminus »offene« Selbstbeschädigung ableitet (Plassmann 1986). Die zu offener Selbstschädigung neigenden Patienten geben keinerlei diagnostische Schwierigkeit auf, es kommt nicht zur diagnostischen Krankenhaus-Odyssee, der psychische Hintergrund des offensichtlich abnormen Verhaltens ist jederzeit klar. Diese Patienten sind deshalb je nach Schweregrad der Verletzungen entweder in psychiatrischer oder dermatologischer Behandlung. Den offenen Selbstverletzungen können Jahre heimlicher Selbstverletzungen vorausgehen.

c) Münchhausen-Syndrom (Asher 1951): Heimliches Manipulieren oder Erfinden von körperlichen oder psychischen Symptomen, pseudologisches Ausfantasieren von Anamnese und Biografie, soziale Entwurzelung mit pathologischem Behandlungswandern von Klinik zu Klinik, häufig Drogenabhängigkeit und Delinquenz.

d) Münchhausen-by-proxy-Syndrom (Meadow 1977): Erfinden oder heimliches Manipulieren von körperlichen Störungen bei den eigenen Kindern mit Täuschung des Arztes über die Störungsursachen.

Die offene Selbstbeschädigung: Selbstverletzendes Verhalten

Krankheitsbild

Selbstbeschädigung wird synonym auch als offene Selbstbeschädigung oder offene Selbstmisshandlung bezeichnet (Plassmann 1987; Sachsse 1987), ebenfalls schlicht als selbstverletzendes Verhalten. Im Englischen wird von *automutilation* oder von *delicate self-cutting* (Pao 1969) gesprochen, da das Schneiden die am häufigsten praktizierte Selbstverletzungsmethode ist.

Dieses Verhalten tritt in psychiatrischen Kliniken häufig in Gestalt des »Ritzens« oder als Anbrennen der Haut mit Zigarettenstummeln, als mechanische Traumatisierung durch Schlagen mit der Hand oder mit dem Kopf gegen harte Gegenstände, oder ebenfalls, wie auch im Fall eines unserer Patienten, durch Verätzung der Haut mit Säure. Die Verletzungsarten sind eher stereotyp, ohne ausgeprägte persönliche Symbolik und von außen sichtbar.

Bei der Selbstbeschädigung ist sowohl dem Patienten als auch seiner Umgebung, besonders dem Arzt oder Therapeuten klar, dass der Patient Urheber der körperlichen Schädigung ist. Münchhausen- und Artefaktpatienten hingegen bauen eine fast undurchdringliche psychische Abwehr für die Tatsache auf, dass sie selbst am Körper schädigend manipulieren. Sie bauen diese Abwehr in einem komplizierten Mehrpersonensystem aus Patient, Patientenkörper bzw. Kindskörper und Arztgestalt auf unter massiver Verwendung von Pseudologie, Spaltungs-, Verleugnungs- und Projektionsvorgängen.

Bei vielen Patienten mit (offener) Selbstbeschädigung liegen die Verhältnisse hingegen anders. Diese Patienten leben ihren destruktiven Selbstanteil offen aus, sie können auch über Gewalt und Inzest in ihren Familien sprechen. Es scheint ihnen gar nichts auszumachen, dass sie ihren Körper durch ihre Selbstbeschädigungshandlungen zerstören. Sie wirken identifiziert mit der Destruktivität, während Sorge um sich und Fürsorge für den Körper, die Verantwortung für sich selbst unzugänglich sind. Manche weisen dem Schmerz eine besondere Bedeutung zu als unabdingbar für die eigene Zufriedenheit.

Ein Beispiel: Die 18-jährigeTanja ist durch ihren Stiefvater im Alter von zwölf Jahren über einen Zeitraum von einem Jahr missbraucht worden. Die beiden wurden in flagranti von der Mutter entdeckt. Seither verletzt Tanja sich regelmäßig und besteht darauf, dass das eigenhändige Zufügen von Schmerz für sie unabdingbar ist, vorher könne sie keine Zufriedenheit bekommen. Sie inszeniert Teile ihres Traumas mit anderen Männern, um sich erneut diesem Schmerz auszusetzen. Wenn sie danach Schuld- und Schamgefühle plagen, ritzt sie sich noch zusätzlich an den Armen.

Epidemiologie

Die Häufigkeit, in der in den einzelnen Studien selbstverletzendes Verhalten gefunden wird, hängt natürlich extrem von der Definition ab, also ob gelegentliches oberflächliches Ritzen im Sinne des »delicate self-cutting« gezählt wird oder nur schwerere Verletzungen. Die Studien geben diesen Unterschied leider nicht immer präzise an. In verschiedenen amerikanischen Studien streut die Häufigkeit gemäß Favazza und Rosenthal (1993) von 400 bis 1.400 Personen pro 100.000, also 0,4–1,4%. Hänsli (1996) schätzt, dass in der Schweiz mit zurzeit 7 Millionen Einwohnern bei bis zu 42.000 Personen jährlich selbstverletzendes Verhalten neu auftritt. Sachsse (2000) schätzt infolgedessen, dass in den westlichen Kulturnationen etwa 1% der Bevölkerung selbstverletzendes Verhalten praktiziert.

Van der Kolk et al. (1991) haben prospektiv herausgefunden, dass dissoziative Phänomene ein Prädiktor für selbstverstümmelndes Verhalten und für Suizidversuche ist.

Studien	Anteil	Gesamt	in %
Favazza/Rosenthal 1993	400–1.400	100.000	0,4–1,4
Hänsli (Schweiz 1996)	42.000	7 Mio.	0,6

Tabelle 2: Studien bei selbstverletzendem Verhalten

Kasuistik

1. Intervall, Ende 2003 (Dauer: 3 Monate):

Frau K., 24 Jahre, berichtete im Aufnahmegespräch, sie habe seit einer abgebrochenen Therapie Anfang des Jahres eine extrem krisenhafte Zeit durchlebt. Verbunden mit Affekten von Wut, Trauer, Selbsthass und Ekel habe sie wieder exzessiv getrunken, habe im Wechsel gehungert und gefressen/erbrochen und sich regelmäßig mit Rasierklingen Verletzungen an Armen, Beinen und Bauch zugefügt. Diese Selbstverletzungen seien immer tiefer geworden, im August sei sie an 200 Schnittwunden von teils großer Tiefe fast verblutet. Regelmäßig sei sie zur ambulanten oder (im August) stationären Versorgung in die Psychiatrie gegangen. Den Anstoß zur erneuten stationären Therapie habe ihr gegeben, dass sie ihren Alltag nicht mehr in den Griff bekommen habe.

Die einzige Verbesserung sei in diesen Monaten gewesen, dass sie zwar noch zu Hause wohne, aber mit klarerer Abgrenzung zu den Eltern, vor allem der Mutter. Es gebe zwei Bäder, zwei Kühlschränke, und die Wohnungsaufteilung erlaube ihr ein unabhängiges Kommen und Gehen. Auch emotional lasse sie der Mutter inzwischen eher die Verantwortung für deren Probleme.

Frau K. berichtete, dass beide Eltern der Mutter in diesem Zeitraum verstorben seien, der Vater der Mutter im April 2003, die Mutter der Mutter vor drei Wochen. Diese in der Familie tabuisierte Frau hatte im Obdachlosenmilieu gelebt, war alkoholkrank und habe »zugesoffen unter einer Brücke einen Herzinfarkt gehabt«. Sie habe noch eine Weile im Koma gelegen und sei dann gestorben. Die Mutter habe sie nicht besucht. Auch bei diesem Bericht wirkte die Patientin emotional unberührt.

Zur Vorgeschichte ist aus vorhergehenden Behandlungen eine Essstörung mit anorektischen und bulimischen Zügen seit dem 16. Lebensjahr bekannt. Zur biografischen Anamnese ist bekannt, dass die Patientin mit ihren Eltern und ihrem zwei Jahre jüngeren Bruder in Ostberlin aufgewachsen ist. Die Mutter sei Sozialarbeiterin, der Vater Maurer. Bei ihrer Geburt habe sie bei normaler Größe nur 1.980 g gewogen und sei im Brutkasten durch eine Nasensonde ernährt worden. In den ersten zwei Wochen habe es keinen Kontakt zur Mutter gegeben und auch danach sei das Verhältnis zwischen Mutter und Baby schwierig gewesen.

Mit acht Jahren sei sie durch einen fremden Mann missbraucht worden, darüber zu sprechen falle ihr schwer. Sie habe sich niemandem anvertraut, habe zwei Jahre sehr gelitten. Als die Familie dann umzog und sie nicht mehr täglich mit Erinnerungsträgern konfrontiert gewesen sei, habe sie große Entlastung erlebt und begonnen, das Erlebte zu verdrängen.

Immer sei sie die Kleinste und Dünnste gewesen. Sie sei schüchtern gewesen, habe niemandem zur Last fallen wollen und habe großen Ehrgeiz darauf verwandt, es den Eltern recht zu machen und eine perfekte Tochter zu sein. Später habe neben dem Perfektionsdrang das Hungern ihr zur Selbstbestätigung und zur Angstminderung gedient. Das Klima in der Familie sei ebenfalls perfekt und harmonisch gewesen. Nie habe es Streitigkeiten gegeben. Die Mutter habe in ihrer Kindheit sehr unter der – jetzt verstorbenen – alkoholkranken Großmutter gelitten und Konflikte in der eigenen Familie zu vermeiden versucht. Der Kontakt zur Großmutter sei schon vor der Geburt der Patientin abgebrochen.

Der Therapeut schreibt im Abschlussbericht: Wir entließen Frau K. mit deutlich gewachsener Stabilisierungskompetenz, wochenlangem Verzicht auf Alkohol, Selbstverletzung, Bulimie, und mit leicht gestiegenem Gewicht. Sie konnte für ein tragfähiges und prognostisch sinnvolles Behandlungsbündnis in Form einer Intervall-Therapie gewonnen werden, was über eine kontinuierliche Einbindung in klar operationalisierte Stabilitätsvereinbarungen und zuverlässigen Kontakt zur Klinik in den ambulanten Phasen einen Ausstieg aus dem bisherigen Muster von stationärer Stabilisierung und Rückfall im Alltag ermöglichen würde.

2. Intervall, Anfang 2004 (Dauer: 2 Monate):

Frau K. wirkte im Aufnahmegespräch traurig, blass und belastet. Erstmalig habe sie zu Beginn einer Therapie Angst: Angst zu versagen, ihren eigenen Erwartungen und denen der Familie nicht gerecht zu werden. Sie berichtete, sie habe seit Ende des letzten Therapieaufenthalts die Stabilitätsvereinbarungen für die jetzige, im Rahmen einer Intervalltherapie geplante Wiederaufnahme weitestgehend einhalten können. Sie habe ein Studium aufgenommen, wolle aber den Studiengang nach der Therapie wechseln. Dass der Grund (»das falsche Fach«) möglicherweise eine Rationalisierung sei, um sich nicht mit der Angst vor erwachsener Eigenverantwortung stellen zu müssen, wies sie nicht von sich, ging aber auch nicht darauf ein. Selbstverletzungen habe sie sich nur noch in großen Zeitabständen und in geringerer Intensität zugefügt, zuletzt vor drei Wochen im Kontext familiärer Konflikte. Auch auf Alkohol habe sie weitgehend verzichtet, im Rahmen der genannten Krise habe sie allerdings drei Flaschen Sekt getrunken. Hilfreich sei eine kombinierte ambulante Einzel- und Gruppentherapie gewesen, über die sie gelernt habe, sich besser wahrzunehmen und auf ihre Krisensignale früher zu reagieren. Auch bringe sie sich persönlicher im Kontakt mit anderen ein, gerate dadurch auch mehr in direkte Konflikte, zu Hause vor allem mit ihrem Vater. Im Januar 2004 habe sie sich nach heftigen Konflikten von ihrem Freund getrennt. Von ihrer anorektischen und bulimischen Symptomatik habe sie sich nicht zu lösen vermocht, wirkte auch abgemagert (35 kg; Entlassgewicht im Dezember 2003: 40 kg). Sie habe in den letzten Wochen 80% des Tages mit Einkaufen, Fressen und Erbrechen zugebracht, keinerlei Essensstruktur eingehalten und außerhalb der Fressanfälle nichts gegessen.

Sie wolle dieses geplante Therapieintervall dazu nutzen, eine Entscheidung hinsichtlich der Essstörung herbeizuführen, die sie mit ambulanter Therapie alleine nicht habe erreichen können.

Die Patientin wurde aus diesem zweiten Abschnitt der Intervalltherapie hinsichtlich ihres selbstverletzenden Verhaltens als stabil entlassen. Sie hat ihr Gewicht erfolgreich im normalgewichtigen Bereich stabilisiert. Sie sah sich selbst als alltagsstabil und hielt sich die Möglichkeit eines dritten Therapieintervalls als Option offen.

Dieser dritte Therapieabschnitt fand Ende 2004 statt. Die Patientin war stabil in Bezug auf selbstverletzendes Verhalten, Alkohol und Essstörung. Nach unserem Eindruck hat sie dieses dritte Intervall wie eine Art Heilungsritual fast pflichtgemäß absolviert. Sie hat mittlerweile ihr Studium erfolgreich wieder aufgenommen und schickt uns regelmäßig die neueste Ausgabe ihres Selbsthilfemagazins für Borderline-Patientinnen.

Psychodynamik

a) Das Symptom als Symbol für real Geschehenes

Das Selbstschneiden kann Erinnerungen symbolisieren an gewaltsames Eindringen in den Körper. Man kann leicht in der klaffenden roten Spalte der Schnittwunde wiedererkennen, wie ein vergewaltigtes Kind sich das Eindringen des Penis ins Genitale vorstellt, als ein Aufgerissen-, Aufgeschnitten-, Verletzt-Werden. Der eindringende Penis scheint die Körperoberfläche zu durchstoßen und ins Körperinnere einzudringen. Die Patientin kann solche Erinnerungen im Selbstschneiden zum Ausdruck bringen, ohne darüber zu sprechen, auch wenn es bewusste Erinnerungen gibt. Die Fähigkeit zur Dissoziation unter einem extremen Trauma hilft zwar, das Trauma zu bewältigen, gleichzeitig verhindert sie jedoch die Verarbeitung des Geschehens, weil die einzelnen Bestandteile des Traumas fraktioniert bleiben. Im Selbstschneiden wird die Dissoziation aufrechterhalten, nur einzelne Bruchteile des Traumas werden reaktiviert und verhindern eine Weiterentwicklung in Richtung Heilung. Gleichzeitig bleibt, und zwar genauso wie unter dem Trauma selbst das Sprachzentrum blockiert (»Stumm vor Schreck«), die Versprachlichung der damit verbundenen Emotionen weiterhin paralysiert und verhindert damit die Verarbeitung. Durch die Dissoziation wird der schlimmste Moment, in dem physischer und seelischer Schmerz am größten sind, aushaltbar, aber auf Kosten eines integrierten Erlebens. Scham, Ekel, Verzweiflung, der Verlust eines geliebten Objektes kann nur noch voneinander getrennt gespürt werden, ist nicht mehr integriert in die Gesamtpersönlichkeit. Dazu kommen oft noch Schuldgefühle, wenn aufgrund der Stimulationen eine eigene sexuelle Erregung gefühlt werden konnte. Im Schneiden wird der Vorgang auf das Zufügen der Wunde reduziert – und der Anfang, der Verlauf der dazugehörigen Geschichte ausgebildet.

Selbstverstümmelung ist eine häufige Reaktion auf soziale Isolation und Angst (van der Kolk et al. 1991). In einer Studie von van der Kolk et al. (1991) über traumatische Ereignisse, die einer Borderline-Störung vorausgingen, fand sich eine hochsignifikante Korrelation zwischen sexuellem Missbrauch in der Kindheit und verschiedensten Selbstverletzungen im späteren Leben, besonders stachen das Zufügen von Schnittwunden und Hungern hervor. Es gibt eine ganze Reihe von Studien, die auf Zusammenhänge zwischen körperlichem bzw. sexuellem Missbrauch, vielen Operationen und Selbstverletzung hinweisen (Favazza 1987; Lacy/Evans 1986; Bowlby 1982; van der Kolk 1987). Green (1978) fand heraus, dass 41 % seiner Stichproben von missbrauchten Kindern den Kopf gegen die Wand schlugen, sich bissen oder verbrannten und schnitten.

Die Selbstverletzung führt durch den entstehenden Stress zur Ausschüttung von körpereigenen Opioiden, die durch Naltrexon aufgehoben werden kann und darüber kurzzeitig eine Erleichterung schafft (van der Kolk et al. 1991; Huber 2003). Während des Schneidens besteht oft eine erhöhte Analgesie für Schmerzreize. Auch nach Gabe von Naltrexon, das die Schmerzblockade aufhebt, zeigten die Probanden eine erhöhte Schmerzschwelle. Van der Kolk et al. (1991) zogen in ihrer Studie daraus den Schluss, dass diese Patienten eine konditionierte analgetische Reaktion auf Reize in der Umwelt entwickelt haben. Vermutlich ist während der Dissoziation ein ähnlicher Vorgang abgelaufen, der nun fast zwanghaft wiederholt wird.

b) Die Suche nach einem Objekt

Das Primärtrauma ist oft mit genitaler oder analer Verletzung verbunden. Die Kinder berichten oft von Blut in der Unterhose oder unmittelbar nach der sexuellen Gewalt. Da der überwiegende Teil der Täter mit dem Opfer bekannt ist und aus dem unmittelbaren Beziehungsumfeld stammt, wird durch die zugefügte Traumatisierung auch die Bindung zu den Primär- oder Sekundärobjekten zerstört. An deren Stelle tritt das Schneidewerkzeug. Einige unserer Patienten tragen zu Beginn des stationären Aufenthaltes ihre Rasierklingen im Portemonnaie mit sich herum wie andere die Fotos ihrer Familie. Die Funktion des Messers und der Wunde als Übergangsobjekte ist evident. Das Messer ist immer verfügbar, auch die Wunde ist ein Übergangsobjekt, Blut ist Leben, die Patientin kann das Leben in sich, den blutgefüllten Innenraum ihres Körpers erreichen und fühlen, indem sie schneidet. Die scheinbare leblose Körperoberfläche verwandelt sich dabei in etwas als lebendig Empfundenes. Wo vorher nichts zu sehen war, ist dann etwas zu sehen und wo nichts zu fühlen war, ist dann etwas zu fühlen. Wichtig ist dabei nicht nur das Vorhandensein der Wunde, sondern auch die Möglichkeit, sie zu erschaffen. Wiederum handelt es sich um ein Surrogat von Bindung, niemals wird die Wunde ihr Freund, ihre Freundin, ihre Therapeutin sein. Sie bleibt fest psychotisch an nicht reale Objekte gebunden statt Dialog zu leben. Dies ist im Kontakt mit Selbstverletzungspatientinnen fast jederzeit fühlbar. Das Selbstschneiden ermöglicht auch die unter der Traumatisierung gefühlte Ohnmacht durch die eigene Macht abzuwehren. Die soziale Isolation – auch der Mutter kann nicht mehr begegnet werden, aus Schuldgefühlen oder wegen des Redeverbotes durch die Täter oder weil die Mutter Teil des inzestuösen Geschehens ist, die Freunde sind so anders als man selbst – fördert eine Bindung an die Wunde und den eigenen Körper als Übergangsobjekt.

Die Wunde ist gleichzeitig Folge und Beweis, der Körper Zeuge der erlittenen Gewalt.

c) Gelebte Wut und Destruktivität

Ein häufiges psychodynamische Muster ist der Versuch, eigene Wut, Scham- und Schuldgefühle, Ekel, aggressive Konflikte, eigene destruktive Bedürfnisse auf eine verdeckte Form auszuleben, zu Lasten des eigenen Körpers. In aller Regel sind unmittelbar vorher ärgerliche Dinge geschehen, starke Hassgefühle sind aufgetreten. Solche Situationen von gefühlter eigener destruktiver Wut werden habituell mit selbstverletzendem Verhalten beantwortet. Dies geschieht sowohl außerhalb wie innerhalb der stationären Psychotherapie. Das selbstverletzende Verhalten hat für die Patientinnen den Vorteil, dass sie sich vor dem Gegenangriff geschützt fühlen, der Körper, den sie angegriffen haben, schlägt nicht zurück, greift nicht an, er leidet nur. Ein weiterer Vorteil liegt darin, dass die Patientinnen selbst sich unmittelbar nach dem selbstverletzenden Verhalten als Opfer definieren, entweder klagen sie wütend an, was man ihnen angetan hat, sodass sie sich deshalb zwangsläufig selbst verletzen mussten, oder sie definieren sich leidend, fordern Mitgefühl. Gerade an dieser Stelle wird sichtbar, wie sehr selbstverletzendes Verhalten die Entwicklungen der eigenen Kompetenz im Umgang mit belastenden Emotionen, mit belastenden Beziehungen destruiert. Das habituelle Benutzen von selbstverletzendem Verhalten lähmt die Entwicklung der Persönlichkeit. Die gesamte Entwicklungsenergie fließt in das destruktive Verhalten.

Die Patientinnen weichen normalen Beziehungen aus. Alles was personale Beziehung ausmacht, also Bindung, Trennung, Konflikt, Zuneigung, Abneigung, Verantwortung und Hingabe, wird diffus dysphorisch als anstrengend, kompliziert und immer als ungewohnt, fast als fremdartig empfunden. Die Patientinnen wollen aus diesem Grunde ausweichen und aktivieren – mit Gewalt – die Welt manipulierbarer, künstlicher Objekte und den zugehörigen Objektbeziehungsmodus. Sie tun es, indem sie sich verletzen. Die Begegnung mit personaler Objektbeziehung scheint etwas Toxisches bekommen zu haben. Sie wird nicht mehr vertragen. Gleichzeitig wiederholen sie im Umgang mit dem eigenen Körper sowohl die erlittene Gewalt als auch die Beziehungs- und Bindungslosigkeit zu den Primärobjekten, nur dass sie diesmal selbst Täter sind. Zwar entgehen sie der Ohnmacht und spüren

Macht über sich und die anderen im Außen, doch retraumatisieren sie sich selbst dabei immer wieder.

Das Erzwingen dieses Beziehungsmodus hat etwas sehr Gewaltsames, auch für den Therapeuten. Der Therapeut bemüht sich um Kontakt, schöpft Hoffnung und jedes Mal aufs Neue sieht er sich der Enttäuschung ausgesetzt. Die Gegenübertragung des Therapeuten spiegelt dann die infantile Enttäuschung des objektsuchenden Kindes wider. Diese Erfahrung ist häufig von traumatischer Heftigkeit gewesen. Die Patienten fügen heute ihr infantil erlittenes Trauma dem Therapeuten und ihren Mitpatienten mit eben dieser Heftigkeit zu. Dabei fühlen sie sich im aktiven Tun besser als im passiven Erleiden. Das Herstellen dieses Objektbeziehungsmusters gibt der Patientin die Illusion, sie sei machtvoll, in der aktiven Position, geschützt vor infantiler Ohnmacht.

Im stationären Rahmen hat dies fatale Folgen. Alle Patientinnen versuchen, auf der Seite der Traumatisierenden zu sein, nicht auf der Seite der Traumatisierten. Niemand will das Risiko einer personalen Beziehung eingehen, weil stets irgendeine Mitpatientin sich in die scheinbare Überlegenheit der Selbstverletzungswelt überhebt. Die Folge sind redundante Traumainszenierungen ohne Ende und ohne Ausweg, Selbstverletzungsendemien. Es ist, wie wenn jeder versuchte, den Lärm des anderen mit noch mehr Lärm zu übertönen. Die Folge wäre eine zum Wachstum und zum Leben nicht mehr geeignete Kakophonie der Gewalt. Gleichzeitig werden alle Objektbeziehungen vermieden und auf das Konkurrieren um die schlimmste Wunde oder auch das schwerste Trauma reduziert.

Es bleibt die Frage der Symptomwahl: Warum ausgerechnet Selbstverletzung?

Die moderne Traumatherapie hat uns gelehrt, dass Traumaschemata ihre ursprüngliche Repräsentanz behalten als stabile Gestalt in der Zeit. Wir können, wie bereits oben erwähnt und durch zahlreiche Studien belegt, also annehmen, dass das Ursprungstrauma ebenfalls am Körper stattgefunden hat. Die Motive für Selbstverletzungen sind unterschiedlicher Natur. Entweder wird die Ausschüttung von körpereigenen Endorphinen erzwungen und damit kurzzeitig ein euphorisches Gefühl erreicht, das aber sehr flüchtig ist und eine Dysphorie zurücklässt, oder es wird das Gegenteil gesucht, nämlich über den Schmerz sich selbst wieder zu fühlen und wahrzunehmen.

Manchen Kindern scheint ihr Körper zu weiten Teilen eine leblose, fremde Landschaft geworden zu sein. Wie entsteht ein Deprivationstrauma in der Körpererfahrung? Mögliche Gründe können der Bewegungsmangel der Kinder sein, die ihren Körper infolgedessen nicht mehr fühlen, möglich wäre auch ein emotionaler Besetzungsmangel. Die Pflegepersonen berühren, lieben, besetzen den kindlichen Körper nicht emotional. Teilweise werden die Kinder schon postnatal dieser Entwöhnung vom Primärobjekt unterworfen und allein gelassen, wenn sie schreien, oder nur zu bestimmten Zeiten gefüttert, auch heute noch. In manchen Krippen in Ostdeutschland ist es heute noch üblich, den Kindern nur bestimmte Toilettengänge zu erlauben, das heißt, auch das Trinken wird einem vorgegebenen Zeitschema angepasst. Die Folge sind schon sehr frühe dissoziative Zustände. Die Kinder treten aus dem Kontakt. Aus dieser Öde des fremd gewordenen eigenen Körpers ragen möglicherweise schon in der infantilen Primärerfahrung Schmerzen als das Lebendigste hervor, was das Kind erlebt. Sie werden dem Körper zufällig oder absichtlich zugefügt, sei es durch Sturz, sei es durch Gewalt, sei es durch Selbststimulation, und werden so zum infantilen Vorbild des späteren manipulativ erzeugten virtuellen Selbstobjekts. Der Schmerz ist wie eine Lebendigkeitsinsel in der Öde des leblos gefühlten Körpers.

Was ist zu tun? Wir sind in unserer Klinik der Not gehorchend vor circa zwei Jahren dazu übergegangen, den stationären Therapieraum als selbstverletzungsfrei zu definieren. Wir haben den Patientinnen erklärt, dass uns stationäre Psychotherapie, die zum seelischen Wachstum geeignet sein soll, nur in einem selbstverletzungsfreien Raum möglich ist und dass alle Patientinnen, die glauben, auf ihr Selbstverletzen nicht verzichten zu können, die stationäre Therapie solange unterbrechen, bis sie es können.

Dass Selbstverletzendes Verhalten eine unbewusste Bedeutung hat, und die Reinszenierung früher Traumatisierung darstellen kann, darf nicht zu dem Schluss führen, das Muster sei unbeeinflussbar durch gesunde Persönlichkeitsanteile (Paris 2000).

Hierauf werden wir im nächsten Kapitel über Therapie ausführlicher zu sprechen kommen.

Therapie

Das Vier-Phasen-Modell der stationären Psychotherapie

Die Therapie beginnt, nicht nur bei Selbstverletzungspatienten, mit der Stabilisierungsphase.

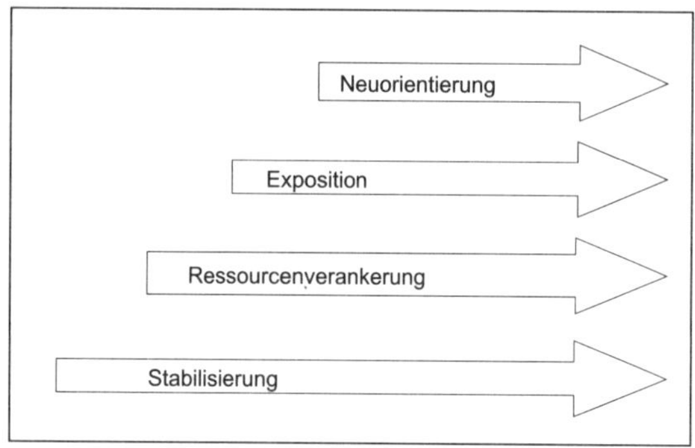

Abbildung 7: Therapieprozesse

Stabilisierung bedeutet dabei das Beendigen der Selbsttraumatisierung sowie den Erwerb der Fähigkeit zum kontrollierten Umgang mit dem emotionalen Belastungsmaterial. Dies gilt sowohl für die Patientinnen wie auch für die Therapeuten. Beide Beteiligten dürfen in der Annäherung an das emotionale Belastungsmaterial die jeweiligen Grenzen der Verarbeitungsfähigkeit nicht überschreiten.

Im Prozess der Ressourcenorganisation wird die Fähigkeit zum kontrollierten und steuerbaren Umgang mit dem emotionalen Belastungsmaterial aktiv gefördert durch Aufsuchen, Unterstützen und Integrieren der in der Person vorhandenen Verarbeitungsfähigkeiten, zum Beispiel mithilfe der mittlerweile weitverbreiteten imaginativen Verfahren, dem sicheren Ort, den inneren Helfern. Unterstützt man die Ressourcenorganisation durch bipolares EMDR, so kommen erstaunlich häufig Selbstheilungsprozesse in Gang, die große Teile der Expositionsphase überflüssig machen.

Die Expositionsphase, sofern noch erforderlich, dient dem systematischen Durchprozessieren des noch bestehenden und krankmachenden emotionalen Belastungsmaterials.

Die Neuorientierungsphase dient dem Finden der eigenen Entwicklungsziele und der notwendigen Entscheidungen. Kurzum: Wagen was Sinn macht.

Die aktive Selbststabilisierung

Das emotionale Belastungsmaterial im Kern der Erkrankung hat Kompensationsmechanismen auf den Plan gerufen: *primäre Sofortreaktion* und *sekundäre Folgereaktionen.*

Die Sofortreaktionen sind sehr basale Strategien, die das Überleben des Individuums bei unerträglicher emotionaler Belastung sichern sollen: Dissoziation des Erlebten, Fragmentierung der Eindrücke, Dekontextualisierung des Erlebten, also blockierte Verknüpfung mit vorhandenen Erfahrungen, Blockierung der Symbolisierungs- und Versprachlichungsfunktionen. All dies sind Elemente der traumatischen Reaktion. Der psychische Verarbeitungsapparat hat keine anderen Möglichkeiten, als das überstarke, nicht verarbeitbare Material sozusagen in einen extraterritorialen Raum auszukapseln als gleichsam reflektorische Selbstschutzstrategie des Organismus. Die einzelnen Emotionen und Wahrnehmungen werden dissoziiert und durch sogenannte dissoziative Barrieren voneinander ferngehalten. Im deutschen Sprachgebrauch sprechen wir von: »Es zerreißt mir das Herz.« Der Vorgang dient dem psychischen Überleben, und zwar außerhalb der Kontrolle des Ichs.

Ganz anderer Natur sind die sekundären Reaktionen. Sie stellen den fortwährenden Versuch der gesunden Persönlichkeit dar, Kontrolle über das emotionale Traumaschema zu bekommen. Die dabei entwickelten Fähigkeiten sind stets Mischwesen, eine Art Zwitter aus Trauma und Ressource. Beispielsweise ist die Fähigkeit anorektischer Patientinnen, das eigene Gewicht zu kontrollieren, hochentwickelt und die Fähigkeit ist zugleich eine Form der Selbsttraumatisierung, die zur Zerstörung der eigenen Weiblichkeit und der eigenen Entwicklung führt.

Die Sekundärphänomene unterliegen einer starken bewussten Kontrolle, sie werden aktiviert und desaktiviert abhängig von den situativen Begebenheiten und den aktuellen Zielen der Person. Trotz ihrer Zwitternatur zwischen Ressource und Trauma sind sie eine Form der Kreativität. Sie sind Schöpfungen des gesunden Teils der Person, Lösungsversuche, die allerdings nicht lösen.

Wichtig ist, die primären und die sekundären Reaktionen sorgfältig zu unterscheiden. Die Stabilisierungsphase beginnt als Phase der *aktiven Selbststabilisierung* jenes Sekundärphänomens, welches die stärkste selbsttraumatisierende und entwicklungsblockierende Wirkung hat. Die Patientinnen übernehmen Verantwortung, dieses Negativ-Muster unter Nutzung ihrer vorhandenen Ressourcen zu kontrollieren und zu beenden.

Warum ist es so wichtig, dass die Patientinnen die Selbsttraumatisierung beenden?

Jedes destruktive emotionale Muster wie Anorexie, Selbstverletzung, bulimisches Verhalten, Zwangsrituale oder Sucht vergrößert jenen Persönlichkeitsbereich, der unter dem Einfluss des Traumaschemas steht. Jedes destruktive Muster oder die Wiederholung einzelner Bestandteile des Traumaschemas stellt eine Retraumatisierung dar und vergrößert das ursprüngliche Leid.

Stellen Sie sich ein Boot vor, Leck geschlagen und halbvoll Wasser, Sie kommen als Lotse an Bord – die Therapie beginnt –, der Steuermann ist damit beschäftigt, Wasser *in* das Boot zu schöpfen. Ich meine, dieser Steuermann sollte erst einmal aufhören, Wasser *ins* Schiff zu schöpfen und seine Kräfte stattdessen für das Lenzen verwenden. Dies ist *aktive Selbststabilisierung*.

Selbstverletzendes Verhalten wird allgemein als etwas nicht Kontrollierbares angesehen, es wird also den primären Krankheitsphänomenen zugeordnet. Dem widersprechen allerdings zahlreiche klinische Beobachtungen, die eher wenig Beachtung finden. Psychotherapiepatienten kontrollieren beispielsweise immer den Ort, an dem sie ihre Selbstverletzungen praktizieren. Niemals geschieht dies in der Therapiestunde. In der Therapiestunde entsteht vielleicht der Gedanke, aber erst nach der Therapiestunde entsteht der Plan und dann die Entscheidung, später die Umsetzung an dem hierfür bevorzugten Ort. Bei primären Krankheitsphänomenen, einem Asthma- oder Migräneanfall beispielsweise, wäre dies nicht möglich. Selbstverletzendes Verhalten erscheint aber stets eingebettet in eine Beziehungs- und Gruppendynamik, es gibt Selbstverletzungsepidemien innerhalb und außerhalb von Kliniken. Selbstverletzendes Verhalten hat stets auch eine gewisse Symbolik in der Wahl des verletzten Körperteils.

All dies spricht dafür, dass es sich bei selbstverletzendem Verhalten um ein sekundäres, somit auch kontrollierbares Krankheitsphänomen handelt. Die Notwendigkeit, diese Fähigkeit auch zu nutzen, ergibt sich aus der offensichtlichen selbsttraumatisierenden Wirkung selbstverletzenden Verhaltens. Dem Körper wird Gewalt angetan, es ist eine Form der Körperverletzung, die, würde sie einem anderen angetan, unter Strafe stünde. Die Auswirkungen auf die Stabilität der Patientinnen sind fatal. Selbstverletzendes Verhalten zehrt enorm Energie, gerade keimende Stabilität oder beginnende Entwicklung wird durch jede neue Selbsttraumatisierung dieser Art gestoppt. Eine Therapiegruppe beispielsweise, in der ein Mitglied das Recht beansprucht, bestimmte Themen mit Selbstverletzung zu beantworten, stagniert. Auch der Therapeut fühlt das sehr deutlich. Selbstverletzendes Verhalten zehrt Energie, es ist nichts Ungewöhnliches, dass in stationären Psychotherapieeinheiten ein großer Teil der Teamressourcen von der Beschäftigung mit Selbstverletzungen absorbiert ist.

Wie lässt sich nun die vorhandene Fähigkeit zur Kontrolle dieses Negativ-Musters im Sinne der aktiven Selbststabilisierung nutzen? Wir verwenden ein einfaches Selbststabilisierungsprotokoll. Die Patientinnen legen sich darauf fest, selbst die Verantwortung für ihr selbstverletzendes Verhalten zu übernehmen, es zu unterlassen oder die stationäre Psychotherapie so lange zu unterbrechen, bis sie diese Fähigkeit erworben haben.

Therapievertrag bei selbstverletzendem Verhalten

§1 Mit dieser Vereinbarung lege ich mich darauf fest, zu klären, ob mir ein gewaltfreier Umgang mit mir selbst und damit eine Fortsetzung der Therapie möglich ist.

§2 Sollte es nach Abschluss dieses Vertrages zu Selbstverletzungen kommen, so gilt Folgendes: Nach der ersten Selbstverletzung halte ich eine vierwöchige Ruhephase ohne Selbstverletzung ein, nach der zweiten Selbstverletzung eine sechswöchige Ruhephase. Danach entscheide ich mich für ein endgültiges selbstverletzungsfreies Leben oder beende die Therapie.

§5 Sollte es innerhalb dieser Ruhephasen zu einer erneuten Selbstverletzung kommen, so habe ich mich gegen Heilung entschieden, der Aufenthalt wird beendet.

§6 Eine dritte Selbstverletzung beendet die Therapie, die Entscheidung für einen gewaltfreien Umgang mit mir selbst ist noch nicht getroffen. Ich habe dann die Möglichkeit, nach einer dreimonatigen, selbstverletzungsfreien Zeit in die Klinik zurückzukehren.

Behandlungsergebnisse bei selbstverletzendem Verhalten

In einem Zweijahreszeitraum von April 2004 bis März 2006 wurden 192 Patientinnen und Patienten mit selbstverletzendem Verhalten stationär aufgenommen, insgesamt haben in diesem Zeitraum 755 stationäre Behandlungen stattgefunden, sodass der Anteil der Patientinnen mit selbstverletzendem Verhalten bei 25,4% liegt.

Nicht in allen Behandlungen war selbstverletzendes Verhalten das Leitsymptom, welches zur stationären Psychotherapie geführt hatte. In vielen Fällen waren es auch essgestörte Patientinnen, die zusätzlich selbstverletzendes Verhalten praktizierten.

Abbildung 8 zeigt die Altersverteilung der Patientinnen mit selbstverletzendem Verhalten im Vergleich zur typischen Altersverteilung der Gesamtpatientenklientel.

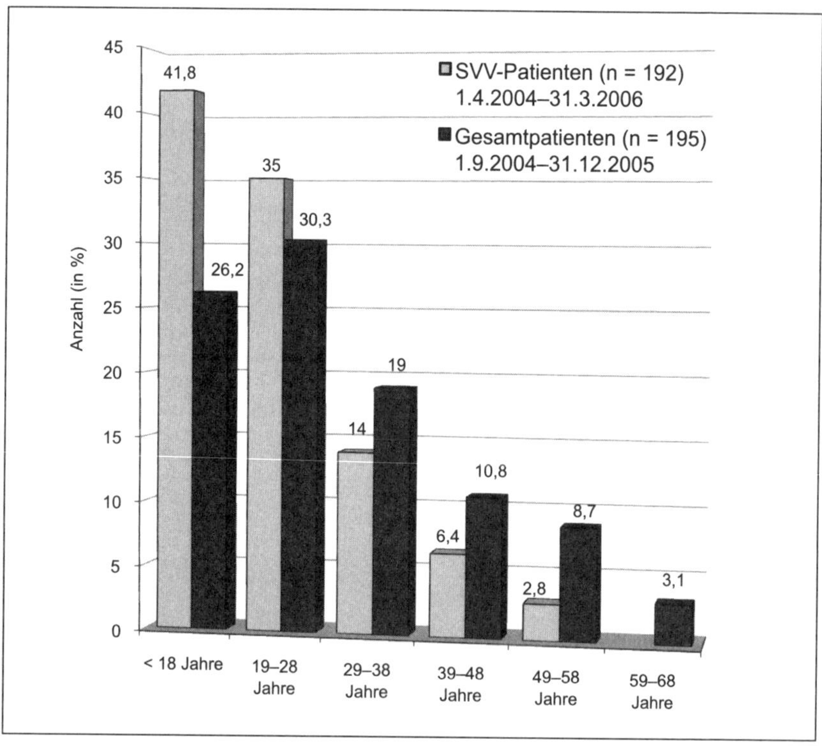

Abbildung 8: Altersverteilung

Man sieht hier eine deutliche Linksverschiebung, das heißt die Patientinnen (ganz überwiegend Mädchen und Frauen) sind im Vergleich zur Gesamtpatientenklientel deutlich jünger, 76,8% sind jünger als 28 Jahre, 41,8% sind jünger als 18 Jahre. Selbstverletzendes Verhalten scheint also, sofern es nicht chronifiziert, ein typisches Pubertätsphänomen zu sein. Gleichwohl gibt es einzelne Patientinnen, die bis ins Erwachsenenalter hinein selbstverletzendes Verhalten regelmäßig praktizieren.

Die Geschlechtsverteilung liegt bei 13,5% Männer und 86,5% Frauen.

Die Fähigkeit der Patientinnen und Patienten zur aktiven Selbststabilisierung und damit zur Selbstverletzungsfreiheit ist erstaunlich hoch und wurde bislang offenbar vollkommen unterschätzt. Wie in Kapitel 8 genauer beschrieben, legen sich die Patientinnen darauf fest, von Beginn der Behandlung an keinerlei selbstverletzendes Verhalten mehr zu praktizieren. Wir hatten angenommen, dass dies wegen einer hohen Rückfallquote zu zahl-

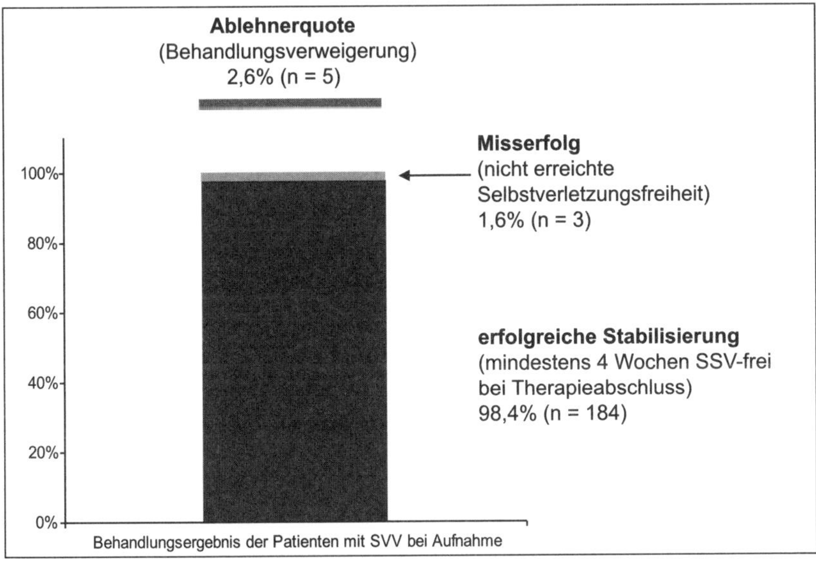

Abbildung 9: Behandlungsergebnisse bei selbstverletzendem Verhalten

reichen Behandlungsabbrüchen führen würde. Dies war jedoch – durchaus zu unserer eigenen Überraschung – nicht der Fall.

Von insgesamt 192 Patientinnen und Patienten haben 5 ≙ 2,6% den Beginn der Behandlung verweigert. Von den 187 Patientinnen mit selbstverletzendem Verhalten, die sich aktiv für Behandlungsbeginn und Selbstverletzungsfreiheit entschieden haben, konnten 98,4% dies auch erreichen. Wie in Kapitel 8 näher ausgeführt, wissen die Patientinnen, dass wenige Rückfälle die stationäre Therapie beenden und entscheiden sich dementsprechend eindeutig, ihre Ressourcen für die Stabilisierung einzusetzen. In den allermeisten Behandlungsverläufen gibt es keinerlei Rückfall, die Patientinnen entscheiden sich einmal und endgültig. In wenigen Behandlungen gibt es einzelne Rückfälle, die meist am Anfang liegen, das Reaktionsmuster selbstverletzendes Verhalten verschwindet dann aus dem Repertoire der Patientinnen und es verschwindet auch aus deren Selbstbild. Sie definieren sich nicht mehr als Selbstverletzerinnen, was enorme Ressourcen freisetzt in Gestalt von Stolz auf die eigene Person. Die Misserfolge (3 Fälle≙1,6%) sind auch hier Patientinnen, die eine Pseudoentscheidung getroffen und sich das Reaktionsmuster selbstverletzendes Verhalten als Option im Stillen offen gehalten hatten. Es liegt hier also eher ein Motivationsproblem vor als eine krankheitsbedingte Unfähigkeit.

Die weitverbreitete Überzeugung, dass selbstverletzendes Verhalten unkontrollierbar oder sogar unverzichtbar sei, ist nach diesen Ergebnissen wissenschaftlich und klinisch nicht mehr zu halten.

Schluss

Die Entwicklung von Behandlungskonzepten mit autodestruktiven Patientinnen ist noch im Fluss. Stationär-ambulante psychoanalytische Behandlung hat bei Artefakt-Patientinnen in etwa 50% der Fälle zu einer wesentlichen Besserung, in einigen Fällen zur Symptomfreiheit geführt, kommt aber nur für einen kleineren Teil der Patientinnen infrage (Plassmann 1991) und kann für die Behandler zu extremen emotionalen Belastungen durch lange Zeit ausgelebte Destruktivität führen. Therapie muss helfen, darf aber nicht zu Lasten der Therapeuten gehen, was leicht geschehen kann, wenn die Patientinnen an der Stabilisierungsarbeit nicht angemessen beteiligt werden. Moderne traumatherapeutische Konzepte nutzen deshalb systematisch die Ressourcen der Patientinnen. Stationäre Psychotherapie nach dem beschriebenen Vorgehen scheint für deutlich mehr Patientinnen geeignet zu sein und insbesondere zu sehr viel rascherer Stabilisierung zu führen.

Die aktive Selbststabilisierung ist ein selbstorganisatorischer Vorgang. Eine in der Patientin vorhandene Fähigkeit, bislang ungenutzt, wird aktiviert, infolgedessen kommt es zu weitreichenden Musterveränderungen in der Patientin, in ihrem Selbstbild, in ihren Beziehungen, es kommt zur Ressourcenorganisation, Energie wird frei. Es sind aber nicht wir, die Therapeuten, die diesen Veränderungsprozess bewirken, wir sind lediglich die Intendanten dieses Geschehens.

Teil IV
Virtuelle Welten

Kapitel 7

Kinder ohne Bindung in virtuellen Welten – Eine psychotherapeutische Bestandsaufnahme[1]

Einleitung

Der Computer als Arbeitsmittel hat derartig hohe Bedeutung in jeder Form von Wirtschaft und Forschung, dass Bildschirm schlechterdings gleichgesetzt wird mit Moderne. Hinter diesem Positiven fällt die Wahrnehmung der Schäden, die Bildschirme in der Seele des sich entwickelnden Kindes anrichten, vergleichsweise schwach aus, sodass man in der Beschäftigung mit medienkritischen Aspekten sehr leicht die Ecke der ewig Gestrigen zugewiesen bekommt. Abhilfe schafft nach meiner Erfahrung die Beschäftigung mit Kindern und Jugendlichen, Säuglingsforschung, Bindungsforschung, moderne Neurobiologie und moderne Traumatherapie, die uns besser als jemals zuvor ermöglichen, zu verstehen, was Kinder für ihre Entwicklung brauchen und was sie nicht brauchen. Kurzum, welcher entwicklungsförderliche Rahmen für Kinder notwendig ist. Es fällt dann auch leichter zu beurteilen, ob es gut ist, wenn die Welt unserer Kinder zu einem ständig größer werdenden Anteil aus elektronischen Objekten besteht. Aus Erwachsenenperspektive möchte man die Beschäftigung mit dem Bildschirm vielleicht als eine Art Spiel der Kinder sehen, von dem diese sich im Erwachsenwerden zu gegebener Zeit wieder abwenden werden. Der rein quantitative Aspekt, also die Zeit, die Kinder mit Bildschirmobjekten verbringen, lässt allerdings aufmerken.

1 »Kinder ohne Bindung in virtuellen Welten: eine psychotherapeutische Bestandsaufnahme«. Vortrag in Berlin, 29. April 2010, erschienen im selben Jahr in: Forum der Kinder- und Jugendpsychotherapie, Psychosomatik und Psychotherapie 3/2010, S. 92–107.

Der Nutzen der digitalen Kommunikation ist enorm. Das Web weiß alles und dank Google findet man alles. Wenn es so ist, und es ist so, dass sich die Persönlichkeitsentwicklung der Kinder und Jugendlichen zunehmend in virtuellen Welten vollzieht, wollen wir das? Virtuelle Objekte als Mutter und Vater unserer Kinder?

Zur Pathologie virtueller Welten

Die elektronischen Medien sind keine Randerscheinung. Wir leben in einer Epoche, die man als Post-Gutenberg-Epoche bezeichnen kann. Das dominierende Kommunikationssystem ist nicht mehr die Schrift, sondern das elektronisch erzeugte Zeichen. Ungefähr das Jahr 1950 wird als Wendepunkt zwischen diesen beiden Epochen angesehen, und zwar deshalb, weil in den Jahren nach dem Zweiten Weltkrieg die amerikanischen Haushalte mit Fernsehgeräten gesättigt waren und sich somit dieses neue Kommunikationssystem durchgesetzt hatte.

Nun ist man immer in irgendeiner Post-Ära und es könnte natürlich sein, dass genauso wie unsere Eltern und Großeltern etwas gegen Rock 'n' Roll, Comics und Sex hatten, wir heute etwas gegen Computerspiele haben. Es wird deshalb mit Sicherheit nicht genügen, in pauschalisierender Weise von »dem Internet« und »den Jugendlichen« zu sprechen (Bergmann/Hüther 2006). Wir müssen genau Bescheid wissen, was vor sich geht.

Wir haben gelernt, auch andere technische Revolutionen zu kultivieren, beispielsweise das Autofahren. Jeder kann es, jeder benutzt es und es gibt eine allgemein bekannte und relativ plausible Straßenverkehrsordnung. In den virtuellen Welten sind wir noch weit davon entfernt. Zwar benutzt fast jeder Internet und Fernsehen, aber wir die Erwachsenen wissen wenig über die virtuellen Räume, in denen sich die Kinder und Jugendlichen im Web bewegen. Dafür sind diese Welten längst viel zu groß und viel zu komplex geworden. Andreas Lober (2007) hat ein gutes Buch darüber geschrieben. Ich gebe aus dem Glossar dieses Buches hier einige Cyberspace-Begriffe wieder (vgl. Abbildung 10).

MMORPG: Kurzform von Massive(ly) Multiplayer Online Role-Playing Game, also ein Computerrollenspiel für eine Vielzahl von Mitspielern (üblicherweise mehrere Tausend in einer persistenten Welt).

Mob: Monster in einem MMORPG, vom Computer gesteuert.

MUD: Kurzform von Multi User Dungeon (Verlies mit vielen Nutzern darin). Zum einen ein Gattungsbegriff für eine frühe Version virtueller Welten, zum anderen Bezeichnung eines der ersten Vertreter dieser Gattung (auch MUD1 genannt).
MUD1: Gilt gemeinhin als erster MUD (siehe dort).
Mulen: Transfer von Gold oder Gegenständen von einer Spielfigur zur anderen.
Muling: Siehe mulen.
Multi User Dungeon: Siehe MUD.
Newbie: Anfänger.
Nicht-Spieler-Charakter: Siehe NPC.
Non-Player-Character: Siehe NPC.
Noob: Neuling (meist herabsetzend gebraucht).
Norrath: Fantasy-Welt des MMORPG Ever Quest.
NPC: Kurzform für Non-Player-Character, also eine nicht von einem Spieler, sondern vom Computer gesteuerte Figur in einem MMOG.
NSC: Kurzform für Nicht-Spieler-Charakter, siehe NPC.
Open Beta: Beta-Phase, die für die Öffentlichkeit zugänglich ist.
Oubliette: Wahrscheinlich der erste MUD.
Party: Gruppe in einem MMORPG, die sich für eine bestimmte Aufgabe – meist spontan – gebildet hat und daher, anders als eine Gilde, nicht auf Dauer angelegt ist.
Patch: Spieleaktualisierung, meist zur Behebung von Bugs oder für die Einführung neuer Spielinhalte.
Persistente Welt: Spieleumgebung, die ständig erreichbar ist und sich weiterentwickelt, auch während der Spieler nicht online ist. Dieser kann also beim nächsten Anmelden eine veränderte Spielsituation vorfinden, beispielsweise aufgrund von Aktionen anderer Spieler.
Persistent world: Siehe persistente Welt.
Play by E-Mail: Siehe Play by Mail.
Play by Mail: Frühe Variante von Multiplayer-Spielen (meist Strategie- oder Rollenspiele), bei denen die einzelnen Spieler ihre Spielzüge per Post oder per E-Mail (Play by E-Mail) austauschen.
Player vs. Environment: Siehe PvE.
Player vs. Player: Siehe PvP.

Abbildung 10: Cyberspace-Begriffe (aus Lober 2007, S. 164)

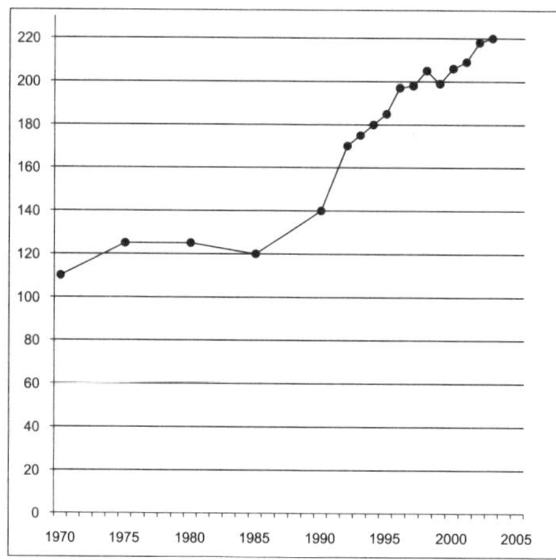

Abbildung 11: Entwicklung des Fernsehkonsums (in Minuten/Tag) in Deutschland (1970–2005)

Praktisch keiner dieser Begriffe ist geläufig. Die virtuellen Welten der Computerspiele haben nicht nur ihre eigenen Gesetze, sondern auch längst ihre eigene Sprache.

Die neuere Medienforschung

Also: Was geht vor sich? Zunächst möchte ich einige Ergebnisse der neueren Medienkonsumforschung vorstellen, um mich anschließend mit der Frage zu beschäftigen, warum Kinder sich so verhalten. Sie sind nicht passive Konsumenten, sondern aktiv Handelnde. Kinder binden sich an elektronische virtuelle Objekte. Meine Hauptfrage wird sein, wie sich Kinder verändern, wenn die natürliche Bindung zurückgeht und die virtuelle Bindung zunimmt. Für welche Störungen sind Kinder disponiert, die wesentliche Teile ihrer Persönlichkeitsentwicklung in der Bindung an virtuelle Objekte vollziehen?

Der Fernsehkonsum in Deutschland hat sich in den Jahren von 1970 bis 2003 ungefähr verdoppelt von 110 Minuten auf etwa 220 Minuten pro Tag über die gesamte Bevölkerung gerechnet. Der stärkste Anstieg fällt in die Zeit nach 1984, als in Deutschland das kommerzielle Fernsehen eingeführt wurde (van Eimeren/Ridder 2001).

Fernsehkonsum in den USA (Christakis et al 2004):

- 1,8 Jahre: 2,2 Stunden
- 3,8 Jahre: 3,6 Stunden

Fernsehkonsum in Deutschland (Feierabend/Klingler 2004):

- Vorschule: 70 Minuten
- Grundschule: 1,5 Stunden
- 10–13 Jahre: 2 Stunden

Abbildung 12: Fernsehkonsum in den USA und in Deutschland

220 Minuten sind gut dreieinhalb Stunden. Eine große in den USA durchgeführte Studie (Christakis et al. 2004) ergab, dass amerikanische Kinder im Alter von 1,8 Jahren durchschnittlich 2,2 Stunden täglich fernsehen, im Alter von 3,8 Jahren durchschnittlich 3,6 Stunden. Die Studie ergab übrigens auch, dass die Fernsehdauer dieser kleinen Kinder in direktem Zusammenhang stand mit der späteren Entwicklung eines Aufmerksamkeitsdefizit-Syndroms. In Japan werden Kinder bereits mit wenigen Monaten vor den Bildschirm gesetzt, weil man annimmt, es sei gut für sie. In Deutschland liegt die Fernsehdauer bei kleinen Kindern noch niedriger, im Vorschulalter bei durchschnittlich 70 Minuten pro Tag, bei den Grundschülern sind es circa eineinhalb Stunden und bei den 10- bis 13-Jährigen circa zwei Stunden pro Tag (Feierabend/Klingler 2004). Haushalte ohne Fernsehen gibt es bei 98% Marktsättigung heutzutage nicht mehr.

15-jährige »Vielseher«

- 1.000 Stunden Schule pro Jahr
- 690 Stunden Familie pro Jahr
- 1.200 Stunden Fernsehen pro Jahr

18-jähriger Highschoolabsolvent

- 13.000 Stunden Schule insgesamt
- 25.000 Stunden Bildschirm (TV & Video)

Abbildung 13: Erziehung durch Bildschirme (nach Myrtek/Scharff 2000)

Bei den 15-Jährigen sind etwa die Hälfte Vielseher, sie verbringen von der jährlich zur Verfügung stehenden Zeit etwa 1.000 Stunden in der Schule, etwa 690 Stunden sind sie mit der Familie zusammen ohne fernzusehen, und circa 1.200 Stunden pro Jahr verbringen sie vor dem Fernseher. Myrtek und Scharff (2000) berechnen, dass fast 42% der Erziehung vom Fernsehen geleistet werden.

Ein amerikanischer Abiturient (Highschool-Absolvent) hat mit 18 Jahren etwa 13.000 Stunden in der Schule verbracht und 25.000 Stunden vor dem Bildschirm, also mit Fernsehprogrammen und ausgeliehenen Videofilmen. Nicht einberechnet ist hier die Zeit, die mit Computerspielen und mit Spielkonsolen, wie beispielsweise der Playstation verbracht wird.

Quantitativ überwiegt also die verbrachte Zeit mit elektronischen Objekten längst diejenige mit natürlichen Objekten.

Möller (2009) hat die Epidemiologie der Bildschirmnutzung in folgender Weise zusammengefasst: Haushalte in Deutschland, in denen ein Jugendlicher im Alter zwischen 12 und 19 Jahren lebt

- ➢ haben mindestens 1 Handy,
- ➢ 99% haben mindestens einen Fernseher,
- ➢ 98% mindestens einen Computer oder Laptop,
- ➢ 95% einen Internetzugang,
- ➢ 63% eine Spielkonsole.

Davon haben:

- ➢ 63% der Mädchen und 71% der Jungen einen eigenen Fernseher,
- ➢ 61% der Mädchen und 72% der Jungen einen eigenen Computer,
- ➢ 41% der Mädchen und 48% der Jungen einen eigenen Internetzugang,
- ➢ 30% der Mädchen und 59% der Jungen eine eigene Spielkonsole (JIM 2007).

Interessanterweise haben Kinder aus Familien mit niedrigem Einkommens- und Bildungsniveau doppelt so viele eigene Fernseher und Spielkonsolen wie Kinder aus der Oberschicht und sie haben in allen Altersgruppen auch doppelt so häufig ADHS.

An *welche* elektronischen Objekte binden sich die Kinder?

Ich persönlich hätte immer vertreten, dass Werbespots etwas äußerst Lästiges sind, mir aufgenötigte emotionale Manipulationen. Wir müssen leider konstatieren, dass Werbespots mittlerweile Erholungspausen für die kindliche Seele sind. Zwar sieht ein amerikanisches Kind durchschnittlich jährlich etwa 20.000 Werbespots (Gentile/Walsh 1999) und die traditionelle Fernsehwerbung ist extrem manipulativ, sie ist jedoch eher gewaltarm. Im deutschen Fernsehprogramm (Lukesch 2004) werden dagegen pro Stunde im Durchschnitt 4,12 schwere Gewalttaten wie zum Beispiel Mord und etwa 5,11 schwere Gewalttaten wie zum Beispiel Körperverletzung gezeigt. Dies gilt auch für 89,4% der Kindersendungen.

Spielekonsolennutzung:

- ➢ 2- bis 7-jährige Kinder (USA): ca. 1 Stunde pro Tag

Anteil verbotener Killer-»Spiele«:
- 10- bis 12-Jährige: 53%
- 13- bis 14-Jährige: 67%

Abbildung 14: Erziehung durch Bildschirme (nach Gentile et al. 2004)

Zur Fernsehzeit addiert sich noch die mit Spielkonsolen verbrachte Zeit. Auf diesem Gebiet scheinen Erwachsene die größten Wissensdefizite zu haben. Sie interessieren sich wenig für diese Spiele. Amerikanische Kinder zwischen zwei und 17 Jahren verbringen durchschnittlich eine weitere Stunde pro Tag vor Spielkonsolen (Gentile et al. 2004). Die Kinder bevorzugen eindeutig die aggressivsten Videospiele, die zu bekommen sind. Am beliebtesten sind die verbotenen Programme: 53% der Zehn- bis Zwölfjährigen bevorzugen sie, bei den 13- bis 14-Jährigen sind es noch mehr (67%). Es wäre falsch, hier noch von Spielen zu sprechen. Es handelt sich bei diesen verbotenen Programmen vielmehr um mit großer kommerzieller Perfektion entwickelte Programme mit dem Ziel, das Töten zu trainieren. Das 1993 zuerst auf den Markt gekommene Spiel *Doom* wird vom amerikanischen Militär als Trainingsprogramm verwendet, um den Soldaten das Töten des Gegners beizubringen (Anderson/Dill 2000). Die Erziehung unserer Kinder wird also von professionell entwickelten Programmen übernommen, die das Ziel haben, so perfekt wie möglich eine normale Persönlichkeit in eine Killerpersönlichkeit umzuwandeln. Das Killerspiel *Duke Nukem* war bei einer Untersuchung 80% aller befragten jugendlichen Schüler bekannt, jedoch nur 5% der Eltern (Subrahmanyam et al. 2000). Dies gilt auch für mich. Ich persönlich habe nie ein solches Killerprogramm erprobt und Sie vermutlich auch nicht.

Um mit den eigenen oder von Ihnen betreuten Kindern über deren Beschäftigung sprechen zu können, müssten Sie also pro Tag ungefähr drei Stunden fernsehen und eine Stunde Training zum professionellen Killer mitmachen.

Man könnte es auch so ausdrücken: Ein Teil unserer Kinder durchläuft ein mit professioneller Perfektion durchgeführtes Erziehungsprogramm zur Borderline-Persönlichkeit mit einem durchschnittlichem Zeitaufwand von circa zwei Stunden täglich, also 14 Wochenstunden, bis wir Therapeuten dann, wenn sich die Folgen bemerkbar machen, mit circa einer Wochenstunde ein Gegenprogramm beginnen. Eine nicht unbizarre Entwicklung.

Was wir zunächst benötigen ist ein systematisches Wissen über Folgeschäden. Erfreulicherweise nimmt der Forschungsstand ständig zu. Am häufigsten diskutiert werden

- Erziehung zur Gewaltbereitschaft,
- Lernbeeinträchtigung,
- körperliche Schäden wie Übergewicht und
- Suchtentwicklung.

Ich möchte einige Ergebnisse der diesbezüglichen Untersuchungen sehr kurz darlegen und im Anschluss einen weiteren, weniger beachteten Punkt ergänzen: die Bindungsstörung, also die Folgen der Bindung an pseudolebendige Kunstprodukte.

Dass hoher Medienkonsum die Gewaltbereitschaft fördert, ist mittlerweile in sorgfältigen Studien nachgewiesen. Aggressivität wird stimuliert und die Empathie für das menschliche Gegenüber reduziert (Gentile et al. 2004; Hopf et al. 2008; Krahé et al. 2006; Lukesch 2005; Anderson 2004).

Spitzer (2005, S. 32) fasst seine Überlegungen dazu, wie man sich in einer solchen Welt fühlt und verändert, in folgender Weise zusammen:

> »Kurzfristig bewirkt Gewalt in Computer- und Videospielen eine Steigerung der Erregung, die Gewalt wird imitiert und es kommt zu einer Abstumpfung gegenüber realer Gewalt. Für das Denken, Fühlen und Handeln von Kindern und Jugendlichen wird Gewalt damit zum Normalfall und die Fähigkeit zum Mitgefühl für Andere nimmt ab. Langfristig kommt es durch den permanenten erfahrungs- bzw. gebrauchsabhängigen Umbau des Gehirns, d.h. durch Neuroplastizität zum aktiven Einüben, Modelllernen sowie zum emotionalen und sozialen Lernen von Gewalt.«

Auch das Lernvermögen wird durch Computerspiele nachgewiesener Weise beeinträchtigt, zum einen natürlich dadurch, dass die Konsumenten sehr viel Zeit für die Computerspiele aufwenden (Pfeiffer et al. 2007), zum anderen durch die Störung der Emotionsverarbeitung. Dies wirkt sich negativ auf die Gedächtnis- und Lernfunktion aus. Die Computerspielkonsumenten sind in einem ständigen hohen Erregungslevel, das nicht abgebaut wird (Mößle et al. 2006). Die schulischen Leistungen der Computerspielkonsumenten verschlechtern sich deutlich, wenn die Kinder einen eigenen Fernseher in ihrem Zimmer haben, diesen ausgiebig benutzen, wenn sie häufig Computerspiele konsumieren oder wenn sie speziell erregende gewalttätige Computerspiele benutzen (ebd., S. 12).

Je häufiger die Nutzer mehrere Medien gleichzeitig laufen haben (Multitasking), desto schlechter wird ihre Konzentrationsfähigkeit (Spitzer 2009).

Auch der Zusammenhang von Medienkonsum und Übergewicht ist erforscht. Die Ernährungsgewohnheiten ändern sich durch hohen Medienkonsum, die Kinder und Jugendlichen und jungen Erwachsenen nehmen hoch kalorisches Fastfood zu sich und bewegen sich kaum noch. Bei einem hohen, sechs- und mehrstündigen täglichen Medienkonsum verdreifacht sich bei Mädchen das Risiko einer Adipositas, bei Jungen verdoppelt sich das Risiko (Lampert et al. 2007, S. 651).

Das Suchtpotenzial von Computerspielen ist mittlerweile gut untersucht. Wölfling, Thalemann und Grüsser (2007) kommen auf 6,3% der Schüler einer achten Schulstufe, bei denen eine Internetsucht vorliege. Über alle Altersstufen hinweg kommen Quandt und Wimmer (2008) auf 5% der Onlinespieler. Dabei ergaben sich bei den Süchtigen wöchentliche Spielzeiten zwischen 29 und 35 Stunden! (Hahn/Jerusalem 2001)

Die durch Medienkonsum bewirkte Bindungsstörung wird seltener beachtet. Deshalb möchte ich darauf näher eingehen.

Die Haupteigenschaft virtueller Objekte ist die *Pseudolebendigkeit*. Sie scheinen lebendig, sind es aber nicht. Wenn pseudolebendige Objekte zu Primärobjekten werden, hat dies weitreichende Auswirkungen auf das kindliche Subjekt.

Den zum virtuellen Objekt zugehörigen Typus der Objektbeziehung könnte man konsequenterweise *virtuelle Objektbeziehung* nennen. Sie ist pseudolebendig und führt nicht zum seelischen Wachstum, sie kann sich jederzeit spurlos auflösen, die Subjekte der Beteiligten, also die Personen sind austauschbar, ganz im Gegensatz zur *personalen Objektbeziehung*, die uns 100 Jahre in der Psychoanalyse beschäftigt hat.

Es gibt zahlreiche Beobachtungen, dass virtuelle Objekte bei Kindern bereits in großem Umfang zu Primärobjekten geworden sind, so zum Beispiel die in letzter Zeit wiederholt aufgetretenen rational nicht erklärbaren Kaufräusche bei Kindern und deren Eltern, zum Beispiel Ende der 90er Jahre in der Nachfrage nach einem in Japan produzierten virtuellen Haustier, dem Tamagotchi (von japanisch Tamago, *das Ei*). Die Kinder trugen ein kleines Gerät mit LCD-Display bei sich, worauf ein kleines Küken erschien, das Pflege und Versorgung forderte. In Deutschland wurden 1997 zwei Millionen Stück verkauft, das ganze Geschwader von Nachfolgeprodukten für Kinder und für Erwachsene noch nicht mitgerechnet. Die Perfidie dieses sogenannten Spielzeugs liegt, wie ich meine, in der elektronischen Nachahmung und Ausbeutung der Suche nach einer primären Objektbeziehung. Nach der elektronischen Geburt des Kükens (nach Anschalten des Gerätes) prägt sich dessen elektronischer Charakter. Ist das Kind mit größtem Einsatz fürsorglich zum virtuellen Küken, verhält dieses sich freundlich, ist das Kind unaufmerksam, wird das Küken böse, vergisst das Kind das Füttern, verhungert das Küken. Die Kinder hängen mit ihren ganzen Gefühlen an diesen Geräten, sind verzweifelt, deprimiert und haben schwere Schuldgefühle, wenn ihr Küken gestorben ist.

Der exzessive Verkaufserfolg beruht wahrscheinlich darauf, dass die größte Sehnsucht von Kindern, nämlich die nach einer guten Primärobjektbeziehung, virtuell nachgeahmt und damit verkäuflich wird. Auffällig ist, wie leicht sich der Wunsch des Kindes nach primärer Objektbeziehung auf das Display des Gerätes lenken lässt. Vielleicht sind Bildschirme für viele Kinder tatsächlich schon zum Primärobjekt geworden. Dieser Frage sei im Folgenden nachgegangen.

Die Bindungsstörungen durch virtuelle Objekte

Wir können davon ausgehen, dass Kinder unter den gegenwärtigen Entwicklungsbedingungen in vielfältiger Weise Probleme bekommen, eine zum Wachstum erforderliche sichere Bindung an natürliche Objekte aufzubauen. Das Herstellen von Bindung ist aber ein lebensnotwendiger Vorgang, der deshalb auch biologisch in vielfältiger Weise gebahnt wird. Die sichere Bindung zwischen Mutter und Kind ergreift beide Personen, wenn sie gelingt, zutiefst spezifische Hormonsysteme sind aktiv, insbesondere die Ausschüttung von Oxytocin und Vasopressin. Mutter und Kind warten nach der Geburt mit größter Bereitschaft auf die Gelegenheit, sich, wie Daniel Stern es ausdrückt, intensiv ineinander zu verlieben. Der Vorgang ist bei aller Macht, die ihm innewohnt, doch leicht störbar durch Vorgänge vor der Geburt, während der Geburt und nach der Geburt, durch Frühgeburt, Kaiserschnitt, ungünstige Geburtsverläufe, ungünstige Betreuung von Mutter und Kind nach der Geburt und vieles mehr. Mentale Blockaden der Mutter durch eigene traumatische Erfahrungen können sich auswirken. Die Folgen beschreibt die Bindungstheorie als Bindungsstörung vom unsicher anklammernden Typ, vom unsicher vermeidenden Typ oder Bindungsstörung vom chaotischen Typ. Sofern sich das Kind dann seinem unbefriedigten Bindungsbedürfnis folgend virtuellen Objekten zuwendet, könnte etwas entstehen, was wir vorläufig als *Bildschirmtrauma* bezeichnen können.

Wesentliche Aufgabe sicherer Bindung ist, einen entwicklungsförderlichen Rahmen zu schaffen, in dem das Kind die Möglichkeit hat, zu mentalisieren, also in wechselseitiger emotionaler Regulation seine Gefühle zu entwickeln und zu verstehen, sie in eine Persönlichkeit zu integrieren und sich, wenn es an der Zeit ist, als autonome zur Selbstregulation und zum Verstehen kompetente Person von den Eltern abzulösen, diese Fähigkeiten für sich selbst zu nutzen und sie der nächsten Generation, also den eigenen Kindern, Schülern oder Patienten weiterzugeben.

Für Kinder mit virtuellen Pseudobindungen entsteht eine ganz andere Welt:

- Die Bindungen sind nicht stabil, sondern flüchtig und auswechselbar, so wie es eben dem Charakter der elektronisch produzierten Kunstobjekte und virtuellen Identitäten entspricht.
- Die Emotionsverarbeitung ist repetitiv und imitativ. Vor dem Bildschirm Erlebtes bleibt auf der Stufe der Imitation stehen, die damit verbundene vegetative Erregung wird repetitiv abgebaut. Im Moment der Triggerung bestimmter Erregungsmuster entsteht das imperative Bedürfnis, repetitiv Handlungssequenzen auszuführen, die dem Abbau der Erregung dienen sollen. Die Dimension der Zeitlichkeit entsteht dabei nicht, alles Erlebte bleibt allgegenwärtig. Dieser imitative und repetitive Verarbeitungsmodus entspricht dem, was die Londoner Arbeitsgruppe um Peter Fonagy und Mary Target als »Äquivalenzmodus« beschrieben hat. Der von dieser Forschergruppe sogenannte »Als-ob-Modus«, der zur Verarbeitung und Integration notwendig ist, bildet sich nicht.
- Die Fähigkeit zur Regulation von Emotionen entwickelt sich nicht normal. Emotionen haben ihren eigenen Zeitverlauf so wie sie entstehen, stärker werden und wieder abklingen. Diese natürliche Kontur emotionalen Erlebens verträgt sich nicht mit dem Rhythmus des virtuellen Mediums. Natürliche Emotionsverläufe stören vor dem Bildschirm, sie belasten und entwickeln sich deshalb nicht. Die Situation von Kindern in der virtuellen Welt ist vielleicht vergleichbar mit der Situation eines Autofahrers auf der Autobahn. Alle Aufmerksamkeit ist auf gegenwärtiges Geschehen reduziert, jede Emotion würde stören in der Aufmerksamkeit für die nächste drohende Gefahr.

Kinder, die viele Stunden am Bildschirm verbracht haben, berichten, dass sie ihren Körper nicht mehr spüren, alle Aufmerksamkeit ist auf die körperlose virtuelle Welt gerichtet und vom eigenen Körper abgezogen.

- Die Folgen können wir bei ADHS-Kindern gut beobachten. Bei Triggerung belastender Emotionen reagieren sie mit einem meist unsichtbaren vegetativen Erregungssturm, der normale Herzrhythmus wird chaotisch. Der Außenstehende bemerkt diese vegetative Erregung allerdings so wenig wie das Kind selbst. Was tut das Kind allein mit seiner Erregung, die es selbst nicht versteht? Was als Aufmerksamkeitsdefizit beschrieben wird, könnte man auch »mentales Zappen« nennen, ein ständiges Springen von Bild zu Bild, um unangenehme Emotionen zu verringern.
- Die Bindungsstörung vom virtuellen Typ enthält auch das Element der Sprachverarmung. Die Kinder haben nicht die Zeit und nicht die natürliche Bindung, Sprache zu entwickeln. Sie können nicht benennen, was vor sich geht, damit nicht den mentalen Abstand herstellen, sie können kein Narrativ ihrer Erfahrung, ihrer selbst und ihrer Welt entwickeln.
- Die Bindung an virtuelle Objekte ist körperlos, nicht nur deshalb, weil es der Natur der virtuellen Objekte entspricht, ebenfalls körperlos zu sein, sondern auch deshalb, weil das Kind seine eigenen Erlebnisse nicht in seine Körperlichkeit integriert. Bis auf die vegetativen Erregungsstürme fühlt es den Körper nicht, der Körper hilft nicht bei der Wahrnehmung von Erfahrung und bei der Ordnung von Erfahrung. Der Körper wird eine eher fremde, dadurch unheimliche und bedrohliche Welt. Die Hyperaktivität der ADHS-Kinder hilft dem nicht ab. Es sind ungerichtete, chaotische, nicht zur Erlebnisverarbeitung beitragende Muster, die gleichzeitig die qualvolle Notwendigkeit zur Erlebnisverarbeitung signalisieren. Bildschirmtraumatisiert ist ein Kind, was am Vorabend drei Stunden ferngesehen hat, sich dann im eigenen Zimmer ohne Wissen der Eltern eine Stunde mit einem Tötungstraining beschäftigt hat, in der Nacht statt gelingender Traumverarbeitung Albträume mit den Erlebnisfetzen dieser virtuellen Welt entwickelt, am anderen Morgen unausgeschlafen das Frühstück überspringt und von dem dann erwartet wird, dass es in der Schule fünf Stunden still sitzt und konzentriert hört, was der Lehrer spricht.

Klinische Phänomene und therapeutische Konsequenzen

Das Mini-ADHS

Ich kann Ihnen nun zwei Phänomene vorstellen, auf die sich diese Überlegungen anwenden lassen, ein auffälliges und ein unauffälliges.

Das unauffällige zuerst. Es ist das Phänomen des *Mini-ADHS*, wie ich es nennen möchte. In diesem Zustand sind Kinder in einem mentalen Modus, der normal scheint, aber nicht normal ist, sie sind in einer Art Bildschirmmodus.

Ein Beispiel: Ich komme im Kinderzentrum unserer Klinik in den Spiel- und Aufenthaltsraum der älteren Kinder, darin steht ein bequemes Sofa, ein Tisch mit Stühlen, zwei Schränke mit Spielmaterial, ein kleiner Billardtisch und eine Kommode mit einem Radio. Im Raum sind drei Mädchen und ein Junge zwischen neun und elf Jahren: Marie, Sandra, Anna und Nick.

Ich begrüße sie, setze mich an den Tisch und mache zunächst nichts weiter als da sein und die Atmosphäre wahrnehmen.

Die Kinder nehmen scheinbar wenig Notiz von mir. Das Radio spielt ziemlich laut Musik, zwei Mädchen haben sich aus Legosteinen etwas gebastelt, was sie als Mikrofone benutzen. Anna, ein blondes eher kleines Mädchen, steht neben dem Radio wie auf einer Bühne und spielt, sie wäre ein Star. Marie, mittelgroß und ein wenig mollig, turnt auf dem Sofa herum, Sandra, ein dunkelhaariges Mädchen mit Brille, schaut mit eher missvergnügtem Gesicht zu, Nick, ein schmaler Junge mit einem verlegenen Gesichtsausdruck, versucht neben Anna einen Platz beim Radio zu finden.

Ständig werfen Anna und Marie Anspielungen durch den Raum über Freunde, Freunde haben, kichern hektisch und erregt.

Ist das ein normales Kinderspiel in der Vorpubertät? Sind das gut gelaunte Kinder?

Ich habe nicht das Gefühl. Etwas stört, wirkt ungesund. Die Kinder sind sehr sprunghaft, keine Spielidee hält länger als ein paar Sekunden, es bildet sich nichts Gemeinsames, keine Dialoge. Die Kinder sind hektisch, überdreht, innerlich so schnell wie die Musik und ohne Verbindung untereinander und zu mir. Sind sie im Bildschirmmodus?

Ich sage den Kindern, dass sie mir überdreht vorkommen und ich die Musik zu laut finde, schlage vor, das Radio leiser zu drehen. Die Kinder reagieren nur wenig, das Tempo der Satzfetzen geht aber etwas zurück.

Nach ein paar Minuten wiederhole ich meinen Vorschlag mit etwas mehr Nachdruck. Daraufhin geht Anna hin, dreht das Radio immer leiser, bis es praktisch nicht mehr zu hören ist.

Was wird jetzt den Raum füllen?

Zunächst kann ich eine Beruhigung fühlen. Die Kinder setzen sich auf das Sofa, atmen etwas anders, ich fange an, eine Aufmerksamkeit und eine Bezogenheit zu spüren. Ich folge meinen eigenen Einfällen und sage: »Ihr könntet mir etwas von euch erzählen, was ihr für Kinder seid, was ihr gut könnt oder was ihr in euren Therapiestunden macht.«

Die Kinder denken nach, reagieren noch nicht. Mit Sandra bin ich gut bekannt. Ich schaue sie an und sage, langsam und nachdenklich, einen Satz mit offenem Ende: »Wie läufts in deiner Therapie?« Sie antwortet sofort: »Ich habe Ärger mit meiner Therapeutin, ich kann schon vieles besser als früher aber sie findet, ich brauche noch lange Therapie!« Sie runzelt die Stirn. Ich: »Ich finde es gut, dass du deinen eigenen Standpunkt hast, das kannst du wirklich besser als am Anfang.«

Mir scheint, dass mit diesem kurzen Dialog schon genug gesprochen ist, ich schaue Marie an und sage: »Was bist du für ein Kind, was kannst du gut?« Sie wälzt sich ein wenig auf dem Sofa herum, ein Kind, das zu Hause kein klares Wort gesprochen, sondern nur unverständlich genuschelt oder geschrien hat, und sagt mit klarer Sprache: »Ich streite viel weniger mit meiner Mama, wir reden oft. Wir haben am Montag eine Kerze angezündet und an meinen Papa gedacht.« Ich bin ziemlich berührt, ihr Vater ist vor genau einem Jahr gestorben, und sage: »Schöne Idee, wer hatte die denn?« Marie: »Meine Mama und ich gemeinsam.« Ich: »Ihr macht das gut, deine Mama und du.«

Wieder scheint genug gesprochen, ich schaue Nick zu und frage ihn auch: »Was bist du denn für ein Kind, was kannst du gut?« Mittlerweile ist eine konzentrierte Ruhe im Raum, die Kinder und ich haben ein kleines Spiel gefunden und spielen es gemeinsam.

Nick, ein Junge mit schweren Wutausbrüchen in der Schule, sagt: »Rennen, ich bin der schnellste!« Die trockene Direktheit des Jungen bringt mich zum Lachen. Ich sage nur: »Klasse, jetzt weiß ich von dir auch was, du kannst gut rennen.«

Anna hat sich auf dem Sofa unter einer Decke versteckt, sie will nicht gefragt und nicht gesehen werden. Ich kommentiere die Szene ein wenig und sage: »Anna versteckt sich unter der Decke, jetzt kriege ich ja nichts von dir mit. Ich überlege, was du wohl gut kannst?« Ein paar Sekunden Pause, ich will sie schon in Ruhe lassen, da kommt sie unter der Decke hervor geflitzt und sagt:

»Ich kann Kopfstand ohne Anlehnen!« und führt den Kopfstand mitten im Raum vor. Ich sage, echt beeindruckt: »Toll, das sollte ich auch mal wieder ausprobieren. Geht's auch ganz kurz freihändig?« Sie kennt den Trick, klatscht kurz in die Hände, steht eine Sekunde nur auf dem Kopf und stellt sich dann wieder auf. Ich freue mich mit ihr und ihrem Stolz und sage: »Klasse, jetzt weiß ich von dir auch was, du bist Anna und kannst gut Kopfstand.«

Dann verabschiede ich mich, sage den Kindern: »Ich finde, ihr seid sympathische Kinder, ich habe gerne mit euch gesprochen.«

Was könnte hier vor sich gegangen sein? Ich meine, die Kinder waren anfangs in einem Mini-ADHS-Modus, den sie aktiviert haben, um mit dem, was sie emotional beschäftigte, nicht in Berührung zu kommen, besonders deutlich Sandras Ärger, Maries Trauer, Annas Unsicherheit. Es war nicht gute Laune, es war ein chaotischer mentaler Modus, ein Bildschirm-Modus, meine ich. Dann ein Übergang, die Kinder zentrieren sich, beruhigen sich, binden sich, eine kohärente Spielidee, die auch ich vorher nicht hatte, entsteht aus der Situation heraus, organisiert sich. Ich habe dabei das Gefühl, die Kinder nehmen mit ihrem emotionalen Kern Kontakt auf und ich genauso. Es entsteht Verbindung, sichere Bindung.

Selbstverletzendes Verhalten

Selbstverletzendes Verhalten ist ein Phänomen, das mich schon lange beschäftigt.

Es hat epidemische Ausmaße angenommen oder vielleicht: Es ist normal geworden. Angeblich praktizieren circa 30% der Jugendlichen zeitweise selbstverletzendes Verhalten. Von den Jugendlichen, die zur stationären Psychotherapie kommen, praktizieren etwa 25% zum Zeitpunkt der Einweisung selbstverletzendes Verhalten, fast immer Ritzen. Auffällig ist dabei die Beiläufigkeit, mit der sie es erwähnen, sie finden es selbstverständlich. Während wir vor Jahren selbstverletzendes Verhalten nur bei Jugendlichen und Erwachsenen mit schweren Störungen der Persönlichkeit gesehen haben, sinkt jetzt offenbar die Schwelle ständig ab, die Bereitschaft steigt an.

Die Jugendlichen wechseln dabei aus einem dysphorischen, schwer erträglichen mentalen Zustand mit erstaunlicher Leichtigkeit in einen anderen mentalen Zustand, in dem sie sich vorübergehend besser fühlen. Sie wechseln gleichsam den emotionalen Kanal, sie dissoziieren. Der Ablauf ist fast immer der gleiche. Die Jugendliche ist in einer inneren, häufig auch äußeren Gewaltstimmung. Sie hat beispielsweise Wut und Hass bei einer Mitpatientin wahrgenommen, Emotionen, die sie nur schwer regulieren kann. Sie fühlt sich hilflos. Sie weiß nun, was sie zu tun hat. Sie geht in ihr Zimmer und vollzieht einen inneren Wechsel zu einem Gefühlszustand von kalter Aggression. In diesem Zustand existieren keine äußeren Objekte mehr, sondern nur noch der eigene Körper als fremdes Objekt. Sie lebt in diesem Zustand ein Gewaltschema am eigenen Körper aus, in dem sie die Täterin ist. Dies ist mit einer kurzzeitigen Reduktion der Gefühle der Hilflosigkeit und Objektlosigkeit verbunden. Sie hat den Körper zur freien Verfügung und ist nun Täterin, nicht Opfer. Klinisch sehr auffällig, aber wenig beachtet ist die Leichtigkeit dieses Wechsels, der sich wie ein aktives Zappen in einen anderen mentalen Zustand vollzieht.

Nach geschehener Selbstverletzung geschieht der mentale Wechsel erneut mit der gleichen Leichtigkeit, jedoch in Gegenrichtung. Die Jugendliche verlässt ihr Zimmer und will nun das eben Geschehene aus der Beziehung vollständig ausklammern. Das eben am Körper ausgelebte Gewaltschema soll nicht zur eigenen Person gehören, es soll wie nicht gewesen sein. Sie hat sich, so könnte man sagen, zurückgezappt. Sie erwartet, dass der Therapeut und der therapeutische Rahmen den Wechsel in einen anderen mentalen Zustand kommentarlos übergehen, das Recht dazu möchte sie sich jederzeit vorbehalten.

Im stationären Rahmen hat dies fatale Folgen. Alle Patientinnen versuchen, auf der Seite der Traumatisierenden zu sein, nicht auf der Seite der Traumatisierten. Niemand will das Risiko einer personalen Beziehung eingehen, weil stets irgendeine Mitpatientin sich in die scheinbare Überlegenheit der Selbstverletzungswelt überhebt. Die Folge sind redundante Traumainszenierungen ohne Ende und ohne Ausweg, Selbstverletzungsendemien. Es ist, wie wenn jeder versuchte, den Lärm des anderen mit noch mehr Lärm zu übertönen. Die Folge wäre eine zum Wachstum und zum Leben nicht mehr geeignete Kakophonie der Gewalt, die Klinik wäre zum Horrorvideo geworden.

Die Jugendlichen inszenieren mit ihrem selbstverletzenden Verhalten, wie emotional unverdaute Gewalt mit Bindungsabbruch und Gegengewalt beantwortet wird. Die Jugendlichen erzählen mit ihrem Verhalten die Geschichte, wie sie solche negativen Emotionen nicht regulieren konnten außer mit Bindungsabbruch und eigenen Gewaltimpulsen.

Was ist zu tun? Wir sind in unserer Klinik der Not gehorchend vor einigen Jahren dazu übergegangen, den stationären Therapieraum als selbstverletzungsfrei zu definieren. Wir haben den Patientinnen erklärt, dass uns stationäre Psychotherapie, die zum seelischen Wachstum geeignet sein soll, nur in einem gewaltfreien Raum möglich ist und dass alle Patientinnen, die glauben, auf ihr Selbstverletzen nicht verzichten zu können, die stationäre Therapie solange unterbrechen, bis sie es können.

Dadurch wird nachdrücklich vertreten, dass für seelische Entwicklung nicht der Bildschirmmodus, sondern sichere Bindung nötig ist.

Aufgrund dieser Setzung treffen alle Patientinnen seither die Entscheidung, ob sie Selbstverletzen praktizieren wollen oder nicht, und zwar erstaunlich eindeutig. In den fünf Jahren, seit die Klinik selbstverletzungsfrei ist, liegt die Abbruchquote wegen Rückfällen bei weniger als 2%, obwohl wir weiterhin unverändert Patienten mit allen Schweregraden selbstverletzenden Verhaltens stationär aufnehmen.

Das emotionale Traumaschema ist damit nicht aufgelöst, es hat sich aber die verrückte Bereitschaft verändert, mentale Zustände wie Fernsehprogramme zu behandeln. Die Patientinnen beginnen, Verantwortung zu übernehmen für Bindung und Selbstfürsorge. Bemerkenswert ist der emotionale Effekt hiervon. Nach einigen Wochen erfolgreicher Selbstverletzungsfreiheit sprechen sie von ihrem Stolz, ihrem Selbstbewusstsein und von ihrer sehr verbesserten Fähigkeit, das mentale Zappen zu regulieren, zu reflektieren. Sie schauen befremdet auf diejenige zurück, die sie noch vor einiger Zeit waren, vielleicht wie auf einen Film, der ihnen nicht mehr gefällt.

Was hat das zu bedeuten? Ich meine, dass wir die Patientinnen unterschätzt haben. Sie waren der personalen Objektbeziehung eben nicht entwöhnt, die Erinnerung daran, die Sehnsucht nach dem, was seelisches Wachstum ermöglicht, war viel aktiver als wir dachten.

Schluss

Wir können mit digitaler Kunst, digitalen Medien und digitalen Formen der Kommunikation ohne Weiteres leben, ohne daran Schaden zu nehmen. Mehr noch: Der Mensch benötigt Virtualität. Zum Leben gehört nicht nur platte, unmittelbare Erfahrung, also der objektivistische Modus des Erkennens (das pragmatische Realitätsprinzip nach Uexküll), sondern notwendigerweise auch der Raum der Fantasie, der Kunst, der Raum von Symbol, Sprache und Spiel. Alles Denken, alle Erkenntnis ist nicht Abbild, sondern Konstruktion, etwas Virtuelles also.

Was allerdings niemals passieren darf, ist ein Bildschirmtrauma: der Ersatz von personaler Beziehung zu den Primärobjekten, zu den Gefühlen und zum eigenen Körper durch pseudolebendige, instabile Objekte. Personale, lebendige Primärobjekte (also: Menschen) werden für alle Zeiten der wachstumsförderliche, seelische Raum bleiben, den Kinder zum Leben brauchen. Niemals werden Bildschirme und digitales Spielzeug dem Kind seine inneren und äußeren Primärobjekte ersetzen.

Teil V
Essstörungen

Kapitel 8

Essstörungen als psychisches Trauma[1]

Traumatherapie für Essgestörte?

Es wird geschätzt, dass in Deutschland 100.000 Menschen an Magersucht leiden, 600.000 an Bulimie, 1,5 Millionen an Esssucht. Etwa 20% aller Jugendlichen in Deutschland haben Symptome einer Essstörung (*Nervenheilkunde*, Sonderdruck 2010, S. 5 und 12).

Die multizentrische Essstörungsstudie der Forschungsstelle für Psychotherapie in Stuttgart (Kächele 1999; Kordy et al. 2002) untersucht die Resultate stationärer Essstörungsbehandlung in elf europäischen Ländern mit folgendem Ergebnis: Europaweit liegt der Anteil erfolgreicher Behandlungen im Mittel bei 30%, in der 12-Monats-Katamnese bei 40%. Deutschland schneidet etwas unterdurchschnittlich ab. Spezialisierte Kliniken haben deutlich bessere Ergebnisse.

Diese Resultate geben insgesamt in ihrer Bescheidenheit zu Denken. Es beginnt damit, dass die Patientinnen Therapien im Mittel erst nach über sechs Jahren Krankheitsdauer beginnen, häufig wieder abbrechen und dann chronifizieren. Es genügt nicht, dies einfach ihrer Unmotiviertheit zuzuschreiben. Sie fühlen, so meine ich, dass sie ihre Störungen mit den vorhandenen Therapiemöglichkeiten vielleicht nicht loswerden. Haben die bescheidenen Ergebnisse der Essstörungstherapie möglicherweise mit einer Blockierung der Persönlichkeitsentwicklung durch traumatische Erfahrungen zu tun, die zur Erkrankung geführt haben und durch die Erkrankung selbst entstehen? Dieser Frage möchte ich nun nachgehen.

1 »Essstörungen als psychisches Trauma«. Vortrag im Rahmen einer Sommeruniversität in Frankfurt am Main, 2. September 2010.

Wir wissen, dass in der Normalbevölkerung 30% der Frauen und 10% der Männer vor dem 18. Lebensjahr unfreiwillige sexuelle Kontakte haben, davon bei 4% realer Inzest (Fischer/Riedesser 1999). 90% der Täter sind männlich, etwa 10% weiblich (Heyne 1994).

Bei Patientinnen und Patienten mit Borderline-Störungen ist die große Bedeutung traumatischer Erfahrungen mittlerweile unbestritten. Sexueller Missbrauch ist bei 70% der weiblichen und 45% der männlichen Boderline-Patienten anzunehmen. Vater-Tochter-Inzest hat mit 15% eine circa fünfmal höhere Häufigkeit als in der Normalbevölkerung, schwere körperliche Misshandlung kommt bei 73% der Patienten vor (Paris 2000).

Auch bei Patientinnen mit Essstörungen mehren sich die Hinweise auf traumatische Erfahrungen. Die berichteten Zahlen über sexuellen Missbrauch liegen zwischen 30 und 60% der Patientinnen in den untersuchten Gruppen (Hall et al. 1989; Willenberg et al. 2000).

Solche *Makrotraumen* sind laute, alarmierende Ereignisse, beispielsweise sexueller Missbrauch. Es ist gut, hierüber Bescheid zu wissen und ein Bewusstsein für die Bedeutung in der Entstehung von Essstörungen zu haben. Die Untersuchung der Makrotraumata hat in den letzten Jahren erhebliche Fortschritte gemacht. Wir haben eine enorme Häufigkeit sexueller Missbrauchserfahrungen bei den essgestörten Mädchen gesehen, die Häufigkeit liegt wahrscheinlich viermal höher als im allgemeinen Durchschnitt (Köpp/Jacobi 2000). Die Erkrankung hat in diesen Fällen auch den Sinn, Missbrauchstraumata zu verdecken, das eigene Bewusstsein und auch Täter und Mitwisser in der Familie vor der Erkenntnis zu schützen.

Ein traumatologisches Verstehens- und Behandlungsmodell der Essstörungen

Anorexia nervosa

Es sind aber nicht nur grobe Makrotaumata, die mit der Ausbildung einer Essstörung beantwortet werden. Es sind am Anfang zahlreiche Mikrotraumata und dann die Essstörung selbst, die zum Trauma wird. Beginnen wir mit der Betrachtung der Magersucht.

Das Trauma, welches die magersüchtige Patientin häufig erfahren hat und mit der Ausbildung der magersüchtigen Hilfspersönlichkeit beantwortet, ist, wie ich meine, die permanente Erfahrung emotionaler Überwältigung mit Eindringen fremder, nicht zu ihr gehöriger Gefühle. Alles, was an ihrem Körper weich ist, scheint ihr fremd, als ein falsches Selbst, in sie mit Gewalt hinein gepresst. Genauso wird der eigene Körper empfunden, ein falsches Selbst, ein Nicht-Ich. Selvini formuliert dies so: Der Körper ist die Lüge, die Magersucht die Echtheit (v. Braun 1993). Alles was auf die Knochen aufgelagert ist, scheint der Magersüchtigen falsch, nicht sie selbst, von beiden Eltern in allen Entwicklungsphasen von klein auf in sie hineingepresst, mit Gewalt auf die Knochen aufgelagert. Magersein heißt deshalb nicht nur dünn, sondern auch hart sein.

Die magersüchtige Hilfspersönlichkeit ist ein einziger Gegenangriff der willensstarken und kämpferischen Mädchen gegen diese emotionale Überwältigung. Sie »schützt« anfangs das verborgene wahre Selbst. Dieses ist ein schwaches, wehrloses inneres Kind, welches sich gegen emotionale Überwältigung nicht wehren kann, Schmerz und Ohnmacht fühlt und sich in der Überwältigung selbst verliert. Dieses innere Kind ist isoliert, vereinsamt und hat kaum Erfahrungen in entwicklungsförderlichen Beziehungen. Später wird die Magersucht genau das, was sie bekämpfen soll, selbst bewirken. Sie wird zum Trauma.

Sehr häufig beschreiben Magersüchtige das Gefühl, dass andere beliebig in sie einzudringen scheinen, was sie dann gerade im Bauch wie einen diffusen, äußerst widerwärtigen Fremdkörper empfinden. In der Logik des magersüchtigen Persönlichkeitsteils sind dann Abführmittel, Nahrungsverweigerung, exzessiver Sport adäquate Mittel zum Austreiben und Abtreiben dieser eingedrungenen Fremdgefühle.

Wir wissen, dass bei circa 10% der magersüchtigen Mädchen das Grundgefühl des Durchdrungen-Seins von Fremdem so ausgeprägt ist, dass verschiedene Formen von Wahnsystemen die Folge sind, beispielsweise Überzeugungen über eingedrungene Fremdkörper, die dann im Bauch oder unter der Haut mit wahnhafter Gewissheit vermutet werden. Wir dürfen aber die Magersucht, auch wenn sie ursprünglich zum Selbstschutz gegen Traumatisches erfunden wurde, nicht idealisieren. Sie ist heute die Krankheit geworden, die das Gesunde blockiert.

Je vollständiger die Spaltung zwischen dem magersüchtigen und dem gesunden Persönlichkeitsteil ist, desto schwerer verläuft die Magersucht. Die Gefühle des wahren Selbst werden nicht mehr wahrgenommen, seine Talente, seine Leidenschaften, seine Entwicklungspotenzen werden weder geahnt noch gelebt. Ob dieses magersüchtige Mädchen gerne singen, malen, reisen, schreiben, schmusen, tanzen würde, davon weiß sie selbst nichts mehr. All das ist im Magersuchtsgefängnis inhaftiert, das heißt, hinter einer Dissoziationsbarriere verschlossen, genauso die Fähigkeiten, genussvoll zu essen und zu lieben.

Woher kommt das?

Die zwanghaften Essrituale in Magersuchtfamilien sind bekannt. Sie weisen auf eine familiäre, wahrscheinlich von klein auf bestehende Unfähigkeit insbesondere der Mütter hin, oralen Genuss mit ihren Kindern zu teilen. Diese Störung hat wahrscheinlich bereits im Säuglingsalter eingesetzt und ist zum Kern der traumatischen Erfahrung geworden. Statt gemeinsamer Freude dominiert Kontrolle. Später ist in Bezug auf Sexualität die Häufigkeit emotionaler und auch physischer Angriffe auf die Weiblichkeit der späteren Patientinnen enorm hoch, und zwar, wie eingangs erwähnt, sowohl von den männlichen wie von den weiblichen Familienangehörigen. Der Körper des Mädchens ist breitgetretenes öffentliches Familienthema, ohne Respekt vor Intimität. Der Verschluss des Badezimmers, die Intimität des eigenen Zimmers, des Tagebuchs, der Unterwäsche werden ebenso wenig gefühlt wie die peinliche Veröffentlichung eigener Intimitäten durch andere Familienmitglieder. Der Mangel an Schamgefühl für die Grenzen der Intimität ist Merkmal von Magersuchtfamilien.

Auffällig häufig und ohne dass ich dies in der Literatur finde, sind unsere magersüchtigen Patientinnen sehr hübsch oder besser: Sie könnten schöne junge Frauen sein, wenn sie nicht Skelette wären. Ich halte es für möglich, dass gerade die attraktiven Töchter von den Familien schon als Kleinkind intuitiv erkannt und nach dem Prinzip des Schneewittchen-Mythos zur emotionalen Leblosigkeit verdammt werden. Die Magersucht unserer Patientinnen ist deshalb nicht nur Selbstschutz, sondern auch Auftrag der Familie zur Körperlosigkeit.

Eine unserer Patientinnen brachte mit zwölf Jahren bei den allerersten Anzeichen von Pubertät ihre körperliche und psychische Entwicklung zum Stillstand. Sie, die heute 17-Jährige mit 31 kg und einem BMI von 12, hat noch niemals eine Monatsblutung erlebt, sie ist im präpubertären Zustand gleichsam eingefroren. Sie sagte: »Ich weiß, dass ich stark bin und dass ich kämpfen kann. Ich fühle meine Kraft aber nur, wenn ich magersüchtig bin. Wenn ich ich selbst bin, bin ich nichts.« Sie hat hier ihr Leiden auf den Punkt gebracht. Das wahre Selbst ist nicht fühlbar und darf nicht fühlbar werden, lebensfähig ist nur jene bizarre magersüchtige Hilfspersönlichkeit. Sie ist auch das Einzige, zu dem uns Behandlern Kontakt erlaubt ist.

Therapie mit traumatherapeutischen Elementen

In der therapeutischen Beziehung merken wir dieses Ausgesperrtsein vom authentischen Gefühlsleben der Patientinnen sehr deutlich. Bei nichts können wir entscheiden, ob es wahr ist oder eine Beziehungsattrappe, die uns auf Abstand halten soll. Die Magersüchtige sperrt uns emotional aus und ist selbst von ihrem eigenen emotionalen Geschehen isoliert. Wir Therapeuten suchen dann unwillkürlich Wege, den Widerstand zu überwinden. Diebel-Braune (1993) vermutet, dass gerade Psychotherapeuten, die ja emotionale Begegnung suchen, die magersüchtige Kontaktverweigerung schwer ertragen.

Immer in der Psychotherapie gilt aber: Die therapeutische Beziehung muss gewaltfrei sein, im Falle der Magersucht gilt es also, jede emotionale und physische Überwältigung zu meiden. Genau dazu werden die Patientinnen uns aber zu zwingen versuchen, um ihr Trauma zu wiederholen. Sie werden uns authentischen Kontakt versagen und uns mit Lügen füttern, wenn wir glauben, sie irgendwo emotional packen zu müssen.

Solches therapeutisches »Mis-Match« können Anorexiepatientinnen beliebig lange kultivieren, weil sie sich gerade in diesem Spiel besonders sicher fühlen. Sie wissen, dass dabei nichts und niemand, auch sie selbst nicht, mit ihrem wahren Selbst in Berührung kommt.

Die Magersucht als Ganzes bildet deshalb ein sogenanntes *Negativmuster* (Plassmann 2007). Es ist aus dem Versuch entstanden, eine schwere, lang andauernde emotionale Belastung abzuschwächen. In seinem Ursprung ist jedes Negativmuster reparativ gemeint und gerät dann außer Kontrolle, weil das Ziel, emotionale Belastung zu verringern, nicht mehr gelingt. Die Bezeichnung Negativmuster erscheint mir deshalb gerechtfertigt, weil die Magersucht die Energie der Persönlichkeit aufzehrt und die Persönlichkeit massiv verändert, reduziert. Die Person der Magersüchtigen wird von der Magersucht beherrscht. Andere Lösungen als Magersucht können weder gedacht noch gefühlt werden. Der gesunde, kreative Bereich der Person wird kontinuierlich schwächer.

In dieser Situation ist das Krankmachende nicht mehr das primäre ursprüngliche emotionale Belastungsmaterial, sondern etwas Sekundäres, eben die Magersucht. Der Ausdruck enthält keine moralische Bewertung, sondern eine klinische. Das Negativmuster bindet die Energie der Patientin, es ist mit zahlreichen für die Persönlichkeit und die Gesundheit negativen Konsequenzen verbunden. Der Ausdruck Muster beschreibt, dass sich hier (selbstorganisatorisch gedacht) etwas wie ein Muster stabilisiert hat und damit die Entstehung alternativer Entwicklungsmuster behindert. Das Negativmuster fängt seinerseits an, das Denken, Fühlen und Handeln zu organisieren. Eine Magersüchtige kann unter dem Einfluss der Magersucht fast nur noch magersüchtig denken, fühlen und handeln, das Muster Magersucht ist zum Organisator ihrer Persönlichkeit geworden.

Die Magersuchtbehandlung beginnt deshalb mit der Sensibilisierung der Patientinnen für ihre Techniken der Selbsttraumatisierung. Sie beginnen zu sehen, wie der magersüchtige Persönlichkeitsanteil vollkommen überentwickelt ist, eine Schutz- und Abwehrstruktur gegen die Befürchtung der emotionalen Penetration, die aber schließlich in ihrer Hypertrophie Wahrnehmungen aus dem Bereich des abgespaltenen Kernselbst kaum noch zulässt.

Wir lehren sie wahrzunehmen, wie diese von ihrem magersüchtigen Teil aus organisierte Lebensform einmal eine Schutzstruktur war, die mittlerweile selbst zur Krankheit geworden ist. Die Folge ist ein immer deutlicher werdendes Bewusstsein, wie die magersüchtige Lebensform eben diesen lebendigen Kontakt mit dem eigenen Selbst, nach dem sich die Magersüchtigen zutiefst gesehnt haben, verhindert hat. Diese Sehnsucht wird zur treibenden Kraft, die Therapie ernst zu nehmen und einzuhalten, sodass wir in der ganz überwiegenden Anzahl unser Magersuchtbehandlungen eine eindeutige Abkehr vom magersüchtigen Lebensstil verbunden mit fast beiläufiger Gewichtsnormalisierung erleben.

Über 80% der Patientinnen überwinden die Magersucht in der so konzipierten stationären Therapie erfolgreich. Sie beenden die Selbsttraumatisierung und es ist sehr anrührend zu sehen, wie das Leben in die Patientinnen zurückkehrt.

Bulimie als Traumabewältigung?

Eine zentrale traumatische Erfahrung von Bulimiepatientinnen scheint das »emotionale Verhungern« zu sein. Sie wurden zwar gefüttert, aber nie gestillt – ein wunderbares Wort übrigens, wie ich finde. Sie kennen den Rhythmus von Hunger, gemeinsamer Sättigung und gemeinsamer Zufriedenheit nicht. Alle Bulimiepatientinnen erzählen uns genau diese Geschichte, also den Mangel jeder natürlichen Sicherheit im Umgang mit dem Hunger. Auffälligerweise schämen sie sich dafür. Was aber ist peinlich daran?

Wir haben es hier anscheinend mit einem abgespaltenen Persönlichkeitsanteil zu tun, einem inneren Kind, vielleicht so alt wie ein Säugling, für welches die Patientinnen sich schämen. Dieses innere Kind erscheint ihnen hässlich, gierig, maßlos, ekelhaft. Die öffentliche, erwachsene, sehr angepasste und brave Alltagspersönlichkeit der Bulimiepatientinnen kann dieses innere Kind nur verachten. Dieser Zustand der Entwicklung von zwei sich bekämpfenden Persönlichkeitsteilen scheint wiederum die Folge jener traumatischen Beziehungserfahrung zu sein, welche die Patientinnen verinnerlicht haben und weiterleben. Sie versuchen, den bulimischen Teil in sich, das gierige innere Kind aus sich selbst und aus ihren Beziehungen zu eliminieren, mit ihm möglichst nicht in Kontakt zu kommen. Sie füttern es nicht, lassen es den ganzen Tag fasten, wollen dieses peinliche innere Kind in der Öffentlichkeit nicht zeigen und nicht stillen, bis es sich dann abends oder in der Heimlichkeit des Zimmers um so heftiger meldet und im Fressanfall abgefüttert wird. Im Moment des Fressanfalls ist aller Verstand, alles Erwachsene und alles Vernünftigsein ausgesetzt, im maßlosen Fressen gibt es keine Moral, kein Schuldgefühl, keine Scham. Es ist aber deshalb kein glücklicher Moment, die Patientinnen sind nur Kind, völlig einsam, zu niemandem in Beziehung, an die Stelle eines Menschen, einer Mutter, tritt der Kühlschrank. Der Fressanfall endet deshalb nicht wie normales Essen durch zufriedene Sättigung, welche die Nahrung nun verdauen und aufnehmen möchte, sondern in einem widerlichen Missempfinden. Im gleichen Moment kippt die Persönlichkeitsorganisation, der angepasste Teil der Person setzt sich durch und empfindet massive Schuld- und Schamgefühle, Ekel, Selbstverachtung. Das daraus resultierende bulimische Erbrechen schafft dem Völlegefühl zwar ein wenig Erleichterung, nicht allerdings den Gefühlen von Scham, Schuld und Selbstverachtung. Deren Folge ist wiederum der Versuch, das innere Kind hungern zu lassen und so fort.

Aus der Biografie von Bulimiepatientinnen hören wir immer wieder von Müttern, denen die Gier des Säuglings unerträglich war, sie konnten weder Körper- noch Gefühlskontakt mit ihrem hungrigen, emotional erregten und bindungsbedürftigen Säugling ertragen. Solche Mütter erzählen, dass sie sich beim Stillen oder Füttern ablenkten, eine Mutter machte es sich zur Gewohnheit, beim Füttern gleichzeitig mit ihren Freundinnen zu telefonieren. In dieser Beziehung hat der emotionale Hunger des Kindes keinen Platz. Eine Bulimiepatientin erzählte in einer Gruppensitzung tief bewegt, dass sie sich genau an zwei Situationen emotionaler Verbindung mit ihrer Mutter erinnert, die den größten Schatz ihres Lebens darstellen. Man könnte sagen: Sie ist zweimal gestillt worden, nicht öfter.

Auslösend für die Bulimie ist häufig eine unausgesprochen erwartete Autonomieforderung. Der Patientin wird von ihrer Familie gewissermaßen die Kindheit gekündigt. Mütter haben dann allergrößtes Interesse daran, dass die Patientin ihre schulische Ausbildung absolviert, nicht weiter vom Elternhaus abhängig ist und nicht mehr zu Hause wohnt. Typischerweise findet dies im Alter von 16 Jahren statt. Die Patientin möchte alles dafür tun, dass sie gemocht wird und alles vermeiden, was zu weiterer Unsicherheit und zu Bindungsverlust führen könnte. Sie investiert ihre Energie in Anpassung, nicht in Persönlichkeitsentwicklung. Die Bulimie wird nun zur scheinbaren Helferin in dieser Not, sie scheint der Patientin das zu geben, was sie braucht, aber es scheint nur so. Die Bulimie lügt.

Der emotionale Hunger nach Berührung wird durch die Bulimie nicht gestillt, sondern verstärkt. Die Patientinnen beginnen umso mehr, diesen hungrigen Teil, das innere Kind, zu bekämpfen, passen sich mit dem öffentlichen erwachsenen Teil ihrer Person so gut sie können an alle Normen an und verbannen das verhungerte innere Kind voll Scham in den als hässlich und widerwärtig empfundenen bulimischen Persönlichkeitsbereich. Was die Patientinnen nicht lernen, ist diesem hungrigen inneren Kind Mutter zu sein, es wirklich zu stillen.

Therapie der Bulimie mit traumatherapeutischen Elementen

Anlass für die Entscheidung zur stationären Psychotherapie ist nach dem Bericht der Patientinnen die Wahrnehmung, dass die Bulimie all das, was sie bessern sollte, verschlimmert. Die Patientinnen fühlen sich auf dem Tiefpunkt der Bulimie vollkommen leer, ohne Bindung zu sich selbst, und was sie von sich selbst fühlen, ist negativ. Der Kampf gegen die Bulimie ist hunderte von Malen verloren gegangen, alle guten Vorsätze, die Fressanfälle zu stoppen, haben versagt. Bulimie ist eine heimliche Krankheit, viele Jahre vor sich selbst und der Umgebung verborgen. Im Beginn der Behandlung liegt gerade die Chance, die Lüge zu beenden.

Die Patientinnen sprechen dann mit ihren Therapeuten und Mitpatientinnen nun offen darüber, dass sie unter Bulimie leiden, sie gehen nach wenigen Tagen dazu über, alle Aktivitätsformen ihres Bulimiemusters zu benennen und mit Therapeuten und Mitpatientinnen zu teilen. Dies hat weitreichende Auswirkungen. Sie fühlen erstmals seit Langem, dass sie so sein können, wie sie sind, ohne jene Lüge, die zum Leben zu gehören schien. Es kommt auf diesem Wege zur intensiven Bindung an die Gruppe der bulimischen Mitpatientinnen und an die Gesamtpatientengruppe. Dieser erste Schritt enthält das heilsame Anerkennen der Selbsttraumatisierung durch die Bulimie.

Der zweite Schritt der Stabilisierung ist *ein regelmäßiger normaler Mahlzeitenrhythmus*. Dieses Element wird häufig unterschätzt. Die Patientinnen versuchten, ihre Fressanfälle nicht nur durch Erbrechen ungeschehen zu machen, sondern auch durch die Auflösung des normalen Mahlzeitenrhythmus. Sie gehen ohne Frühstück in den Tag, essen nichts zu Mittag und nehmen sich vor, am Abend nur eine kleine maßvolle Portion zu sich zu nehmen. Dies ist nicht menschenmöglich. Es kommt zum erneuten Fressanfall, der wiederum mit Erbrechen und mit ausgelassenen Mahlzeiten beantwortet wird. Mit Beginn der stationären Psychotherapie legen sich die Patientinnen deshalb verbindlich darauf fest, drei Haupt- und drei Zwischenmahlzeiten zu sich zu nehmen. Nahezu alle Patientinnen berichten übereinstimmend, dass hierdurch der bulimische Suchtdruck schlagartig zurückging, beim Essen wieder Gefühle von Genuss und Sattheit auftauchten und im Denken Freiräume entstanden für Inhalte, die nichts mit Essen zu tun haben.

Im Zuge der Bulimiestabilisierung verändert sich die emotionale Verfassung der Patientinnen erheblich. Die Bulimie als Muster der Selbsttraumatisierung hatte sie emotional entleert, körperlich geschwächt und einen großen Teil der psychischen Energien gebunden. All dies fällt nun weitgehend weg. Die Patientinnen fühlen ihren Stolz auf die eigene Stabilisierungsleistung und sie spüren ihre Neugier und Lebensfreude. Im spezifischen Bereich des Essens wird wieder normaler Appetit, normale Sattheit erlebt, im kognitiven Bereich ist das Denken nicht mehr vom Essen beherrscht. Über 90% der Patientinnen überwinden die Bulimie in dieser Form stationärer Psychotherapie. Wenn diese anfängliche Stabilisierung Fortschritte macht, wird auch die Arbeit am ursprünglichen Traumamaterial möglich.

Ein Fallbeispiel

Diese Behandlung ist insofern ungewöhnlich, als die Patientin Frau R. nicht im typischen Alter eines Mädchens oder einer jungen Frau ist, sondern bei Behandlungsbeginn vor fünf Jahren 50 Jahre alt war. Ungewöhnlich ist auch der mehrjährige Behandlungs- und Entwicklungsprozess und die sehr hohe Energie, mit der sich die Patientin aus ihrer Problematik herausarbeitet. Durch ihre Zielstrebigkeit und Entschlossenheit, mit der sie sich aus ihren Problemen befreien möchte, hat sie mich immer wieder beeindruckt. Als ich ihr vor über vier Jahren erstmals begegnete, war sie eine dicke depressive Frau, die kaum mehr über sich sagen konnte, als dass es ihr schlecht gehe.

Sie war lange in psychiatrischer Behandlung gewesen wegen Depression, hatte alles an Medikamenten bekommen, was zur Verfügung steht, man hatte auch Elektrokrampftherapie angewandt, eine Verbesserung war aber nicht eingetreten.

Sehr erstaunlich ist, dass sich ihre damalige Psychiaterin nicht damit zufrieden gegeben hatte, dass diese Frau eben chronisch depressiv sei. Ich vermute, dass die Patientin ihrer Psychiaterin so gut sie konnte klar gemacht hatte, dass unverarbeitete traumatische Erlebnisse für ihr Kranksein eine Rolle spielen. Jedenfalls hat die Psychiaterin nicht aufgegeben, ebenso wenig wie die Patientin selbst, und empfahl ihr eine stationäre Psychotherapie. So lernte ich sie kennen.

Eine Essstörung war damals nicht das Hauptproblem, höchstens insofern, als sie zu viel aß und sehr dick war. Hauptproblem war vielmehr ein sehr schwer zu beschreibendes Sich-extrem-schlecht-Fühlen, genauer gesagt: ein Sich-nicht-Fühlen. Sie konnte sagen, dass sie sich von sich selbst, ihrem Gefühlsleben und von ihrem Körper wie abgeschnitten fühle. Ich kann von mir nicht behaupten, dass ich anfangs auch nur geahnt hätte, wie dieser Zustand entstanden sein könnte, geschweige denn eine Idee gehabt hätte, wie ihr zu helfen wäre. Dann fragte die Patientin, fast schüchtern, ob es möglich wäre, die Behandlung mit Lithium, die bei ihr seit zwölf Jahren durchgeführt worden war, zu beenden. Ich hatte irgendwie das Gefühl, dass hinter dieser Frage etwas Gesundes stand, ein Befreiungswille, und habe nach gründlichem Überlegen zugestimmt, Lithium langsam und vorsichtig abzusetzen. Auf diesen Punkt, an dem auf sie gehört wurde, ist sie in den Folgejahren immer wieder zurückgekommen und es haben sich noch mehr solche Situationen ergeben, in denen ich meinem Instinkt vertraut habe und Vorschlägen der Patientin gefolgt bin, weil ich das oft nicht genau begründbare Gefühl hatte, dass sie in die richtige Richtung führten.

Die Patientin sagte später, sie habe die ganzen zwölf Jahre der Lithiumbehandlung wie eine ihr selbst fremde Person gelebt, habe Lebensumstände toleriert, die nicht hätten toleriert werden dürfen. Triebkraft der Patientin, sich auf diesen Weg zu machen, war, davon bin ich überzeugt, ihr sicheres und richtiges Wissen, dass sie keine Alternative hatte. Sie wusste, sie würde entweder kämpfen oder sich suizidieren.

Die Reihenfolge der Schritte in diesem Kampf um das Gesünderwerden hat sie meist selbst erkannt, oft schneller als ich. Nach dem Absetzen des Lithiums war der nächste Schritt die Trennung von ihrem Mann, einem Lehrer. Das sagt sich leicht und war doch mit einem mehrjährigen Kampf gegen Selbstzweifel, gegen Schuldgefühle, gegen schwere Vorwürfe ihres Mannes, gegen Vorwürfe ihrer Familie, mit einem Kampf um eigene Wohnung, Unterhalt, Aufbau eines eigenen neuen Lebens verbunden.

Das emotionale Material, was in diesem Geschehen schichtweise begann, zum Vorschein zu kommen, war zum Fürchten, auch für mich. Als Erstes stieß sie auf den Tod ihres neugeborenen zweiten Kindes vor vielen Jahren. Man hatte ihr damals ärztlicherseits ganz zu Unrecht die Schuld an diesem Kindstod gegeben, was sich mit schweren eigenen Schuldgefühlen verbündete. Sie machte sich, obwohl oft am Rande ihrer Belastbarkeit, daran, mit diesem Trauma abzuschließen und entdeckte hierfür das Malen in der Kunsttherapie als hilfreich und heilsam. Auch dieses Abschließen von Trauerarbeit sagt sich leicht und war doch mehrfach mit Belastungen verbunden, die im Grenzbereich dessen liegen, was ein Mensch verträgt.

Nun wollte man gerne hoffen, die innere Arbeit sei getan und ihre Verfassung würde besser, aber keineswegs. Als nächstes schob sich die Beschäftigung mit ihrer Mutter in den Vordergrund mit einer Heftigkeit, dass es zur Verarbeitung einen weiteren stationären Aufenthalt brauchte. Diese Mutter hatte ihr von klein auf die Bindung verweigert, das Kind emotional nicht angenommen und ging der Patientin bis heute auf jede nur mögliche Weise aus dem Weg, sie interessierte sich nicht im Mindesten für das Leiden, die Krankheit und die Behandlung der Patientin, sondern machte ihr im Gegenteil hierfür schärfste Vorwürfe. Die Mutter schien den Weg, auf den sich die Patientin gemacht hatte, zu fürchten. Warum nur? Ganz rätselhaft.

Die Patientin wünschte sich noch als Erwachsene mit aller Kraft, von dieser Mutter freundlich angenommen zu werden und musste realisieren, dass dies unmöglich war, auch der Mutter. Die Mutter konnte es nicht, wie die Patientin langsam unter großen Schmerzen verstand.

Zunehmend öffneten sich Erinnerungen. Warum hatte sie immer dieses fühlbare Würgegefühl im Hals? Warum konnte sie ihr Bett nicht ertragen und schlief extrem schlecht? Warum vertrug sie die geschlossene Schlafzimmertür nicht? Warum geriet sie in extreme Unruhe beim Anblick bestimmter Fotos aus ihrer Kindheit?

Ich habe ihr in den Stunden geholfen, zu ertragen, was aus der Erinnerung auftauchte, und sich langsam zusammenfügte zu einer verstehbaren Geschichte, habe ihr, so gut ich konnte, geholfen, sich innerlich zu ordnen, ihre

Gefühle zu regulieren. Immer wieder war es meine Aufgabe, nicht etwas zu tun, sondern zu hören, wie dieser erwachsene Mensch dem traumatisierten inneren Kind Worte gab.

Dann begann die Magersucht.

Die Patientin, die schon immer gerne gelaufen war, steigerte ihr Laufpensum auf mehrere Stunden täglich, sie aß nichts Warmes mehr, ließ die meisten Mahlzeiten ausfallen. Sie veränderte sich seelisch auffällig: In ihren Gesichtsausdruck und in ihre Art, von der Gewichtsabnahme zu sprechen, kam etwas Verrücktes. Sie kam mir vor wie eine andere Person, diese Andere fand es anscheinend richtig, magersüchtig zu sein. Sie nahm in diesen Monaten sehr stark ab, so weit, dass sie ihr Laufpensum nicht mehr schaffte, sie sah verfallen, grau und krank aus. Allerdings wurde dadurch der gesunden Person in ihr auch deutlicher, dass sie im Begriff war, sich mit dieser Magersucht umzubringen und dass etwas passieren müsse. Ich habe sie sehr deutlich damit konfrontiert, dass tatsächlich etwas passieren müsse, und zwar zunächst in ihren Entscheidungen, ein innerer Positionswechsel von der Seite der Magersucht zur Seite der erwachsenen gesunden Person, und habe ihr gesagt, dass ihre gesamte Entwicklung scheitern müsse, nicht nur die Bekämpfung der Magersucht, wenn sie diesen Schritt und diese Entscheidung verhindere. Dann zeigte sich, wie schon so oft, die Fähigkeit der Patientin, für sich statt gegen sich zu kämpfen. Sie traf eine eindeutige Entscheidung, sich der Magersucht zu widersetzen, änderte mit großer Mühe ihr Essverhalten, nahm nicht weiter ab und erst nachdem diese Entscheidung gegen die Magersucht gefallen war, tauchten die Erinnerungen auf, welche Bedeutung Magersucht in ihrem Leben gehabt habe. Es war nämlich schon der zweite Schub. Der erste war gewesen, als sie als junges Mädchen, um aus ihrer Familie hinauszukommen, die Nahrung verweigert hatte. Sie hatte damals monatelang weder gegessen, noch gesprochen, deshalb hatte auch niemand erfahren oder verstanden, warum. Jetzt, als erwachsene Frau, wurde ihr klar, dass in ihr ein erneuter Kampf mit den Vorgängen von damals begonnen hatte und sie jetzt in der erwachsenen Gegenwart auf die gleiche Weise mit Magersucht reagiert hatte wie damals als junges Mädchen.

Das Verrückte verschwand vollkommen. Sie entschied sich nun energisch, die Magersucht zu stoppen und sich dem Thema, um das es ging, zuzuwenden. Dazu wünschte sie sich dringend einen weiteren letzten stationären Abschnitt. In dessen Verlauf hat sie sich normales Gewicht erarbeitet, sie läuft ihrer Neigung folgend in Maßen, nicht exzessiv. Stück für Stück nahm nun eine Kindheitsgeschichte Gestalt an: Eine Mutter, die vom eigenen Vater sexuell benutzt worden war noch als erwachsene Frau und zwei Töchter vom eigenen Vater auf die Welt gebracht hatte, eines davon unsere Patientin. Ein Großvater also, der zugleich ihr Vater war und der den sexuellen Missbrauch an diesen beiden Kindern, die er mit der eigenen Tochter gezeugt hatte, fortsetzte, also auch an unserer Patientin. Eine Familie, in der alles, was jemand ahnte oder wusste, vertuscht werden musste. Ein Großvater, der das Kind zu erwürgen versucht hatte, um zu verhindern, dass es sprach.

Wieder ist es so, dass das Rekonstruieren dieser Geschichte sich leicht ausspricht, sie aber immer wieder an die Grenze ihrer Belastbarkeit führte. Was ihr geholfen hat, war unter anderem, dass sich mittlerweile durch die Überwindung der Magersucht der Zugang zu ihrem eigenen Gefühlsleben und eigenen Körper sehr verbessert hatte. Sie konnte nun nicht nur denken, was diese Ereignisse in ihr hinterlassen hatten, sondern auch fühlen und mit diesen Gefühlen auch leben. Sie konnte die Vergangenheit beweinen, sich von ihr lösen und sich nach vorne richten. In einer der letzten Stunden dieses vierten stationären Therapieabschnitts sagte die Patientin: »Ich war so viele Jahre lang von mir selbst, meinen Erinnerungen, meinen Gefühlen und meinem Körper abgeschnitten. Jetzt weine ich, trauere, freue mich, atme, ich bin in meinem Leben angekommen. Dass ich verwirrt bin, ist wohl normal.«

Schluss

Wir sehen, dass in der Entstehung von Essstörungen sowohl Makrotraumen durch Übergriffs- und Gewalterfahrung wie auch zahllose Mikrotraumen eine wesentliche Rolle spielen. Magersüchtige Frauen haben häufig als kumulatives Mikrotrauma die emotionale Penetration erlebt, Bulimiepatientinnen die emotionale Deprivation, die Bindungslosigkeit.

Die Essstörungen können deshalb als traumareaktives Schema aufgefasst werden.

Was leicht übersehen wird, ist aber die Eigengesetzlichkeit, mit der sich Essstörungen, wie auch immer sie entstanden sind, ausbreiten, die Persönlichkeit beherrschen und dem Gesunden keinen Raum mehr lassen wollen. Sie sind dann selbst zum Trauma geworden.

Wir arbeiten traumatherapeutisch mit Essgestörten, indem wir sie lehren, ihre Selbsttraumatisierung durch die Essstörung zu erkennen und zu beenden und indem wir lernen, im therapeutischen Kontakt das traumatische Material hinter der Essstörung in kleinen Schritten anzunehmen, aufzunehmen und abzulegen. Und wir lernen gemeinsam mit den Patientinnen, in jeder Therapiestunde auch das Gesunde zu begrüßen, jene spontan entstehenden positiven Elemente, die immer präsent sind und von denen alles Wachstum ausgeht (Plassmann 2007, 2009).

Kapitel 9

Psychotraumatologie der Essstörungen – Das bipolare Prinzip in der Traumatherapie[1]

Das bipolare Prinzip der Psychotherapie

Unter psychotraumatologisch Tätigen ist eine sehr lebhafte wissenschaftliche und klinische Diskussion im Gange über das Wesen der Heilungsvorgänge, die wir in der Traumatherapie beobachten können. Folgende Erkenntnis beginnt sich durchzusetzen: Es sind im Kern selbstorganisatorische Prozesse im Patienten, denen ein bipolares Prinzip zugrunde liegt (Plassmann/Seidel 2003).

EMDR als die am besten untersuchte traumatherapeutische Methode baut konsequent auf dieser bipolaren Arbeitsweise auf.

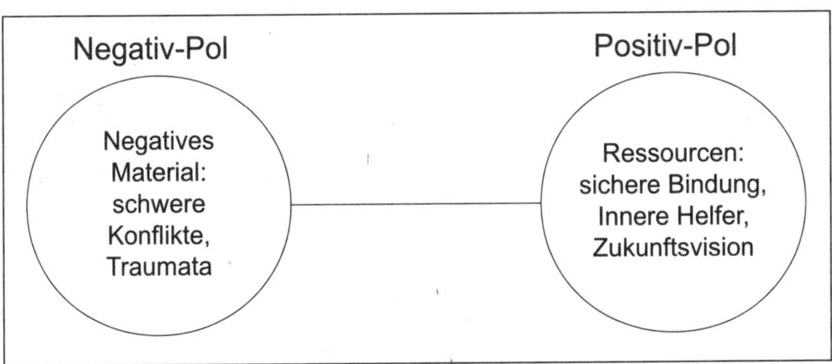

Abbildung 15: Das bipolare Prinzip der Traumatherapie I

1 »Psychotraumatologie der Essstörungen. Das bipolare Prinzip der Traumatherapie«. Vortrag in der Universitätsnervenklinik Tübingen, 14. Januar 2004.

Den negativen Pol bildet das unverarbeitete Belastungsmaterial, welches aus schweren Konflikten, traumatischen Erfahrungen oder, wie meist, aus einer Mischung aus beidem besteht. Wir finden im Kern des negativen Materials überstarke negative Affekte, fragmentierte Sinneseindrücke, eine zerstörte Zeitordnung und eine zerstörte Symbolisierungsfähigkeit. Die damit verbundenen kognitiven Selbstaspekte sind ebenfalls durchweg negativ: Ich bin inkompetent, hilflos, wertlos, schutzlos, schuldig. Dieses Material hat sich im sogenannten heißen, sprachlosen Gedächtnis gleichsam eingebrannt und sich niemals mit den natürlichen, gesunden Verarbeitungsressourcen verbinden können, die für Affektmodulation, Zeitordnung und Versprachlichung sorgen können.

Stattdessen ist um dieses Negativ-Material herum gleichsam ein Ring provisorischer Bewältigungstechniken entstanden, die häufig exzessiv praktiziert werden, weil sie immer nur kurzfristig helfen und wegen ihrer engen Verwandtschaft zum belastenden Material den negativen Bereich ständig vergrößern: Dissoziation, Selbstverletzung, Sucht, Essstörung.

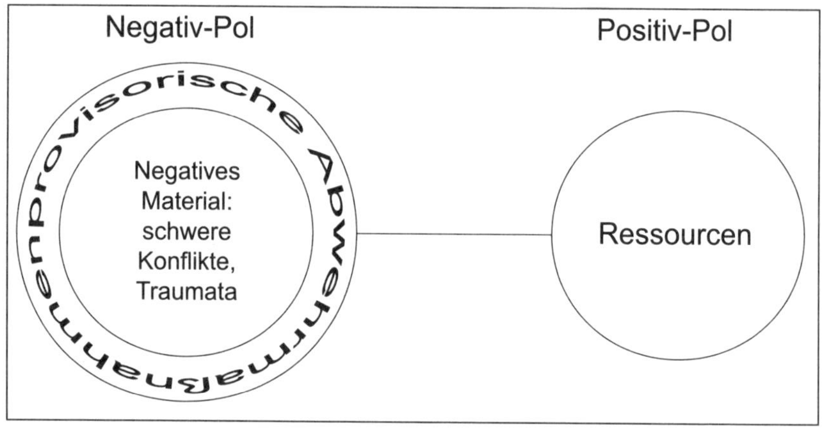

Abbildung 16: Das bipolare Prinzip der Psychotherapie II

Diese lauten vordergründigen Symptome und Manöver haben reparativen Charakter, sie sollen das negative Material bewältigen helfen. Sie sind aber dessen direkte Abkömmlinge und deshalb niemals zur Heilung, also zur vollständigen Verarbeitung des negativen Materials geeignet.

Im positiven Pol finden wir die Ressourcen, die salutogenetischen, zur Selbstorganisation befähigten Persönlichkeitsanteile, kurz gesagt: die Inneren Helfer. Dass diese Inneren Helfer existieren, auch beim kränksten Patienten, ist offensichtlich, sie sind aber desorganisiert.

Auf der Suche danach, wie diese zur Heilung kompetenten Kräfte strukturiert sind und woher sie stammen, stoßen wir mit großer Klarheit auf folgenden Befund: Im Kern stehen wiederum Emotionen, allerdings von positiver Färbung, sie sind gut modelliert, sie sind verknüpft mit Wahrnehmungen in allen Sinnesqualitäten, also körperlicher Propriozeption und bildhaften Fantasien. Wird dieses positive Material aktiviert, also erlebt, so fällt auf, dass es ein klares Zeitgefühl gibt mit einem Vorher, Während und Nachher und einer Freude an der Versprachlichung, das heißt, die Symbolisierungsfähigkeit ist nicht beeinträchtigt. Zu diesem positiven Material zählen auch durchweg positive Selbstaspekte: Ich fühle mich sicher, wertvoll, ich habe ein Lebensrecht und eine Zukunft. Vielleicht kann man sagen, dass diese positiven Komplexe eine ästhetische, eine rhythmische, vielleicht auch eine poetische Natur haben. Wir werden später noch sehen, welche erstaunlich große Bedeutung das Wiederfinden innerer Rhythmen für die Heilungsprozesse hat.

Woher mag das Material in diesen beiden Polen stammen?

Hier kann uns die Bindungstheorie weiterhelfen.

Den negativen Pol bilden Erfahrungen unsicherer oder chaotischer Bindung, die Ressourcen können auf Erfahrungen sicherer Bindung zurückgeführt werden, in denen das Kind emotionale Berührung, Affektregulation, ein Gefühl von Kompetenz und Sinnhaftigkeit erlebte (Brisch/Hellbrügge 2003).

unsichere Bindung	sichere Bindung
➢ schnelle Interaktion ➢ heißes Gedächtnis ➢ implizites Gedächtnis ➢ Zeitwahrnehmung: schnell, angsterregende und bedrohliche Zukunft, kollabierte Gegenwart, verwirrte Vergangenheit.	➢ ruhige Interaktion ➢ kühles Gedächtnis ➢ eher explizites Gedächtnis ➢ Zeitwahrnehmung: langsam, gutes Gegenwartsgefühl, hoffnungsvolle Zukunft, kohärente Vergangenheit.

Tabelle 3: Die Repräsentanzen sicherer und unsicherer Bindung (Farma 2003)

Das EMDR als konsequent bipolar aufgebaute Methode hat uns nun gelehrt, dass die Heilungsvorgänge auf der Interaktion des heilungs- und verarbeitungskompetenten Ressourcenpols mit dem negativen Material des Belastungspols beruhen. Das Standardprotokoll der EMDR-Traumatherapie fokussiert zum einen die emotional am belastendsten empfundene Situation einschließlich der damit verbundenen negativen Kognition und zum anderen den positiven Pol durch Fokussierung auf die sogenannte positive Kognition. Was zu den oft erstaunlichen Heilungsprozessen führt, ist nicht etwa der Therapeut oder die Methode, sondern die Heilungskompetenz eines gut organisierten, präsenten und verfügbaren Ressourcenpols, also die in Abbildung 17 dargestellte Konstellation.

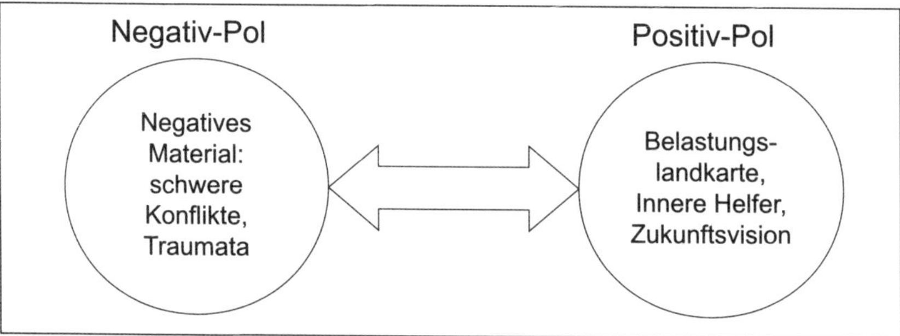

Abbildung 17: Die Interaktion von negativem und positivem Pol

Im sogenannten Prozessieren scheinen die rhythmischen Stimulationen, Augenbewegung oder Ähnliches, den selbstorganisatorischen Heilungsprozess zu fördern, möglicherweise deshalb, weil dieser Heilungsprozess natürlicherweise als schwingende Oszillation zwischen Problem und Lösung geschieht. Man kann an sich selbst beobachten, wie kreative Prozesse vor sich gehen: ein langsameres oder schnelleres Pendeln zwischen Problem und Lösung, zwischen Bewusstem und Unbewusstem. Wenn diese Schwingung zum Stillstand kommt, erleben wir auch als Gesunde Stagnation, eine Blockade der Kreativität.

Der häufigste Fehler in der Psychotherapie dürfte der Versuch sein, am Problem zu arbeiten, bevor sich der Ressourcenpol ausreichend organisiert hat. Dies wäre die Konstellation in Abbildung 18.

Diese Situation besteht in aller Regel zu Beginn der Therapie. Es ist evident, dass hier die Ressourcenorganisation notwendige Vorbedingung für jeden weiteren Heilungsschritt ist.

An den Erfahrungen der Traumatherapie orientiert, wird Klinische Psychotherapie deshalb zu einem vierphasigen Geschehen aus:

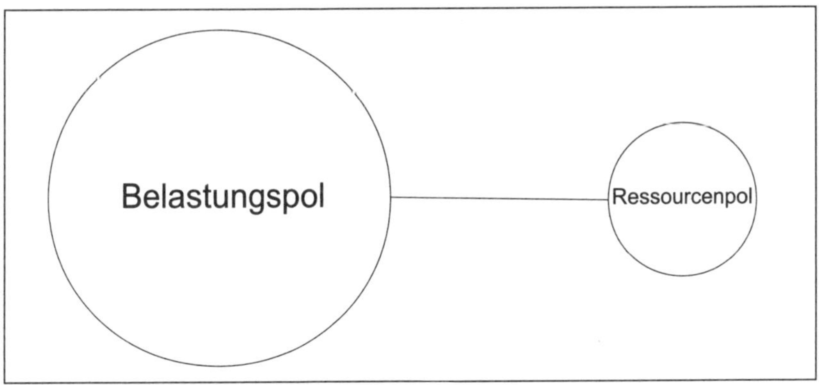

Abbildung 18: Psychotherapie mit desorganisiertem Ressourcenpol

1. Stabilisierung,
2. Ressourcenverankerung,
3. Exposition,
4. Integration und Neuorientierung.

Diese vier Elemente der Psychotherapie erweisen sich bei genauerer Betrachtung nicht als zeitlich hintereinander gestaffelte Phasen, es sind vielmehr Prozesse, die aufeinander aufbauen.

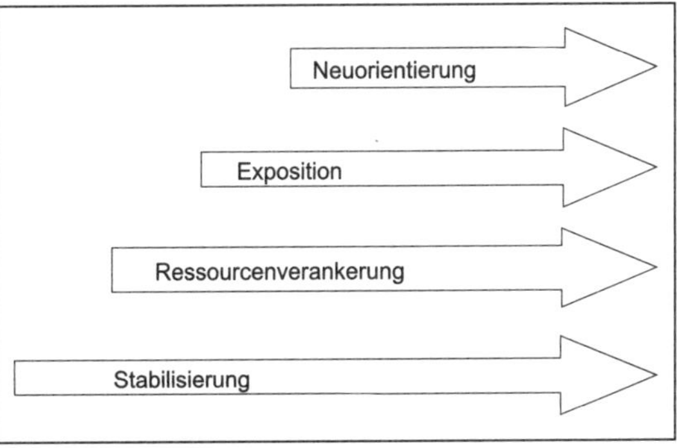

Abbildung 19: Therapieprozesse

Basis ist der *Stabilisierungsprozess*. Er begleitet die gesamte Psychotherapie. Im ursprünglichen deskriptiven Sinn meint Stabilisierung das Schaffen einer verlässlichen, geordneten Basis für Psychotherapie im körperlichen, psychischen und sozialen Bereich. Unverzichtbare Elemente sind das Schaffen einer atraumatischen therapeutischen Beziehung und ein atraumatischer Umgang der Patienten mit sich selbst (Plassmann 2002). In der Behandlung der Essstörungen ist, wie wir sehen werden, das wichtigste Stabilisierungselement der *fraktionierte Entscheidungsprozess* der Patientinnen für ihre eigene Heilung.

Der *Ressourcenverankerungsprozess* organisiert den Heilungspol mit speziellen Ressourcenverankerungstechniken, zum Beispiel *Positiv-EMDR*, imaginativen Verfahren und speziellen Formen der Interventions- und Deutungssprache (Plassmann 1996). Wir kommen darauf zurück.

Beide Prozesse sind Voraussetzung für die *Exposition* mit dem Trauma. Jede Exposition wiederum, sei sie auch unvollständig, macht Platz für *Neuorientierung*. Die Neuorientierungsphase kann für die Patienten eine wunderbare, aber auch verwirrende Zeit sein, die wir wiederum mit Ressourcenverankerungsarbeit unterstützen.

Damit medias in res zur Psychotherapie der Essstörungen. Wir legen das *bipolare Modell der Psychotherapie* zugrunde und betrachten mit seiner Hilfe die einzelnen Phasen der stationären Essstörungstherapie.

Psychotherapie der Essstörungen

Die Stabilisierungsphase der Magersucht

Das magersüchtige Mädchen wächst in der Regel in folgender Situation auf: Beide Eltern haben eine traumatische Erfahrung in Bezug auf ihre eigene psychosexuelle Entwicklung, von der sie nicht sprechen und an die sie nicht denken wollen, die nur mühsam vernarbt ist und die durch die Entwicklung der Tochter wieder aufbricht. Bei den Vätern sehen wir oft eine psychosexuelle Daueradoleszenz. Sie dürfen sich nie wirklich aus der Rolle der Söhne lösen, sie bleiben Söhne ihrer Frauen. Die Tochter nimmt das eher verspielte, sehr oft erotisierte, in der Identität als Vater immer unsichere Interesse war. Auffälligerweise sind übrigens sehr viele unserer Magersuchtpatientinnen schöne junge Frauen, oder könnten es sein, wenn sie nicht Skelette wären. Gerade sie scheinen die Selbstunsicherheit der Eltern herauszufordern.

Die Mutter hat ihre eigene Pubertät ebenfalls als bedrohlich erlebt, als gefährlich für ihre wichtigsten Beziehungen in der Familie. Sie hat diesen Konflikt nie gelöst, die Entwicklung der eigenen Tochter erlebt sie als Bedrohung. Diese Tochter, für die sich der Vater auf jene besondere, verspielte Weise interessiert, könnte die Stabilität der ganzen Familie bedrohen. Bewusst will sie gute Mutter sein, unbewusst möchte sie am liebsten die Zeit anhalten und die Entwicklung zum Stillstand bringen, sowohl ihre eigene wie auch die der Tochter. Mit ihren ausgedehnten Kontrollbedürfnissen verbindet sie beides, sie sorgt sich und sie beherrscht. Die Magersucht wird in der Regel ausgelöst durch, je nach Familienstil, subtile oder brutale Eingriffe in die Persönlichkeit der Patientinnen mit dem Ziel, deren Entwicklung zur jungen Frau zu stoppen. Eine häufige Variante subtiler Eingriffe ist die emotionale Verstoßung, die exakt mit Pubertätsbeginn einsetzt. Die Mütter brechen mit Beginn der Pubertät die emotionale Bindung an die Tochter ab, die circa 12- bis 13-jährige Tochter bekommt zu fühlen, gesagt wird es nicht, dass sie nun auf sich allein gestellt ist. Anstelle der Bindung tritt nun Kontrolle. Versucht sie sich tatsächlich von der Mutter zu lösen und nähert sich dem Vater an, so bekommt sie allerdings offene Feindseligkeit zu spüren.

Die Tochter ist sehr ehrgeizig, sehr pflichtbewusst, sie möchte die Familie nicht gefährden und sie möchte sich doch entwickeln. Was tun? Sie entwickelt sich, indem sie sich nicht entwickelt, sie gibt der Familie den Entwicklungsstillstand, aber sie verbittet sich jede Einmischung, sie macht das selbst. Den nur vage wahrgenommenen Ängsten der Familie opfert das Mädchen seine Entwicklung, oder besser, sie ändert ihre Entwicklungsrichtung: von Aufwärts nach Abwärts. Die Magersucht ist erfunden. Das Mädchen ist in Sachen Magersucht nun so fleißig und konsequent wie vorher in der Schule.

Bindungstheoretisch gesehen kippt die Beziehung des Mädchens insbesondere zur Mutter aus einem überwiegend sicher gebundenen Modus in einen überwiegend unsicher gebundenen. Das Entwickeln der Magersucht ändert daran nichts, sondern weitet diesen Modus auch auf alle übrigen Beziehungen aus, insbesondere die therapeutische.

Angesichts der erschütternden Verstoßungsschicksale, die wir bei unseren Patientinnen erleben, mag eine leise Sympathie mit der Magersucht aufkommen, die sie als Problemlösung einsetzen. Wir sehen dann allerdings die Mädchen mit circa 16/17 Jahren, die noch nie eine Periode hatten, 32 kg wiegen, an Organschäden leiden, die Schule abgebrochen haben und schon lange nicht mehr wissen, was Lebendigkeit ist. Sie sind offensichtlich psychisch, körperlich und sozial invalide. Hier findet die Sympathie mit der Krankheit, die irgendwann einmal eine Helferin gewesen sein mag, ihre Grenze.

Die Therapie beginnt mit der Stabilisierungsphase. Wie strukturieren wir sie?

In seiner allgemeinen Bedeutung meint der Begriff Stabilisierung, eine zur Therapie geeignete Situation herzustellen. Dies ist niemals ein passiver Vorgang, sondern zu allererst eine aktive Entscheidung: Will die Patientin ihren Umgang mit sich selbst und ihre therapeutische Beziehung nach dem Muster ihrer Krankheit organisieren oder andere Wege suchen?

Hauptziel der anfänglichen Stabilisierungsphase in der Magersuchttherapie ist deshalb, dafür Sorge zu tragen, dass diese Entscheidung der Patientin für oder gegen die magersüchtige Lebensform fällt. Wir verwenden hierfür ein spezielles Therapieprotokoll, welches ganz auf dieses Ziel ausgerichtet ist. Wir mischen uns in keiner Weise in diese Entscheidung ein, strukturieren durch geeignete Rahmensetzung die Stabilisierungsphase aber so, dass die Entscheidung mit Sicherheit fällt. Diese Entscheidung als Kern des Stabilisierungsprozesses, das lehrt uns die Traumatherapie, fällt nicht in einem oder wenigen Schritten, sondern fraktioniert und kontinuierlich. Es ist wie der Flug eines Vogels. Ein Flügelschlag reicht nicht, um aufzusteigen, um zu fliegen. Wir wenden hier das Prinzip der *fraktionierten Entscheidung* an, einen Begriff, den ich hier einführen möchte. Die Patientinnen entscheiden sich in dem von uns gesetzten Rahmen während der gesamten Stabilisierungsphase mehrmals täglich zwischen der magersüchtigen und der gesunden Lebensorganisation. Kurzum: Sie stärken ihren Ressourcenpol.

Um in dieser Weise der Stabilisierungsphase den therapeutischen Rahmen zu setzen, bedarf es auch einer Entscheidung beim Therapeuten. Wir müssen völlig sicher sein, dass die Patientinnen zu dieser Entscheidung fähig sind.

Die Stabilisierungsphase der Magersuchtbehandlung ist eine vergleichsweise ruhige Zeit. Die Patientin hat beschlossen, ihre Entwicklungslinie wieder nach oben zu führen, sie hat nach einigen Wochen der Stabilisierungsphase fast normales Gewicht, sie isst regelmäßig, sie fühlt sich viel wohler, beschäftigt sich mit Dingen, die völlig normal sind, hat in der Klinik Freundinnen gefunden. Es gibt wieder ein Leben außerhalb der Magersucht. Die Akzeptanz dieses Stabilisierungsprotokolls ist sehr hoch, etwa 80% der Patientinnen entscheiden sich für Gesundheit, nehmen dieses Stabilisierungsprotokoll an, setzen es um und erreichen ihr Therapieziel eines BMI von 18.

Die Patientinnen begegnen natürlich in dieser Stabilisierungsphase bereits in vielfältiger Weise den Inhalten des negativen Pols, also Problemen, Konflikten, Traumen. Diese Dinge beginnen langsam Gestalt anzunehmen. Was die Patientin am meisten fürchtet, ist die Begegnung mit dem Grund ihres Opfers, den Ängsten ihrer Eltern. Die Exposition mit diesem Kerntrauma der Familie steht in diesem Behandlungsabschnitt aber noch nicht an.

Wir fordern in der Stabilisierungsphase noch keine problemlösende Arbeit hieran. Die Stabilisierungsphase dient der Fokussierung des negativen Materials und der Organisation des positiven Ressourcenpols.

Sobald sich die Entscheidung der Patientinnen gegen die Magersucht und für eine kontinuierliche ungestörte Entwicklung stabilisiert hat, folgt die Ressourcenverankerung mit einem speziellen Positiv-EMDR-Protokoll.

Die Stabilisierungsphase der Bulimie

Bindungstheoretisch gesehen, beobachten wir bei essgestörten Patientinnen zwei unterschiedliche Muster: Bulimische Patientinnen wirken unsicher verstrickt, anorektische Patientinnen scheinen eher unsicher distanziert.

Die bulimischen Patientinnen setzen Beziehung mit Anpassung gleich. Ihr enormes verschlingendes Bedürfnis nach Bindung zwingt sie, so glauben sie, zur Anpassung an jede Erwartung. Sie müssen alles nehmen, annehmen, aufnehmen, was ihnen an Bindung angeboten wird. Bindung heißt, sich dem Bedürfnis anderer anzuschließen. Als Person mit eigenen Bedürfnissen und Rechten, so glauben sie, müssen sie verschwinden. Das Grundgefühl ist: Ich mache mit, jemand macht etwas mit mir.

Beziehung führt deshalb nie zur Sättigung, immer bleibt ein schales, leeres Gefühl zurück, von dem die Patientinnen gar nichts wissen wollen. Sie fürchten es, es ist der Wahrnehmungsrest des Hungers, den sie nicht fühlen dürfen. Die Patientinnen wirken, wie wenn sie nie gestillt worden wären, sondern sich schon für den Wunsch danach schämen müssten, wahrscheinlich ist es wirklich so gewesen.

Die Pubertät bringt diese Entwicklung in eine kritische Phase: Die Familie fordert Selbstständigkeit, die Freundinnen gehen eigene Wege, eigene Partnerschaften werden nach einem »bulimischen« Muster eingegangen, sie führen nicht zum Entwicklungsschub, sondern zum Anpassungsschub. Der schale, namenlose Hunger wird kritisch unerträglich. Die Bulimie ist die Lösung. Sie bietet ein Surrogat von Sättigung, ein Surrogat von Verschmelzung mit verfügbaren Objekten, nämlich den Nahrungsmitteln, das Surrogat einer eigenen Welt in den heimlich gelebten Fress- und Kotzritualen.

Der Kollaps dieser bulimischen Notkonstruktion ist der Punkt, an dem sich die Patientinnen zur Therapie entscheiden.

Was sie zunächst brauchen ist

- Bindung an eine Gruppe,
- Bindung an einen Rahmen,
- Kontakt mit sich selbst.

Die Gruppe ist für Bulimiepatientinnen die bestfunktionierende Bindung. Der Verlust der sozialen Gruppe hat die Dekompensation ausgelöst, die Therapie wird durch den Wiedergewinn der Bindung an eine Gruppe enorm erleichtert, in der Praxis ist es die Gruppe der Mitbetroffenen und der stabile therapeutische Rahmen.

In unserer Klinik sind circa 50% Jugendliche und junge Erwachsene, der größere Teil mit Essstörungen. Jede neu aufgenommene Patientin trifft also auf eine Gruppe von ungefähr gleichaltrigen jungen Frauen, die Vereinsamung endet.

Diesem spontanen Prozess der Bindung geben wir einen Rahmen in Gestalt eines speziell hierfür entwickelten Therapieprotokolls. Die stabilste und für die Persönlichkeitsentwicklung kreativste Gruppenbildung entsteht durch die gemeinsame Entscheidung aller Mitglieder für Therapie und gegen Bulimie. Diese Entscheidung haben alle Patientinnen getroffen. Sie dokumentieren täglich ihre Entscheidung für oder gegen Bulimie, sie übernehmen Verantwortung hierfür und die Konsequenzen. Jeder Tag mit Fressanfall oder Brechen ist ein schlechter Tag, auf den eine symptomfreie Ruhephase von zunehmender Länge folgt, jeder Tag ohne Fressanfall oder Brechen ist ein guter Tag, für den sie sich belohnen. Nichts wird kontrolliert, aber völlig transparent dokumentiert. Praktisch alle Patientinnen entscheiden sich für diese Stabilisierungs- und Heilungsstrategie und gegen Bulimie. Die Entscheidung für Bulimie würde zur Beendigung der Therapie und damit zum Verlust der Gruppenbindung führen, was in der Praxis kaum vorkommt. Der Rahmen und die Gruppen hingegen bieten, was die Patientinnen sich sehnlichst wünschen: sichere Bindung.

Die Ressourcenverankerungsphase

In der Ressourcenverankerungsarbeit, die bereits während der Stabilisierungsphase beginnt, setzen wir bevorzugt methodische Elemente des sogenannten Positiv-EMDR ein. Positiv-EMDR ist wie das bekannte traumatherapeutische EMDR-Standardprotokoll bipolar aufgebaut. Den einen Pol bilden die stark negativ empfundenen, belastenden, noch nicht verarbeitbaren Erfahrungen. Den positiven Pol bilden die zum Leben und zur Entwicklung drängenden Heilungskräfte, das positive Netzwerk. Wir organisieren sie zum Beispiel in Gestalt der sogenannten Inneren Helfer und der Zukunftsvision. Im Vergleich zur Traumatherapie ist das für den Therapeuten geradezu erholsam. Auch die Patientinnen lieben diese Übungen, sie gestalten sie mit großer Sorgfalt aus. Die Inneren Helfer sind Symbole für sichere Bindung, die Patientinnen holen sie sich jederzeit herbei, wenn sie Unterstützung brauchen.

Die Wirksamkeit beruht auf der Interaktion beider Pole. Das Fokussieren und das Prozessieren des positiven Materials lässt die Belastung des Negativmaterials gleichsam einschmelzen. Die klinische Erfahrung lehrt, dass dieser Belastungsrückgang dauerhaft stabil ist.

Trauma-EMDR am Belastungsknoten

Die Patientinnen können nach dieser Ressourcenverankerungsarbeit entscheiden, ob sie einen der Belastungsknoten noch direkt im Sinne der Exposition mit dem EMDR-Standardprotokoll durchprozessieren wollen, was meist der Fall ist.

Die Ressourcenverankerungsarbeit geht deshalb fließend in den Expositionsprozess über. Nach mittlerweile stabiler Symptomfreiheit wächst das Gefühl und das Bewusstsein für die ungelösten Belastungsknoten, die Ressourcen wurden gut organisiert. Die Patientinnen beginnen, sich etwas zuzutrauen.

Hierzu ein abschließendes Fallbeispiel.

Die 13-jährige Marie hatte eine typische Bulimiesymptomatik. Sie erbrach mehrfach täglich nach Fressanfällen. Sie ist für ihr Alter ein auffallend großes und weitentwickeltes Mädchen. Sie hat eine eigentümliche Weise zu schauen, der Blick wirkt stets wie leicht verhangen, es scheint eine zweite Innenwelt zu geben, die einen Teil der Aufmerksamkeit abzieht. Wir kennen dieses Phänomen mittlerweile von zahlreichen Patienten, es weist auf chronische blande Dissoziation hin. Ein Teil des Ichs ist ständig abwesend.

In der anfänglichen Stabilisierungsphase der Therapie verstrickte sich die Patientin zunächst an allen Fronten in Kämpfe. Sie kotzte täglich, rauchte heimlich, blieb abends länger als erlaubt in der Stadt, fing mit ihrer Mutter am Telefon Streit an, überwarf sich mit ihren Freundinnen und wirkte bei alledem unglücklich hilflos.

Im Gespräch mit mir war sie deprimiert und wütend, erklärte sich zur vollendeten Versagerin, an allen Fronten geschlagen und ins Abseits verstoßen. Ich sagte ihr, dass sie mit ihren 13 Jahren noch nicht viel Erfahrung im Kämpfen haben könne und bot ihr an, sie zu beraten. Ich schlug ihr vor, sich als Erstes voll auf ihre Therapie zu konzentrieren, das Bulimieproblem zu lösen und sich danach weitere Beratung bei mir für den nächsten Schritt zu holen. Sie könne sich meinen Vorschlag noch überlegen. Das sei nicht erforderlich, erwiderte sie, ihre Entscheidung sei klar, sie werde sich von der Bulimie verabschieden, die Entscheidung sei überfällig gewesen.

Ich erinnere daran, dass dieses Mädchen 13 Jahre alt ist, von einer Entschlossenheit und Willensstärke, die beeindrucken kann. Diese Entscheidung markierte den letzten Bulimietag in ihrer Therapie, möglicherweise, ich vermute es, in ihrem Leben.

In den folgenden Wochen begann sie, ihrer Therapeutin von einem großen Kummer zu erzählen. Es habe in ihrem zehnten Lebensjahr eine Vergewaltigung gegeben durch ihren damals 15-jährigen Freund und es habe da noch früher etwas mit ihrem Bruder gegeben, was schlimm war, noch schlimmer sei, dass die Mutter sich taub stelle. Eine Familiensitzung stand bevor, sie sah den bekannten Ablauf voraus: oberflächliches Scheininteresse der Mutter, dann Abwiegeln, Wegreden, Weghören. Sie war verzweifelt, sie wollte den Kampf um ihr Recht, um die Anerkennung und Hilfe ihrer Mutter verloren geben, sich aufgeben. Ich riet ihr, sich auf diesen Kampf zu konzentrieren, sich nicht geschlagen zu geben, sondern in der EMDR-Therapiegruppe die Familiensitzung vorzubereiten. Wieder hat mich der Mut und die Entschlossenheit dieses Mädchens beeindruckt.

Sie exponierte sich in der Gruppe dem sexuellen Missbrauch durch ihren Bruder und dem ablehnenden Misstrauen ihrer Mutter. Ihre negative Kognition war: Ich werde nicht gesehen, also ein Trauma im Sicherheits- und Bindungssystem. Sie organisierte mit der Innere-Helfer-Technik ihre Ressourcen und stand die Familiensitzung erfolgreich durch, wenn es für sie auch, wie sie sagte, Schwerstarbeit war, nicht aufzugeben.

Ihre Mutter war im positiven Sinne sehr verstört, so kenne sie ihre Tochter nicht, sie begann aufzumerken.

Die Expositionsphase dieser Therapie hatte nunmehr begonnen. Nach erfolgreicher Stabilisierung – es gibt keine Bulimie mehr – und nach erfolgreicher Ressourcenverankerung ist allerdings die Versuchung groß, und zwar auf Patienten- und Therapeutenseite, die Therapie abzukürzen und sich mit dem Erreichten zufrieden zu geben. Ich warne davor.

Im Fall der 13-jährigen Marie war die Hoffnung, dieses belastende Material durchzuarbeiten und in die Vergangenheit zu schicken, die zentrale Motivation, die ihr die Kraft gegeben hat, sich für Therapie und gegen Krankheit zu entscheiden. Sie darf hierum nicht betrogen werden.

Der nächste Schritt war eine EMDR-Sitzung in Anwesenheit der Mutter. Dieses Setting stammt aus der Kindertherapie. Die Eltern werden zum Zeugen und Teilnehmer des Prozesses. Sie erleben das Trauma und dessen Verarbeitung in voller Ernsthaftigkeit und Intensität hautnah mit und entsprechen damit auch einer tiefen Sehnsucht des Kindes nach Mitteilung. Dies geht nicht ohne Erschütterungen ab, so auch in diesem Fall.

Die Patientin entschied sich in der EMDR-Sitzung für die Arbeit an der traumatischen Erfahrung des sexuellen Übergriffs durch ihren Bruder in der Zeit, als ein Partner der Mutter, von dem diese sich später wieder getrennt hat, mit in der Wohnung lebte. Während des Prozessierens tauchten Erinnerungen an kinderpornografische Szenen vor laufender Videokamera auf, anscheinend arrangiert von jenem Partner der Mutter. Auffallend an Maries Bericht war eine fast fotografische Detailtreue, mit der die Erinnerungen festgehalten worden waren. Es hatte sich, so könnte man sagen, ein »innerer Zeuge« gebildet, der auf den Tag gewartet hat, an dem er berichten kann. Die Mutter war zutiefst berührt und erschüttert, konfrontiert mit ihrem Nichtwissen-Wollen, schweren Schuldgefühlen und zugleich einer empathischen Verbindung zur Tochter, an deren Fehlen beide jahrelang gelitten hatten. Die Mutter ging den Hinweisen sofort und entschlossen nach und fand volle Bestätigung. Nicht nur die Patientin, sondern beide Geschwister, einschließlich des Bruders, sind Missbrauchsopfer. Beide Kinder waren kinderpornografisch ausgebeutet. worden. Dies entspricht einer Erfahrung, die wir wiederholt machen. Missbrauch unter Kindern erzählt eine Geschichte, und zwar solange, bis sie verstanden wird. In den folgenden Sitzungen konnte deshalb der Bruder mit einbezogen werden.

Methodisch bilden diese Sitzungen bereits das Ende der Expositionsphase und den Übergang zur Verarbeitungs- und Neuorientierungsphase. Das Trauma als Stein in der Seele hat seinen Platz räumen müssen und schafft Freiheit für all das, was das Leben dieses jungen Mädchens ausmachen wird. Es geht ihr, wie wir aus der ambulanten Nachsorge wissen, gut. Bulimie war nie wieder nötig.

Zusammenfassung

Essstörungen sind Phasen kritischen Entwicklungsstillstands. Die Patientinnen möchten in ihren Gründen hierfür verstanden werden und sie möchten einen Ausweg gezeigt bekommen, den sie selbst als gangbar empfinden. Die Essstörung war ein provisorischer Versuch, der das Problem aber nicht löste. Die Patientinnen brauchen deshalb Therapie.

Sichere Bindung scheint für die Generation der Kinder und Jugendlichen ein rares Gut geworden zu sein, stattdessen häufen sich traumatische Ereignisse. Häufig liegen durch die Generationen transportierte ungelöste Probleme zugrunde, die schließlich in der Erkrankung kulminieren. Die Zeit zur Lösung ist gekommen. Eben darin liegt auch die Chance. Unser stärkster Verbündeter ist die immer wieder erstaunliche Heilungs- und Lebensenergie der Patientinnen.

Es ist sowohl für die Patientinnen wie auch für Therapeuten eine zutiefst befriedigende Erfahrung, diesen Heilungsenergien in der bipolaren Arbeitsweise systematisch Raum zu geben.

Kapitel 10

Stationäre Psychotherapie mit essgestörten Patientinnen – Die bipolare EMDR-Technik[1]

Stationäre Essstörungsbehandlung

Essstörungen sind paradigmatisch für kritische Entwicklungsstillstände. Keine andere Krankheit als die Magersucht zeigt augenfälliger, wie die Entwicklung des Weiblichen zum Stillstand kommt. Wir haben beispielsweise kürzlich eine Patientin stationär aufgenommen, 20 Jahre alt, seit acht Jahren magersüchtig, also seit ihrem zwölften Lebensjahr. Sie war seither nicht nur seelisch, sondern auch körperlich nicht gewachsen. Die damalige Größe von 1,49 m war gleichsam eingefroren, ebenso ihr Gewicht, sodass sie als 20-Jährige bis auf einen manchmal fast greisenhaft wirkenden Gesichtsausdruck noch aussah wie die damalige Zwölfjährige. Eine Pubertät, eine Periode hat sie nie erlebt.

Während bei Magersucht der Entwicklungsstillstand so beunruhigend offensichtlich geschieht, bleibt dies bei Bulimie geheim. Alle Energie geht in die Entwicklung einer Fassade, die den Konventionen des Weiblichen entsprechen soll, doch zugleich versucht die Krankheit, das Grauen vor dieser Anpassung, die mit einem Gefühl der Leere verbunden ist, zu unterdrücken.

Beide Essstörungen zeigen uns mit sehr beunruhigender Klarheit, dass das Weibliche in unserer Gesellschaft keinen entwicklungsförderlichen Rahmen mehr findet. Etwa 5% der Mädchen und Frauen sehen deshalb zu dieser essgestörten Entwicklungsblockade keine Alternative (Cierpka/Reich

---

1 Überarbeitete Version eines Kapitels aus Christine Rost (Hg.)(2008): Ressourcenarbeit mit EMDR. Bewährte Techniken im Überblick: Vom Überleben zum Leben. Paderborn (Junfermann). Der Abdruck erfolgt mit freundlicher Genehmigung des Junfermann-Verlags.

2001). Bei den jungen Männern sind die Probleme dieselben, die Symptome verschieden. Im Jahre 1990 saß jeder 50. erwachsene männliche Amerikaner im Gefängnis, also 2%. Rechnet man die leichteren Formen von Kriminalität hinzu, so kommt man auf einen ähnlichen Prozentsatz von circa 5% der Männer, die an ihrer Entwicklung scheitern (Nefiodow 1999).

Aus alledem ergibt sich ohne jede Frage eine starke Herausforderung, Strategien zu finden, mit denen menschliches Wachstum gefördert werden kann, das des Individuums und das der Gesellschaft. Hyperindustrialisierte moderne Gesellschaften können nicht mehr darauf vertrauen, dass die spontanen Lebensbedingungen auch wachstumsförderlich sind.

In diesem Kapitel werde ich darstellen, wie die stationäre Behandlung der Essstörungen auf ein vom EMDR abgeleitetes bipolares und damit wachstumsförderndes Prozessmodell umgestellt werden kann.

Hauptgrund für die Umstellung auf ein traumatherapeutisches Konzept in unserer Klinik vor vier Jahren waren die nach herkömmlicher Behandlungsweise unbefriedigenden Ergebnisse der Essstörungstherapie in Deutschland.

Die multizentrische Essstörungsstudie (Wietersheim et al. 2004) hat die Ergebnisse der stationären Essstörungstherapie in Deutschland sowie im europäischen Überblick ermittelt.

Die Ergebnisse einiger ausgewählter deutscher Kliniken mit psychodynamischem Konzept sind in Abbildung 20 dargestellt.

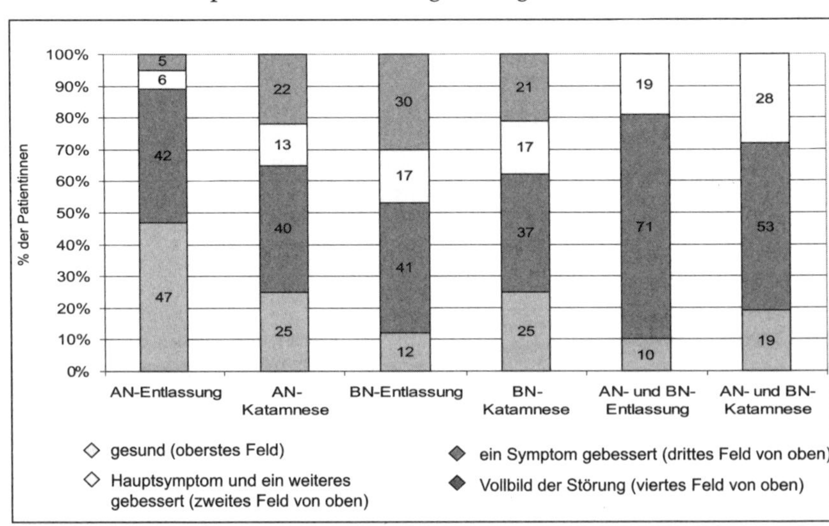

Abbildung 20: Ergebnisse stationärer Essstörungstherapie in Deutschland

Es fanden sich etwa 11% erfolgreiche Behandlungen bei Magersucht, etwa 46% bei Bulimie. Es wird evident, dass wir mit solchen Ergebnissen nicht zufrieden sein können. Ein zweiter Grund für die Umstellung auf ein traumatherapeutisches Konzept war die Beobachtung, dass mit großer Häufigkeit makro- und mikrotraumatisches Material bei den Patientinnen und ihren Familien vorkommt. Der dritte Grund ist die Vermutung, dass die Psychotraumatologie über die Behandlung klassischer Posttraumatischer Belastungsstörungen hinaus ein allgemeines Prozessmodell für Psychotherapie enthält.

Die Umstellung auf ein traumatherapeutisches Konzept

Theoretische Grundlagen

In selbstorganisatorischen Modellen der Traumatherapie, so wie es vor allem Shapiro vertritt, sehen wir im Kern des unverarbeiteten Belastungsmaterials überstarke negative Emotionen aufgrund schwerer Konflikte oder traumatischer Erfahrungen oder einer Mischung aus beidem. Um diese Komplexe herum hat sich gleichsam ein Ring aus provisorischen Bewältigungsstrategien gelegt, zum Beispiel die Essstörung. Sie kapseln das emotionale Belastungsmaterial gleichsam ein.

Es sind keine wirklichen Lösungen, sondern Notlösungen, das heißt, sie mildern das Leiden vorübergehend, ohne das Material zu verarbeiten. Es sind Lösungen, die nicht lösen und stattdessen ständig Folgeprobleme aufwerfen.

Die heilungskompetenten Kräfte der Person bilden den Ressourcenpol. Es sind all jene Fähigkeiten, die zur Modulation und Symbolisierung von Affekten imstande sind. Diese Ressourcen bilden in ihrer Gesamtheit eine Art psychisches Selbstheilungssystem. Anders ausgedrückt: Dem Traumaschema steht ein Bewältigungsschema gegenüber, das aber – zu Therapiebeginn – desorganisiert ist.

Ein allgemeines Prozessmodell für Psychotherapie ließe sich infolgedessen so darstellen, wie in Abbildung 21 gezeigt.

Grundprinzipien dieses Modells sind Selbstorganisation und Bipolarität (Plassmann 2005). Den selbstorganisatorischen Heilungsprozess zwischen dem negativen und dem positiven Pol zu fördern, ist Aufgabe des therapeutischen Rahmens.

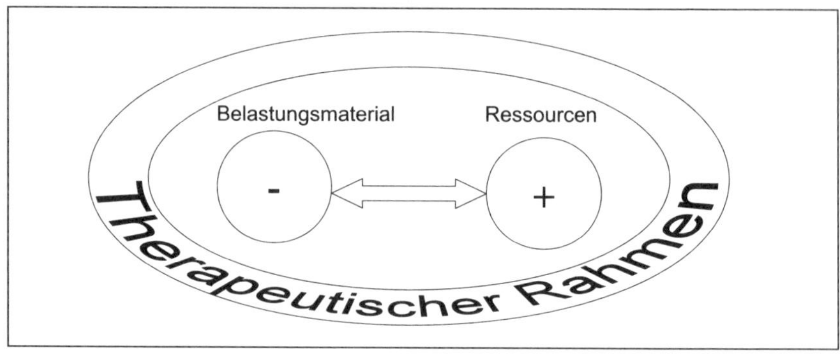

Abbildung 21: Das selbstorganisatorische Prozessmodell

Der vierphasig aufgebaute Behandlungsrahmen

Psychotherapie braucht zunächst einen entwicklungsförderlichen Rahmen. Die Grundstruktur unseres therapeutischen Rahmens ist das traumatherapeutische Drei-Phasen-Modell, welches noch von Janet (1889) stammt. Wir ergänzen es um die Ressourcenorganisation und kommen somit zum Vier-Phasen-Modell der stationären Psychotherapie.

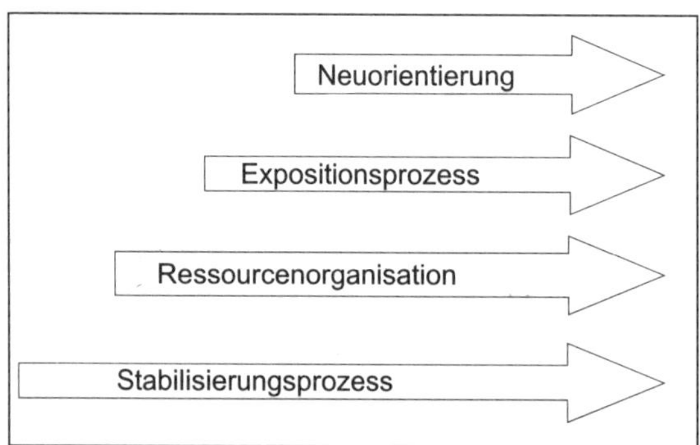

Abbildung 22: Therapieprozesse

Dieser allgemeine Therapierahmen hat sich mittlerweile als Grundstruktur stationärer Psychotherapie, nicht nur bei Traumabehandlungen im engeren Sinn, sehr bewährt.

Innerhalb dieses Rahmens sind die beiden wichtigsten von uns neu entwickelten Elemente der traumatherapeutischen Behandlung der Essstörungen

- die *aktive Selbststabilisierung* in der Stabilisierungsphase,
- die *bipolare EMDR-Technik* in der Ressourcenorganisation und Exposition.

Aktive Selbststabilisierung

Die Magersucht ist als Notlösung eine krankhafte Form der Selbstorganisation, sie ist Hilfspersönlichkeit und sie ist doch auch eine Form der Selbsttraumatisierung: Die eigene weibliche Entwicklung wird mit Gewalt zum Stillstand gebracht. Wir dürfen die Patientinnen deshalb nicht nur als die Opfer sehen, die sie waren oder bis heute sind, sie bleiben in der Magersucht im Traumaschema, sie kontrollieren, beherrschen, brechen mit Gewalt in die Integrität ihres eigenen Körpers ein, sie traumatisieren sich selbst. Jeder Tag von magersüchtigem Verhalten ist eine Kette von selbstzugefügten Mikrotraumata.

Die Behandlung beginnt deshalb mit einer Entscheidung: Sind die Patientinnen bereit, Verantwortung für ihre Selbsttraumatisierung zu übernehmen und ihre vorhandenen Fähigkeiten zu deren Beendigung zu nutzen? Stabilisierung ist von Anbeginn ein aktiv vollzogener selbstverantworteter Prozess, also *aktive Selbststabilisierung*, ein Begriff, den wir eingeführt haben. Die Patientinnen nutzen hierfür ihre eigenen von Beginn an vorhandenen Ressourcen.

Hauptressource der magersüchtigen Patientinnen ist die Fähigkeit, ihr Gewicht exakt zu kontrollieren. Diese Fähigkeit haben sie im Krankheitsverlauf erworben.

Die Patientin entscheidet sich für aktive Selbststabilisierung, vom gleichen Tag an normalisiert sie ihr Gewicht planvoll. Irgendwelche Kontrollmaßnahmen sind nicht erforderlich.

Selbststabilisierung scheitert in der Regel nicht an den Patientinnen, sondern an Therapeuten, wenn diese nicht an die Fähigkeiten der Patientinnen glauben. Vielleicht haben Sie als Leser gerade eben auch eine Skepsis gespürt, ob die Patientinnen das wirklich können. Wir wissen, dass sie es können und verwenden deshalb ein knappes Regelsystem, welches von den Patientinnen nur verlangt, sich für oder gegen Selbsttraumatisierung zu entscheiden.

Stabilisierungsvertrag

- Jeder Tag oberhalb der Erfolgslinie im grünen Bereich ist ein guter Tag. Ich werde mich dafür mit etwas belohnen, was mir Freude macht.
- Jeder Tag unterhalb der Erfolgslinie im roten Bereich ist ein schlechter Tag, den ich bis auf Therapien und Mahlzeiten in Zimmerklausur verbringe.

- Wenn ich sieben Tage hintereinander im roten Bereich war, habe ich mich entschieden, bis auf Weiteres magersüchtig zu bleiben, die Behandlung wird beendet.
- Bei einem BMI von 18 bin ich am vereinbarten Ziel. Der Magersuchtvertrag gilt weiter, die Erfolgslinie verläuft horizontal.

Die Akzeptanz dieses Stabilisierungsprotokolls ist gut, fast 90% der Patientinnen entscheiden sich dafür. Es trägt dem Autonomiebedürfnis der Patientinnen Rechnung, es fordert lediglich eine Entscheidung und greift ansonsten nicht in die Selbstbestimmung ein. Äußerer Druck oder Kontrolle vonseiten der Therapeuten findet nicht statt, ebenso wenig Gegendruck vonseiten der Patientinnen in Gestalt unendlicher Debatten oder kunstvoller Tricks. Die Entscheidung der Patientin muss akzeptiert werden, auch wenn sie gegen die Behandlung ausfällt.

Die bipolare EMDR-Technik in der Ressourcenorganisation und Exposition

Die bipolare Technik des EMDR

Während der Stabilisierungsphase tauchen in vielfältiger Weise emotionale Belastungen auf, teilweise nicht traumatische Alltagsbelastungen, beispielsweise in der Essenssituation, im Mitpatienten- oder Familienkontakt. Es kann aber auch emotionales Belastungsmaterial von traumatischer Stärke auftauchen, beispielsweise reaktivierte sexuelle Übergriffserlebnisse. Wir brauchen deshalb schon in der Stabilisierungsphase die Möglichkeit, den Patientinnen zu zeigen, wie emotionale Belastungen entweder reguliert und durch Regulierung stabilisiert werden oder auch reprozessiert und aufgelöst werden können.

Wir haben deshalb aus dem EMDR-Standardprotokoll (Shapiro 1998) das sogenannte bipolare EMDR (Plassmann 2003) entwickelt, mit welchem das jeweilige Optimum zwischen Stabilisierung und Exposition gut gesteuert werden kann.

Das bipolare EMDR erlaubt dies durch eine oszillierende Arbeitsweise zwischen Traumamaterial und Ressourcen. Im Ressourcenbereich finden wir die Elemente des psychischen Selbstheilungssystems, sie sind vorhanden, aber desorganisiert.

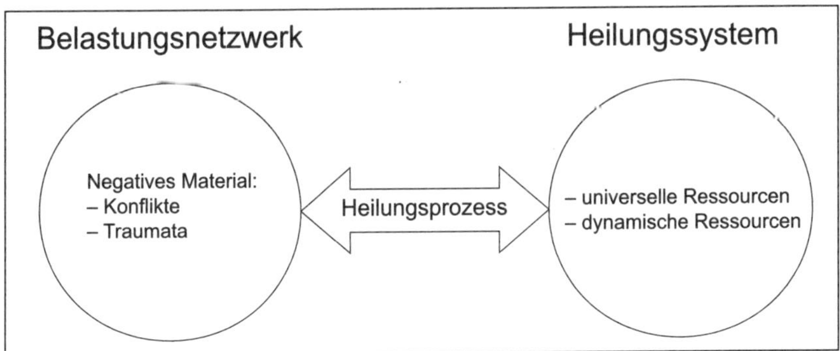

Abbildung 23: Bipolares EMDR

Sorgfältige Ressourcenorganisation bringt die Patientinnen mit ihren eigenen Kraftquellen in Verbindung. Allein deren Wahrnehmung, das Gefühl, dass es sie gibt, hat enormen positiven Einfluss auf die Patientinnen, die sich praktisch alle im Zustand der Hilf- und Hoffnungslosigkeit ihrem emotionalen Belastungsmaterial gegenüber befunden haben. Zu unserer Überraschung, wir hatten das nicht erwartet, kommen durch sorgfältige Ressourcenorganisation, mit der Methodik des bipolaren EMDR, erstaunlich intensive Selbstheilungsprozesse in Gang, die wir nach Hofmann (2005) als Absorptionsphänomen bezeichnen können. Der natürliche Verarbeitungsprozess, über den jeder Mensch verfügt, scheint seine Arbeit wieder aufzunehmen. Erhebliche Teile der eigentlichen Expositionsphase werden dadurch überflüssig, weil die emotionale Belastung so stark absinkt, dass sie von den Patientinnen nicht mehr als krankmachend empfunden wird.

In jedem Prozess der Ressourcenorganisation, auch im bipolaren EMDR, müssen wir uns zunächst von der Vorstellung verabschieden, wir selbst seien die Ressource, wir seien das heilsame Prinzip. Wir sind es nicht. Wir stellen aber günstige Bedingungen her für das Wirksam-Werden der vorhandenen Ressourcen. Hierzu ist in der klinischen Psychotherapie zunächst ein großes Repertoire unspezifischer Ressourcen entstanden. Bewährt sind imaginative Verfahren, zum Beispiel die Arbeit mit dem sicheren Ort, den inneren Helfern, die Arbeit mit den bekannten Distanzierungsmethoden wie Bildschirmtechnik und Ähnliches. Shapiro hat die Lichtstromtechnik beschrieben, alle Patienten lieben diese Übung. Äußerst wirksam ist das von Shapiro in das EMDR eingeführte Finden des individuellen heilungsförderlichen Rhythmus, der mit Augenbewegungen oder auf anderem Wege, beispielsweise mit taktilen bilateralen Stimulationen, die mentale Reorganisation stark anregt. Wahrscheinlich entspricht die dadurch bewirkte oszillierende Umfokussierung auch dem natürlichen Verarbeitungsprozess.

In der Arbeit mit *allgemeinen Ressourcen* werden die Patienten, die Therapeuten ebenso, zunehmend kreativer, die Ressourcen werden individueller, problemspezifischer und dabei erheblich wirksamer. Dies ist methodisch der Übergang von den universellen zu den *dynamischen Ressourcen.*

Dynamische Ressourcenorganisation bedeutet, jene Kraftquellen aufzugreifen und zu unterstützen, die spontan vom psychischen Selbstheilungssystem in Kontakt mit dem emotionalen Belastungsmaterial erzeugt werden. Man kann dies insbesondere bei der Arbeit mit bipolarem EMDR sehr gut beobachten und nutzen, aber auch in jeder anderen Therapieform, da es sich um natürliche Phänomene handelt. Die »positive Kognition« im EMDR-Standardprotokoll durch Shapiro (1998) war die Erstbeschreibung einer dynamischen Ressource.

Im Arbeiten mit dynamischen, also spontan auftauchenden Ressourcen, ist der Kreativität des Therapeuten und der Patientinnen keine Grenze gesetzt. Alles was stärker macht, ist gut.

Die Spontanressourcen tauchen meist zuerst in der Dimension der Körperrepräsentanzen auf, also als Körperhaltung, veränderte Atmung, veränderte Mimik. Dies wird unterstützt durch Fokussierung auf die Körperwahrnehmungen, auf damit assoziierte Situationen mit intensivem Ressourcenkontakt und die dazugehörige positive Kognition.

Die mittlerweile in die EMDR-Ausbildung integrierte sogenannte *Absorptionstechnik* (Hofmann 2005) ist eine sehr praktikable Standardisierung der dynamischen Ressourcenorganisation.

Im Bereich der *Standardressourcen* sind bewährt und nützlich:

- körperliche Ressourcen (mit positiven Emotionen verknüpfte Haltungen und Aktionen),
- kognitive Musterunterbrechung,
- imaginative Distanzierungstechniken (Bildschirmtechnik),
- die Innere-Helfer-Technik,
- die Sichere-Ort-Übung.

Bei der Arbeit mit all diesen Übungen kann es aber leicht geschehen, dass Patienten das Prinzip der aktiven Selbstregulierung verlassen wollen, indem sie die Verantwortung an die Übung oder an den Therapeuten abgeben. Die Regulierungstechnik soll dann den Charakter einer Art Beruhigungstablette bekommen, wie etwas von außen Zugeführtes. Dies bliebe aber wirkungslos, weil das wichtigste fehlt: die eigene Entscheidung für Selbstregulation.

Bei der Arbeit mit Stabilisierungsübungen wie dem sicheren Ort oder der Tresorübung sind es nicht die jeweils vorgestellten visuellen Elemente dieser Ressourcenübungen, sondern die dabei aktivierten *eigenen* positiven emotionalen Muster. In der Sicherer-Ort-Übung ist es also das im Moment der Übung gespürte Sicherheits*gefühl*. Gerade der Verweis auf dieses Wirkprinzip der Kontaktaufnahme mit dem positiven emotionalen Material verdeutlicht den Patienten auch das Prinzip der Selbstregulation. Es sind die Elemente der *eigenen* inneren Gesundheit, mit denen Kontakt aufgenommen wird, nichts Äußeres.

Auch die Therapeutin muss sich immer wieder von der Hybris verabschieden, sie (oder er) sei es, die hilft. Manchen Therapeuten fällt dieser Schritt, Vertrauen in die Selbstregulation der Patienten aufzubauen, extrem schwer, manchen so schwer, dass sie letztlich keine Freude an der modernen Traumatherapie finden. Die Gründe liegen wahrscheinlich in einem zu gering ausgeprägten Vertrauen des Therapeuten in sein eigenes Heilungssystem. Dazu werden früh erlebte eigene Hilflosigkeitszustände des Therapeuten beigetragen haben und auch fehlende Gelegenheit, in eigenen emotionalen Krisen die Tätigkeit der psychischen Selbstheilungssysteme wahrzunehmen und ihre Macht zu erfahren.

Außer Lebenserfahrung ist natürlich systematische Selbsterfahrung in der Ausbildung notwendig. Gerade die Erfahrung des EMDR-Prozesses macht dem Therapeuten wahrnehmbar, wie ein selbstorganisatorischer Prozess abläuft. Wahrscheinlich sind auch deshalb gerade solche Therapeuten besonders erfolgreich, die ihre bevorzugte Behandlungsmethode regelmäßig auch für die Lösung eigener emotionaler Belastungen einsetzen.

Beide Grundformen der Ressourcenorganisation (allgemeine und dynamische Ressourcen) können im bipolaren EMDR verwendet werden, ich persönlich arbeite fast nur noch mit dynamischen Ressourcen, weil ich mittlerweile völlig auf sie zu vertrauen gelernt habe und weil sie der Patientin ebenfalls zu diesem Vertrauen verhelfen.

Die folgenden sechs Schritte zeigen ein typisches Therapieprotokoll mit der bipolaren Technik. Der Ablauf ist darauf ausgerichtet, das Absorptionsphänomen optimal zu nutzen. Hierzu dient die Technik der *optimalen Fokussierung* und der *dynamischen Ressourcenorganisation*.

Bipolare EMDR-Technik

1. Schritt: Die bipolare Technik erklären
2. Schritt: Aufbau des therapeutischen Bipols und Auswahl des Materials
3. Schritt: Optimale Fokussierung
4. Schritt: Ressourcen fokussieren
5. Schritt: Ressourcen prozessieren (»Positiv-EMDR«)
6. Schritt: Auswertung

Der erste Schritt des Standardprotokolls (die Anamneseerhebung) wird vorausgesetzt und ist deshalb hier nicht aufgeführt.

1. Schritt: Die Behandlung erklären

»Nach meiner Erfahrung vollziehen sich seelische Heilungsvorgänge als eine Art Schwingung zwischen dem emotionalen Belastungsmaterial und dem psychischen Heilungssystem. Damit diese Schwingung in Gang kommt, ist es wichtig, dass der positive Bereich, also alles, was Sie stärker macht, in der Therapie mindestens genauso viel Berücksichtigung findet wie der Belastungsbereich. Die Kraftquellen müssen den Problemen gewachsen sein. Für die Beschäftigung mit dem Belastungsmaterial gilt deshalb der Grundsatz: Niemals über das Belastungslimit gehen. Lernen Sie deshalb Ihr Belastungslimit kennen und beachten.«

Der zweite Schritt dient dem Aufbau der bipolaren Fokussierung.

2. Schritt: Der Aufbau der bipolaren Fokussierung

»Welches Belastungsmaterial und welche positiven Dinge sind heute präsent?«

»Welches Belastungsmaterial ist für die Arbeit heute geeignet?«

Es kann sich um Material aus der Vergangenheit, also bereits Geschehenes, aus der Gegenwart und aus der Zukunft handeln, also Ereignisse, deren Erwartung eine deutliche Belastung auslöst. Auch intratherapeutisches Material kann ausgewählt werden, also Belastungen, die durch die Therapie selbst ausgelöst worden sind, zum Beispiel Übertragungsmaterial oder Triggerungen durch den Therapeuten.

Bei der Auswahl des Fokus gilt das Prinzip der *emotionalen Präsenz*. Wir erleben es sehr häufig, dass Patientinnen glauben, sie müssten mit ganz bestimmtem Traumamaterial arbeiten, weil sie sie selbst für das Krankmachende halten oder weil es ihnen als das Wichtigste erklärt wurde. Dann erweist sich, dass dieses Traumamaterial in der konkreten Therapiestunde oder im gesamten aktuellen Therapieabschnitt emotional nicht präsent ist. Es handelt sich bei diesem Material deshalb um einen *Pseudofokus*. Bei der Fokussierungsarbeit ist deshalb ausschließlich die *aktuelle emotionale Präsenz* maßgeblich, nicht die Vorannahmen von Patientin oder Therapeutin.

Nach der Auswahl des Belastungsmaterials folgt als nächster Schritt die optimale Fokussierung.

3. Schritt: Optimale Fokussierung auf:

- emotional präsente belastende Situation
- schlimmsten Moment
- Körpergefühl
- negative Kognition
- SUD (Subjective Units of Disturbance) bestimmen
- *Ziel:* Finden des Fokussierungsoptimums

Die Vorgehensweise bei der Fokussierung entspricht der Technik des Standardprotokolls, allerdings nach dem Prinzip der *optimalen Fokussierung*, das heißt, die subjektiv gefühlte emotionale Belastung bleibt in jenem Intensitätsbereich, der den aktuell zur Verfügung stehenden Verarbeitungsressourcen angemessen ist. Anderenfalls würde eine Retraumatisierung durch unverarbeitbar starkes Belastungsmaterial entstehen. Der Fokussierungsprozess kann deshalb jederzeit angehalten werden, wenn die subjektiv wahrgenommene Belastung zu hoch wird. Zu niedrige SUD-Werte regen den Verarbeitungsprozess nicht an, zu hohe SUD-Werte blockieren ihn.

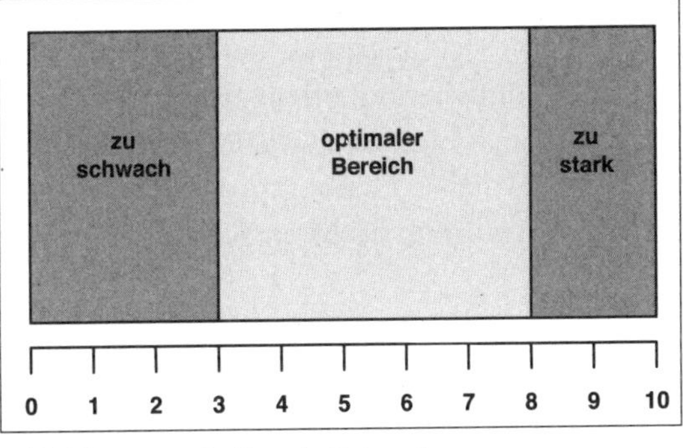

Abbildung 24: Optimale Fokussierung

Das Überschreiten der persönlichen Toleranzschwelle für diese emotionalen Belastungen hat ausschließlich negative Folgen. Die Patientin erfährt erneut ihre Hilflosigkeit diesem Material gegenüber, sie aktiviert in der Folge Bedürfnisse nach dysfunktionalen Bewältigungsstrategien wie Essstörung, selbstverletzendes Verhalten, Dissoziation und sie triggert Mitpatienten. Notwendig ist, hier das Prinzip des *window of tolerance* zu beachten, wie dies beispielsweise von Ogden und Minton (2000) beschrieben wird. Zur Ressourcenaktivierung und zur mentalen Reorganisation kommt es innerhalb eines bestimmten Bereiches, in dem die gefühlte emotionale Belastung weder zu schwach noch zu stark ist. Anders ausgedrückt: Jenen Belastungsbereich, in dem es zur Ressourcenaktivierung kommt, nennen wir *Toleranzfenster*. In Abbildung 24 ist dies unter Zuhilfenahme der SUD-Skala (Subjective Units of Disturbance), die aus dem EMDR vertraut ist, dargestellt.

Ein SUD von 3 entspricht etwa einem deutlich fühlbaren Unbehagen, mit beginnenden vegetativen Reaktionen (z.B. Herzklopfen) und ersten negativen Kognitionen (z.B. »ich kann nichts tun«). Ein SUD von 7 heißt stark fühlbare Belastung, starke vegetative Reaktionen (Schwitzen, Brustdruck, Zittern), starke negative Emotionen (Angst, Hass, Ekel etc.), kognitive Einengung mit negativen Kognitionen. Spätestens jetzt ist Gegenregulation notwendig.

Therapeuten müssen die Arbeit mit diesem Prinzip trainieren. Therapeuten, die ihre Arbeitsweise als »Sprechen über Probleme«[2] definieren, fühlen sich angenommen und bestätigt, wenn die Patienten ihnen ihre Probleme anvertrauen. Sie werden dann unfreiwillig mit ihren Patienten regelmäßig das Toleranzfenster verlassen und in der einzelnen Therapiestunde eine Retraumatisierung erzeugen. Auch eine phobische Scheu von Therapeuten vor dem emotionalen Traumaschema ist unangebracht. Sie verlassen dabei das Toleranzfenster nach unten. Weder sie selbst noch die Patientinnen lernen angemessenen, das heißt heilsam, starken Kontakt zum Traumaschema aktiv herzustellen und aktiv zu begrenzen.

In der Entwicklungsphase der bipolaren Technik zeigte sich nun, dass die optimale Fokussierung offenbar spontan spezifische Ressourcen aktiviert. Es scheint sich hier um einen selbstorganisatorischen Prozess zu handeln, der den natürlichen Heilungsprozessen entspricht. Mit diesen dynamischen Ressourcen wird im nächsten Schritt gearbeitet.

2 Das »Sprechen über Probleme« würden wir aus psychotraumatologischer Sicht als *unsystematische Exposition* bezeichnen. Diese Arbeitsweise ist nur bei nicht traumatisierten Patienten mit ausgeprägten Ressourcen, die keiner weiteren Organisation bedürfen, möglich. Bei traumatisierten Patienten ist dies ein Kunstfehler.

4. Schritt: Ressourcenfokussierung

- Beginn mit spontan auftretenden Ressourcen (Veränderungen der Körperhaltung, Atmung, Mimik)
- Fokussierung auf positive Situation
- Positive Kognition
- Bestimmen des VoC (Validity of Cognition)

Wir können also annehmen, dass dem Traumaschema ein spezifisches Heilungsschema gegenübersteht, welches aber noch desorganisiert ist. Dieses Heilungsschema zeigt sich ganz regelmäßig zuerst in subtilen Körperrepräsentanzen wie Körperhaltung, Atmung, Mimik, dann in zugehörigen kohärenten Emotionen. Zu diesen Spontanressourcen werden die zugehörige positive Situation und die positive Kognition gesucht. Weitere Elemente des Heilungsschemas können in allen Repräsentanzsystemen auftauchen: Heilungsfarbe, Töne, Rhythmus, symbolische Gestalten.

Auch hier gilt das Prinzip der emotionalen Präsenz. Es ist nur das wirksam, was *jetzt* gefühlt wird.

Im 5. Schritt wird das Heilungsschema prozessiert.

5. Schritt: Prozessieren der Ressourcen

Organisation und Spezialisierung des spezifischen Heilungsschemas (dynamische Ressourcen) mit langsamen bilateralen Stimulationen.

Anleitung des Patienten zum Positiv-EMDR

»Wir haben gelernt, dass Rhythmen das Heilungssystem unterstützen können. Sie können den für sie passenden Heilungsrhythmus bestimmen und dann zulassen, dass er sich mit all dem verbindet, was an Kraftquellen präsent ist.«

Es bewährt sich, die Patientinnen ihren eigenen, als passend empfundenen Rhythmus finden zu lassen, der häufig auch während des Prozessierens noch nachkorrigiert wird. Dasselbe gilt für die Aufteilung in einzelne Sets. Einige Patientinnen lernen nach wenigen Sitzungen, den richtigen Zeitpunkt für Unterbrechungen selbst zu bestimmen. Andere bevorzugen eine durch den Therapeuten vorgegebene Unterteilung in einzelne Sets. Wenn keine weitere Veränderung in der Reorganisation des Heilungsschemas eintritt, kann der Prozess beendet werden.

6. Schritt: Abschluss des bipolaren EMDR

- Bestimmung und Vermessung des intensivsten Ressourcenkontaktes auf der VoC-Skala
- Gegenprobe: Betrachtung des initial fokussierten Belastungsmaterials und Bestimmung des Rest-SUD
- Nachbesprechung: kognitive und emotionale Auswertung (»Was halten Sie von der Vorgehensweise dieser Stunde, wie geht es Ihnen an deren Ende?«)

Der Körpertest des Standardprotokolls ist in der bipolaren Technik nicht erforderlich. Die Nachbesprechung dient vor allem der inneren Distanzierung von dem intensiven Geschehen der Therapiestunde, aber auch der Information des Therapeuten.

In der Entwicklungsphase des bipolaren EMDR hatten wir angenommen, das Prozessieren des dynamischen Heilungsschemas sei die Vorbereitung auf die später folgende Exposition mit dem Standardprotokoll. Zu unserer Überraschung beobachten wir jedoch erstaunlich intensive *Absorptionsphänomene*. Die Überprüfung des Belastungsmaterials in der Neubewertung zu Beginn der folgenden Stunde ergab regelmäßig so stark abgesunkene SUD-Werte, dass eine weitere Arbeit daran, sei sie bipolar oder mit dem Standardprotokoll, nicht mehr erforderlich war, und zwar auch nach Einschätzung der Patientinnen, die unter diesem Material nicht mehr litten.

Bipolares EMDR in der Gruppe

Die bipolare Technik des EMDR wird in der Gruppe als Einzeltherapie vor der Gruppe praktiziert. Die Gruppensitzung beginnt mit der Rückschau auf die letzte Gruppensitzung. Pro Gruppensitzung von 100 Minuten Dauer können circa zwei bis drei Patientinnen mit bipolarem EMDR arbeiten. Während der kontrollierten Fokussierung auf das emotionale Belastungsmaterial erleben die übrigen Teilnehmerinnen der Gruppe durch die Präsenz der Emotionen und der Themen eine gewisse Aktivierung ihrer eigenen Traumaschemata. Die Teilnehmerinnen reflektieren ihre eigene emotionale Belastung und können die weitere Fokussierungsarbeit stoppen, wenn eine übermäßige eigene Triggerung geschieht. Das Optimum des Belastungsgrades liegt in der Gruppentherapie erfahrungsgemäß bei einem SUD zwischen 4 und 7.

Es folgt die dynamische Ressourcenorganisation mit der Protagonistin. Auch hieran nimmt die Gesamtgruppe beobachtend teil, es kommt zur *Ressourcentriggerung*. Die aufgetauchten dynamischen Ressourcen (visuelle Vorstellung, Körperrepräsentanz, positive Kognition, Zukunftsvision und anderes) werden gemeinsam besprochen.

Die Gruppe wird abgeschlossen mit einer gemeinschaftlich durchgeführten Stabilisierungsübung. Alle Teilnehmerinnen fokussieren auf die von ihnen selbst am stärksten wahrgenommene Ressource, die jede Teilnehmerin mit taktilen bilateralen Stimulationen unterstützt. Abgeschlossen wird die Gruppensitzung mit einer gemeinsamen Reflexion des bipolaren Verarbeitungsprozesses.

Ergebnisse

Die Auswertung der Behandlungsfälle der Jahre 2003 bis 2006 ergab das in Abbildung 25 und 26 wiedergegebene Bild.

Durch die Einführung des systematischen Therapierahmens, der Praxis der aktiven Selbststabilisierung und der bipolaren EMDR-Technik haben sich die Ergebnisse zum Vergleich zur konservativen Technik stark verbessert auf 82,7% Therapieerfolge bei Magersucht und 92,3% bei Bulimie.

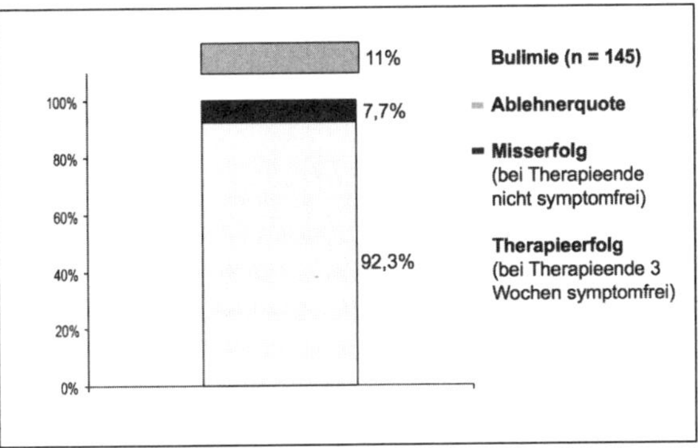

Abbildung 25: Ergebnisse stationärer Anorexiebehandlung 2003–2006 (7.9.2003–31.3.2006)

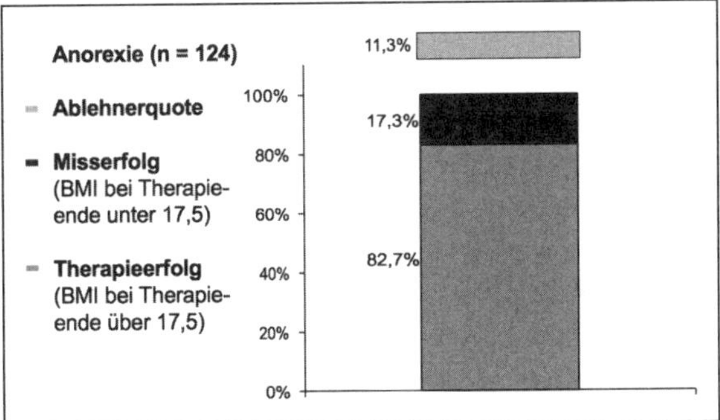

Abbildung 26: Ergebnisse stationärer Bulemiebehandlung 2003–2006 (7.9.2003–31.3.2006)

Kasuistik

Die 18-jährige Carolin B. ist wegen einer schweren Bulimie in der Klinik. Sie ist ein blasses, sehr starr und hart wirkendes Mädchen. Sie hat eine direkte, fast brutale Art, ihr Elend und ihre Hoffnungslosigkeit zu beschreiben. Sie findet ihre Bulimie mit mehreren Fress-Kotz-Attacken pro Tag widerlich, sie empfindet sich selbst gegenüber einen widerwärtigen Ekel, einen Abscheu ihrer Person und ihrem Körper gegenüber, seit Jahren jeden Moment ihres Lebens fühlbar.

Sie hat eine ältere Schwester, die unentwegt mit grauenvollen Formen des Selbstverletzens beschäftigt ist und das Sorgenkind ihrer Mutter darstellt. Sie selbst lebt beim Vater. »Mich haben sie völlig vergessen«, sagt sie und weint ein depressives hoffnungsloses Weinen. Diese ältere Schwester meint, dass sie selbst und auch die Patientin als Kinder sexuell vom Vater missbraucht worden seien, die Patientin ist sich nicht sicher, ob es stimmt oder ob es eine bösartige Erfindung ist.

Sie ist nun seit vier Wochen in der Klinik, sie hat die Stabilisierungsphase mithilfe des Bulimie-Stabilisierungsprotokolls erfolgreich abgeschlossen und seit drei Wochen keine Fress-Kotz-Anfälle mehr. Ihr Ekelgefühl besteht weiterhin in voller Stärke und ist mit einem durchdringenden Gefühl von Mutlosigkeit und Hilflosigkeit verbunden. Sie findet kein Mittel dagegen. Diese Beobachtung scheint mir wesentlich. Es scheint eine zutiefst beunruhigende Erfahrung für den Menschen zu sein, wenn der seelische Selbstheilungsapparat nicht mehr fühlbar ist. Daraus ergibt sich das erste Therapieziel der Ressourcenorganisation: die seelischen Selbstheilungsprozesse soweit zu beleben, dass sie wieder fühlbar werden.

In der ersten EMDR-Sitzung erzählt sie, woran sie aktuell am meisten leidet: Sie fühlt sich wie dreckig, ungepflegt, sie fühlt das vor allem im Bauch. Bulimie hat anfangs dagegen geholfen, aber mit der Zeit immer weniger. Nach jedem Fress-Kotz-Anfall fühlt sie sich noch schmutziger als vorher. Aber, so erzählt sie: Vom Verstand her weiß sie, dass sie weder schmutzig noch ungepflegt ist. Sie ist hier also in der Stunde auf eine erste Ressource gestoßen: Verstand und Wissen, eine zwar schwache, aber vorhandene Kraft. Mutter und Schwester hingegen, so sagt sie, halten sie für genau das, was sie im kranken Bereich fühlt: ein Stück Dreck.

Ich dachte am Ende der Stunde, dass das innere Pendel der Selbstorganisation in dieser Stunde sehr weit zum Belastungspol ausgeschlagen ist, mit nur einer einzigen kurzen Bewegung zu einer Heilungsressource. Aber immerhin. Ich habe ihr meinen Gedanken mitgeteilt.

In der zweiten Stunde war ich überrascht. Die Patientin kam mit einem klaren Plan. Sie habe gemerkt, dass es ihr gut tut, solche Situationen zu identifizieren, die sie in der gegenwärtigen Therapie als belastend empfindet. Sie hat begonnen, darüber zu schreiben. In anderen Worten: Sie hat begonnen, systematisch mit der Ressource Verstand und Wissen zu arbeiten.

Weil wir in der Traumatherapie immer und ausschließlich mit jenem emotionalen Belastungsmaterial arbeiten, das im Hier und Jetzt fühlbar ist, frage ich sie also, ob sich jetzt in dieser Stunde irgendein Belastungsgefühl zeigt: Es gibt ein Spannungsgefühl, eher im Rücken, eine Art Starrheit im Nacken, sie kann sich im Sitzen nicht lösen, es hat während der Stunde begonnen und zugenommen. Auf meine Fragen nach Ressourcen, also was sie jetzt in dieser Stunde gegen dieses Spannungsgefühl stärker machen wird, fällt ihr sofort eine Lösung ein: Eine überschaubare Dauer der Sitzung wäre gut, 50 Minuten wären genau richtig, meint sie.

Sie hatte in dieser zweiten Sitzung also körperlich fühlbares Belastungsmaterial fokussiert, welches im Hier und Jetzt der Stunde aktualisiert worden war, und hat im Ressourcenpol ein klares Wissen entwickelt, was ihr helfen würde. Ich war beeindruckt und habe ihr auch das gesagt.

Es wäre methodisch möglich gewesen, das körperlich repräsentierte Belastungsmaterial in der beschriebenen Weise systematisch zu fokussieren. Die Patientin schien aber allein durch die Erwähnung, dass die Therapiestunde selbst zum starken Belastungsanstieg geführt hatte, schon am Limit zu sein, sodass ihr eine weitere Fokussierung weder notwendig noch möglich war.

Die dritte Stunde begann sie damit, sie sei etwas aufgeregt, habe feuchte Hände, diese steife Spannung der letzten Stunde sei verschwunden. Was sie jetzt fühle, sei eine Art Schwere in den Gliedern, aber nicht von unangenehmer Art, sondern eher von der Art eines Beisichseins. Das Ekelgefühl habe sie unvermindert, auch jetzt in der aktuellen Therapiestunde. Hieran wolle sie, wenn möglich, arbeiten. Während sie damit also ihr stärkstes Belastungsmaterial, den Ekel, benannt und für die Arbeit ausgewählt hatte, war zugleich und ohne mein Zutun eine Ressource im Körperempfinden aufgetaucht: Eine positive Schwere, eine gute Verbindung zu sich selbst.

Diese Beobachtung machen wir sehr häufig: Die Ressourcen tauchen im gleichen Repräsentanzsystem auf wie das emotionale Belastungsmaterial, hier also im Bereich des Körpergefühls. Wir sehen, wie von selbst Ressourcen entstehen, also dynamische Ressourcenorganisation. Die Spontanressourcen sind meist unauffällig, selten spektakulär und werden deshalb üblicherweise übersehen, im bipolaren EMDR jedoch systematisch fokussiert.

Der nächste Schritt im bipolaren EMDR war deshalb die Frage nach guten Körpergefühlen als heilsamen Ressourcen gegen das Ekelgefühl. Ihr fiel sofort ein, dass sie solchen Körpergefühlen mittlerweile begegnet war. Sie war nach der letzten Stunde mit einer Mitpatientin Käsekuchen essen gegangen, es war ihr ein Genuss, sie fühlte sich satt. »Ich habe die Hände auf meinen Bauch gelegt, ich war satt und zufrieden, irgendwie aufgehoben. Das war wunderbar. Ich fühl' es immer noch.«

Mich rühren solche Momente der inneren Verbindung zu den Heilungsressourcen auf eine eigentümlich intensive Weise an, irgendwie ebenfalls körperlich. Ich kann das schwer beschreiben. Es ist, wie wenn eine Energie im Raum fühlbar wäre.

Es folgte das für bipolares EMDR typische Verankern dieser Positiverfahrung mit einem langsamen bilateralen Organisationsrhythmus, in diesem Fall mit dem NeuroTech-Gerät, welches taktile Reize erzeugt. Manchmal entwickeln Patientinnen sowohl gegen die taktile bilaterale Stimulation wie auch gegen Augenbewegungen subjektive Widerstände, die grundsätzlich und immer respektiert werden. In solchen Fällen können beliebige, dem Patienten sympathische Stimulationsmethoden verwendet werden. Vollkommen unwichtig ist, ob dieser bilaterale Stimulationsrhythmus von der Therapeutin vorgegeben oder von der Patientin selbst erzeugt wird.

Dieses Prozessieren mit einem langsamen bilateralen Rhythmus dauerte circa fünf Minuten. Die Patientin saß dabei mit geschlossenen Augen, atmete entspannt und setzte sich spontan immer wieder etwas anders in ihrem Stuhl zurecht, bis sie sich vollständig wohl zu fühlen schien. Nach Ende des Prozessierens sagte sie, sie sei erstaunt über die Intensität der inneren Ereignisse: »Viele Bilder sind aufgetaucht. Ich war in unserem früheren Garten, meine Mutter war bei mir, sie hatte gekocht, wir hatten gegessen, ich war satt und zufrieden, sie war stolz auf mich. Ich hatte alle diese Erinnerungen vollständig vergessen.« Sie bezifferte die Intensität der Ressourcen auf einer Skala von 1–7 mit 5, also noch steigerungsfähig.

Die vierte und letzte Stunde zwei Wochen später begann sie mit einem Bericht. Sie habe in diesen zwei Wochen noch einmal erbrochen. »Das war zum Abschied nötig.« Irgendetwas habe sich seither verändert, sie sei auf eine andere Art spazieren gegangen, langsam und aufmerksam, ganz bei sich, sie sei schwimmen gegangen, seit Langem zum ersten Mal, sie habe sich in die Sonne gesetzt und die Wärme genossen, sie habe genussvoll gefrühstückt und genau gewusst, was sie mag. Das Ekelgefühl sei vollständig verschwunden. Dieses starre bleiche Mädchen hatte Farbe bekommen, und nicht nur durch die Sonne.

Schluss

Die Umstellung der Therapie von Essstörungen auf ein traumatherapeutisches Konzept beruht auf zwei wesentlichen Elementen: der aktiven Selbststabilisierung und der bipolaren Technik des EMDR. Beide Techniken wurden eingeführt vor dem Hintergrund der Annahme, dass Heilungsprozesse grundsätzlich selbstorganisatorisch vor sich gehen, Aufgabe des Therapeuten und des Krankenhauses ist es nicht, Heilung zu bewirken, sondern bereits vorhandene Heilungsressourcen auf eine systematische Weise zu reorganisieren.

Aktive Selbststabilisierung beruht auf der Erkenntnis, dass im Krankheitsverlauf erhebliche Kontrollfähigkeiten über die Symptomatik erworben wurden, die genutzt werden können.

Die bipolare Technik des EMDR beruht auf der systematischen Stimulierung des Absorptionsphänomens.

Durch die Einführung dieser beiden Methoden haben sich die Behandlungsergebnisse der stationären Essstörungstherapie drastisch verbessert.

Selbstverständlich lassen sich diese beiden Elemente in modifizierter Form auch in die Behandlung weiterer Krankheitsbilder integrieren.

Kapitel 11

EMDR in der Gruppe bei Essstörungen – Das Ressourcenverankerungsprotokoll[1]

Reinhard Plassmann & Marion Seidel

EMDR im Gruppensetting

Eine therapeutische Gruppe, hier die EMDR-Gruppe, verstehen wir als eine Vielzahl, die mehr ist als die Summe der Einzelpersonen. Ein Einzelner ist ein Teil einer Gruppe, was sich im kollektiven »Wir« ausdrückt. Auch wenn sich der Einzelne zunächst individuell äußert, werden die Äußerungen zu Kollektiverscheinungen mit Grundüberzeugungen – und -annahmen. Diese von den Autoren als dynamische Kollektivkonstellation bezeichnete Gruppenstruktur beruht auf unbewussten Prozessen projizierender und introjizierender Identifikation. Das Gruppenmitglied nimmt diejenigen Gefühle und Regungen der anderen auf, die den eigenen ähnlich sind und durch die erfahrene Verstärkung deutlicher wahrgenommen werden. Gleichzeitig projiziert der Einzelne seine Objekte der unbewussten Fantasie auf die anderen und versucht das spezifische Muster seiner konflikthaften zwischenmenschlichen Beziehungen wieder herzustellen.

Die Patientinnen, die wir für die Ressourcenverankerung zusammengefasst haben, haben alle Gruppentherapieerfahrung, und zwar aus der Stabilisierungsphase ihrer Therapie. Sie sind aufeinander eingespielt und kennen die Probleme und Schwierigkeiten der anderen. Das gemeinsame Erarbeiten von Ressourcen und Problemstellungen regt einen intensiven gruppentherapeutischen Prozess an. Angestoßen durch die Beschäftigung mit den spezifischen Inhalten wird die eigene Wahrnehmung von Defiziten

1 »EMDR in der Gruppe bei Essstörungen: das Ressourcenverankerungsprotokoll«. Vortrag auf der EMDRIA-Konferenz in Rom, 16.–18. Mai 2003.

geschärft wie fehlendes Selbstwertgefühl, sich klein und unbedeutend fühlen, allein sein. Gleichzeitig wird die Auseinandersetzung mit positiven Objekten gefördert. Den negativen Erfahrungen werden positive entgegengesetzt. Die Gruppe nimmt am Prozess der Ressourcenverankerung teil und erlebt die veränderte Haltung und den Prozess unmittelbar mit. Das Geschehen wird im Sinne eines mütterlichen Objektes gespiegelt und verstärkt das entstehende veränderte Lebensgefühl. Das Wechselspiel der Spiegelung bewirkt auch bei den anderen Gruppenmitgliedern als Zuschauern einen intensiven Prozess.

Für viele Patienten mit gestörten Bindungserfahrungen, oftmals als Mikrotraumata ins eigene Erleben integriert oder als komplexe Traumata erlebt, stellt diese Form der Gruppentherapie in besonderem Maße eine Möglichkeit dar, die Gruppe als haltgebendes, Lebensfreude und Lebendigkeit vermittelndes Objekt zu erfahren und belastende Erfahrungen als zu bewältigende Erfahrungen ins eigene Selbst zu integrieren. Als unausweichlich oder schicksalhaft erlebte permanente Erfahrungen können so leichter durch Fokussierung auf die eigene Stärke und Fähigkeit korrigiert werden.

Übertragungsphänomene spielen auch bei EMDR eine Rolle. Innerhalb der Gruppe treten sie in vielfältiger Weise auf und werden durch die Gruppe immer wieder verändert. Durch die Anwesenheit mehrerer Gruppenmitglieder und durch den weniger regressionsfördernden Gesamtrahmen gelingt es den Gruppenmitgliedern, die entstehenden Konflikte mit in die Ressourcenarbeit einzubringen und Entlastung zu erfahren, insbesondere bei frühen Störungen in der Kommunikationen mit den Primärobjekten. Jedes einzelne Gruppenmitglied profitiert dabei von den individuellen Entwicklungen, aber auch die Gruppe als Gesamtheit erfährt eine Stärkung und kollektive Entlastung. Gleichzeitig wird durch das Therapeutenpaar eine sinnstiftende, haltgebende Atmosphäre vermittelt, in der jede einzeln entscheiden kann, von wem sie beim Prozessieren mit EMDR in der Gruppe begleitet werden möchte. Eine eigene Entscheidung zu treffen, die respektiert wird, ist für viele eine neue Erfahrung, die den durch EMDR angestoßenen Prozess zusätzlich positiv beeinflusst.

Insbesondere bei den essgestörten Patientinnen werden Konkurrenzen untereinander und störungsspezifische Verhaltens- und Erlebensmuster deutlicher, die unmittelbar in den EMDR-Prozess einfließen. Die Erarbeitung positiver und negativer Kognitionen wird dadurch unterstützt. Die Fähigkeit zur Bildung positiver Leitbilder führt zur Veränderung des oft defizitären Selbst und zu mehr Vertrauen in die eigenen Fähigkeiten. Ausgehend von der Annahme, dass das Selbst sich von bestimmten unerwünschten Aspekten befreien möchte und der Mensch über Selbstheilungskräfte verfügt, erfährt der Prozess der Selbstheilung, mit EMDR unterstützt, durch die Wirkkräfte der gesamten Gruppe eine deutliche Verstärkung. Negativen Tendenzen werden gemeinsame haltende und als stützend erlebte Erfahrungen innerhalb der Gruppe entgegengesetzt. Zaudernde Mitglieder der Gruppe wagen eher, durch den Vorbildcharakter der anderen, sich dieser besonderen Erfahrung zu stellen. Die Gesamtgruppe ist oft aktiv beteiligt, um jemandem den Schritt, EMDR anzugehen, zu erleichtern und steht tröstend und haltend zur Seite bei belastenderen Themen wie Trauer, schweren Kränkungen oder Alleingelassensein.

Die Öffentlichkeit, die eine Gruppe darstellt, führt zu einer aktiveren Auseinandersetzung mit dem Gesamtgeschehen und wirkt auch nach der Stunde weiter. Unsere Patientinnen bringen aktiv Träume, Gedanken und Überlegungen zu den Übungen wie »Innere Helfer« oder Zukunftsvision in der folgenden Stunde ein. Sie tauschen sich untereinander aus, ob die erfahrene Entlastung nach der Gruppe weiter besteht und suchen gemeinsam Gründe, wenn die Entlastungsfunktion nachlässt. Der angeregte Austausch untereinander hält den aktiven Prozess auch nach der Sitzung am Laufen und führt zu neuen Erfahrungen, die dann in der folgenden Stunde verstärkt, korrigiert und erneut prozessiert werden können.

In der Psyche des Einzelnen eingefrorene Prozesse, das heißt seit dem Zeitpunkt des Erlebens im Erleben unverändert gebliebene Ereignisse, werden bereits in der Symbolisierung durch Sprache und im Austausch mit anderen ins Bewusstsein gehoben und der emotionalen Wahrnehmung zugänglich gemacht. Die emotionale Belastung erfährt durch den gruppentherapeutischen Prozess eine Entlastung und unterliegt weniger intrapsychischen Blockaden. Die Erfahrung, nicht allein zu sein mit sich und seinem Erleben, scheint hier ebenfalls eine wichtige Unterstützung beim Prozessieren mit EMDR zu sein. Die Gruppe wird durch die Ähnlichkeiten der Grundkonstellationen als weniger bedrohlich erlebt als der Therapeut, der durch das Übertragungsgeschehen Widerstände hervorruft, die sich im Stocken eines EMDR-Prozesses manifestieren können. Das Wissen um die Anwesenheit einer Gruppe, die mit ähnlichen Problemstellungen den Prozess begleitet, kann das Gefühl des Ausgeliefertseins bei belastenden Ereignissen reduzieren und die Selbstheilungskräfte fördern.

Die Gruppe ist als eine halboffene Gruppe konzipiert mit spezifischen Störungsbildern wie Bulimie und Anorexie. Die meisten Patienten haben einen langen Krankheitsverlauf mit vielen stationären und ambulanten Therapieversuchen und jahrelangem Verharren in Negativmustern. Die Auseinandersetzung mit diesen Mustern in der Gruppe mit Blickrichtung in eine veränderte, lebensbejahende Zukunft zeigt, wie sehr die meisten den Glauben an sich selbst und die eigene Freiheit zur Lebensgestaltung nie entwickelt oder verloren haben. Das Recht auf Selbstbestimmung und die eigene Entwicklungsfreiheit wird durch diese Art der Gruppentherapie nachhaltig gefördert und führt allmählich zu veränderten Selbst- und Objektrepräsentanzen.

Voraussetzungen für eine erfolgreiche Ressourcenarbeit mit EMDR ist die Entscheidung eines jeden Patienten, sich aus der Zwangsjacke seines negativen Erlebens mit Festhalten an negativen Selbstüberzeugungen zu befreien und den Schritt in eine Lebenswelt zu wagen, die nicht mehr im Wesentlichen durch die negativen Erfahrungen bestimmt wird (Seidel 2002). Das Erleben richtet sich im besonderen Maße auf lebensbejahende Erfahrungen aus, die insgesamt ein positiveres zukunftsorientiertes Bild vermitteln. Der Gruppeneffekt vermindert Zweifel an der Veränderungsfähigkeit, vielmehr richtet sich das Augenmerk auf eine Zukunft mit lebensbejahenden Zielvorstellungen. Durch den Prozess der Veränderung der Wahrnehmung und des affektiven Erlebens, erkennbar an der Mimik und Haltung desjenigen, der in der Gruppe arbeitet, an dem die gesamte Gruppe teilhat, werden auch bei den anderen Mitpatienten die zukunftsorientierten Kräfte mmorpgilisiert und eine Entscheidung in Richtung veränderter Zukunft gefördert.

Das EMDR-Ressourcenverankerungsprotokoll

In der Ressourcenverankerungsarbeit, die bereits während der Stabilisierungsphase beginnt, setzen wir bevorzugt methodische Elemente des sogenannten Positiv-EMDR ein, zum Beispiel die Inneren Helfer und den Zukunftstraum. Positiv-EMDR ist methodisch nicht nosozentrisch, sondern teleozentrisch, es fokussiert nicht auf die Bekämpfung von Pathologie, sondern auf die nach Selbstentwicklung drängenden Kräfte. Es ist im Vergleich zur Traumatherapie geradezu erholsam. Die Patientinnen lieben diese Übung, sie gestalten sie mit großer Sorgfalt aus. Die Inneren Helfer sind Symbole für sichere Bindung, die Patientinnen holen sie sich jederzeit herbei, wenn sie Unterstützung brauchen.

Wir verwenden mittlerweile für die Ressourcenverankerung ein von uns entwickeltes Positiv-EMDR-Standardprotokoll. Es ist wie das bekannte traumatherapeutische EMDR-Standardprotokoll bipolar aufgebaut. Den einen Pol bilden die stark negativ empfundenen belastenden, noch nicht verarbeitbaren Erfahrungen. Dies sind schwere Konflikte, psychische Traumen oder, wie meist, eine Mischung aus beidem.

Den positiven Pol bilden die zum Leben und zur Entwicklung drängenden Heilungskräfte, das positive Netzwerk.

Die Wirksamkeit beruht auf der Interaktion beider Pole. Das Fokussieren und das Prozessieren des positiven Materials lässt die Belastung des Negativmaterials gleichsam einschmelzen. Die klinische Erfahrung lehrt, dass dieser Belastungsrückgang dauerhaft stabil ist, genauso wie wir es bei der Arbeit mit dem EMDR-Standardprotokoll sehen. Verlaufsstudien hierzu existieren derzeit noch nicht.

Anamneseerhebung, Belastungslandkarte und Behandlungsplanung unterscheiden sich nicht vom Trauma-EMDR-Standardprotokoll

Wichtig ist die frühzeitige Klarstellung, dass das Belastungsmaterial zwar identifiziert, fokussiert und vermessen wird, dass jedoch nicht direkt daran gearbeitet wird, also zunächst keine Exposition stattfindet. Dies hat sehr entlastende Wirkung auf die Patienten, da sie sich mit gutem Grund vor der Exposition fürchten. Zugleich entsteht aber ein gemeinsames Wissen über das traumatische Material. Die Patienten können sich mitteilen und gewiss sein, dass dieses Material nicht ignoriert und zugedeckt werden soll.

Dieser vorbereitende Schritt der Traumalandkarte bietet Gelegenheit, im Rahmen der Fokussierung des Belastungsmaterials die Stabilität des Patienten zu beurteilen. Wenn schon die Fokussierung der Belastungsknoten mit Distanzverlust, Affektüberflutung, Flashbacks oder Dissoziation beantwortet wird, ist es die Aufgabe des Patienten, zusätzliche Stabilisierungstechniken zu erlernen. Dabei ist wichtig, zu beachten, dass die Destabilisierung, sei es in Gestalt von Intrusionen oder von dissoziativen Reaktionen, kein passiver, sondern ein überwiegend aktiver Vorgang ist. Die Patienten können sich sowohl in die Opferposition fallen lassen oder sich sogar gleichsam aktiv hineinstürzen oder sie können andererseits Verantwortung für die eigene Stabilität übernehmen und ihre natürlichen Ressourcen sowie die ihnen zusätzlich gezeigten speziellen Stabilisierungstechniken nutzen. Patienten, die beispielsweise habituell mit Dissoziationen reagieren, erhalten deshalb die Aufgabe, mithilfe des sogenannten Dissoziationsprotokolls ihre eigenen dissoziativen Reaktionen im situativen Kontext zu registrieren, zu begrenzen, Stabilisierungstechniken zu erlernen und anzuwenden.

Es empfiehlt sich, in dieser Planungsphase des Positiv-EMDR-Protokolls die Therapeut-Patient-Beziehung sorgfältig zu beachten. Eine Übertragungskonstellation besteht immer, und nicht nur, wie häufig und fälschlich angenommen, als gelegentlich auftretendes Phänomen.

Ein sexuell missbrauchtes Mädchen kann beispielsweise ihr Trauma reinszenieren, indem sie einen männlichen Therapeuten dazu bringt, mit ihr zu arbeiten. Sie fantasiert ihn als Missbraucher, nicht als Therapeuten. Der eigentliche Belastungsknoten ist deshalb nicht das in der Vergangenheit Geschehene, sondern das in der therapeutischen Beziehung der Gegenwart Reinszenierte. Stabilisierung bedeutet in diesem Fall also, das Wiederholungsmuster zu erkennen und zu beenden, und zwar gemäß dem Prinzip der atraumatischen Gestaltung der therapeutischen Beziehung (Plassmann 2002).

In der Belastungslandkarte wird jener Belastungsknoten fokussiert, den die Patientinnen als besonders wirksam für die gegenwärtige Verfassung empfinden. Hierfür ein Fallbeispiel:

Die 15-jährige Violetta kam schwer magersüchtig mit 41,4 kg, entsprechend einem BMI von 14,5. Sie kämpfte sich entschlossen durch die anfängliche Magersuchtstabilisierungsphase und wog nunmehr 50,1 kg, entsprechend einem BMI von 17,2. Sie blieb dabei aber immer unglücklich, chronisch traurig, sie vermied Kontakt zu ihren Mitpatienten und bemerkte immer deutlicher einen tiefen, sehnsüchtigen Hunger in sich, den sie nicht verstand, unter dem sie litt und dem sie keinen Raum in sich geben mochte.

Bei der Fokussierung der Belastungslandkarte legte sie sich darauf fest, dass Schlimmste sei ihre Verlogenheit, ihre Falschheit. Von ihren Freundinnen eingeladen, abends auszugehen, zum Beispiel in die Disco, spiele sie nur interessiert, eigentlich sei ihr das alles zuwider. Sie wolle gar nicht groß werden, sie wolle Kind bleiben, alles solle so sein wie früher, als der Vater die Familie noch nicht verlassen hatte. Sie weinte hier bitter, erstmals seit Langem. Ihre negative Kognition war: Ich hasse mich. Der SUD lag bei 8.

Ressourcenverankerung: Die Inneren Helfer

Das Positiv-EMDR lässt diese Belastungsknoten ruhen und nimmt Kontakt mit den Inneren Helfern auf. Der Abbau des belastenden Materials geschieht gemäß der bipolaren Grundstruktur des EMDR-Protokolls indirekt über die Ressourcenverankerung.

Wir bevorzugen folgenden Ablauf: Die Patienten wählen sich Innere Helfer, die mit Sicherheit, Schutz, Stärke, Trost verbunden sind. Gut geeignet sind die gute Fantasiegestalt, die hilfreiche Realgestalt, das gute Tier, die Farbe, das positive Körpergefühl, der gute Satz und das weise innere Wesen. Alle diese Inneren Helfer werden in die gute Lebenssituation, die aus der Erinnerung oder aus der Fantasie stammen kann, integriert. Alle diese Inneren Helfer sind Repräsentanten von sicherer Bindung.

Nachdem die Helfer gefunden sind, geht die Patientin in die gute Situation und sammelt nach und nach alle Helfer. Wir unterstützen den Vorgang mit kontinuierlichen, langsamen Augenbewegungen oder Pads. Eine Fraktionierung in einzelne Sets wie beim Trauma-EMDR ist nicht erforderlich. Nach Abschluss und Beendigung der Inneren Helfer-Übung wird der VoC der positiven Kognition, also der des guten Satzes, auf der Skala von 1 bis 7 bestimmt und es wird erneut der Belastungsgrad (SUD), nämlich der aus der belastenden Ausgangssituation, auf der Skala von 0 bis 10 festgelegt. Dieser ist allein durch die Durchführung der Inneren Helfer-Übung in der Regel um mehrere Stufen abgefallen. Die Patienten fühlen sich subjektiv deutlich besser.

Violetta liebt Tiere. Sie nahm sich ihren Lieblingshund, einen Vogel, ihre beste Freundin und im Hintergrund weitere Freundinnen, als Symbol die Sonne. Sie fühle die Wärme. Ihr weises inneres Wesen, ein Löwe, war neben ihr. Sie fühlte sich nach der Übung entspannt und sicher.

Der VoC ihres Satzes »Ich bin mit mir zufrieden« lag bei 3, der SUD der Ausgangssituation war auf 6–7 abgesunken.

Wir raten den Patientinnen, in der Zeit bis zur nächsten Sitzung Kontakt zu den Inneren Helfern zu halten.

Den nächsten Schritt der Ressourcenverankerung, meist in der nächsten Sitzung, bildet die Zukunftsvision.

Die Zukunftsvision

Zu Beginn versammeln die Patientinnen, unterstützt durch langsame Augenbewegungen oder Pads, ihre Inneren Helfer in der eben geschilderten

Weise. Dies ist meist eine Sache von wenigen Minuten. Mit ihnen zusammen entwickeln sie dann ihre Zukunftsvision. Die Helfer schicken hierfür geeignete Repräsentanzen, gut geeignet sind die Zukunftsfarbe, das Körpergefühl, ein Bild, der gute Satz. An dieser Stelle treten häufig leichtere Heilungswiderstände auf. Die Patienten haben sich in Jahren der magersüchtigen oder bulimischen Lebensform völlig daran gewöhnt, Leben als Stillstand oder Rückwärtsbewegung zu definieren. Sie sind manchmal erschüttert von der Intensität der Begegnung mit ihrer Zukunftsvision, sie fürchten die Begegnung mit ihrem wahren Selbst.

Violetta erzählt: »Meine Zukunftsfarbe ist ein Goldgelb, die Farbe der Sonne. Ich kann die Wärme auf der Haut spüren. Ich bin auf einem Bauernhof mit Tieren, wie meine Tante. Ich bin 27 Jahre alt, da ist ein Mann, ein Kinderwagen. Ich weiß, dass ich genauso leben möchte. Mein Satz? Ich bin stolz auf mich und mein Leben.«

Mit dieser Patientin haben Traumalandkarte, Innere Helfer und Zukunftsvision in einer 90-minütigen Sitzung stattgefunden. Sie hat sich immer wieder dafür entschieden, in der gleichen Sitzung noch den nächsten Schritt zu tun. Nach Ende der Sitzung konstatierte sie, es gehe ihr gut und sie ging gelöst, nicht merklich angestrengt hinaus. Die Leistungsfähigkeit dieser jungen Persönlichkeiten ist immer wieder erstaunlich.

Die Zukunftsvision wird ergänzt durch die Konsultation des weisen inneren Wesens, welches gebeten wird, sein Wissen über den richtigen ersten Schritt zur Zukunftsvision zu schicken. Diese Übung wird wiederum unterstützt durch langsame Augenbewegungen oder Pads.

Violetta bat ihr weises inneres Wesen, einen Löwen, um Beratung über ihren ersten Schritt in die Zukunft. Es folgte ein klarer Gedanke im Bewusstsein: Vertraue dir selbst. Sie war sehr bemüht und fühlte sofort ihre Widerstände: Sie müsse sich ändern, ihre Gefühle von Schmerz, Trauer, Einsamkeit seien nicht o. k., sie müsse endlich erwachsen werden. Aber dann nachdenklich: Es stimmt schon, vertraue dir selbst!

Der VoC ihrer positiven Zukunftskognition lag bei 4–5, der SUD der belastenden Ausgangssituation bei 5.

Die Begegnung mit dem Wissen vom ersten inneren Schritt in die eigene Zukunft kann sehr erschüttern. Dieses vorher ignorierte Wissen, nämlich dass Zukunft auch Veränderung, Bewegung bedeutet, wird bewusst und fühlbar. Die Patientinnen spüren, was Leben ist. Auch dieser Prozess wird unterstützt von langsamen Augenbewegungen oder Pads. Eine Unterbrechung, zum Beispiel aus Zeitgründen, ist jederzeit möglich.

Nach Abschluss der Zukunftsvision wird wiederum die positive Zukunftskognition vermessen, also der VoC auf der Skala von 1 bis 7 sowie der Grad der Belastung durch die negative Ursprungssituation auf der Skala von 0 bis 10 (SUD). Dieser ist regelmäßig weiter abgesunken. Der Belastungsknoten beginnt Vergangenheit zu werden. Bis zur nächsten Sitzung können die Patienten wiederum zur Zukunftsvision Kontakt halten und sich bei Bedarf auch Rat bei dem weisen inneren Wesen holen.

Die imaginativen Elemente des Positiv-EMDR-Protokolls sind sehr deutlich, der Grundcharakter des EMDR-Prozesses bleibt davon unberührt. Im Mittelpunkt steht der Affekt, im Gegensatz zum Trauma-EMDR nicht der negative, sondern die lebendige Entwicklungsenergie der Kernpersönlichkeit.

Zusammenfassung

EMDR als Methode zeigt einige Entwicklungsmöglichkeiten, die bislang noch zu wenig genutzt werden. Es ist zum einen als Gruppentherapie praktizierbar, der beim einzelnen Gruppenteilnehmer ablaufende EMDR-Prozess überträgt sich in abgeschwächter Form im Gruppenprozess auf die anderen Mitglieder. Gleichzeitig lindert die Erfahrung, dass die einzelnen Gruppenmitglieder mithilfe dieser Herangehensweise auch sehr belastendes Material prozessieren können, die Angst, überfordert oder gar überflutet zu werden. Das Vertrauen in die eigene Kompetenz wird durch die Gruppenerfahrung gestärkt und gefördert.

Zum zweiten kann EMDR sehr gut zur Ressourcenverankerung eingesetzt werden wie zum Beispiel mit dem hier dargestellten Standard-Ressourcenverankerungsprotokoll. Diese Form der EMDR-Gruppentherapie bildet im Rahmen der vierphasigen stationären Essstörungstherapie die zweite Phase der Ressourcenverankerung. Sie schließt sich an die Stabilisierungsphase an und geht nahtlos in die Expositions- und später in die Neurorientierungsphase über.

Kapitel 12

EMDR in der Essstörungsbehandlung[1]

Reinhard Plassmann & Marion Seidel

Essstörung als Traumafolge und als Trauma

Essstörungen können als traumareaktive Schemata verstanden werden, die, je länger sie bestehen, selbst zum Trauma werden, weil sie die gesunde Persönlichkeit zerstören.

Der traumatherapeutische Ansatz muss sich deshalb zunächst mit der Essstörung als Traumaschema beschäftigen, erst dann mit der traumatischen Situation, aus der sie entstanden ist.

Behandlungsstrukturen in der stationären Psychotherapie der Essstörungen

Stationäre Psychotherapie darf sich nicht darauf beschränken, einfach quantitativ mehr zu machen, als es in einer ambulanten Behandlung möglich ist. Sie muss vielmehr die Chance nutzen, sich als heilungsförderlicher Rahmen zu begreifen, der als Ganzes günstige Bedingungen für das Wachstum der Persönlichkeit herstellt.

Anders ausgedrückt: Wenn die Person soweit unter die Macht der Essstörung geraten ist, dass unter ambulanten Lebens- und Behandlungsbedingungen kein Wachstum der Persönlichkeit mehr stattfinden kann, dann braucht es die stationäre Behandlung.

1 »EMDR in der Essstörungsbehandlung«. Vortrag auf der EMDRIA-Konferenz in Hamburg, 11. Juni 2010.

Natürlich wird es verschiedene denkbare Konstruktionsmöglichkeiten für einen solchen stationären Behandlungsrahmen geben. Der traumatherapeutische Rahmen, den wir bevorzugen (Plassmann 2007), hat die in Abbildung 27 dargestellten Grundelemente.

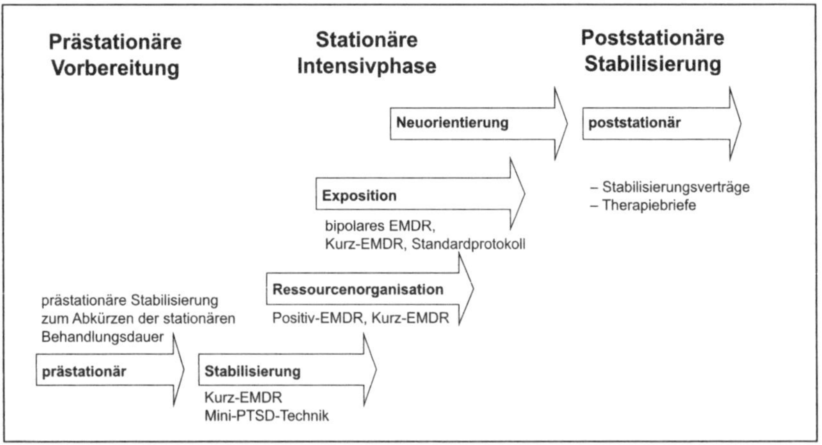

Abbildung 27: Das Vier-Phasen-Modell

Die *Stabilisierungsphase* dient dem Ziel, die Selbsttraumatisierung durch die Essstörung aufzulösen. Der therapeutische Rahmen enthält also eine Fokussierung auf den Stabilisierungsprozess: kognitives Erkennen und emotionales Erleben der traumatischen Folgen der Essstörung auf die eigene Person und deren Beziehungen, das Entwickeln verlässlicher Entscheidungen zum Selbstschutz vor diesem Trauma und Herstellen von verbindlichen und erreichbaren Arbeitszielen.

Das Prozessieren negativer Emotionen kann ebenso wie die Organisation positiver Emotionen bereits in der Stabilisierungsphase beginnen, jedoch stets an aktuellem, von der Essstörung selbst erzeugtem Material. Technisch ist insbesondere das Kurz-EMDR anwendbar, zum Beispiel bei diffuser Erregung oder dissoziativer Kontaktlosigkeit zu sich selbst, aber auch das Standardprotokoll für kleine, alltägliche Belastungssituationen im Zusammenhang mit Essen, also die sogenannte Mini-PTSD-Technik (siehe Kapitel 4).

Je schwächer die eingeschliffenen Essstörungsmuster mit fortschreitender Stabilisierung werden, desto mehr Raum entsteht für positives emotionales Material, die *Ressourcen*. Die Patientinnen fühlen deutlicher, wie viel Leben in ihnen ist. In dieser Therapiephase können die spontan auftauchenden Ressourcen mit entsprechenden EMDR-Modifikationen organisiert, integriert und damit gestärkt werden. Dies kann mit monopolarem Positiv-EMDR erfolgen, mit bipolarem EMDR können präsente Ressourcen in Kontakt mit Belastungsknoten von geeigneter Stärke gebracht werden, um einen Absorptionsprozess zu induzieren.

Von einer *Expositionsphase* sprechen wir dann, wenn nicht nur die traumatischen Auswirkungen der Essstörung selbst, sondern Aspekte der ursprünglichen traumatischen Situation fokussiert und prozessiert werden. Weil nur solches Traumamaterial ausgewählt werden darf, welches die Patientin schon prozessieren kann, ohne in eine Blockade zu geraten, ist die richtige Auswahl von entscheidender Bedeutung. Dies gilt allerdings für jede Traumatherapie, ganz unabhängig mit welcher Methode gearbeitet wird, und zwar nicht nur bei Essstörungen.

Methodisch kann dann mit dem Standardprotokoll oder mit modifizierter Technik gearbeitet werden. Bewährte Modifikationen sind das Standardprotokoll mit langsamen Augenbewegungen anstelle von schnellen und die bipolare Technik.

Für die Arbeit in der *Neuorientierungsphase* können je nach therapeutischem Ziel alle erwähnten EMDR-Techniken zum Prozessieren von antizipiertem Belastungsmaterial oder zum Organisieren von Ressourcen eingesetzt werden.

Die EMDR-Modifikationen

Kurz-EMDR

Das Kurz-EMDR besteht aus einem Set von einer bis drei langsamen Augenbewegungen. Die tatsächliche Geschwindigkeit der Augenbewegungen wird durch den Patienten mitbestimmt: Wichtig ist es, die Geschwindigkeit des Fingers der Geschwindigkeit der Augen des Patienten anzupassen. Die Augenbewegung ist immer im deutlich verlangsamten Bereich. Der Patient folgt dabei dem Finger des Behandlers von rechts nach links und wieder zurück oder umgekehrt oder von oben nach unten und wieder zurück. Wird dieses Verfahren zum Beispiel bei Kriseninterventionen eingesetzt, so können die Patienten die Augenbewegung auch mit der eigenen Hand führen. Man sieht dann zunächst emotionale Beruhigung, dann häufig das Auftreten von Gefühlen von Wut und Trauer und schließlich gegenwartsbezogenen Humor und Freude. Den Abschluss bildet fast immer die Frage nach einer Zukunftsorientierung. Mit diesem Verfahren ist es möglich, innerhalb kurzer Zeit eine emotionale Übererregung zu normalisieren. Durch diese kurzen und langsamen Augenbewegungen tritt eine Veränderung des Patienten zum emotional Positiven ein, die Übererregung nimmt ab, die belastende Emotion kommt ins Fließen, die Blockaden können gelöst werden. Ein Lächeln der Patientin signalisiert, dass die emotionale Anspannung nachgelassen hat und Raum entsteht für positives Erleben.

Bei dissoziativen Zuständen treten bei den Augenbewegungen oft ruckartige Bewegung oder ein Stillstehen eines Augapfels auf einer Seite auf. Diese Phänomene sind ein Hinweis auf einen inneren Widerstand, der durch fokussierendes Nachfragen (»Gibt es dort einen Widerstand?«) unter erneuter langsamer Augenbewegung mit der beschriebenen Technik aufgelöst werden kann. Auch gelingt es den Patienten durch diese langsamen Augenbewegungen, sich mehr im Hier und Jetzt zu orientieren und Gegenwart von Vergangenheit zu differenzieren.

Die Patienten können das Kurz-EMDR auch selbst durchführen, indem sie ihrem eigenen Finger folgen, nachdem zuverlässig sicher gestellt ist, dass die Augenbewegungen immer langsam geführt werden.

Bipolares EMDR

Mit bipolarem EMDR (Plassmann 2003) kann in der Ressourcenorganisation und in der Exposition gearbeitet werden.

In der konkreten Behandlungssituation können wir nie genau vorhersehen, wie mächtig das jeweils auftauchende emotionale Belastungsmaterial sein wird, wie viel Stabilisierung die Patientin also brauchen wird. Wir haben deshalb aus dem EMDR-Standardprotokoll (Shapiro 1998) das sogenannte bipolare EMDR (Plassmann 2003) entwickelt, mit welchem das jeweilige Optimum zwischen Stabilisierung und Exposition gut gesteuert werden kann.

Die sorgfältige Ressourcenorganisation im bipolaren EMDR war ursprünglich nur als Vorbereitung für die spätere Exposition gedacht. Dann ließen sich allerdings erstaunlich intensive Verarbeitungsprozesse beobachten, die wir nach Hofmann (2005) als Absorptionsphänomen bezeichnen können. Bei einer guten Balance zwischen Trauma und Ressource scheint der natürliche Verarbeitungsprozess, über den jeder Mensch verfügt, seine Arbeit wieder aufzunehmen. Erhebliche Teile der eigentlichen Expositionsphase werden dadurch überflüssig, weil die emotionale Belastung bereits in der Ressourcenorganisation so stark absinkt, dass sie von den Patientinnen nicht mehr als krankmachend empfunden wird.

Die Mini-PTSD-Technik

Im gegenwärtigen therapeutischen Alltag begegnen unsere Patienten unausweichlich einigen emotionalen Belastungssituationen. Diesen Belastungssituationen liegen meist komplexe Traumatisierungen in der Vergangenheit zugrunde. Folgesymptome wie innere Leere, fehlende Affektregulation, Flashbacks, Intrusionen etc. verdeutlichen das. Beispielsweise fühlt die Bulimiepatientin ein schwer erträgliches Leeregefühl, wenn sie alleine ist, ein Anorexiepatient schaut sich gleichsam selbst beim Essen zu und fühlt eine schwer erträgliche Scham über das Primitive, Unsaubere, Triebhafte. Die Patienten leiden unter diesen Zuständen, und dieses Leiden bildet den klinischen Alltag ihres Elends. Die emotionale Belastungsstärke solcher Situationen ist mittelgroß, nicht im traumatischen Bereich.

Wichtigstes Grundprinzip bei der Arbeit mit diesem Material ist die strikte Fokussierung auf *eine nach Ort und Zeit genau bestimmbare Situation*, die zur Reorganisation ansteht. Jedes Ausweichen auf anderes, irgendwie damit verwandtes Material stört und verhindert das vollständige Reprozessieren (Pesso 2006).

Da wir uns im Bereich *nicht traumatischen Materials* bewegen, ist die Fähigkeit zur *kontrollierten Fokussierung* bei den Patientinnen vorhanden. Es genügt also, wenn die Therapeutin die Notwendigkeit erklärt, ausschließlich beim ausgewählten Material zu bleiben und sich natürlich auch selbst daran hält.

Die weiteren Schritte folgen strikt dem EMDR-Standardprotokoll. Ziel ist die *vollständige Reorganisation des Materials*, erkennbar an einem SUD von 0 und an einem VoC von 7. Da es sich hier um nicht traumatisches Material handelt, ist dieses Ziel in einer Therapiestunde von normaler Länge gut zu erreichen. Die einzelnen »Kanäle« sind eher kurz, das heißt, es genügen oft wenige Sets von Augenbewegungen oder taktilen bilateralen Stimulationen und die Anzahl der Kanäle ist eher klein. Häufig ist die Reorganisation des

Materials nach drei bis vier eher kurzen Kanälen vollständig abgeschlossen. Das komplette EMDR-Standardprotokoll an einer Mini-PTBS wird dann vielleicht 30 bis 50 Minuten gedauert haben.

Die Mini-PTSD-Technik ist eine Methode der *emotionalen Alltagssanierung*. Sie kann auf all das angewandt werden, was sich in der Gegenwart an emotionalen Belastungsknoten durch die Essstörung selbst im Zusammenhang mit problematischen Familieninteraktionen oder als Reaktion auf antizipierte zukünftige Problemsituationen aufbaut.

Das Reprozessieren dieses kleinen oder mittelgroßen Belastungsmaterials generalisiert erfahrungsgemäß erheblich, das heißt, auch anderes, gar nicht direkt durchgearbeitetes Material wird von einem spontanen Auflösungsprozess erfasst und absorbiert (Hofmann 2005). Dadurch wird dann die Arbeit an Makrotraumen, sofern sie existieren und bekannt sind, erheblich erleichtert und manchmal überflüssig.

Ergebnisse

Das Psychotherapeutische Zentrum ist eine Spezialklinik für stationäre Psychotherapie mit zurzeit 105 Betten. Etwa ein Drittel der Patientinnen werden wegen schwerer Essstörungen, hauptsächlich Anorexie und Bulimie aufgenommen. Einzugsgebiet ist das gesamte Bundesgebiet und zu einem kleineren Teil das deutschsprachige Ausland.

Seit 2003 werden die stationären Behandlungen durch die Forschungsstelle für Psychotherapie der Universität Heidelberg erfasst und evaluiert, seit 2008 einschließlich der Erfassung der 12-Monats-Katamnese.

In den Jahren 2003 bis 2008 wurden 245 stationäre Magersuchtbehandlungen und 253 stationäre Bulimiebehandlungen durchgeführt.

Von den magersüchtigen Patientinnen haben 12,6% nach ein bis zwei Wochen entschieden, die Behandlung nicht weiterzuführen. Praktisch immer lag das daran, dass der Krankheitsgewinn durch die Magersucht noch zu hoch war, die Magersucht wurde nicht wirklich als Trauma, sondern noch als funktionierende Lösung empfunden.

Von denjenigen Patientinnen, die sich für eine Teilnahme an der Behandlung entschieden haben, waren 80,4% erfolgreich, das heißt, sie hatten bei Therapieende einen BMI von über 17,5.

Bei den bulimischen Patientinnen lag die Abbruchquote mit 10,3% niedriger. Die Patientinnen, die sich zur Teilnahme an der Behandlung entschieden,

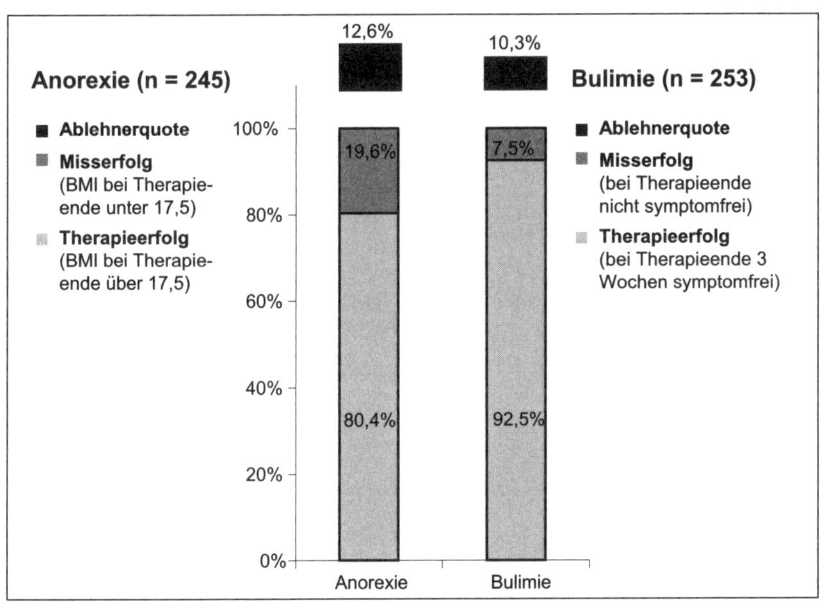

Abbildung 28: Ergebnisse stationärer Anorexie- und Bulimiebehandlung 2003–2008 (7.9.2003–31.3.2008)

waren in 92,5% auch erfolgreich, das heißt, sie waren in den drei Wochen vor ihrer stationären Entlassung symptomfrei.

Die Katamnesedaten liegen bislang nur für das letzte Behandlungsjahr vor (vgl. Abbildung 29).

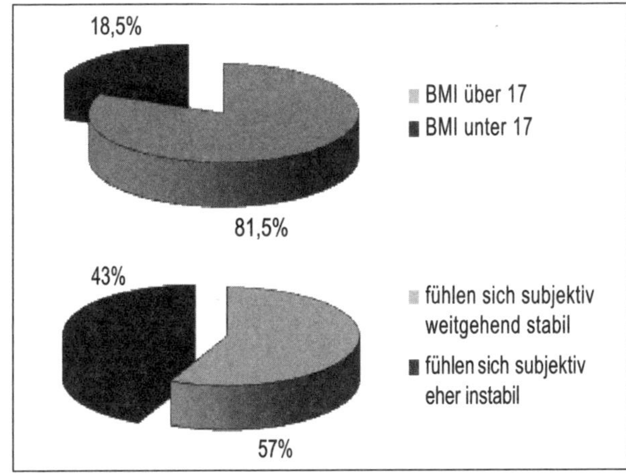

Abbildung 29: 12-Monats-Katamnese bei Anorexia nervosa (n = 43)

Von 43 magersüchtigen Patientinnen liegen verwertbare Datensätze vor, davon lagen 81,5% oberhalb eines BMI von 17, der Rest, also 18,5%, darunter. Die Patientinnen waren aber weiterhin vorsichtig, 57%

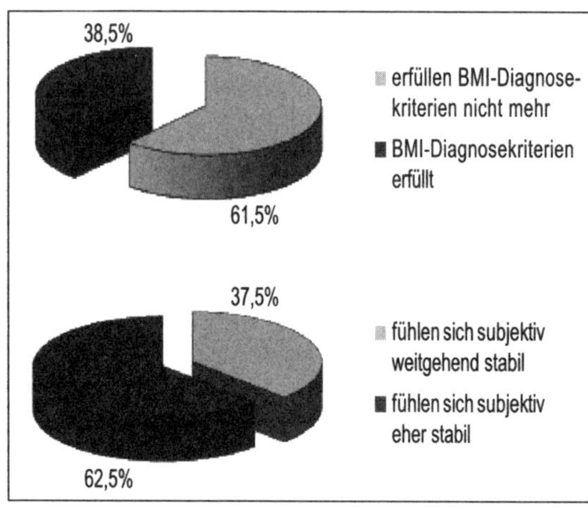

Abbildung 30: 12-Monats-Katamnese bei Bulimie (n = 42)

fühlten sich subjektiv weitgehend stabil, 43% fühlten sich subjektiv eher instabil.

Bei den bulimischen Patientinnen lagen 42 verwertbare Datensätze vor. 12 Monate nach Entlassung erfüllten 61,5% die BMI Diagnosekriterien nicht mehr (vgl. Abbildung 30).

Schluss

Die Wirksamkeit der dargestellten Behandlungsstrategie beruht darauf, dass ein traumatherapeutischer Behandlungsrahmen verwendet wird, der mit dem EMDR kompatibel ist. Das EMDR wird nicht als Einzelmethode isoliert in einen konventionellen Behandlungsrahmen eingefügt, vielmehr ist der Behandlungsrahmen daraufhin konzipiert, die gleichen Prozesse zu induzieren wie das EMDR selbst. Also:

- Anfängliche Fokussierung auf die Essstörung als traumatisierendes dysfunktionales Muster,
- Bilden einer sorgfältigen Balance zwischen negativem Material und positivem emotionalem Material gemäß dem bipolaren Prinzip,
- Zugrundelegen eines selbstorganisatorischen Modells psychischer Entwicklung.

Die entwickelten EMDR-Modifikationen haben sich als sehr nützlich erwiesen und werden mittlerweile auch in die Behandlungsstrategien zahlreicher weiterer Krankheitsbilder integriert (Plassmann 2009). Ausgangspunkt war aber die Arbeit mit den essgestörten Patientinnen, denen ich an dieser Stelle dafür danke, dass sie uns Therapeuten lehren, Fortschritte zu machen.

Teil VI
Prozessorientierte Psychotherapie

Kapitel 13

Psychoanalyse und EMDR[1]

Die Behandlungstechnik des EMDR ist für den psychoanalytisch Arbeitenden fremdartig. Unter dieser Oberfläche beginnen aber die Ähnlichkeiten: EMDR ist ein Verfahren, welches dem Zweck dient, psychische Transformationsprozesse zu induzieren und genau diese auf die Prozesse ausgerichtete Arbeitsweise finden wir immer häufiger auch in neueren Entwicklungen der Psychoanalyse. Es war auch eben diese Prozessorientiertheit des EMDR, die mich persönlich interessiert hat. Man sieht im EMDR den Transformationsprozess wie im Zeitraffer vor den eigenen Augen ablaufen und ich wollte mehr darüber lernen, was eigentlich vor sich geht, wenn etwas heilt bzw. woran es liegt, wenn etwas nicht heilt, der Transformationsprozess also blockiert ist.

Zur begrifflichen Klärung

Das krankmachende, blockierte psychische Material, also negative Emotionen, damit verbundene Körperrepräsentanzen und Gedanken bilden die Kategorie der *Inhalte*. Die Integration und Transformation dieser Inhalte ist eine psychische Fähigkeit, die wir *Prozess* nennen und sowohl begrifflich wie klinisch von den Inhalten trennen. Der Inhalt ist gleichsam das Wasser, der Fluss ist der Prozess.

Mein eigener Beitrag zu diesen Themen sind einige Arbeiten über Deutungstechnik bei traumatisierten Patienten, weil mir evident geworden war, dass wir bei Traumatisierten nicht auf einen normal funktionsfähigen seelischen

1 »Psychoanalyse und EMDR. Einige Gedanken zu den mentalen Reorganisationsprozessen«. Vortrag am Psychoanalytischen Institut Jena, 17. März 2011.

Mentalisierungsapparat vertrauen können. Es war immer klarer geworden, dass in der Arbeit mit Traumatisierten, mit Borderline-Persönlichkeiten und auch mit psychosomatisch Kranken die Restitution des beschädigten Verarbeitungsapparates Vorrang hat, bevor das Material inhaltlich gedeutet werden konnte. Ich hatte deshalb das Begriffspaar von *Inhaltsdeutung und Prozessdeutung* eingeführt (Plassmann 1996, 2010).

Das EMDR in seiner ursprünglichen, ab 1989 von Shapiro als sogenanntes Standardprotokoll entwickelten Form ist ein etwas unhandliches Werkzeug, weil es von Patientin und Therapeutin ein sehr stark strukturiertes Vorgehen verlangt, während wir in der Psychoanalyse den freien Fluss des psychischen Geschehens sehr schätzen. Nicht nur wir Therapeuten, sondern auch unsere Patienten schätzen diesen Freiraum, in den hinein sie sich entfalten können. Was wir nach meiner Überzeugung also brauchen, sind Behandlungstechniken, die sowohl dem freien Fluss des emotionalen und assoziativen Geschehens Raum geben, als auch eine zuverlässige Prozesssteuerung dann ermöglichen, wenn es nötig ist. Dies kann der Fall sein, wenn der spontane Transformationsprozess im Geschehen der Stunde durch traumatische emotionale Übererregung oder auch durch Dissoziation stockt. Dies sollte dann mit einfachen Mitteln behandelt, das heißt, behoben werden können.

Diesem Ziel kommen wir näher. Im EMDR kann das mit der Technik des sogenannten Kurz-EMDR geschehen, dies sind ultra kurze eingewobene Sets von Augenbewegungen, die eine ganz erstaunliche und zuverlässige deblockierende Wirkung auf den Transformationsprozess haben.

Auch in der psychoanalytischen Arbeitsweise können wir stockende Transformationsprozesse, die eine Arbeit an den Inhalten nicht mehr zulassen, mit dem technischen Instrument der Prozessdeutung behandeln (Plassmann 1996, 2010).

Damit medias in res. Was sind die Phänomene, die Modelle und die Behandlungsstrategien, wenn wir versuchen, eine mentale Reorganisation traumatischen Materials zu fördern?

Transformationstheorien

Das klassische psychoanalytische Prozessmodell

Vom klassischen Prozessmodell der Psychoanalyse, also von dem was wir *Durcharbeiten* nennen, möchte ich nur einige wenige Dinge in Erinnerung rufen.

Freud hat in seiner Arbeit von 1914 über Erinnern, Wiederholen, Durcharbeiten die Entwicklung der psychoanalytischen Technik zusammengefasst und dabei den Begriff des Durcharbeitens eingeführt. Das Durcharbeiten war also ein Begriff im psychoanalytischen Modell, der jenen Heilungsvorgang bezeichnet, in dem das Krankmachende seine Wirkung verliert.

Nach René Roussillon (2007) lassen sich in Freuds Arbeiten und anderen psychoanalytischen Studien zum Thema Durcharbeiten drei Teilprozesse begrifflich trennen:

Klassisches psychoanalytisches Prozessmodell (Roussillon 2007)

- Bewusstwerdung
- Aneignung
- Transformation

In seiner kurzen Arbeit von 1914 äußert sich Freud sehr klar zur Bewusstwerdung. Sie macht seiner Überzeugung nach den Kern des Heilungsvorgangs aus. Nur gelingt, wie er feststellt, das Bewusstmachen verdrängter Erinnerungen in der psychoanalytischen Kur häufig nicht. Es kommt stattdessen – daher der Titel der Arbeit – zum Wiederholen als Ersatz von Erinnerungen. Übertragung ist eine Spielart des Wiederholens und auch dem Bewusstmachen der Übertragung stellen sich mächtige Widerstände entgegen. An dieser Stelle führt Freud den Begriff des Durcharbeitens ein. Die Widerstände müssen *durchgearbeitet* werden, stellt er fest.

Das Durcharbeiten bestehe nun daraus, dass auch die Widerstände durch Deuten bewusst gemacht werden und im Vorgang der Bewusstwerdung ihre blockierende Wirkung verlieren. Hierfür scheint mir Roussillons Begriff der *Aneignung* gut geeignet, den Freud allerdings nicht verwendet.

Wozu sich Freud in diesen Arbeiten nicht äußert, ist der Prozess der *Transformation*, also jene qualitativen Veränderungen des krankmachenden Materials im Heilungsprozess, die der psychische Apparat leistet.

Während die klassische Position der Psychoanalyse also auf den unbewussten, bewusstzumachenden *Inhalt* fokussierte, sehen wir nun zunehmend innerhalb und natürlich auch außerhalb der Psychoanalyse Arbeiten, die den Transformationsprozess klinisch beschreiben und zugehörige Transformationsmodelle vorlegen.

Einige Beispiele:

Beebe et al. (2002) führen unter der Bezeichnung Theorie nichtlinearer dynamischer Systeme das Prozessmodell der Selbstorganisation in die Psychoanalyse ein, ebenso wie das auch Daniel Stern in seinen neueren Publikationen (Stern 2005) mit großer Konsequenz vertritt. Kerngedanke ist, dass der Transformationsprozess dann optimale Bedingungen vorfindet, wenn das komplexe System Patient und das komplexe System Therapeut den richtigen Rhythmus, das heißt, den kreativen Eigenrhythmus der Interaktion in jedem Moment selbstorganisatorisch entstehen lassen. Diese Muster der Koordination sind keine Eigenschaft der Inhalte, sondern etwas Drittes zwischen Therapeutin und Patientin. Sie werden weder nur vom Einen noch vom Anderen erzeugt, sondern sie sind in jedem Moment der Analysestunde präexistent und wollen sich realisieren. Die Kunst liegt nicht im Tun, sondern im Lassen (Plassmann 2007, 2009).

Bion hat in seinem Gesamtwerk ein nach meinem Dafürhalten äußerst plausibles Modell mentaler Wachstums- und Transformationsprozesse vorgelegt (Haas 1997). Es ist in sich geschlossen und, was mich verblüfft hat, in einigen Grundeinnahmen mit der modernen Neurobiologie kompatibel, die Bion nicht kennen konnte, weil es sie noch nicht gab, als er sein Modell entwarf. Man kann beispielsweise sehr gut Parallelen zu Damasios Modell der psychischen Repräsentanzebenen im Gehirn herstellen.

Bion stellt ganz klar, dass Transformationsprozesse von ihren Inhalten unabhängig sind und unabhängig von ihnen beschrieben werden müssen.

Natürlich gehört in diese Kurzübersicht über psychoanalytische Prozessmodelle auch das *Mentalisierungskonzept* der Londoner Gruppe um Peter Fonagy (2004).

Es ist den Modellen der modernen Traumatherapie sehr nahe, weil es in den Mittelpunkt des Transformationsprozesses die Emotionen und Affekte stellt, deren normale Reifung eben im namengebenden Vorgang der Mentalisierung geschieht. Mentalisierung ist die Bildung von Repräsentanzen, erforderlich dazu ist *sichere Bindung*. Oder umgekehrt: Sichere Bindung ist jener Rahmen, der den Bewusstwerdungs-, Aneignungs- und Transformationsprozess des emotionalen Materials ermöglicht.

Die gleiche klinische Herausforderung, vor der wir in der psychoanalytischen Arbeit mit strukturell gestörten oder traumatisierten Patienten stehen, kann statt mit analytischen Mitteln auch mit einem anderen Setting, einer anderen Technik und einem anderen Modell beantwortet werden, nämlich den Konzepten der modernen Traumatherapie. Ich will versuchen, die klinischen Phänomene, den Modellkorpus und die Technik der modernen Traumatherapie vorzustellen.

Das Prozessmodell der modernen Traumatherapie

Die Bestrebungen, aufzuklären, was bei seelischen Reorganisationsprozessen vor sich geht, sind in vollem Gange, aber keineswegs abgeschlossen (Bergmann 2010). Es gibt natürlich Versuche, wie in der guten alten Lokalisationstheorie, psychische Organe im Gehirn zu finden, die für eine bestimmte Funktion oder für eine bestimmte Fehlfunktion verantwortlich wären. Dies widerspricht aber grundsätzlich der Arbeitsweise des Gehirns, welches sich nicht in einfachen, linearen Ursache-Wirkungs-Zusammenhängen organisiert, sondern als komplexes System in Netzwerken (Lister 2003).

Prozessmodell der modernen Traumatherapie

Transformationsprozesse geschehen

- selbstorganisatorisch,
- emotionsgesteuert,
- bipolar,
- nie ohne Körperrepräsentanzen.

Diese neuronalen Netzwerke schaffen Repräsentanzen auf der Ebene des Protoselbst, des Kernselbst und des autobiografischen Selbst (Damasio 2000), sie haben eine Tendenz zum ganzheitlichen, sie wollen stets aus kleineren Einheiten größere bilden und sie sind rhythmisch (Moser et al. 2004). Modelltheoretisch betrachtet, bildet das menschliche Nervensystem ein *komplexes System*, welches selbstorganisatorisch bestrebt ist, stabile und funktionelle Muster zu bilden. Das Gehirn ist ein selbstorganisatorisches System. Wir können das nicht nur im Labor erkennen, sondern in jeder Behandlungsstunde. Die neuen gesünderen Ordnungsmuster werden, so wird dann klar, nicht vom Therapeuten geschaffen, sie bilden sich im komplexen System Psyche von selbst, unsere einzige Aufgabe als Therapeuten ist es, für diese selbstorganisatorisch entstehenden Muster einen günstigen Rahmen zu schaffen.

Halten wir also als Erstes fest: Das Prozessmodell der modernen Traumatherapie ist *selbstorganisatorisch*.

Francine Shapiro, die Entdeckerin des EMDR, hatte beobachtet, wie spontan aufgetretene Augenbewegungen ihre eigene emotionale Belastung sehr stark reduziert hatten. Aus Gründen, die wir nicht genau kennen, muss ihr praktisch schlagartig klar gewesen sein, dass sie in diesem Moment einem spontanen Selbstheilungsprozess begegnet war, der selbstorganisatorisch ablief. Es war eine Zustandsveränderung in ihr selbst, die ihr Organismus vollzogen hatte, weil günstige Rahmenbedingungen hierfür vorhanden waren oder, besser gesagt, weil Shapiro den Ablauf nicht behindert hatte. Sie hatte zugelassen, was der Organismus selbst tun wollte.

Dieser selbstorganisatorische Transformationsprozess ist kein Mysterium, sondern offenbar eine natürliche Fähigkeit, evolutionär entwickelt, weil der menschliche Organismus sie zum Überleben benötigt. Keine Psychotherapieschule darf sich deshalb zum Inhaber dieses Prozesses erklären. Ganz im Gegenteil sollte man die klinischen Beobachtungen in den verschiedenen Therapieformen miteinander und mit den neurobiologischen und – wenn man möchte – auch mit quantenphysikalischen Forschungsergebnissen vergleichen. Aus der Annahme eines selbstorganisatorischen Heilungsprozesses ergibt sich ein zentrales behandlungstechnisches Prinzip der modernen Traumatherapie. Sie ist prozessfokussiert.

Es interessiert in der *prozessorientierten modernen Traumatherapie* zunächst also nicht das Was, also die Inhalte, die in der Arbeit auftauchen, sondern in erster Linie das Wie, der Prozess. Man weiß, dass sich die Blockierung von emotionalem Material unter bestimmten Umständen in der Therapiestunde lösen kann, wenn ein Prozess beginnt, der das blockierte Material in einen qualitativ anderen Zustand überführt, der dann weniger oder nicht mehr krankmachend wirkt, unter anderem deshalb, weil die Energie, die für das Aufrechterhalten der Blockierung erforderlich war, nicht mehr aufgebracht werden muss.

Im Standardprotokoll des EMDR laufen vor unseren Augen oft mit großer Geschwindigkeit solche Prozesse ab, danach ist das reprozessierte Material nicht mehr im gleichen Zustand wie vorher, es fühlt sich für die Patientin völlig anders an. Das EMDR hat natürlich diesen Reorganisationsprozess weder erfunden noch geschaffen, noch entdeckt, sondern lediglich diesen Prozess als Ziel unserer Arbeit definiert und eine Technik beschrieben, die den Reorganisationsprozess induzieren kann.

Hier berühren sich die Modelle der Psychoanalyse und des EMDR offensichtlich. Bei gut fließendem Prozess ergibt sich das Verständnis der Inhalte mit vergleichsweise wenig Mühe. Ich persönlich mache ständig die

Erfahrung, dass unsere Kompetenz als Therapeuten in erster Linie in der Prozessfokussierung und Prozessinduktion liegt. Die Deutung des Materials beherrschen die Patienten fast ebenso gut wie wir selbst.

Das emotiozentrische Prinzip

Was sehen wir außer dem Prinzip Selbstorganisation noch, wenn wir solche mentalen Transformationsprozesse in traumatherapeutischen Sitzungen genau beobachten?

Wir sehen mit großer Klarheit, dass im Kern des Belastungsmaterials *negative Emotionen* stehen.

Es scheint sich hier um ein generelles Phänomen zu handeln. Überstarke negative Emotionen, wodurch auch immer entstanden, sind bis in die Gegenwart von der normalen seelischen Verarbeitung ausgeschlossen. Stattdessen sind andere, provisorische Verarbeitungsformen entstanden, die wir Krankheiten nennen: PTBS, Essstörungen, Süchte, alle Formen psychosomatischer Erkrankung. Es sind *traumareaktive Schemata*, die dazu gebraucht werden, überstarke negative Emotionen einzukapseln.

Diese Deutlichkeit des emotiozentrischen Prinzips hat auf mich persönlich eine sehr starke Wirkung gehabt. Ich sehe in allen Behandlungen, wie sich die Assoziationen von den Emotionen her entwickeln, und ich sehe, wie bei zu starken Emotionen der Mentalisierungsprozess stockt. Neurobiologisch ist dies gut untersucht.

In der Reaktion auf beliebige Ereignisse geht die *emotionale Reaktion* sowohl dem Bewusstsein wie auch der Handlung voraus (Gazzaniga/LeDoux 1978; Spitzer 2006a, b). Nachgewiesen ist die immer gleiche Reihenfolge: Eine unbewusste emotionale Reaktion wird in einem zweiten Schritt zu einem mehr oder weniger komplizierten noch unbewussten Plan entwickelt, der dann noch mit einer bewussten Erklärung versehen wird. Die Willensfreiheit des Menschen ist dadurch nicht aufgehoben. Gerade die evolutionäre Neuheit von »Bewusstsein« als Entscheidungsinstanz schafft die Freiheit, einem primär unbewussten emotionalen Impuls zu folgen oder nicht (Kandel 2006, S. 417).

Man sieht das in jeder Therapiestunde. In der Annäherung an emotionales Material tauchen Sätze, Geschichten, Argumente auf. Es ist wichtig, zu wissen, dass sie etwas Sekundäres sind. Erst wird gefühlt, dann gedacht. Auch der Körper hat bis dahin längst reagiert. Man denkt, was man fühlt. Ich komme darauf zurück.

Diesen Überlegungen folgend wird klar, dass wir in der Therapie, mit welcher Methode auch immer wir arbeiten, mit dem *emotionalen System* unserer Patienten zu tun haben. Die jetzt in der Stunde präsenten Emotionen, seien sie bewusst oder nicht, sind das Material, mit dem wir arbeiten, ihre erfolgreiche Transformation vom krankmachenden zum nicht krankmachenden Zustand ist das Ziel.

Dies nötigt den Therapeuten oder erlaubt ihm (je nachdem, wie man persönlich auf Emotionen eingestellt ist), sich auf die Wahrnehmung von Emotionen zu fokussieren. Dies wiederum geht nur über die Schulung des *eigenen* emotionalen Apparats, der das einzige ist, was wir in der konkreten Behandlungsstunde als Wahrnehmungsinstrument zur Verfügung haben.

Diese Erkenntnis ist von großer Tragweite. In der therapeutischen Situation, ganz gleich mit welcher Technik wir arbeiten, kommunizieren *zwei emotionale Systeme*, das der Patientin und das der Therapeutin. Ziel ist natürlich, dies auf eine heilsame Weise zu tun. Vorbild werden, wie immer, die natürlichen Prozesse sein, also das, was im Zustand der sicheren Bindung zwischen dem Kind und seinem erwachsenen Gegenüber möglich wird. Das emotionale System des Therapeuten bildet den Rahmen, damit das emotionale System des Patienten die Transformation vollzieht.

Dazu ist Emotionsregulation erforderlich, behandlungstechnisch die Arbeit im Toleranzfenster (vgl. Abbildung 31), wie dies beispielsweise von Ogden und Minton (2000) beschrieben wird.

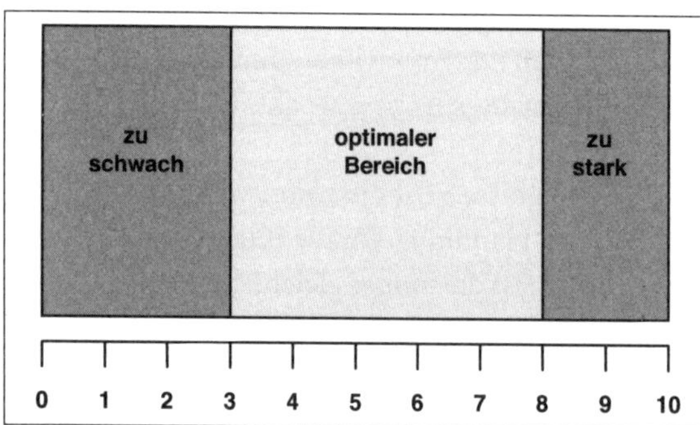

Abbildung 31: Das Toleranzfenster (window of tolerance)

Zur Ressourcenaktivierung und damit zum Fortschreiten der Verarbeitungs- und Entwicklungsprozesse kommt es innerhalb eines bestimmten Bereiches, in dem die gefühlte emotionale Belastung weder zu schwach noch zu stark ist. Anders ausgedrückt: Jenen Belastungsbereich, in dem es zur Ressourcenaktivierung kommt, nennen wir *Toleranzfenster*. In Abbildung 31 ist dies unter Zuhilfenahme der SUD-Skala (Subjective Units of Disturbance), die aus dem EMDR vertraut ist, dargestellt.

Ein SUD von 3 entspricht etwa einem deutlich fühlbaren Unbehagen, mit beginnenden vegetativen Reaktionen (z.B. Herzklopfen) und ersten negativen Kognitionen (z.B. »ich kann nichts tun«). Ein SUD von 7 heißt stark fühlbare Belastung, starke vegetative Reaktionen (Schwitzen, Brustdruck, Zittern), starke negative Emotionen (Angst, Hass, Ekel etc.), kognitive Einengung. Spätestens jetzt ist Gegenregulation notwendig.

Therapeuten müssen die Arbeit mit diesem Prinzip trainieren. Therapeuten, die ihre Arbeitsweise als »Sprechen über Probleme« definieren, fühlen sich angenommen und bestätigt, wenn die Patienten ihnen ihre Probleme anvertrauen. Sie werden mit ihren Patienten dabei regelmäßig das Toleranzfenster verlassen und in der einzelnen Therapiestunde eine Blockierung oder sogar Retraumatisierung erzeugen. Auch eine phobische Scheu von Therapeuten vor dem emotionalen Traumaschema ist unangebracht. Sie verlassen dann das Toleranzfenster nach unten. Weder sie selbst noch die Patientinnen lernen angemessenen, das heißt heilsam, starken Kontakt zum Traumaschema aktiv herzustellen und aktiv zu begrenzen.

Beide Grenzzustände können wir als Therapeuten gut wahrnehmen. Ein im Moment der Therapiestunde gut funktionierender Heilungsprozess wäre erkennbar an einem ständigen autoregulativen Pendeln der Emotionsstärke um den optimalen Mittelbereich herum. Anders ausgedrückt: Die Patientin reguliert die emotionale Annäherung und Distanzierung an ihr Thema selbständig so, dass die schädlichen Extreme korrigiert werden, so wie auch Blutdruck und Herzfrequenz niemals konstant sind, sondern sich ständig um einen Mittelbereich spielend auf den im Moment richtigen Wert einregulieren.

Das bipolare Prinzip

Die moderne Traumatherapie sieht den Heilungsprozess als eine Wechselwirkung zwischen *Traumaschemata und Heilungsschemata*, die jeweils im Kern aus Emotionen bestehen, negativen Emotionen wie Furcht, Scham, Schuld, Ekel im Traumabereich und positiven Emotionen wie Stolz, Freude, Neugier im positiven Bereich.

Bei Kontakt mit dem emotionalen Traumamaterial taucht, so können wir klinisch beobachten, stets auch positives emotionales Material auf. Seine Wirksamkeit und Stärke entscheiden darüber, ob der Transformationsprozess gelingt. Daraus leiten sich die in der modernen Traumatherapie allgegenwärtigen Techniken der *Ressourcenorganisation* und *Stabilisierung* ab.

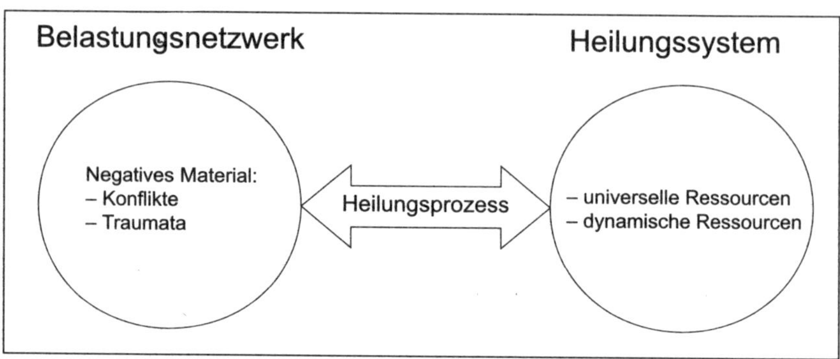

Abbildung 32: Die Balance zwischen Traumaschema und Heilungssystem

Jedem Belastungsschema steht also spontan *ein Heilungsschema* gegenüber, welches aber noch desorganisiert ist. Es kann aber für die aktive Selbstregulation genutzt werden, insbesondere durch die Nutzung von spontan auftauchenden Ressourcen. Wir nennen sie *dynamische Ressourcen*. Die *dynamischen Ressourcen* tauchen regelmäßig in folgender Reihenfolge und Gestalt auf:

- als Körperrepräsentanzen,
- als positive Situation mit gutem Kontakt zu positiven, das heißt salutogenetischen und kohärenten Emotionen,
- als positive Kognition.

Je nach Begabung des Patienten und nach Arbeitsweise des Therapeuten können weitere Elemente des Heilungsschemas in allen Repräsentanzsystemen genutzt werden, also Farben, Töne, Rhythmus, symbolische Gestalten.

Ein typischer Ablauf der emotionalen Selbstregulation in einer Therapiestunde wäre also bei deutlich ansteigender, kritisch intensiver emotionaler Belastung die Bitte an den Patienten, die aktuelle Belastungsstärke mit der SUD-Skala einzuschätzen und dann zu entscheiden, ob eine Regulation der Erregung wünschenswert wäre, weil die Grenzen des *window of tolerance* erreicht sind. Falls dem so ist, wäre die nächste Frage, was der Patient schon an Regulierungsmöglichkeiten kennt, also an *vorhandenen* Ressourcen. Selbstverständlich verfügt jeder Mensch über ein entsprechendes Repertoire, da ja die Emotionsregulation ein lebenslanges, nicht erst in der Psychotherapie begonnenes Geschehen ist. Allerdings werden solche Fähigkeiten erst in der Therapie systematisch aktiviert, organisiert und genutzt.

Ein Patient wird über diese Frage, was jetzt im Moment zu einer besseren Verfassung dazugehören würde, kurz nachdenken. Das Nachdenken als solches ist bereits eine Distanzierungstechnik durch Musterunterbrechung. Der Patient wird sich umfokussieren und innerlich mit entsprechenden Fähigkeiten Kontakt aufnehmen, die er von sich kennt. Das Nachdenken, Umfokussieren und der entstehende Ressourcenkontakt werden bis hier hin vielleicht ein bis zwei Minuten gedauert haben. Ganz regelmäßig beginnen dann subtile Veränderungen im Bereich der Körperrepräsentanzen: Als erstes meist ein gelöster Atemzug, dann ein etwas anderes freieres Sitzen, eine leicht aufgerichtete Haltung, ein Blick, der seine Freiheit wiedergewinnt und das Starre verliert. Wie schon bei den Regulierungsvorgängen der Emotionsstärke fallen auch hier rhythmische Phänomene auf.

Betrachtet man in der Stunde den Prozess selbst, so sieht man, dass der Transformationsprozess anscheinend einen jeweils optimalen Eigenrhythmus im oszillierenden Wechsel zwischen negativem und positivem Material anstrebt. Man wird in der Stunde auch beobachten, dass in der rhythmischen Oszillation zwischen negativem und positivem Material Störungen auftreten. Oft genug sind wir selbst die Störung. Wir reden zu viel, fragen zu viel nach Inhalten, verlieren den Prozess aus dem Auge. Prozessorientiertes Arbeiten bedeutet, nicht auf das gerade berührte Problem zu fokussieren, sondern auf die Rhythmik der Präsenz von Positivem und Negativem (Plassmann 2010).

Die Arbeit mit Körperrepräsentanzen

Es ist in Traumatherapien vollkommen evident, dass starke emotionale Erregung fast immer zunächst körperlich auftaucht. Blockiertes emotionales Material wird in der Therapie häufig zunächst in körperlicher Repräsentanz wahrgenommen und behandelt, also als Muskelverspannung und vegetative Erregung. Wenn wir Verbindung zu den emotionalen Prozessen unserer Patienten aufnehmen, dann werden körperliche Repräsentanzen wie beispielsweise Muskelverspannungen, Atemstörungen, Schwindel, Tinnitus, Herzrhythmusstörungen zu völlig natürlichen Erscheinungsformen emotionaler Belastung. Das Gleiche gilt, wie im vorhergehenden Abschnitt beschrieben, für positive Emotionen. Der Sprung ins Körperliche ist nicht mehr geheimnisvoll. Alles Psychische ist in seinen Ursprüngen immer körperlich (Geißler/Heisterkamp 2007).

In diesem Punkt weichen das Arbeitsmodell der Psychoanalyse und das der modernen Traumatherapie erheblich auseinander. Wir sind es in der Psychoanalyse nicht gewohnt, das unbewusste emotionale Material in körperlicher Repräsentanz entgegenzunehmen. Das hieße, in der Analysestunde nicht nur auf freie Assoziationen, sondern genauso aufmerksam auf spontane Körperrepräsentanzen zu fokussieren: »Wie fühlen Sie sich gerade, während Sie von diesen Dingen sprechen, was macht der Bauch, was das Herz, was die Atmung?« Die Psychoanalyse leidet hier an Freuds Diktum vom »rätselhaften Sprung ins Körperliche« (Freud 1895). Neurobiologisch ist aber die Entstehung der Körperrepräsentanzen weitgehend aufgeklärt (Kandel 2006). Mittlerweile ist neurobiologisch nachgewiesen, dass der Mensch auf eine Wahrnehmung *zuerst* körperlich reagiert, noch bevor Emotionen entstehen und lange bevor Bewusstsein entsteht (Damasio 2003). Die Welt der Symbole entwickelt sich gleichsam von unten nach oben: erst Körper, dann Emotion, dann Bewusstsein und Sprache.

Die Technik des Kurz-EMDR

Wie kann man Transformationsprozesse anregen?

Es dürfte nicht weiter schwerfallen, die Technik des Kurz-EMDR als nichtanalytisch abzutun, weil sie tatsächlich nichtanalytisch ist. Gleichwohl hege ich ein großes Interesse für diese Technik, nämlich zum einen deshalb, weil sie mein Wissen über Transformationsprozesse verbessert, und zum anderen, weil sie mir in vielen schwierigen stationären Behandlungen geholfen hat. Dies sind Argumente, welche für den rein wissenschaftlich Tätigen nicht zählen, für mich als Kliniker allerdings sehr wohl.

Worum geht es?

EMDR entstand aus der Zufallsbeobachtung, dass bilaterale Augenbewegungen eine zuverlässige deblockierende Wirkung auf den mentalen Transformationsprozess haben. Dieser empirische Befund ist seit seiner Erstbeschreibung durch Shapiro (1989) vielfältig untersucht worden und sicher belegt. EMDR gilt als wissenschaftlich sehr gründlich fundiertes Verfahren, das Standardprotokoll wird deshalb sehr wahrscheinlich in die Richtlinienpsychotherapie aufgenommen.

Dieses Standardprotokoll ist aber mit vielen Patienten nicht anwendbar, nicht mit den instabilen komplex traumatisierten und persönlichkeitsgestörten Patienten auf niedrigem Strukturniveau, die wir stationär behandeln, und auch nicht mit Kindern. Hier hilft die Technik des Kurz-EMDR, die wir den Kindern abgeschaut haben[2]: kurze Episoden langsamer Augenbewegungen in Situationen traumatischer Übererregung oder dissoziativer Blockierung, ohne dass irgendein darüber hinaus gehendes Eingreifen in den freien Fluss des assoziativen Narrativs oder des kindlichen Spiels erforderlich wäre. Nach solch einem kurzen Augenbewegungsset hat sich die Übererregung oder die Dissoziation zuverlässig normalisiert, der weitere Transformationsprozess folgt selbstorganisatorisch seinem eigenen assoziativen Fluss. Vermutlich beruht die Wirkung darauf, dass rhythmische Augenbewegungen die Fähigkeit haben, inkohärente, chaotische mentale Prozesse zu rhythmisieren und kohärente neuronale Muster zu erzeugen. Im Psychotherapielabor sind starke Effekte von Augenbewegungen auf das vegetative Nervensystem nachgewiesen, die diesen Schluss zulassen (Sack 2007, 2009). Den Übergang vom Inkohärenten zum Kohärenten können wir auch klinisch an den Augen selbst beobachten. Wir machen beim Kurz-EMDR lediglich drei Augenbewegungssets, in denen die Patientin mit den Augen entweder ihren eigenen Fingern oder, wenn sie es wünscht, auch den Fingern der Therapeutin folgt. Bei der ersten Augenbewegung sieht man häufig noch ruckartige unkoordinierte Bewegungen der Augäpfel, bei der zweiten Augenbewegung eine stark verbesserte Flüssigkeit des Bewegungsablaufs und bei der dritten Augenbewegung ein weiches koordiniertes Gleiten der Bulbi von einer Seite zur anderen und zurück. Gleichzeitig setzen vegetative Veränderungen ein, die wir ebenfalls wahrnehmen können, die Patienten entspannen sich, atmen tiefer durch, fangen ganz häufig an zu lächeln. Die emotionalen Veränderungen beschreiben uns die Patienten im Anschluss an diese kurze Übung als Verschwinden des traumatischen Blockierungsgefühls und ein Wiedereinsetzen des kreativen Gedankenflusses.

Fallbeispiel:

Frau B. ist Vorstandsvorsitzende einer großen Baufirma. Sie ist sehr tüchtig und erfolgreich, in verschiedenen Situationen gerät sie allerdings in mentale Ausnahmezustände, weshalb sie diese Therapie begonnen hat. Eine Situation war eine Vorstandssitzung. Bestimmte ihrer Manager arbeiten gegen sie, finden jede Schwachstelle an ihren Ansätzen und Argumentationen und attackieren sie in Sitzungen mit kalter, auch physisch deutlich zum Ausdruck gebrachter

2 Die Leiterin unseres Kinder- und Jugendtherapeutischen Bereichs, Marion Seidel, hat hier Pionierarbeit geleistet.

Aggressivität. In solchen Situationen setzt ihr Denken aus, sie findet keine Gegenargumente, keine klaren Sätze mehr, der Schweiß bricht ihr aus, sie ist voll von Angst. Dem liegt zugrunde, dass sie die maßlose Aggressivität ihres psychotischen Vaters als Kind hilflos erleben musste.

Sie beschließt, in der Therapiestunde mit dieser Situation zu arbeiten, sie erinnert sich an die wie Faustschläge vorgebrachten Argumente eines bestimmten Managers, seinen kalt-wütenden Gesichtsausdruck, seine Körperhaltung, ihre eigene Angst, ihre Verwirrung, ihre Gedanken, sie sei ihm nicht gewachsen, könne nur noch still halten, bis alles irgendwie vorbei sei.

Nach dem ersten Set von drei langsamen Augenbewegungen atmet sie kräftig durch, schaut mich kurz an, lächelt ein wenig vor sich hin und sagt: »Schokolade essen.« Auf meinen fragenden Blick hin erklärt sie, sie habe gerade bildhaft vor sich gesehen, wie sie sich in der Vorstandsitzung zu ihrer Handtasche beugt, eine Süßigkeit herausholt, diese umständlich auswickelt, betrachtet, sie sich in den Mund schiebt, genussvoll isst, ihre Hände betrachtet, kleine Schokoladenspuren findet, die sie mit dem Taschentuch abwischt und sich dann in aller Gelassenheit wieder den Managern zuwendet. Sie kommentiert selbst, was das Gute an dieser Idee ist: Sie bestimmt das Geschehen, sie bestimmt den Rhythmus, sie tut sich etwas Gutes, sie kommt aus der Defensive in die Aktivität, sie nimmt sich die Zeit, die sie braucht, um zu denken und ihre Linie zu finden.

Sie möchte ein zweites Set von langsamen Augenbewegungen machen, führt es durch, atmet kräftig ein und aus, wartet ein wenig versonnen, grinst mich dann an und sagt: »Ein Hirsch ist durch den Raum gegangen, wie im Traum mit allen Fähigkeiten ausgestattet, die er braucht, der Hirsch kam durch die Wand, ging mit ernstem Gesichtsausdruck quer durch den Raum, lud alles Steife, Starre und Bedrohliche auf sich wie einen Rucksack, ging durch die geschlossene Wand hinaus und flog wie ein Rentier vor dem Weihnachtsschlitten in den Himmel. Danach war große Fröhlichkeit im Raum, ich und meine Manager lachten, staunten, allen war nach Feiern zumute.«

Die ganze Sequenz hat maximal 15 Minuten gedauert. Auf Prozessebene betrachtet, ist, wie ich meine, das selbstorganisatorische Geschehen deutlich: die Regulation der anfangs traumatisch starken negativen Emotionen und das bipolare Prinzip, indem zum negativen Komplex zahlreiche positive Emotionen und Fähigkeiten auftauchen, nicht zuletzt ihr rhythmisches Talent, ihre visuelle Begabung und ihr Humor.

Stets beginnt der mentale Transformationsprozess traumatischen Materials im Jetzt der Stunde als inneres Geschehen. Er wird sich fortsetzen und Lösungen für die äußere Situation erzeugen. Natürlich ist, wie sie später berichtet hat, in der nächsten Vorstandssitzung kein Hirsch durch die Wand gekommen. Sie hat aber die Sitz- und Redeordnung beeinflusst, dafür gesorgt, dass sie stets Zeit zum Überlegen hatte und sich infolgedessen erfolgreich behauptet.

Schluss

Die moderne Traumatherapie und die Psychoanalyse arbeiten klinisch weitgehend mit denselben Patienten. Viele sind komplex traumatisiert, viele borderline-strukturiert, die meisten sind instabil. Ihre Fähigkeiten zur Transformation, Aneignung und Bewusstmachung des krankmachenden mentalen Materials sind desorganisiert. Aus dieser Gemeinsamkeit des Gegenstandes resultieren sehr deutlich kongruente modelltheoretische Weiterentwicklungen, und auch etliche Elemente der Behandlungstechnik von Psychoanalyse und EMDR weisen direkte Entsprechungen auf, insbesondere die Prozessorientiertheit. Psychoanalytiker müssen deshalb die Methoden der modernen Traumatherapie nicht unbedingt einsetzen, können sie aber als Anregung nutzen, die eigenen Modelle und Behandlungstechniken, beispielsweise die Technik der Prozessdeutung, weiterzuentwickeln. Traumatherapeuten sind gut beraten, während der Aktualisierung des Materials die Übertragung nicht zu übersehen. Je größer dann unser eigenes Methodenrepertoire wird, desto leichter wird es uns fallen, immer weniger zu tun und den Transformationsprozess seinem natürlichen Fluss zu überlassen.

Die Kunst des Lassens.

Kapitel 14

Kann man Heilungsprozesse fühlen?[1]

Wenn wir in der Psychotherapie seelische Transformationsprozesse beobachten, so fällt immer wieder auf, dass diese sich nicht kontinuierlich und linear, sondern diskontinuierlich und rhythmisch vollziehen. Der innere Austausch zwischen den verschiedenen Repräsentanzebenen des Körperlichen, des Emotionalen und des Bewussten vollzieht sich als schwingende Bewegung, ebenso der Wechsel zwischen negativen und positiven emotionalen Komplexen und die Regulation der Emotionsstärke. Auch im Dialog zwischen Patient und Therapeut lassen sich rhythmische Muster beobachten.

Die Emotionsregulation zeigt auch melodische Eigenschaften mit bestimmten Verlaufskonturen, in denen sich ein, so könnte man sagen, emotionaler Akkord entfaltet, wieder abklingt und in die momentane Melodie der Emotionen einfügt, man könnte von musikalischen Eigenschaften seelischer Prozesse sprechen. Der Frühromantiker Friedrich von Hardenberg, der sich Novalis nannte, drückte das so aus: »Jede Krankheit ein musikalisches Problem – ihre Auflösung eine musikalische Auflösung.«

Es ist die Idee eines »schwingenden Lebens«. Seelische Heilungsprozesse scheinen sich rhythmisch zu organisieren und die Sprache nimmt diesen Rhythmus auf. Der Hörer weiß somit etwas darüber, wie sich in diesem Moment beim Gegenüber die Verarbeitung der Inhalte vollzieht: stockend oder fließend. Falls das zu frühromantisch ist, hier eine leicht bizarre Studie

1 »Kann man Heilungsprozesse Hören und Fühlen? Die musikalischen Eigenschaften mentaler Transformationsprozesse«. Vortrag anlässlich des *VII. Symposiums Psychoanalyse und Körper* in Wien, 21. Mai 2009.

folgenden Inhalts (Bryant/Haselton 2008): 38 Studentinnen höherer Semester gaben während vier Monaten Stimmproben ab. 17 Frauen hatten einen natürlichen Zyklus und 21 Frauen nahmen die Pille ein. Die Aufzeichnungen wurden 30 Studenten und 30 Studentinnen vorgespielt, um die Attraktivität der Sprache nach einer 100-Punkte-Skala zu bewerten. An den Tagen ihrer größten Fruchtbarkeit hatten die Frauen nach Einschätzung der Hörer eine besonders schöne, wohlklingende und verführerische Stimme. Die Bewertungen der männlichen und weiblichen Einschätzer waren nicht verschieden. Kein Effekt wurde bei Frauen gefunden, die die Pille einnahmen.

Das bedeutet, der Patient und die Patientin auf der Couch wissen, wann die Psychoanalytikerin fruchtbare Tage hat oder ob sie die Pille nimmt. Der Analytiker, ebenso wie die Analytikerin, weiß das gleiche von der Patientin. Irgendwie ist den Inhalten der Stimme ein Muster eingewoben, das man hören kann, und zwar vollkommen unabhängig vom Inhalt der Worte.

Die Indiskretion dieser einmodulierten Metamuster mag irritieren, sie geben aber Information über etwas, das in der Tiefe der Person geschieht, natürlich nicht nur über die Hormone, sondern auch über Heilungsprozesse. Mich erinnert diese Studie an die Zeit der hölzernen Segelschiffe. Es sind Berichte überliefert von Kapitänen, die nachts aus der Koje sprangen und wussten, dass eine Küste näher kommt, noch lange, ehe sie zu sehen war. Tiefes Wasser erzeugt nämlich andere Rhythmen als flaches und der Seemann fühlt das ebenso wie die Analytikerin.

Auch Richard Wagner war überzeugt, dass Schwingung das grundsätzliche Ordnungsprinzip des Universums sei. Was er hierzu gesagt hat, scheint mir nicht Mystik, sondern nüchterne Beobachtung seiner eigenen Kreativität. Diese wenig bekannten Äußerungen fielen in seinen Gesprächen mit Engelbert Humperdinck (Abell 1995). Wagner erzählt:

> »Ich bin überzeugt, daß allumfassende Ströme göttlicher Gedanken existieren, die überall im Äther schwingen und daß jeder, der diese Schwingungen wahrnehmen kann, inspiriert wird, vorausgesetzt, er ist sich des Vorganges bewußt und besitzt das Wissen und das Geschick, sie in überzeugender Weise darzustellen, sei er Komponist, Architekt, Maler, Bildhauer oder Erfinder [...]. Ich glaube zunächst, daß diese universale schwingende Kraft die menschliche Seele mit der allmächtigen Zentralkraft verbindet, aus der das Lebensprinzip stammt, dem wir alle unser Dasein verdanken. Diese Kraft stellt für uns das Bindeglied zur höchsten Macht des Weltalls dar, von dem wir alle ein Teil sind. Wäre es nicht so, könnten wir uns nicht in Verbindung damit setzen. Wer dies zu tun vermag, wird inspiriert [...]. Ich habe sehr bestimmte Eindrücke bei

jenem tranceähnlichen Zustand, der die Voraussetzung für jede schöpferische Bemühung ist. Ich spüre, daß ich mit dieser schwingenden Kraft eins bin, daß sie allwissend ist und daß ich aus ihr in einem Ausmaß schöpfen kann, das nur von meiner eigenen diesbezüglichen Fähigkeit begrenzt wird« (zitiert nach Rauchfleisch 1986, S. 139f.).

Wagner macht uns hier klar, dass er Schwingung für ein universales Grundprinzip hält sowohl im Außen des Universums wie auch im Innen unseres Unbewussten, im tranceartigen Zustand wahrgenommen. Die Quantenphysik hat das bestätigt.

Ich möchte hier eine Hypothese aufstellen: Schwingung, also Rhythmus, ist ein universelles Ordnungsprinzip. Nur was rhythmisch aufeinander abgestimmt ist, bildet ein Ganzes. Biologische Systeme sind stets bestrebt, kohärente Rhythmen zu erzeugen, und zwar sowohl in ihren Subsystemen wie auch in ihrer Abstimmung auf ihre Umgebung.

Biologische Systeme unterscheiden sich von Maschinen dadurch, dass sie sich aktiv koordinieren und sie tun das auch, um sich zu erholen. Kohärenz, Synchronisierung, Rhythmisierung ist der energiesparendste, erholsamste Modus für das biologische System (Moser 2004).

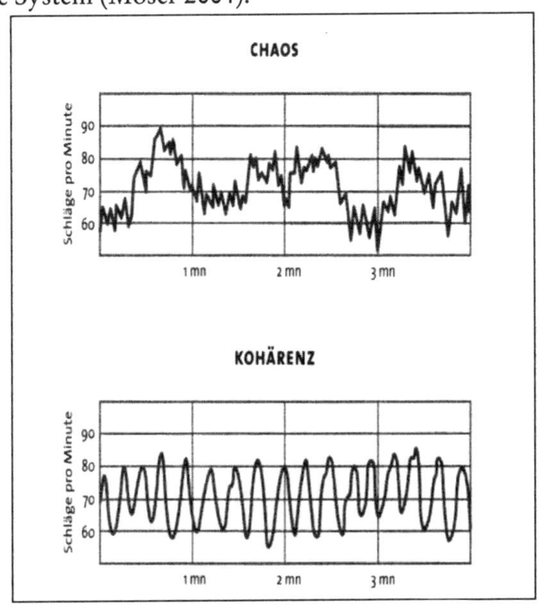

Abbildung 33: Herzschlagvariabilität: Chaos und Kohärenz

Man kann das als Mikroerholung am Herzen sehen im Zusammenspiel von Sympathikus und Vagus und kann dann die Herzschlagvariabilität messen. Die Herzfrequenz variiert in einem langsamen Grundrhythmus etwa 5 Mal pro Minute, ein zweiter, lange Zeit unbekannter Herzrhythmus, die Herzschlagvariabilität. Sie zeigt an, ob das Herz im kohärenten, rhythmisierten oder chaotischen, entrhythmisierten Zustand ist. Sie spiegelt die emotionale Verfassung exakt wieder. Perlitz (2004) hat das gleiche Phänomen eines langsamen Heilungsrhythmus in den Durchblutungsschwankungen der Haut beim autogenen Training gemessen.

Man kann das sehr deutlich auch am Schlaf sehen. Erholsam ist nur ein Schlaf, in dem sich ruhige Schlafphasen und unruhiger Traumschlaf rhythmisch abwechseln, etwa im Abstand von 90 Minuten (Moser 2004).

Nun könnte man natürlich eine gesunde Rhythmisierung des Organismus und eine kohärente Emotionsverarbeitung als etwas ansehen, das dem Wohlbefinden zwar nützlich ist, für die Lebensbewältigung und das Überleben aber nicht unbedingt erforderlich wäre. Dem läge die Vorstellung eines Menschen zugrunde, der, wenn es von ihm verlangt wird, maschinenartig seine Leistung abgibt, ohne Kohärenz und Rhythmus zu brauchen. Wir könnten dann die Beschäftigung mit der rhythmischen Natur alles Lebendigen in den Bereich des Schöngeistigen und der Wellness verweisen und uns nicht weiter damit aufhalten.

An dieser Stelle rate ich, mit einer originellen Studie zu argumentieren, die an österreichischen Bauarbeitern durchgeführt wurde (Moser 2004). In dieser Studie, im Auftrag der größten österreichischen Unfallversicherung, der AUVA, wurde Eurythmie gezielt als Rhythmusgeber auf Baustellen eingesetzt, um Arbeitsunfälle zu reduzieren. Bauarbeiter gehören zu der Berufsgruppe mit der größten Anzahl von Unfällen – bis zu 5% schwere Unfälle pro Quartal. Die Bauarbeiter großer Baustellen in Graz wurden mit Messgeräten zur Herzfrequenzmessung ausgestattet und in einem Interventionsprogramm betreut, in dem Eurythmie neben konventionellen körperbezogenen Übungen eine wesentliche Rolle spielte. Einerseits wurden damit die koordinativen und sozial übenden Fähigkeiten genutzt, andererseits wurde die Eurythmie als Rhythmusgeber eingesetzt.

Bereits im Einzelfall zeigte sich, dass die prognostizierte Wirkung der Eurythmie als Rhythmusgeber tatsächlich eintrat und eine deutliche Verbesserung der Schlafqualität beobachtet werden konnte. Ein weiteres unerwartetes Ergebnis war die vollständige Reduzierung der Unfälle auf allen behandelten Baustellen. Obwohl der Interventionszeitraum nur drei Monate dauerte, mit jeweils zweimaliger Intervention pro Woche, wurde auch drei Quartale nach Ende der Interventionen kein schwerer Unfall mehr beobachtet. Die koordinativen Fähigkeiten, die durch die Eurythmie gewonnen wurden, halfen den Bauarbeitern auch beim Versetzen von Baublöcken: Sie berichteten, dass diese anstrengende Arbeit wesentlich schneller vonstattenging, seitdem die »merkwürdige« und zunächst belächelte Rhythmustherapie durchgeführt wurde.

Ich habe Psychotherapie immer so verstanden, dass ich versucht habe, ein Gefühl dafür zu bekommen, wann etwas stockt und wann etwas heilt. Bei aller Faszination für die reichen Erkenntnisse, die uns beispielsweise die Psychoanalyse über die Inhalte unbewussten Denkens und Fühlens gezeigt hat, hat mich stets noch mehr der Prozess interessiert, der Vorgang, in dem aus etwas Gestörtem etwas Normales wird.

Ich gewöhnte mir also an, gleichsam bifokal wahrzunehmen: zum einen die Inhalte, also das Gesprochene, Gefühlte, Geträumte und zum anderen den Prozess, also die Muster, in denen sich diese Kategorie der Inhalte entweder löst oder nicht löst. Ich nenne das eine *prozessorientierte Behandlungstechnik* (Plassmann 1996, 2007, 2009).

Arbeitet man so, dann wird immer und immer wieder deutlich, dass sich seelische Heilungsprozesse rhythmisch vollziehen.

Kapitel 15

Gibt es ein psychisches Selbstheilungssystem? – Über die Behandlung von psychosomatischen Symptomen bei Traumatisierten[1]

Ich möchte besonders auf drei Aspekte der modernen Traumatherapie aufmerksam machen, von denen offenbar kräftige Impulse für die gesamte Modellentwicklung und Behandlungstechnik ausgehen.

Der erste Aspekt sind neuere Erkenntnisse zur *Ätiologie*. Es wird immer deutlicher, wie häufig traumatisch bedingte seelische Entwicklungsstillstände sind und wie langzeitwirksam sich solche unaufgelösten Erlebniskomplexe negativ auf Gesundheit und Persönlichkeit auswirken können. Ich werde in aller Kürze die Felitti-Studie vorstellen, die solche Langzeitzusammenhänge besonders klar gezeigt hat. Der zweite wichtige Aspekt der modernen Traumatherapie ist eine *Weiterentwicklung des Krankheitsmodells*. Die Psychoanalyse als Urmutter der Psychotherapie ist, wie man sagen könnte, logozentrisch. Im Mittelpunkt der Persönlichkeit steht der Gedanke, das Wort, der Sekundärprozess. Die moderne Traumatherapie hat hier einen Wechsel vollzogen von diesem logozentrischen zu einem emotiozentrischen Erkrankungs-, letztlich Persönlichkeitsmodell. Die organisierende Kraft der Emotionen ist wesentlich deutlicher geworden, nicht nur in der klinischen Arbeit, sondern auch im lebhaften Diskurs mit der modernen Neurobiologie. Traumabedingte Störungen haben uns gelehrt, dass es überstarke negative Emotionen sind, die zur seelischen Blockade führen. Gerade durch diese Erkenntnis ist die Bewegung in das Verständnis psychosomatischer Symptome geraten. Emotionen haben direkte Verbindung zu den körperlichen

1 »Gibt es ein psychisches Selbstheilungssystem? Über die Behandlung von psychosomatischen Symptomen bei Traumatisierten«. Vortrag im Psychoanalytischen Institut Heidelberg-Karlsruhe, 30. November 2004.

Vorgängen, die teilweise mit modernen technischen Hilfsmitteln sehr einfach gemessen werden können, beispielsweise der Wechsel vom kohärenten zum chaotischen Zustand in der Herzschlagvariabilität. Neurobiologisch haben wir gesehen, dass bestimmte Kerne im Hirnstamm genau hierfür sorgen. Sie stellen direkte Verknüpfungen her zwischen Emotionen und körperlichen Reaktionen, beispielsweise in der Insula und im Gyrus cinguli. Psychosomatische Reaktionen sind keine Krankheit, sondern eine natürliche und notwendige Basis der Persönlichkeitsbildung. Nur das, was emotional und physisch repräsentiert war, wird zu Persönlichkeit oder bei Überlastung des Heilungssystems zu kranker Persönlichkeit. Einen rätselhaften Sprung ins Körperliche, wie Freud das 1895 im *Entwurf einer Psychologie* ausdrückte, kann man hier nicht mehr erkennen, sondern völlig normale Vorgänge, die unter ungünstigen Umständen entgleisen können. Wir nähern uns also dem Punkt, den Freud im Abriss der Psychoanalyse 1933 vorhergesagt hat: Neurowissenschaften und die Psychologie begegnen, verbinden und ergänzen sich. Die Neurobiologie ist zu unserem stärksten Bündnispartner geworden. Dass es ein Unbewusstes gibt, dass es durch traumatische Belastungen bewirkte substanzielle und funktionelle Veränderungen der Hirnfunktion gibt, dass auch Organe und Organsysteme Traumareaktionen zeigen, kann keine sparwütige Gesundheitsbürokratie heutzutage mehr bestreiten. Dies ist sehr gut für uns.

Die dritte Bewegung, die von der modernen Psychotraumatologie ausging, bezieht sich auf die *Heilungsforschung*. Man hat in der Traumatherapie seelische Heilungsvorgänge sehr viel klarer gesehen, sehr verdichtet, gleichsam wie im Zeitraffer. Dabei ist deutlicher geworden, dass seelische Heilungsvorgänge offenbar von selbstorganisatorischer Natur sind, seelische Selbstheilungssysteme liegen gleichsam bereit, sind jedoch blockiert und können unter günstigen Bedingungen, für die Therapie sorgt, ihre Arbeit wieder aufnehmen. Seelische Heilung unterscheidet sich anscheinend, wie könnte es auch anders sein, in keiner Weise von allen anderen Heilungsvorgängen, zu denen der Organismus imstande ist.

Ich möchte nun zunächst über die Felitti-Studie berichten und über die Schlüsse, die wir aus ihr ziehen können. Sodann werde ich einen kleinen Ausflug in die Traumatherapie machen und auch über die Arbeit mit EMDR in einem konkreten Fall berichten, um anschließend Bilanz zu ziehen über Modellbildung und Behandlungstechniken im Umgang mit psychosomatischen Symptomen.

Die enorme Häufigkeit traumatisch bedingten emotionalen Belastungsmaterials wurde zunächst klinisch beobachtet, vor allem in der Borderline-Forschung, und es wurde klar, dass Borderline-Patienten permanent frühe Gewalt- und Vernachlässigungserfahrungen reproduzieren, ohne sie auf diese Weise jemals bewältigen zu können. Auch die Borderline-Störung ist also, wie alle psychogenen Erkrankungen, ein Selbstheilungsversuch, eine Lösung, die nicht löst.

Gesicherte Erkenntnisse über die Häufigkeit krankmachenden traumatisch bedingten Erlebnismaterials werden ständig besser. Ein Meilenstein war die ACE-Studie (Felitti et al. 1998).

Die Adverse-Childhood-Experiences-Studie (ACE-Studie) ist eine ausführliche Verlaufsuntersuchung an über 17.000 erwachsenen Amerikanern. Es wird der aktuelle Gesundheitszustand zu belastenden Kindheitsfaktoren in Beziehung gesetzt, die im Mittel ein halbes Jahrhundert früher geschehen waren. Ein wichtiges Ergebnis der Untersuchung ist, dass belastende Kindheitserfahrungen häufig sind, obwohl sie im allgemeinen verborgen und unerkannt bleiben; dennoch haben sie auch 50 Jahre später tiefgreifende Folgen. Die psychosozialen Erfahrungen haben sich mittlerweile in eine Erkrankung umgewandelt: in Essstörungen, Süchte, Depressionen, Suizidversuche, Diabetes, Herzerkrankungen. Die Arbeits- und Leistungsfähigkeit im Beruf verschlechterten sich signifikant mit jeder Erhöhung der Kindheitsbelastung.

Die Autoren resümieren: »Unsere Ergebnisse belegen eindeutig, dass psychosoziale Belastungsfaktoren in der Kindheit häufig zerstörerisch sind und lebenslange Folgewirkungen besitzen. Sie sind der wichtigste Faktor, der Gesundheit und Wohlbefinden unserer Nation bestimmt« (Felitti 2002, S. 367).

Was tun? Mit welchen Methoden können wir krankmachendes unabgeschlossenes Erlebnismaterial auflösen? Den Durchbruch hat die zunächst deprimierend erfolglose Arbeit mit traumatisierten Vietnam-Veteranen gebracht. Eine Million traumatisierter Amerikanerinnen und Amerikaner waren aus Vietnam in die USA zurückgekommen. Die oft 19- bis 20-jährigen Wehrpflichtigen hatten schwere posttraumatische Belastungsstörungen. Sie nahmen, nachdem das ganze Ausmaß der psychischen Katastrophe nicht mehr verleugnet werden konnte, an den dafür konzipierten Therapieprogrammen teil, mit starkem Leidensdruck und leider äußerst bescheidenen Resultaten, die über 15–30% Besserung nicht hinauskamen (Shapiro 1998, S. 62). Der Vietnam-Krieg hatte – wie jeder andere Krieg auch – ein Heer von psychisch kranken und bislang unbehandelbaren Invaliden hinterlassen.

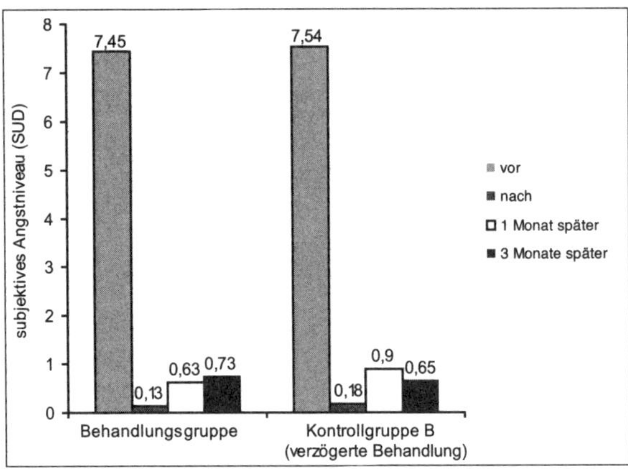

Abbildung 34: ACE-Werte und Suizidversuche

Dies änderte sich erst, nachdem Shapiro 1989, zunächst als zufällige Entdeckung, auf die Möglichkeit des gezielten Reprozessierens stieß und daraus innerhalb kürzester Zeit das EMDR als Methode entwickelte. Die erste kontrollierte Studie zu EMDR (Shapiro 1998) ergab Erstaunliches. Die Teilnehmer waren 22 Patienten zwischen elf und 53 Jahren, schwer traumatisiert durch Vergewaltigung, sexuellen Missbrauch und Kriegserlebnisse in Vietnam. Die Traumata lagen im Mittel 23 Jahre zurück und alle Patienten hatten erfolglose Vorbehandlungen von im Mittel sechs Jahren Dauer absolviert, alle litten an einem oder mehreren typischen Symptomen der posttraumatischen Belastungsstörung wie Flashbacks, Albträumen, Schlafstörungen, Arbeits- und Beziehungsstörungen. Nach einer einzigen EMDR-Sitzung ergab sich, in der Ein- und Drei-Monats-Katamnese ein stabiles Verschwinden des subjektiven Angst- und Belastungsniveaus sowie der klinischen Symptomatik (vgl. Abbildung 34). Die posttraumatische Belastungsstörung war praktisch ausgeheilt.

EMDR ist mittlerweile das am besten untersuchte traumatherapeutische Verfahren (Hofmann 1999). Die Studien der letzten Jahre haben die Wirksamkeit bestätigt (Plassmann 2002).

Diese klinischen Erfahrungen haben starken Einfluss auf die Krankheits- und Behandlungskonzepte gehabt.

Im Kern der krankmachenden Erlebniskomplexe stehen, so zeigt es sich, stets überstarke negative Emotionen, die sozusagen nur notdürftig eingekapselt sind, ohne sich je auflösen zu können. Das Einkapseln erfordert permanenten Energieaufwand. Die Patienten gehen deshalb allen Triggern aus dem Weg, die an den negativen Emotionen rühren könnten, sie stehen unter permanenter Erregungsspannung, dem sogenannten Hyperarousal, gleichwohl dringt dieses negative emotionale Material ständig in die Gegenwart ein, es kommt zu Nachhallerinnerungen (Flashbacks), Albträumen, Affektdurchbrüchen, Panikattacken.

Das unbewältigte emotionale Material bemächtigt sich auch des Körpers. Wir sehen schwere chronische Schmerzzustände, chronische Kopfschmerzen, sehr häufig Tinnitus. Das Körpergedächtnis reproduziert die überstarke negative emotionale Energie und ihre Begleiterscheinungen. Emotionales Belastungsmaterial taucht deshalb als Körperrepräsentanz, also als psychosomatisches Symptom auf, weil die Körperrepräsentanz Bestandteil des Traumaschemas war. Es kann sich um eine direkte Traumatisierung des Körpers handeln, etwa bei Kriegs- oder Unfalltraumatisierten, es kann sich um traumaassoziierte körperliche Reaktionen handeln, beispielsweise Muskelverspannungen oder Kreislaufreaktionen, es kann sich auch um vegetative Reaktionsmuster handeln, über die keinerlei bewusste Kontrolle möglich ist, beispielsweise Ödembildung, oder es kann sich um komplexere Verhaltensmuster handeln, die ebenfalls gleichsam eingebrannt sind im Körpergedächtnis, etwa eine Körperhaltung. Wir können deshalb damit rechnen, dass künftig eine zunehmende Anzahl psychosomatischer Erkrankungen traumatologisch besser verstanden und behandelt werden kann als bisher. In der Behandlung der Essstörungen haben wir dies bereits umgesetzt.

Ich möchte nun aus dem Bereich der modernen Traumatherapie zeigen, wie das psychische Selbstheilungssystem zu arbeiten scheint, unter welchen Bedingungen es blockiert ist, sodass es zur Krankheitsbildung kommt, und wie wir in der Therapie durch geeignete Rahmensetzung und spezielle Behandlungsmethoden die Tätigkeit des psychischen Selbstheilungssystems unterstützen können. Ich werde Ihnen dabei auch aus der Arbeit mit EMDR berichten.

Den Schluss meiner Ausführungen wird die Frage bilden, wie sich diese Verfahren der Traumatherapie mit der Psychoanalyse verbinden.

Wir stehen in der Traumatherapie vor folgender Situation: Im Kern einer traumatischen Erfahrung stehen immer eine oder meist mehrere belastende Emotionen von einer Stärke, die nicht verarbeitet werden konnten. Die Gründe für das Blockieren der Verarbeitung sind vielfältig.

Die traumatische Situation ist eine Situation der Schutzlosigkeit, in der das natürliche Vertrauen in die Welt der Mitmenschen und in die Fähigkeiten der eigenen Person schwer verletzt worden sind, eine Situation, die zum Leben nicht geeignet ist. Jeder kann in eine solche Situation kommen, sei es im Straßenverkehr, bei einer Naturkatastrophe oder als Opfer krimineller Gewalt. Auch medizinische Situationen können von dieser Art sein, etwa wenn ein

Patient während einer Operation unbemerkt aus der Narkose erwacht, was wiederholt berichtet wurde.

Diese unverarbeiteten negativen Emotionen bilden den Belastungspol. Er enthält einen oder mehrere traumatische Komplexe, sogenannte Traumaschemata, oder schwere unaufgelöste Konflikte oder, wie meist, eine Mischung aus beidem. Dieses Belastungsmaterial kann von einem einmaligen Ereignis herrühren, man spricht dann von Monotrauma (Typ 1), oder von vielen traumatischen Ereignissen, man spricht von einem komplexen Trauma (Typ 2).

Warum werden nun in der scheinbar selben Situation stets nur einige Betroffene krank? Hier kommen die protektiven Faktoren ins Spiel, das heißt der sogenannte Ressourcenpol.

Jede potenziell traumatische Situation trifft eine mehr oder weniger vulnerable Persönlichkeit. Sehr schwächend wirken belastende Vorerfahrungen. Die neue belastende Situation reißt gleichsam eine alte Narbe auf oder, in traumatologischen Begriffen: Die Vorerfahrung wird von dem neuen Ereignis getriggert.

Protektive Faktoren sind demgemäß gut überstandene Vorbelastungen, die in stabilen sozialen Beziehungen, sogenannten sicheren Bindungen, verarbeitet werden konnten. Sie bilden eine Art inneren Ressourcenschatz. Der Mensch weiß um seine bewährten Fähigkeiten, es liegt ein Bewältigungsschema für das Traumaschema bereit. Antonovsky (1989) nennt das die »managibility«, die Gewissheit, etwas tun zu können.

Protektiv ist auch ein Verstehen dessen, was geschehen ist und was geschehen wird. Dabei ist emotionales Verstehen viel wichtiger als die Verstandesebene. Wortreiche Erklärungen erreichen den Traumatisierten viel weniger als der einfache emotionale Beistand, das Dasein. Dies vermittelt direkt nach einem Trauma viel besser als Worte, dass Erschütterung normal ist. Antonovsky nennt dies die »comprehensibility«, die Fähigkeit zum Begreifen.

Ein weiterer protektiver Faktor ist die unverletzte moralische Integrität, also der unverletzte Stolz, die Gewissheit eines Rechts auf Leben, Gesundheit und auf Behandlung. Dies ist nach Antonovsky die »meaningfullness«, die Gewissheit, dass die eigene Existenz in Vergangenheit, Gegenwart und Zukunft einen Sinn hat. Nicht nur das Trauma selbst erschüttert diese Gewissheit. Wenn Versicherungen oder Anwälte von Tätern dem Patienten nach allen Regeln ihrer Kunst seine Rechte absprechen, dann sind das bürokratische Retraumatisierungen, die, wie wir klinisch sehen, sehr wesentlich zu schlechten Verläufen beitragen können.

Ein zur Heilung geeignetes Gleichgewicht zwischen dem unverarbeiteten emotionalen Material im negativen Pol und den Heilungsressourcen im positiven Pol herzustellen, ist Grundprinzip der gesamten Traumatherapie, wahrscheinlich der Psychotherapie schlechthin. Der Heilungsvorgang zwischen diesen Polen hat offenbar oszillierenden, rhythmischen Charakter, möglicherweise laufen psychische Reorganisationsprozesse generell nicht linear, sondern rhythmisch ab.

Im sogenannten Prozessieren der EMDR-Behandlung scheinen deshalb die rhythmischen Stimulationen, Augenbewegungen oder Ähnliches den selbstorganisatorischen Heilungsprozess zu fördern. Wenn diese Schwingung zum Stillstand kommt, so erleben auch wir als Gesunde eine Stagnation, eine Blockade der Kreativität.

Die neurobiologische Forschung hat uns gezeigt, dass sich früh Erfahrungsmuster, und zwar sowohl solche vom negativen wie vom positiven Pol, nicht nur als psychische Inhalte im Gedächtnis der Person erhalten, sondern zu neuronaler Struktur werden (Hüther 2004).

Das von Shapiro entwickelte EMDR-Standardprotokoll (Shapiro 1998) ist sehr effektiv, allerdings nur für jene Patienten, die über gut ausgeprägte Ressourcen, also einen starken positiven Pol verfügen. Dies entspricht allerdings nicht der klinischen Realität. Wir bekommen zunehmend häufig Patienten überwiesen, die in einer angefangenen Traumatherapie dekompensiert sind. Auch der Patient, von dem ich später berichten werde, zählt dazu.

Dem liegt der Fehler zugrunde, am Problem zu arbeiten, bevor sich der Ressourcenpol ausreichend organisiert hat.

Diese Situation besteht in aller Regel zu Beginn der Therapie. Es ist evident, dass hier die Ressourcenorganisation notwendige Vorbedingung für jeden weiteren Heilungsschritt ist.

Wir gehen deshalb in der Traumatherapie systematisch vierphasig vor:

Stabilisierung bedeutet grundsätzlich, den Einfluss des aus der Vergangenheit stammenden emotionalen Belastungsmaterials auf die Gegenwart zu kontrollieren und zu begrenzen. Die Patienten lernen, sich selbst zu stabilisieren, wir leiten sie dazu an, helfen ihnen dabei, nehmen sie in die Verantwortung für den Stabilisierungsvorgang. Dies ist ein aktiver, selbstorganisatorischer Vorgang.

Einer der ersten und wichtigsten Schritte ist das Beendigen der Selbsttraumatisierung. Die aktive Selbsttraumatisierung der Patienten darf niemals unterschätzt werden. Nahezu alle traumatisierten Patienten retraumatisieren sich selbst, indem sie ihr emotionales Belastungsmaterial unkontrolliert ins Erleben einbringen wollen, bevor sie ihre Kontroll- und Verarbeitungskapazität planvoll aufgebaut haben. Sie überfluten sich beispielsweise schon in der Anamneseerhebung mit allen Details einer Vergewaltigung, eines Überfalls oder eines Unfalltraumas und erzeugen damit erneut genau die emotionale Überwältigung, an der sie erkrankt sind. Sie traumatisieren sich selbst und den Behandler. Der Umgang mit dem »emotionalen Sprengstoff« erfordert, dies muss auch von den Patienten stets beachtet werden, sorgfältige Vorbereitung und planvolles Vorgehen.

Zur Stabilisierungsphase gehört deshalb notwendigerweise die Ressourcenverankerung, also das systematische Finden und Organisieren der Verarbeitungsfähigkeiten, die den positiven Pol bilden.

Nachdem dies geschehen ist, beobachten wir etwas Bemerkenswertes: Der Wiedergewinn der Stabilität durch *Ressourcenorganisation* setzt die natürlichen Verarbeitungsprozesse wieder in Gang, schon lange bevor ein planvolles therapeutisches Reprozessieren begonnen wurde. Die Symptomatik geht nach erfolgreicher Stabilisierung und Ressourcenverankerung drastisch zurück. Viele Patienten gewinnen ihre Alltagsstabilität für ihre normalen Lebensaufgaben wieder. In vielen Fällen kann die stationäre Psychotherapie deshalb an diesem Punkt der erreichten Alltagsstabilität zunächst beendet werden, damit die Patienten im Lebensalltag erproben können, wie stabil sie sind und inwiefern eine Expositionsphase, das heißt ein kontrolliertes Auflösen des emotionalen Belastungsmaterials, noch erforderlich ist. Dies kann dann Gegenstand eines zweiten stationären Abschnitts oder einer ambulanten Therapie sein.

Die zurückgehende Macht des Belastungsmaterials schafft nun Platz für lebhafte Neuorientierungsprozesse: Die blockierte Persönlichkeitsentwicklung kommt wieder in Gang, beispielsweise wird Berufstätigkeit wieder möglich, bei Jugendlichen Ausbildung, Partnerschaft.

Auch diese Neuorientierung kann allerdings eine irritierende Heftigkeit haben, wenn die nicht mehr existierende Symptomatik gleichsam ein Vakuum hinterlässt. Wir erleben dies regelmäßig bei langjährig magersüchtigen Patientinnen, denen die Lebensform, der Lebensinhalt, die Identität als Magersüchtige nach erfolgreicher Stabilisierungsphase förmlich fehlen. Sie können dies auch selbst ausdrücken. Sie stehen vor Leerräumen der Persönlichkeitsentwicklung.

In der konkreten Behandlungssituation können wir nie genau vorhersehen, wie mächtig das jeweils auftauchende Belastungsmaterial sein wird, wie viel Stabilisierung der Patient brauchen wird. Wir haben deshalb aus dem EMDR-Standardprotokoll das sogenannte bipolare EMDR entwickelt, mit welchem das jeweilige Optimum zwischen Stabilisierung und Exposition gut gesteuert werden kann.

Ich fasse zusammen: Traumatisches emotionales Material überflutet und lähmt die Verarbeitungsressourcen der Person. Dieser Zustand chronifiziert, das traumatische Material dringt unkontrolliert in die körperliche und psychische Existenz des Patienten ein. Von einem traumatherapeutischen Behandlungsinstrument müssen wir deshalb erwarten, dass es stattdessen kontrollierte Verarbeitungsprozesse ermöglicht.

Wie verbinden sich nun die Verfahren der modernen Traumatherapie mit dem psychoanalytischen Modell?

Zum einen fällt auf, wie psychodynamisch die Traumatherapie zu denken beginnt. Für die Ätiologie aktueller Krankheit, so wurde auch Traumatherapeuten völlig klar, sind alte, nicht integrierte Erlebniskomplexe verantwortlich. Eine Heilung ist ohne die Integration dieses alten eingekapselten psychischen Materials nicht möglich. Hier sind sich Psychotraumatologie und Psychoanalyse sehr nahe. In einer jüngeren Publikation Shapiros (2003) wird auch das Krankheitsmodell über die reine Traumaätiologie hinaus erweitert. Ein traumatisches Ereignis wird dynamisch definiert über »andauernd negative Auswirkungen auf Mentalisierungsprozesse«.

Vollkommene Einigkeit herrscht in Bezug auf die Existenz und Bedeutung unbewusster Prozesse. Der unbewusste Anteil psychischer Prozesse wird übereinstimmend als größer und ausschlaggebender angesehen. Die Psychotraumatologie steht hier in Übereinstimmung mit den Erkenntnissen der Neurobiologie, die völlig klargestellt hat, dass die Tätigkeit der Zentren der emotionalen Intelligenz im limbischen System primär unbewusst ist. Erst bei ansteigender Erregung werden zunächst Körperrepräsentanzen, dann Emotionen und erst dann bewusste Wahrnehmung mit der Möglichkeit sprachlicher Artikulation auftauchen.

Ein wesentlicher Unterschied der Krankheitsmodelle liegt nach wie vor im Stellenwert der Emotionen. Psychotraumatologie erkennt die Emotionen als organisierende Kraft des psychischen Materials, und zwar sowohl im Bereich des krankmachenden Belastungsmaterials wie auch im positiven Bereich der verarbeitungs- und heilungskompetenten Komplexe, während die Psychoanalyse im Kern des gesunden Ichs eher das Bewusstsein sieht.

Die Psychotraumatologie hat infolge dessen erheblich weniger Probleme mit psychosomatischen Symptomen. Es ist in Traumatherapien vollkommen evident, dass starke emotionale Erregung immer zunächst körperlich repräsentiert auftaucht, sodass blockiertes emotionales Material in der Therapie häufig auch zunächst in körperlicher Repräsentanz angenommen und behandelt wird, also als Muskelverspannung und vegetative Erregung. Wenn wir Verbindung zu den emotionalen Prozessen unserer Patienten aufnehmen, dann werden körperliche Repräsentanzen wie Muskelverspannungen, Atemstörungen, Schwindel, Tinnitus, Herzrhythmusstörungen zu völlig natürlichen Erscheinungsformen emotionaler Belastung. Der Sprung ins Körperliche ist nicht mehr geheimnisvoll. Alles Psychische ist erst Körperliches.

Für mich sehr eindrucksvoll ist die Erfahrung, wie häufig Körperflashbacks sind. Organe reagieren offenbar nicht anders als der psychische Apparat, in kritischen, zum Leben nicht geeigneten Situationen treten auch in den Organen und Organsystemen Reaktionsformen auf, die wir als Traumaschema interpretieren können, beispielsweise Muskelverspannungen, Tinnitus, Hörsturz, Herzrhythmusstörung. Diese körperlichen Reaktionen entstehen ebenso wie die psychischen Reaktionen in der traumatischen Situation, sie bleiben als Reaktionsschema gespeichert, verändern sich über die Zeit nicht und können ebenso wie psychisches Material in der Gegenwart aktiviert und wiederholt werden. Ich vermute, dass wir demnächst drei Reaktionsformen auf Organebene unterscheiden werden, den kohärenten, den chaotischen und den traumatischen Zustand (siehe auch Servan-Schreiber 2004). Der kohärente Zustand ist der gesunde, das Organ ist im Funktionsoptimum, es fühlt sich gleichsam wohl. In Bezug auf das Herz lässt sich dies am Kohärenzrhythmus ablesen, eine langsame überlagerte Schwingung der Herzfrequenzvariabilität. In diesem kohärenten, gesunden Zustand wirkt das jeweilige Organ auch positiv zurück auf mit ihm verbundene andere Organsysteme. Dies ist nachgewiesen für die Wechselwirkung zwischen limbischem System und Herzfrequenzvariabilität. Beide bilden nahezu eine Einheit.

Mit dem *chaotischen* Zustand reagiert das Organ auf mittelstarke Belastungen. Im Herzen lässt sich dies am chaotischen Rhythmusmuster der Herzschlagvariabilität ablesen. Mit dem *traumatischen Zustand* antwortet das Organ oder das Organsystem auf höchste Belastungsstärken mit Primitivreaktionen. Vielleicht können wir epileptische Anfälle und andere Anfallsformen so interpretieren.

Die Kenntnis dieser organbezogenen Reaktionsmuster ist von großer Bedeutung. In jeder einzelnen Behandlungsstunde nehmen wir den Belastungsgrad des Patienten wahrscheinlich über solche vegetativen und organischen Reaktionen wahr und orientieren uns daran, häufig ohne es bewusst zu bemerken. In der Arbeit mit psychosomatisch Kranken erzählt uns das kranke Organ oder Organsystem mit seinen Reaktionsformen eine Traumageschichte, die wir mit der Zeit verstehen und auflösen. In der Arbeit mit Patienten, die nicht sprechen können, beispielsweise Patienten im Wachkomma oder Kindern, sind die Reaktionsmuster der Organe und Organsysteme manchmal die einzige Sprache, in der (noch) Kommunikation möglich ist.

Auch in der Behandlungstechnik wiederum ist in jüngster Zeit eine deutliche Konvergenz zwischen Psychoanalyse und Traumatherapie zu beobachten. Die Traumatherapie beginnt die Übertragung zu entdecken. Es ist unübersehbar, dass in vielen Traumatherapien lebhafte Übertragungsprozesse stattfinden, oder anders ausgedrückt: Bestimmte Patienten benötigen die Übertragungsdimension, um ihre Beziehungstraumata zu kommunizieren. Jene Analytiker, die traumatherapeutisch arbeiten, entwickeln deshalb Behandlungstechniken, um auch Übertragungsmaterial in die traumaspezifischen Behandlungsprozesse zu integrieren. Umgekehrt sind behandlungstechnische Weiterentwicklungen im Gange, traumatherapeutische Erkenntnisse in die Psychoanalyse zu integrieren, insbesondere mit dem Ziel, blockierte Mentalisierungsprozesse zu unterstützen. Dies kann beispielsweise mittels der Technik der Prozessdeutung geschehen (Plassmann 1996).

Letztlich sind immer natürliche, selbstorganisatorische Heilungsprozesse unsere Lehrmeister, wir lernen sie zu verstehen und zu unterstützen.

Kapitel 16

Prozessorientierte Psychotherapie und Beratung: Von der Einzelmethode zum Prozess – Eine Einführung[1]

Einleitung

Das Konzept der Prozessorientierten Psychotherapie finden wir mittlerweile unter dieser und anderen Bezeichnungen zunehmend häufiger, es ist mir aber nicht bekannt, dass schon der Versuch gemacht worden wäre, daraus ein Modell von Beratung weiterzuentwickeln.

Das wären also die Fragen und die Herausforderung:

- Was ist der prozessorientierte Ansatz?
- Wie ist er entstanden?
- Wie lässt er sich auf die Beratungssituation anwenden?

Zur ersten Frage: Wie und warum kommt man eigentlich zu prozessorientiertem Arbeiten?

Mir persönlich ist es so ergangen: Ich bin Psychoanalytiker und die Psychoanalyse hat uns großartige Landkarten gegeben davon, was uns begegnen wird, wenn wir die Welt des Unbewussten betreten oder wenn sie uns betritt, was ja oft genug der Fall ist. Das Unbewusste und seine Inhalte kommen über uns in Gestalt der Probleme unserer Patienten, in Gestalt von Träumen, Fantasien, aber auch in Gestalt von Filmen, Kunst, Musik.

Insbesondere das Wissen von diesen unbewussten Dingen ist bedeutsam, das Bewusstsein ist wertvoll, reicht aber als Handlungswerkzeug nicht aus. Eben diese Erfahrung hat in der Psychotherapie viel in Bewegung gesetzt. In

---

1 »Prozessorientierte Psychotherapie und Beratung: Von der Einzelmethode zum Prozess. Eine Einführung«. Vortrag in Berlin, 14. Mai 2010.

der Arbeit mit Borderline-Patienten beispielsweise ist praktisch immer ein negatives, verfolgendes und zerstörendes Mutterbild verinnerlicht. Wenn uns eine Borderline-Patientin also so anschreit, wie sie selbst angeschrien worden ist, uns als totale Versager oder letzten Dreck bezeichnet und mitteilt, dass sie uns am liebsten ein paar reinhauen möchte und es in diesem Moment auch genauso fühlt, dann hilft es zwar mir, wenn ich weiß, was da gerade aktiv ist, nämlich ein malignes Introjekt, es wird mir leichter fallen, ruhiger zu bleiben und nachzudenken. Der Patientin hilft es aber nicht, ihr die Deutung zu geben, sie schreie so, wie ihre Mutter geschrien habe.

Oder hilft es ihr doch? Es hilft ihr, aber erst einen Tag später, wenn sie sich beruhigt hat, es hilft nicht auf dem Höhepunkt der Erregung. Damit stehen wir genau vor der entscheidenden Frage: Warum blockiert zu starke Erregung das Denken? Und ganz allgemein: Was ist nötig, damit seelische Wachstumsprozesse stattfinden? Wir wissen heute, dass Traumata das seelische Wachstum blockieren und deshalb ist es naheliegend, dass es die moderne Traumatherapie war, die uns vor die gleiche Herausforderung stellte: Was ist nötig, damit der stockende seelische Transformationsprozess von Traumamaterial wieder in Gang kommt? Wir haben also in der Traumatherapie nicht nur das Traumaschema, also die Inhalte der traumatischen Erfahrung genau zu betrachten, sondern auch den seelischen Heilungsprozess selbst. Dies ist der Schritt vom Was, also den Inhalten, zum Wie, also dem Prozess.

Die Prinzipien, die Eigenschaften seelischer Wachstumsprozesse, wie wir sie in den Einzelpsychotherapien und ganz besonders in den Traumatherapien sehen, möchte ich nun vorstellen. Darin ist eine Annahme enthalten: Ich glaube, es gibt keinen grundsätzlichen Unterschied zwischen Heilung und Kreativität. Wenn wir wollen, dass sich aus dysfunktionalen krankmachenden Strukturen etwas Neues, Besseres bildet, dann regen wir dazu einen kreativen Prozess an, der imstande ist, das Neue zu bilden. Im Kontext der Behandlung werden wir dies *Heilungsprozess* nennen. Auch in einer Gruppentherapie können sich bestimmte dysfunktionale Muster bilden und wieder ist es unsere Aufgabe, der Gruppe zu helfen, gemeinsam etwas Neues, Besseres, Gesünderes zu schaffen, also den kreativen Wachstumsprozess im Hier und Jetzt der Gruppensitzung anzuregen. Immer noch im Kontext von Krankheitsbehandlung wäre dies *Prozessorientierte Gruppentherapie*. Auch deren Konzeption werde ich in aller Kürze vorstellen.

Wir bewegen uns aber keineswegs immer im Kontext der Behandlung. Es gibt zahlreiche andere Gesprächssituationen, die nicht dem *Heilen*, sondern dem *Lernen* dienen: Die Beratung eines Einzelnen, eines Paares, einer Familie, einer

Gruppe. Ich bin überzeugt, dass der kreative Prozess des Heilens und des Lernens im Kern derselbe ist, sodass wir von der *Prozessorientierten Psychotherapie* zur *Prozessorientierten Beratung* nur einen kleinen Schritt zu tun brauchen.

Während wir in Psychoanalysen das Wachstum von gesunden seelischen Strukturen in längeren Zeiträumen beobachten, findet in Traumatherapien, jedenfalls in den erfolgreichen, etwas anderes statt: seelische *Transformationsprozesse*, in denen sich vor unseren Augen in kurzer Zeit blockiertes seelisches Belastungsmaterial neu organisiert. Gerade die Beobachtung dieser schnellen Transformationsprozesse hat es sehr erleichtert, einige Gesetzmäßigkeiten deutlicher zu erkennen.

Aber beginnen wir am Anfang.

Die moderne Traumatherapie beginnt etwa mit dem Jahr 1989, als in der Arbeit vor allem mit Kriegsstraumatisierten neue Entwicklungen begannen. Man setzte, eingeführt von Shapiro, erstmals EMDR ein und sah in der Folge Heilungsprozesse, die vorher unbekannt waren. Teilweise in nur ein bis zwei Sitzungen hatten sich schwere posttraumatische Belastungsstörungen aufgelöst.

Wie nennen wir jenen Prozess, in dem krankmachendes, dysfunktionales, mentales Material in einem kreativen, selbstorganisatorischen Vorgang in ein anderes gesünderes Muster übergeht? Shapiro spricht von *AIP (Adapted Information Processing)*: Irgendetwas, das wir Information nennen können, wird beschleunigt verarbeitet. Der Begriff der *mentalen Reorganisation* ist ebenso neutral und ich verwende ihn gerne, er nimmt in seiner Neutralität nichts vorweg, das wir noch nicht wissen. In der klinischen Situation der Arbeit mit unseren Patientinnen schlage ich vor, von *Heilungsprozess* zu sprechen, ein Begriff, der den Vorteil intuitiver Verständlichkeit hat. In der Beratungssituation ist es ein kreativer Lernprozess.

In der Begriffswahl kommt ein Charakteristikum der modernen Traumatherapie zum Ausdruck, bei dem wir einen Moment verharren sollten: *Die moderne Traumatherapie ist prozessorientiert.* Sie definiert sich nicht über die Beschäftigung mit dem Problem des Patienten, sondern ihr Gegenstand ist der Heilungsprozess selbst. Klassische Psychotherapie ist hingegen inhaltsorientiert.

TERMINOLOGIE

- AIP (Adapted Information Processing)
- mentaler Reorganisationsprozess
- Heilungsprozess

Systematische Beschäftigung mit moderner Traumatherapie heißt also, sich in jeder Therapiestunde innerlich auf die Arbeitsweise des Heilungsprozesses zu fokussieren und aus sehr vielen solchen Beobachtungen Eigenschaften dieses Prozesses zu abstrahieren. Der mentale Reorganisationsprozess ist kein Mysterium, sondern offenbar eine natürliche Fähigkeit, sie wurde evolutionär entwickelt, weil der menschliche Organismus, der tierische natürlich auch, sie zum Überleben benötigt. Keine Psychotherapieschule darf sich zum Inhaber dieses Prozesses erklären. Ganz im Gegenteil sollte man die klinischen Beobachtungen in den verschiedenen Therapieformen miteinander und mit den neurobiologischen Forschungsergebnissen vergleichen.

Was wir auch benötigen, sind Objektivierungsverfahren, die im klinischen Alltag eingesetzt werden können. Die Möglichkeiten, mentale Reorganisationsprozesse zu erfassen, sind noch in Entwicklung begriffen. Eine sehr einfache Methode ist die Messung der Herzschlagvariabilität. Wir wissen heute, dass das Herz ein hervorragender Indikator für emotionale Prozesse ist. Außer dem normalen Pulsschlag, den jeder kennt, gibt es mindestens einen, sehr wahrscheinlich mehrere sich überlagernde Rhythmen. Der wichtigste ist die sogenannte Herzschlagvariabilität, sie bildet eine Art Metarhythmus, der die Verfassung des Herzens und der emotionalen Systeme anzeigt (Servan-Schreiber 2004).

Im normalen, also im *kohärenten Zustand* finden wir einen langsamen 4–5/Minute-Rhythmus, der anzeigt, dass es dem Herzen, dem emotionalen System und dem gesamten Organismus gut geht. Ein Mensch mit solchem Herzschlag ist kreativ, lernfähig, heilungskompetent. Überschreitet die emotionale Belastung ein bestimmtes Maß, so wechselt das Herz in den sogenannten *chaotischen Zustand*.

Eine technisch wesentlich aufwendigere Messmethode für Veränderungsprozesse in der Psychotherapie wurde von Günter Schiepek (2004) entwickelt. Er misst nicht nur *Faktoren erster Ordnung*, also Inhalte, sondern auch *Faktoren zweiter Ordnung*, mit denen sich Wandlungs- und Veränderungsprozesse abbilden lassen. Die damit erhobenen Prozessdaten setzt Schiepek originell in eine sichtbare und hörbare Partitur um. Er nennt das *Sonifikation*.

All diese Hilfsmittel stehen uns in der konkreten Psychotherapie- oder Beratungsstunde nicht zur Verfügung, sondern nur unsere systematisch geschulten Fähigkeiten zur Wahrnehmung. Interessanterweise ist bis heute weitgehend unbekannt, mit welchen Sinnen wir eigentlich in der Psychotherapie arbeiten, wie wir Kohärenz und Chaos in uns selbst und im Gegenüber während des Geschehens wahrnehmen, kurzum, wie unser eigener *Heilungsinstinkt* arbeitet. Dass er existiert, ist keine Frage. Wir merken es auf nicht bekannten Wegen, wenn sich das blockierte emotionale Belastungsmaterial in der Patientin in Bewegung zu setzen beginnt, wenn die mentale Reorganisation einsetzt und die Patientin danach in einer qualitativ anderen Verfassung ist als vorher.

Prinzip mentaler Reorganisation

- das Prinzip Selbstorganisation
- das bipolare Prinzip
- das emotiozentrische Prinzip
- das Prinzip Körperlichkeit
- das Prinzip Gegenwärtigkeit
- das Prinzip Fokussierung

Wir können mittlerweile die sechs wichtigsten Eigenschaften des mentalen Reorganisationsprozesses, auf dem seelische Heilung und Lernfähigkeit beruhen, aufgrund der sorgfältigen Beobachtung zahlreicher traumatherapeutischer Sitzungen klar benennen: Der Reorganisationsprozess geht als selbstgesteuertes Geschehen vor sich (Prinzip Selbstorganisation). Es ist dabei ein gesunder Persönlichkeitsanteil im Spiel, der blockiert gewesen war (das bipolare Prinzip). Der Heilungsvorgang vollzieht sich als Umorganisation negativer belastender Emotionen (das emotiozentrische Prinzip). Die emotionale Belastung ist immer mit Körperreaktionen verbunden (das Prinzip Körperlichkeit), das Belastende muss auf kontrollierte Weise in der gegenwärtigen Therapiestunde emotional präsent sein (das Prinzip Gegenwärtigkeit) und der Heilungsprozess kommt am besten in Gang, wenn der Moment mit der höchsten emotionalen Belastung genau fokussiert wird (das Prinzip Fokussierung).

Wenn wir uns nun auf mentale Reorganisationsprozesse systematisch konzentrieren, so ergeben sich aus den Prozesseigenschaften, die wir eben besprochen haben, einige grundlegende technische Prinzipien, sie gelten für Psychotherapie und auch für Beratung, weil auch dort statt Blockierung etwas kreatives Neues entstehen soll.

Prozessfokussierung: Vom Was zum Wie

Es interessiert in der prozessorientierten modernen Traumatherapie nicht nur das Was, der Inhalt, mit dem man sich in der Stunde beschäftigt, sondern in erster Linie das Wie, der Prozess. Wir postulieren, dass die Blockierung von emotionalem Material sich unter bestimmten Umständen in der Therapiestunde lösen kann, indem ein Prozess beginnt, der dieses blockierte Material in einen qualitativ anderen Zustand überführt, der dann weniger oder nicht mehr krankmachend wirkt, unter anderem deshalb, weil die Energie, die für das Aufrechterhalten der Blockierung erforderlich war, nicht mehr aufgebracht werden muss.

In der klinischen Situation sind wir auf unser eigenes Beobachtungsvermögen angewiesen und auf unseren Instinkt, oder besser: Therapeutin und Patientin beobachten, inwiefern im Geschehen der Stunde der Reorganisationsprozess beginnt oder nicht. Die Fähigkeiten der Patienten, diesen Prozess zu beobachten, wahrzunehmen und zu erkennen, sind keineswegs geringer als unsere eigenen. Was wir als Therapeuten besser können, ist die Konstruktion des therapeutischen Rahmens, weil das unser Beruf ist. Wir wissen mehr über notwendige Rahmenbedingungen und können den Therapierahmen bzw. den Beratungsrahmen in seinen Strukturen und im augenblicklichen Moment so gestalten, dass der Reorganisationsprozess induziert wird, oder besser: von selbst beginnen kann. Die Rahmenstrukturen der stationären Psychotherapie sind mittlerweile sehr weit entwickelt, hierüber ist schon Einiges publiziert. Wie aber geht die Prozesssteuerung in der einzelnen Therapiestunde?

Man lernt Bescheidenheit. Nachdem Patienten verstanden haben, und das geht meist sehr schnell, dass es darum geht, in der Stunde einen Arbeitsstil zu finden, der den Heilungsprozess ermöglicht, sind sie mir oft voraus. Sie wählen in der Stunde eine bestimmte Vorgehensweise oder schlagen eine Vorgehensweise explizit vor. Mag sein, eine Patientin beginnt die Stunde so: »Ich möchte Ihnen heute eine Sache, die mich beschäftigt, gerne in allen Einzelheiten erzählen, ich muss da offenbar noch einmal durch. Sind Sie einverstanden und können Sie ein bisschen auf mich aufpassen?« Vielleicht hatte ich gedacht, ein ganz anderes Thema wäre dran, vielleicht wollte ich auch methodisch nicht mit narrativer Traumatherapie, wie es die Patientin vorschlägt, sondern mit EMDR oder mit einer anderen Technik arbeiten. Wenn ich nun aber das Gefühl habe, es könnte so gehen, wie sie es vorschlägt, dann ist meine Antwort in der Regel: »Probieren wir es aus, ob der Heilungsprozess in Gang kommt.« Dies ist die *Kunst des Lassens* (Plassmann 2007) und natürlich benötigen wir Erkennungszeichen, anhand derer wir und die Patienten einschätzen können, ob der Prozess beginnt.

Die erste und wichtigste behandlungstechnische Regel lautet also *Prozessfokussierung*: Die Hauptaufmerksamkeit des Therapeuten richtet sich zu jedem Moment auf den mentalen Reorganisationsprozess, die sekundäre Aufmerksamkeit auf dessen Inhalte. Die Orientierung an dieser Grundregel erzeugt ein neues behandlungstechnisches Repertoire. Die Therapeutin beginnt, immer wieder während der Stunde mit bestimmten Techniken den Prozess zu fokussieren und zu überprüfen.

Jeder wird hier sein eigenes Repertoire entwickeln. Sehr geeignet sind fokussierende Fragen: »Wie ist es Ihnen ergangen in den letzten Minuten, als Sie von dieser Thematik sprachen, stimmt das Tempo, mit dem Sie sich durch das Material bewegen, fühlen Sie, dass es gut so ist oder ist die Belastung zu hoch?«

Wir können auch nach Prozessdetails fragen, wobei *Fragen* stets ein Fokussierungsvorgang ist: »In welcher Gestalt taucht das Material gerade auf, bildhaft oder als Körpergefühl oder als Sprache in Gestalt von Worten oder Sätzen?« Jede dieser eingeschalteten Prozessfokussierungen bringt nicht nur wichtige Information, sondern ist auch eine Ruhepause, ein Anhalten und Nachdenken. Die Prozessfokussierung ist deshalb auch eine der wirksamsten Stabilisierungstechniken, die es gibt. Sie holt den Patienten jeder Zeit aus dem Material. Wenn das Material heftig ist wie ein Wildwasser, dann ist die Prozessfokussierung das Außerhalb, der Schritt ans Ufer. Es hat für beide Beteiligten sehr befreiende Wirkung, zu wissen, dass dies jederzeit möglich ist.

Die Therapiestunde endet deshalb auch immer mit einer *Prozessreflexion*: »Was war das für eine Stunde, wie sieht sie im Rückblick aus, was hatte sie für ein emotionales Profil, was war der belastendste Moment, wann haben Sie sich am besten gefühlt, wie fühlen Sie sich jetzt, wie beurteilen Sie unsere Arbeitsweise in dieser Stunde?« In der abschließenden Prozessreflexion tritt der Patient ans Ufer des Alltags und beendet die Stunde. Ich rate dazu, auch jede Beratung mit einer solchen Prozessreflexion zu beenden.

Das Prinzip Selbstorganisation

Der Gedanke der Selbstregulation ist in der Geschichte der wissenschaftlichen Psychotherapie früh aufgetaucht. Als einer der ersten nahm C. G. Jung an, dass die menschliche Psyche zur Selbstregulation imstande sei und sich durch Selbstregulation auch heile (Kast 2006). Auch Wilhelm Reich war zutiefst überzeugt, der Organismus besitze eine ihm eigene Fähigkeit zur Selbstregulierung (Randolph 2006).

Der Begriff Selbstorganisation umfasst heute eine Reihe von Konzepten wie Synergetik (Haken 1981), Autopoiese (Maturana/Varela 1987), dissipative Strukturen (Nicolis/Prigogine 1977), selbstreferente Systeme (Schmidt 1986), die trotz unterschiedlicher Ansatzpunkte eines gemeinsam haben: Es handelt sich um Ansätze zur Beschreibung der Vorgänge in komplexen dynamischen Systemen.

Angesichts der Vielzahl und Bandbreite von Phänomenen in Natur, Gesellschaft und Geisteswissenschaft, die heute im Rahmen der Selbstorganisationsforschung betrachtet werden, sind wir zurzeit noch weit davon entfernt, von einer einheitlichen Selbstorganisationstheorie sprechen zu können. Viel mehr sind die verschiedenen Zweige innerhalb der Selbstorganisationstheorie erst dabei, zu einer Wissenschaft vom Komplexen zusammenzuwachsen. Bisher steht einem einheitlichen Selbstorganisationsparadigma nicht nur eine unterschiedliche Begrifflichkeit in den verschiedenen Forschungsgebieten entgegen, sondern auch eine teilweise Inkompatibilität der Konzepte.

Die Physik hat den Paradigmenwechsel begonnen und unser vertrautes Weltbild aufgelöst, welches aus der Vorstellung bestand, wir seien von festen, greifbaren Gegenständen umgeben, seien vielleicht selbst ein solcher. Die moderne nichtlineare Physik nimmt hingegen an, dass sich stabile Ordnungsmuster in dynamischen Systemen nicht linear statisch bilden, sondern in Sprüngen. Es kommt zunächst zur Erstarrung, dann zu kritischen Übergängen und dann zu Quantensprüngen der Veränderung. All dies ist noch Physik und lässt uns doch ständig an Soziales und Lebendiges denken.

Die Selbstorganisationsforschung der Biologen (Schmid-Schönbein et al. 1999, S. 156) hat klar herausgearbeitet: Lebensvorgänge sind ihrem innersten Wesen nach Schwingungen, Rhythmen, sei es der menschliche Blutdruck, seien es Regulationsvorgänge im Stoffwechsel oder Vorgänge in den neuronalen Netzwerken des Gehirns. Jede treibende Energie auch im Lebendigen erzeugt stabile Muster, Änderungen der treibenden Kraft lassen alte Muster zerfallen und neue Muster entstehen. Dies nennen wir *Emergenz oder Entwicklung*. Sie vollzieht sich wiederum im Organismus so wenig linear wie in der Physik, sondern in deutlichen Entwicklungssprüngen. Wo eine starke treibende Energie wirkt, ist der Organismus imstande, in kritischen Übergängen neue stabile Strukturen zu bilden.

Wir kommen der Psychotherapie und den Sozialwissenschaften offenbar immer näher: Wann aktiviert der menschliche Organismus diese Fähigkeit zu sprunghaftem Wachstum? Wir können folgende Arbeitshypothese formulieren: Es wird immer dann der Fall sein, wenn starke Kräfte, beispielsweise starke Emotionen, wirken und wenn der Fähigkeit zur Selbstorganisation ein förderlicher Rahmen gegeben wird. Das Herstellen eines zur Entstehung neuer Muster geeigneten Rahmens ist vermutlich die Hauptaufgabe des Therapeuten und auch des Beraters. Gleichzeitig mit der Entstehung neuer Formen der Selbstorganisation wird dann Energie frei, die dem Menschen zur Verfügung steht für seine weitere Entwicklung.

Psychotherapie heißt also, sich den emotionalen Energien der Therapiestunde so zu überlassen, dass eine Bewegung hin zur Heilung entsteht. Segeln ist ebenfalls ein selbstorganisatorisches System. Segeln bedeutet, sich den Energien des Windes so zu überlassen, dass eine Bewegung entsteht.

Ich habe kürzlich etwas erlebt, das mich sehr an selbstorganisatorische Prozesse in Therapiestunden erinnert hat: Ich fuhr mit einem kleinen Segelboot vom Ufer aufs Meer hinaus. Der Wind wehte heftig, ich fühlte, wie der Wind die Segel spannt, die Drahtseile vibrieren, das ganze Schiff fängt an zu singen. Es nimmt die Kraft des Windes voll auf. Das ist für den Segler ein gutes Gefühl, es ist der kohärente Zustand. Nun war ich einige Kilometer draußen und wollte wenden. Man muss wenden, sonst kommt man nicht zurück. Ich setze zur Wende an, aber es geht nicht. Der Wind packt das Schiff, wirft es hin und her, es kentert fast, das könnte weit draußen unangenehm werden, es wendet nicht. Ich setze wieder und wieder an, es wendet nicht. Mittlerweile bin ich sehr weit draußen, viel zu weit. Ich verfluche das Schiff, seinen Konstrukteur, den Wind, mich selbst, ich denke an die Leute an Land, die im warmen Sand liegen mit diesem wunderbar festen Boden unter sich. Ich bin nicht mehr im kohärenten, sondern im chaotischen Zustand, nicht nur theoretisch, sondern gut fühlbar. In der Therapiestunde ist das der Moment der Ohnmacht dem emotionalen Material gegenüber. Dann: Ich wünsche mir nichts mehr, als einen Außenborder. Der Außenborder als Idee ist wichtig. Er enthält die Fantasie, etwas zu haben, das stärker ist, er ist der Versuch, dem System Gewalt anzutun. Der Außenborder als Idee symbolisiert das Prinzip Fremdorganisation. Auch in der Therapiestunde begegnet einem das Prinzip Fremdorganisation, vielleicht im Verlangen nach einem Medikament, das einen schwer erträglichen eigenen Zustand von Ohnmacht beenden soll. Aber was mache ich auf See? Nun ein tiefer Atemzug des Seglers, auch dieser Atemzug ist wichtig, er leitet das Umdenken ein, die Entdeckung der Selbstorganisation, nicht nur auf See. Dem Segler wird klar: Dieses Schiffchen kann wenden, es will auch wenden (dieser Patient kann die emotionale Energie verarbeiten), aber wie helfe ich dem Boot dabei? Nun gut. Man fragt das Boot selbst. In der Psychotherapie nennen wir dies: Kontaktaufnahme zu den Ressourcen. Ich fühle hin, was dieses Schiffchen kann, wie es ihm gelingen wird, die Wende zu fahren. Nach zwei Versuchen habe ich es herausgefunden, ich hatte das Großsegel in der Wende zu dicht gehalten, das Großsegel muss nur um zehn Zentimeter gefiert werden. Das Boot fährt durch die Wende wie von selbst, es zieht wieder an, nimmt Geschwindigkeit auf, wieder die fantastische Kraft des Windes im Segel, das Boot zischt vorwärts Richtung Ufer, es vibriert, es singt, es fühlt sich wunderbar an, kohärent. Und bei mir tiefer Respekt vor der grenzenlosen Energie des Windes.

Selbstorganisation bedeutet, zu erkennen: Es ist die emotionale Energie im Patienten, die in einen kritischen, chaotischen Stillstand geraten ist, eine traumatische Situation. Diese Energie hat die Krankheit als Notbehelf geschaffen, sie möchte Entwicklung, sie kann sich entwickeln, sie sucht neue stabile Formen von Selbstorganisation.

Als Aufgabe von Psychotherapie sehe ich deshalb, den selbstorganisatorischen Heilungsprozess anzuregen, mit welcher Methodik auch immer. Mir persönlich hat dabei die Begegnung mit dem EMDR geholfen, weil es ein selbstorganisatorisch basiertes Verfahren ist.

Die richtige emotionale Temperatur finden: Die Arbeit im Toleranzfenster

Das EMDR und die moderne Traumatherapie haben uns mit größter Eindringlichkeit gezeigt, dass im Kern des Belastungsmaterials *negative Emotionen* stehen.

Es scheint sich hier um ein generelles Phänomen zu handeln. Überstarke negative Emotionen, wodurch auch immer entstanden, sind bis in die Gegenwart von der normalen seelischen Verarbeitung ausgeschlossen. Stattdessen sind andere, provisorische Verarbeitungsformen entstanden, die wir Krankheiten nennen: PTBS, Essstörungen, Süchte, alle Formen psychosomatischer Erkrankung. Es sind *traumareaktive Schemata*, die dazu gebraucht werden, überstarke negative Emotionen einzukapseln. Diese klinischen Beobachtungen über die zentrale Rolle von Emotionen bei der Organisation mentaler Vorgänge lassen sich mittlerweile neurobiologisch so sicher belegen, dass wir beginnen müssen, das *emotiozentrische Prinzip* in unsere Krankheitsmodelle aufzunehmen.

Was lehrt uns die neurobiologische Grundlagenforschung über Emotionen?

Die einzelnen Emotionen haben sich in der Evolution der Arten nacheinander und deshalb prinzipiell unabhängig voneinander entwickelt. Darüber, welches die Kern-Emotionen und welches die zusammengesetzten Emotionen sind, gibt es bislang wenig Übereinstimmung. Als Kern-Emotionen gelten bei LeDoux (2001): Furcht, Zorn, Ekel, Freude. In der Forschung wurde fast ausschließlich mit der Emotion Furcht gearbeitet, weil sie bei Versuchstieren und auch bei Menschen leicht erzeugt werden kann und am Verhalten leicht ablesbar ist. Die Folge ist, dass wir viel über negative Emotionen (Furcht) und sehr wenig über positive Emotionen (Freude, Sicherheit) wissen.

Das Primat der Emotionen vor dem Bewusstsein ist allerdings gesichert. In der Reaktion auf beliebige Ereignisse geht die *emotionale Reaktion* sowohl dem Bewusstsein wie auch der Handlung voraus. Dies ist in zahllosen, teils sehr originellen Experimenten nachgewiesen (Gazzaniga/LeDoux 1978; Spitzer 2006a, b). Bei Split-Brain-Patienten mit einer Schädigung der Verbindung zwischen rechter und linker Hirnhälfte wurde beobachtet, dass sie emotionale Reaktionen zwar haben, diese aber nicht bewusst wahrnehmen können. Damit sind sie auch nicht imstande, ihre eigenen Verhaltensweisen zu erklären, weil sie ja nicht wissen, warum sie es tun. Fragt man sie nach einer Erklärung, warum sie lachen, sich freuen, sich fürchten, so denken sie sich eine Erklärung aus, sie konfabulieren (Spitzer 2006a, b). Nachgewiesen ist die immer gleiche Reihenfolge: Eine unbewusste emotionale Reaktion wird in einem zweiten Schritt zu einem noch unbewussten Plan entwickelt, der dann noch mit einer bewussten Erklärung versehen wird. Die Willensfreiheit des Menschen ist dadurch nicht aufgehoben. Gerade die evolutionäre Neuheit von »Bewusstsein« als Entscheidungsinstanz schafft die Freiheit, einem primär unbewussten emotionalen Impuls zu folgen oder nicht (Kandel 2006, S. 417).

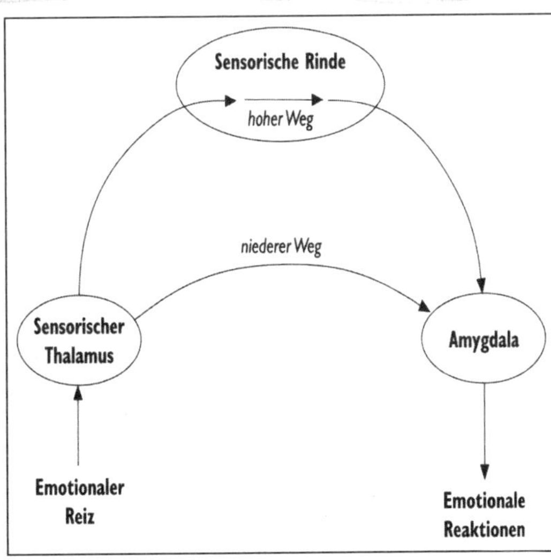

Abbildung 35: Der niedere und der hohe Weg (aus LeDoux 2001)

Man sieht das in jeder Therapiestunde. In der

Annäherung an emotionales Material tauchen Sätze, Geschichten, Argumente auf. Es ist wichtig, zu wissen, dass sie etwas Sekundäres sind. Erst wird gefühlt, dann gedacht. Auch der Körper hat bis dahin längst reagiert.

Irgendein beliebiges Ereignis löst auf direktem Weg in sehr kurzer Zeit (bei einer Ratte sind es zwölf Millisekunden) eine emotionale Reaktion aus, die sofort auf eine sehr mächtige Weise den Körper verändert: motorische Abwehrbewegung, Herzklopfen, Blutdruckanstieg und vieles mehr. Dieser kurze, direkte schnelle, aber ungenaue Weg (der *direkte oder niedere Weg*) wird erst später in einem langsameren komplexeren Geschehen (der *indirekte oder hohe Weg* nach LeDoux) verknüpft mit Bewusstsein, Wissen und Sprache (vgl. Abbildung 35).

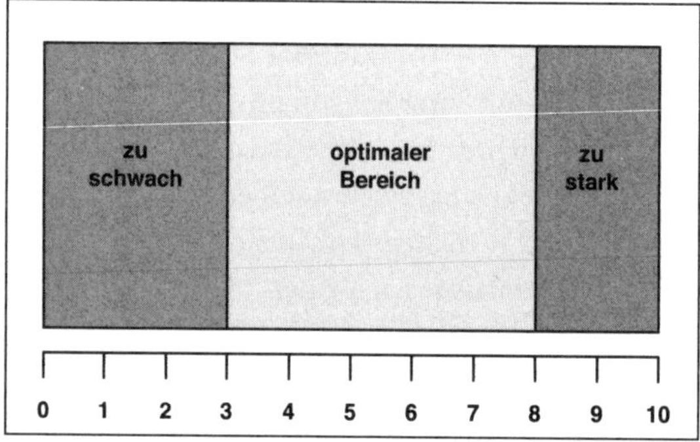

Abbildung 36: Optimale Fokussierung – das Toleranzfenster (window of tolerance)

Wenn wir realisieren, dass Psychotherapie bedeutet, mit dem emotionalen System des Patienten zu arbeiten, dann kommen wir zur nächsten behandlungstechnischen Grundregel: *Stets im Toleranzfenster bleiben.*

Zur Ressourcenaktivierung und damit zum Fortschreiten der Verarbeitungs-, Entwicklungs- und Lernprozesse kommt es innerhalb dieses Bereiches, in dem die gefühlte emotionale Belastung weder zu schwach noch zu stark ist. Anders ausgedrückt, jenen Belastungsbereich, in dem es zur Ressourcenaktivierung kommt, nennen wir *Toleranzfenster*. In Abbildung 36 ist dies unter Zuhilfenahme der SUD-Skala (Subjective Units of Disturbance), die aus dem EMDR vertraut ist, dargestellt.

Ein SUD von 3 entspricht etwa einem deutlich fühlbaren Unbehagen, mit beginnenden vegetativen Reaktionen (z. B. Herzklopfen) und ersten negativen Kognitionen (z. B. »ich kann nichts tun«). Ein SUD von 8 heißt stark fühlbare Belastung, starke vegetative Reaktionen (Schwitzen, Brustdruck, Zittern), starke negative Emotionen (Angst, Hass, Ekel, Schuld etc.), kognitive Einengung auf negative Kognitionen. Gegenregulation ist nicht hauptsächlich deshalb notwendig, weil der Zustand unangenehm ist, sondern weil ab einer bestimmten Belastungsstärke der mentale Transformationsprozess stagniert.

Die Beschäftigung mit dem emotionalen Belastungsmaterial erzeugt dann keinen Fortschritt mehr. Den oberen Rand des Toleranzfensters nennen wir klinisch *das Limit*.

Das Pendel zum Schwingen bringen: Das bipolare Prinzip

Regelmäßig und unvermeidlich wird es in einer Psychotherapie oder Beratung zum Kontakt mit emotionalen Belastungsschemata kommen.

Stets beginnt die emotionale Selbstregulation auch in der konkreten Therapiesituation mit einer *aktiven Entscheidung* der Patienten, in das *window of tolerance* zurückzukehren.

Dies geschieht durch *aktive Umfokussierung* auf Ressourcen, also durch die bipolare Arbeitsweise. Der Ressourcenkontakt ermöglicht eine Musterunterbrechung, die Ausbreitung des emotionalen Belastungsmusters wird dadurch in einem selbstregulatorischen Prozess begrenzt. Unterbrechen und Regulieren von Belastungskomplexen durch Ressourcenkontakt sind keine abstrakten, sondern sehr konkret fühlbare Dinge, da es sich um emotionale Vorgänge handelt.

Nützlich und wirksam sind insbesondere folgende allgemein bekannte *Standardressourcen*:

- Musterunterbrechung durch Prozessfokussierung,
- die Innere-Helfer-Technik,
- die Tresor- oder Bildschirmtechnik,
- die Sichere-Ort-Übung.

Alle Stabilisierungsübungen nutzen den Ressourcenkontakt zur Emotionsregulierung. Bei der Arbeit mit Stabilisierungsübungen wie dem sicheren Ort oder der Tresorübung sind es deshalb nicht die jeweils vorgestellten visuellen Elemente dieser Ressourcenübungen, sondern die dabei aktivierten *eigenen* positiven emotionalen Muster. In der Sicherer-Ort-Übung ist es also das im Moment der Übung gespürte Sicherheits*gefühl*. Gerade der Verweis auf dieses Wirkprinzip der Kontaktaufnahme mit dem eigenen positiven emotionalen Material verdeutlicht den Patienten auch das Prinzip der Selbstregulation. Es sind die Elemente der *eigenen* inneren Gesundheit, mit denen Kontakt aufgenommen wird, nichts Äußeres.

Genaue Beobachtung der mentalen Transformationsprozesse zeigt dann

Folgendes: Jedem Belastungsschema steht spontan *ein Heilungsschema* gegenüber, es zeigt sich in spontan auftauchenden Ressourcen. Wir nennen sie *dynamische oder spontane Ressourcen*. Die *dynamischen Ressourcen* tauchen regelmäßig in folgender Reihenfolge und Gestalt auf:

- als Körperrepräsentanzen,
- als Erinnerung an positive Situationen,
- als positive Kognition.

Auch hier gilt das emotiozentrische Prinzip: Es ist nur das wirksam, was *jetzt* gefühlt wird. Am wirksamsten sind deshalb diejenigen Ressourcen, die von selbst auftauchen wollen – die Kunst des Lassens.

Ein typischer Ablauf der emotionalen Selbstregulation in einer Therapiestunde wäre also bei deutlich ansteigender, kritisch intensiver emotionaler Belastung eine Prozessfokussierung mit der Bitte an den Patienten, die aktuelle Belastungsstärke mit der SUD-Skala einzuschätzen und dann zu entscheiden, ob eine Regulation der Erregung wünschenswert wäre, weil die Grenzen des *window of tolerance* erreicht sind. Falls dem so ist, wäre die nächste Frage, was der Patient schon an Regulierungsmöglichkeiten kennt, also an *vorhandenen* Ressourcen. Selbstverständlich verfügt jeder Mensch über ein entsprechendes Repertoire, da ja die Emotionsregulation ein lebenslanges, nicht erst in der Psychotherapie begonnenes Geschehen ist. Allerdings werden solche Fähigkeiten erst in der Therapie systematisch geübt.

Ein Patient wird über diese Frage, was jetzt im Moment zu einer besseren Verfassung beitrüge, kurz nachdenken. Das Nachdenken als solches ist bereits eine Distanzierungstechnik durch Musterunterbrechung. Der Patient wird sich umfokussieren und innerlich mit entsprechenden Fähigkeiten, die er von sich kennt, Kontakt aufnehmen. Das Nachdenken, Umfokussieren und der entstehende Ressourcenkontakt werden bis hier hin vielleicht eine bis zwei Minuten gedauert haben. Ganz regelmäßig beginnen dann subtile Veränderungen im Bereich der Körperrepräsentanzen: als Erstes meist ein gelöster Atemzug, dann ein etwas anderes freieres Sitzen, eine leicht aufgerichtete Haltung, ein Blick, der seine Freiheit wiedergewinnt und das Starre verliert.

Die Patientinnen bemerken diese subtilen Veränderungen meist nicht. Wird die Aufmerksamkeit darauf gelenkt, so kann das mit der Frage verbunden sein, wie sich diese Spontanressourcen in der Körperrepräsentanz auf die Verfassung ausgewirkt haben. Erfahrungsgemäß tauchen dann spontan weitere dynamische Ressourcen auf, sie sind ohne besonderes Zutun einfach da, ganz wie freie Assoziationen in der Psychoanalyse. Sie müssen lediglich bemerkt werden. Es könnte sein, dass ein Patient vor sich hin sagt: »Langsam wird mir klar, wie das bei mir immer abläuft.« Hier wäre also der *beobachtende, ordnende Verstand* aktiv geworden. Es könnte auch sein, dass ein Patient sich streckt und dehnt und dabei die Spannung gleichsam körperlich abschüttelt. Dies wäre ein *motorisches Ressourcenmuster*. Tiere machen das übrigens ständig. Ein anderer Patient wird vielleicht etwas lächeln und dabei bemerken: »Ich finde, ich habe das gerade ganz gut gemacht«, und kann dann auf seine *positive Emotion* des Stolzes und auf seine *positive Kognition*, die spontan entstanden ist, angesprochen werden. *Ansprechen* bedeutet in diesem behandlungstechnischen Zusammenhang stets *Fokussierung auf die Ressource*.

In der Regel wird eine solche aktive Selbstregulation auch bei sehr hohen Belastungsgraden nicht länger als wenige Minuten dauern. Der ganze Ablauf und das Ensemble von Ressourcen stehen dem Patienten dann in jeder künftigen Situation zur selbstständigen Nutzung ebenso zur Verfügung.

Über den Kompetenzerwerb hinaus hat die Gewissheit der Patienten, zur emotionalen Selbstregulation imstande zu sein, weitreichende Auswirkungen auf das Selbstbild. An die Stelle der Opferidentifikation tritt das Vertrauen in die selbstorganisatorischen Fähigkeiten.

Ein Feuer wird im Jetzt gelöscht: Das Prinzip Gegenwart

Der am weitesten verbreitete erkenntnistheoretische Irrtum der Psychotherapie ist die Vorstellung, es gäbe mehrere Zeiten, das Jetzt, das Damals und das Morgen. Schon flüchtiges Überdenken lehrt, dass dem nicht so ist, es gibt nur eine Zeit, das Jetzt. Wir können im Jetzt an die Zukunft denken, dann werden wir im Jetzt die zugehörigen negativen und positiven Emotionen bekommen und die eventuell zugehörigen Symptome. Das gleiche gilt für die Beschäftigung mit der Vergangenheit. Gedanken über Vergangenes werden im Jetzt gedacht, sie sind mit jetzt entstehenden Bildern, Emotionen, Symptomen verknüpft. Der Mensch hat evolutionär die Fähigkeit entwickelt, Repräsentanzen für Vergangenes und Antizipiertes zu bilden, dennoch gibt es keine Reise in die Vergangenheit und auch keine Reise in die Zukunft, alles Leben findet immer und ausschließlich jetzt in der Gegenwart statt. Wir verwenden Erinnerungen, um früher Erlebtes im Jetzt zu integrieren zu einem autobiografischen Narrativ.

Die moderne Traumatherapie hat nach meinem Kenntnisstand erstmals klargestellt, dass sich deshalb alle mentale Reorganisation im Jetzt vollzieht.

Warum aber lösen wir uns in der Psychotherapie so leicht aus der Gegenwart und meinen, uns in der Vergangenheit oder der Zukunft zu bewegen? Der Grund ist die problemorientierte Technik. Man nimmt in der Gegenwart emotionales Belastungsmaterial wahr, also ein *Problem*, man folgt dessen Fährte bis zu einem Dann und Dort, an dem das Problem lokalisiert wird, und wähnt sich am Ziel. Unaufgelöstes emotionales Belastungsmaterial, ganz gleich, wann es entstanden ist, taucht aber immer in der Gegenwart der Therapiestunde auf, und zwar solange, bis es sich im Jetzt des Reorganisationsprozesses auflöst.

Ganz gleich, wann es angezündet wurde: Ein Feuer wird im Jetzt gelöscht, niemals im Damals. Der mentale Reorganisationsprozess findet im Jetzt statt oder er findet nicht statt.

Von unten auf den Berg steigen: Im Kleinen beginnen

Heilungsprozesse – dies ist das selbstorganisatorische Modell komplexer Systeme – beginnen im Kleinen, im Gegenwärtigen und im Möglichen. Diese *kleinen Musterveränderungen* werden zum *Attraktor*, sie werden wirksamer, verbinden sich miteinander, breiten sich aus wie nachwachsendes Gewebe in einer Wunde. *Nachdem* das geschehen ist, können sich diese neuen *Muster von Gesundheit* systematisch auf noch vorhandenes inkohärentes, traumatisches Material ausbreiten und auch dort Reorganisation, das heißt dauerhafte Musterveränderung bewirken. Daraus folgt eine besondere Wertschätzung für die kleine Veränderung, vor allem in der Gestaltung der momentanen Therapiesituation. Während Patienten meist alle Probleme zu einem großen Komplex verkleben, folgt aus diesem Prinzip, dafür zu sorgen, dass im Jetzt in dieser Stunde der Heilungsprozess in kleinen Schritten beginnt. Nicht weniger und nicht mehr.

Prozessorientierte Beratung

Nun der Schritt von der Behandlung zur Beratung. Immer wieder gilt: Wenn der kreative Prozess stockt, hat die Prozessfokussierung absoluten

Vorrang vor der Beschäftigung mit Inhalten. Ich schildere Ihnen nun eine Beratungssituation, um daran prozessorientiertes Arbeiten zu verdeutlichen.

Kasuistik:

Die 45-jährige Frau A. meldet sich zur stationären Psychotherapie an. Sie tut das, indem sie die üblichen Unterlagen per Post schickt, also den von ihr ausgefüllten Anamnesebogen, einen Krankenhausentlassungsbericht von einer psychiatrischen Behandlung nach einem schweren Suizidversuch vor einem dreiviertel Jahr, einen 18-seitigen engbeschriebenen Lebenslauf und einen Begleitbrief von ihr. Darin steht folgender Abschnitt:

Was ich gerne vor dem stationären Aufenthalt wüsste:

- *In welchem Umfang können/werden Sie mich psychotherapeutisch betreuen? Ich wünschte mir Sie als Haupttherapeuten.*
- *Wären Sie bereit, während meiner Behandlungstermine auf die Videokamera zu verzichten? Seit meiner Kindheit löst Fotografieren und Filmen Angst in mir aus, insbesondere, wenn ich in schlechter Verfassung bin. Bereits die Anwesenheit einer Kamera kann Angst auslösen.*
- *Ein psychotherapeutisches Gespräch mit einer Frau ist für mich zurzeit unvorstellbar!!*
- *Ich habe panische Angst vor der (psycho)therapeutischen Situation! In einem ersten Anlauf hat bereits der Anamnesebogen Angstzustände bei mir ausgelöst. Welche Vorschläge haben Sie, wie ich mich vorbereiten kann?*
- *Ich werde Schwierigkeiten haben, mich einem Diplom-Psychologen ohne medizinische Ausbildung anzuvertrauen. Welche Lösungsvorschläge haben Sie?*
- *Jeder Kontakt mit dem Sozialamt, auch mit meinem Amtsarzt, wird im Moment Panik in mir auslösen. Wie soll ich mich vorbereiten?*
- *Ein Einbettzimmer ist mir wichtig.*
- *Hilfreich für mich wäre, wenn Sie mir eine kurze Nachricht (E-Mail) zukämen ließen, sobald Sie meine Unterlagen gelesen haben. Auch wenn Sie noch keine Antworten auf meine oben gestellten Fragen haben. Ich wüsste nur gerne, dass die Dinge ihren Lauf nehmen.*

Versetzen Sie sich in meine Situation. Ich sitze am Schreibtisch, einen Stapel Post von etwa einem halben Meter Höhe vor mir, der dringlich erledigt werden muss, darunter zahlreiche Anmeldungen und eben auch diese. Ich lehne mich zunächst zurück, erschlagen von der Menge und Heftigkeit des Materials und von der anscheinend offensichtlichen Unmöglichkeit zu einem Arbeitsbündnis mit ihr angesichts der unerfüllbaren Bedingungen, die die Patientin stellt. In unserer Klinik wäre sie nicht überwiegend bei mir in Behandlung, wir haben fast nur weibliche Therapeutinnen und das sind überwiegend keine Ärzte. Ich atme tief durch und denke: Das geht nicht.

Solch ein Gefühl sollte man festhalten, bewusst wahrnehmen. Es zeigt, dass bei der Patientin Überflutung durch Negatives eine wichtige Rolle spielt und dass der Therapeut dieses Schicksal sofort teilt. Der kreative Prozess in mir stockt, es fällt mir nichts mehr ein. Ich bin erschlagen.

Irgendetwas sollte mir aber einfallen, ich kann die Akte nicht in den Papierkorb werfen. Ich denke also nach und realisiere: Das Problemmaterial der Patientin ist so stark, dass man sich dem nicht gewachsen fühlt und zunächst, ebenso wie die Patientin auch, keinen Weg findet, einen heilungsförderlichen Rahmen zu schaffen.

Aber, und jetzt kommt das bipolare Prinzip ins Spiel: Da ist auch Positives. Sie bittet um Antwort, lässt mir die Freiheit, meine eigene Entscheidung zu treffen. Ich hätte das fast übersehen. Als ich diesen Satz noch einmal lese, entsteht bei mir das Gefühl, ein Dialog wäre doch möglich. Ich schreibe ihr also einen Brief, informiere sie über die Grenzen unserer Möglichkeiten und biete ihr ein Vorgespräch an, was sie auch wenig später realisiert.

Sie ist eine mittelgroße Frau, jünger aussehend, schaut sich in der Wartezone aufmerksam meinen Bücherschrank an. Auf meine Frage zu Beginn des Gesprächs, was die zu klärenden Punkte in diesem Beratungsgespräch seien, beginnt sie sofort zu weinen und spricht in schneller Folge eine ganze Reihe von belastenden Themen an: Eine ambulante Therapie, von der sie sich traumatisiert fühlt, ihre starken Flashbacks, die Art, wie diese Therapeutin ihr erst geholfen habe, einige berufliche und private Ziele zu erreichen und dann nur noch im Negativen herumgebohrt habe, sie, die Patientin, habe das mitgemacht, dann sei alles schiefgegangen, sie habe ihre Ausbildung nicht abschließen können, nicht promovieren können. Ohne Pause geht sie ständig weinend zu den aktuellen Schwierigkeiten über: bedrohlicher Geldmangel, Briefe der Bank, die sie in Panik versetzen, das Arbeitsamt, das sie unter Druck setzt, ihr Suizidversuch. Alles etwa in diesem Tempo wie hier aufgezählt.

Dann kommt etwas Positives: Sie hat meine Arbeiten gelesen über Ressourcenaktivierung mit EMDR, sie glaubt, dass ihr das helfen könne. An dieser Stelle des Beratungsgesprächs ändert sich schon der Rhythmus, sie spricht weniger gehetzt, hört auf zu weinen. Offenbar sinkt die emotionale Belastung ab.

Ich nutze den Moment und fokussiere auf den Prozess. Ich erzähle ihr ein wenig darüber, dass ich in der Tat den inneren Kontakt zu Positvem für wertvoll und notwendig halte, damit sich eine Balance bilden kann zwischen der Beschäftigung mit dem Belastungsmaterial und dem Gesunden. Ich sage ihr, dass es mir sinnvoll schiene, auch in diesem gerade stattfindenden Gespräch, in dem bislang überwiegend von Belastendem die Rede war, darauf zu achten. Sie beruhigt sich daraufhin sofort, schaut mich direkt an und erklärt mir, genau so eine Arbeitsweise brauche sie, sie wolle eigentlich gar nicht zu den traumatisierenden Ereignissen zurück, sondern sich stabilisieren, aus der aktuellen Klemme herauskommen, konkret: wieder Geld verdienen. Nach meinem Eindruck hatte, von mir nur wenig unterstützt, spontan eine Pendelbewegung stattgefunden vom emotional hoch belasteten Zustand zu etwas Positivem im Hier und Jetzt der Beratungssituation. Ich habe ihr das in Gestalt einer prozessbezogenen Intervention an dieser Stelle auch gesagt: Es sei für mich eine wichtige Erfahrung, dass das Herstellen dieser Balance, die für Heilungsprozesse allgemein notwendig sei, auch im gerade jetzt stattfindenden Gespräch gut gelungen sei.

Sie hat mir dann auf meine Bitte im nächsten Gesprächsabschnitt genauere Orientierung gegeben über einige zeitliche Zusammenhänge, die im anfänglichen Belastungschaos völlig untergegangen waren, über Einzelheiten ihrer Symptomatik, also ihrer Flashbacks und auch ihrer aktuellen Situation. Dies waren also Inhaltsaspekte, die aber nicht der emotionalen Begegnung mit den Traumatisierenden dienten, sondern dem Ordnen, Klarifizieren. Sie geriet dabei manchmal kurz in Tränen, fasste sich aber ohne mein Zutun jeweils von selbst wieder. Im dritten Gesprächsabschnitt klärte sie mit mir sehr pragmatisch, wie in Bezug auf eine stationäre Aufnahme zu verfahren sei.

Am Ende dieses Beratungsgesprächs habe ich ihr meinen Eindruck zusammengefasst, dass eine Regulation der emotionalen Belastungen im Gespräch gut möglich gewesen sei und ich ihre diesbezügliche Fähigkeit miterlebt hätte, sodass ich eine stationäre Therapie für möglich und aussichtsreich hielte. Sie wirkte sehr erleichtert.

Was in diesem Beratungskontakt nach meinem Dafürhalten besonders hervortritt, ist zum einen das *bipolare Prinzip*, also die Regulation von Emotionen durch Kontakt zu Gesundem. Teils hat die Patientin spontan von selbst dafür gesorgt, teils habe ich durch prozessfokussierte Aufmerksamkeit die emotionale Überbelastung wahrgenommen und beim Regulieren mitgeholfen. Das zweite ist das *Prinzip Gegenwärtigkeit*: Meine Aufmerksamkeit richtete sich zu wesentlichen Teilen auf die Vorgänge im Hier und Jetzt. Man hätte die Problematik der Patientin natürlich auch im Dann und Dort abhandeln können und sich mit der früheren Therapie, mit ihrer Mutter, mit ihrer Bank und dem Arbeitsamt beschäftigen können. Man hätte dann leicht übersehen, was im Hier und Jetzt der Beratung geschieht.

Zusammenfassung

Alle Methoden der Psychotherapie und der Beratung sind letztlich auf ein gemeinsames Ziel hin ausgerichtet: Im Beratungskontext sollen sie im beratenen System, also bei Einzelpersonen, Paaren, Familien und Gruppen, Wachstumsprozesse fördern. Unter Wachstum wäre dabei zu verstehen: ein kognitives Lernen, eine emotionale Weiterentwicklung, das Finden von gesünderen Interaktionsmustern.

Die moderne Traumatherapie hat sich nun als eine kreative Werkstatt erwiesen, in der solche seelischen Transformations-, Wachstums- und Strukturbildungsprozesse sehr gut beobachtet werden können, sodass zum einen ihre Eigenschaften klarer werden und zum anderen eine Methodik entwickeln werden konnte, wie solche Wachstumsprozesse gefördert werden können.

Kapitel 17

Wenn die Seele wachsen möchte – Von der Inhaltsdeutung zur Prozessdeutung[1]

Denkinhalte und Denkprozesse

In der stationären Psychotherapie sehen wir zahlreiche Patienten mit schweren emotionalen Belastungszuständen und zum Stillstand gekommenen Verarbeitungsprozessen. Gerade diese Situation, so schwierig sie ist, scheint aber zum Lernen gut geeignet. Wir können genau beobachten, wann der Verarbeitungsprozess wieder in Gang kommt, welche behandlungstechnischen Regeln sich bewähren und wir können versuchen, Gesetzmäßigkeiten zu erkennen. Diese Beobachtungen möchte ich nutzen, um typische Muster zu beschreiben, in denen sich der Transformationsprozess psychischer Inhalte vollzieht. Dazu ist die systematische Unterscheidung zwischen *Inhalt* und *Prozess* sinnvoll und notwendig. Das krankmachende, blockierte psychische Material, also negative Emotionen, damit verbundene Körperrepräsentanzen, Gedanken und Träume wären die Kategorie der *Inhalte*, die Integration und Transformation dieser Inhalte wäre jenes psychische Geschehen, das wir *Prozess* nennen und sowohl begrifflich wie klinisch von den Inhalten trennen.

Psychotherapie, mit welcher Methodik auch immer sie arbeitet, kann dann als Verfahren verstanden werden, welches dem Zweck dient, psychische Transformationsprozesse zu induzieren.

---

1 »Wenn die Seele wachsen möchte: Von der Inhaltsdeutung zur Prozessdeutung«. Vortrag am Institut für Psychotherapie und Psychoanalyse Würzburg, 17. Februar 2011. Erschienen in *Forum der Psychoanalyse: Reinhard Plassmann (2010):* Inhaltsdeutung und Prozessdeutung. Prozessorientierte Psychotherapie. Forum der Psychoanalyse 26(2), 105–120. Der Abdruck erfolgt mit freundlicher Genehmigung von Springer Science and Business Media.

Die zwischen Inhalten und Prozessen unterscheidende Konzeptualisierung und zugehörige Behandlungstechnik finden wir immer häufiger in neueren Entwicklungen der Psychoanalyse.

Mein Beitrag zu diesen Themen sind einige Arbeiten über Deutungstechnik bei traumatisierten Patienten. Mir war evident geworden, dass wir bei Traumatisierten nicht auf einen normal funktionsfähigen, seelischen Mentalisierungsapparat vertrauen können. Es war immer klarer geworden, dass in der Arbeit mit Traumatisierten, mit Borderline-Persönlichkeiten und auch mit psychosomatisch Kranken die Restitution des beschädigten Verarbeitungsapparates Vorrang hatte, bevor das Material inhaltlich gedeutet werden konnte. Ich habe deshalb das behandlungstechnische Begriffspaar von *Inhaltsdeutung und Prozessdeutung* eingeführt (Plassmann 1996).

Ein wesentlicher Bestandteil, ein Ausgangspunkt einer prozessorientierten Psychotherapie sowohl in der Ausbildung wie in der Behandlung muss deshalb der Aufbau einer *bifokalen Wahrnehmung* sein: mit einem Teil der Aufmerksamkeit auf das *Was*, die Inhalte des Prozesses, dies sind Gedanken, Fantasien, Träume, Gefühle, Körperreaktionen. Ein anderer Teil der Aufmerksamkeit richtet sich auf das *Wie,* den Prozess: Wie hoch ist die aktuelle Belastung im gegenwärtigen Moment, sind außer emotionalem Belastungsmaterial auch positive emotionale Komplexe, also Ressourcen präsent, geht die Belastung zurück und entstehen neue positive psychische Elemente?

Was wir nach meiner Überzeugung brauchen, sind Behandlungstechniken, die sowohl dem freien Fluss des emotionalen und assoziativen Geschehens Raum geben wie auch eine zuverlässige Prozesssteuerung dann ermöglichen, wenn es nötig ist. Dies kann der Fall sein, wenn der spontane Transformationsprozess im Geschehen der Stunde durch traumatische emotionale Übererregung oder auch durch Dissoziation stockt.

Klinisch können wir beobachten, dass sich beispielsweise Emotionen wie Töne verhalten. Sie klingen an, haben eine Verlaufskontur der Intensität (die *Vitalitätsaffekte* oder *Flugbahnen* nach Stern). Mentalisierungsprozesse ebenso wie Interaktionsprozesse zeigen Rhythmen und Tempi, sie haben irgendwie musikalischen Charakter. Sie erinnern an die Atmung mit einem, wenn es gut geht, beständigen Schwingen zwischen den Repräsentanzsystemen. Der Analytiker kann hierauf bei entsprechender Neigung mit gleichsam musikalischen Wahrnehmungs- und Denkvorgängen reagieren. Ich erinnere hier an Joseph Dantlgrabers Arbeit (2008) über das musikalische Zuhören. Die Dialogmuster ihrerseits lassen an Tanzfiguren mit hypersynchronen, asynchronen oder kohärenten Mustern des Denkens und Sprechens denken.

Konzeptualisierung

Organisiert sich die Verarbeitung von Inhalten grundsätzlich in diesen, eventuell auch weiteren Prozessmustern, die wir dann klinisch, modelltheoretisch und auch entwicklungspsychologisch von den Inhalten trennen sollten, so wie der Verdauungsapparat etwas anderes ist als das Verdaute?

Nach meiner Auffassung sind Verarbeitungsprozesse psychische Leistungen, die wir unabhängig von ihren Inhalten beobachten und beschreiben können. Die traumatisch starken negativen Emotionen und alles mit ihnen verbundene Material von Körperrepräsentanzen und Gedanken wären die Kategorie der *Inhalte,* deren Verarbeitungsprozess sich in bestimmten Mustern organisiert. In der Beschäftigung mit wechselnden Inhalten sind diese Prozessmuster konstant, also von den Inhalten klinisch und logisch zu unterscheiden.

Ich werde hierzu einige Arbeiten aus Kinderanalysen über frühe Formen der seelischen Entwicklung zur Diskussion stellen, insbesondere Arbeiten der Boston-Change-Process-Group.

Zwei Dinge sind für das Verständnis mentaler Transformationsprozesse absolut grundlegend:

- Das menschliche Gehirn ist ein komplexes System. Es bildet selbstorganisatorisch Ordnungsmuster und ist permanent aktiv, um dysfunktionale Muster durch funktionale zu ersetzen. Wir haben als Therapeuten die Aufgabe, die Gesetzmäßigkeiten dieses Vorgangs zu verstehen und ihn zu unterstützen.
- Die wichtigste dieser Gesetzmäßigkeiten ist: Das mentale Geschehen wird von Emotionen organisiert. Ob und wie Informationen verarbeitet werden, hängt in allererster Linie von den Vorgängen im emotionalen System ab. Von Bedeutung sind insbesondere die *Regulation der Emotionsstärke* und die *Regulation der Emotionsqualität.* Wir nennen dies in der modernen Traumatherapie das *emotiozentrische Prinzip*. Ich komme ausführlich darauf zu sprechen.

Lassen Sie uns anschauen, wie das in der Therapiestunde aussieht. Wir sehen den Transformationsprozess bei der Arbeit und können bestimmte Muster erkennen und beschreiben.

Prozessmuster in der Therapie

Damit medias in res. Welche Muster erzeugt der Transformationsprozess in der Stunde?

- *Mentalisierungsmuster:* Prozesse innerer Kommunikation zwischen Körperlichkeit, Emotion und Bewusstsein;
- *Dialogmuster:* Gelingende oder scheiternde Koordinationsvorgänge der Dialogstruktur in Bezug auf Wechselseitigkeit, Rhythmus, Tempo;
- Muster in der *Regulation der Emotionsstärke;*
- *Muster in der Regulation der Emotionsqualität (bipolare Muster)* zwischen negativem und positivem emotionalem Material.

Dies soll im Folgenden genauer betrachtet werden.

Mentalisierungsmuster

Das Bilden neuer Repräsentanzen scheint ein rhythmischer Vorgang zu sein. Im Nachdenken und Verarbeiten kommuniziert die höhere Repäsentanzebene in einem rhythmischen Geschehen mit den jeweilig niedereren, also vorgelagerten Repräsentanzebenen. Der Vorgang wurde von frühen Zeichentheoretikern wie C.S. Peirce (Uexküll/Geigges/Plassmann 2002) postuliert und von der modernen Neurobiologie bestätigt (Damasio 2000). Damasio, ein sehr scharfsinniger Neurobiologe, sieht dies so:

Die basale Repräsentanzebene des Protoselbst enthält unbewusste Repräsentanzen von Körpervorgängen, also alles, was wir an unbewusstem Wissen über den Körper haben. Damasio nennt diese Zeichen Emotion, die auf der Ebene des Protoselbst noch unbewusst ist. Diese Körperrepräsentanzen werden auf der Ebene des Kernselbst integriert zu neuen, komplexeren psychischen Objekten. Aus unbewusster Emotion wird bewusstes Gefühl, dass seinerseits auf der höchsten Repräsentanzebene des autobiografischen Selbst in neue, bewusstseinsfähige psychische Objekte integriert wird: das autobiografische Narrativ, die Sprache.

Mentalisierungsprozesse zeigen Rhythmen und Tempi, sie haben irgendwie musikalischen Charakter mit einem beständigen Schwingen zwischen den Repräsentanzsystemen.

In der Stunde sehen wir die Oszillationsvorgänge im Wechsel von Denken, Sprechen und Fühlen, im Wechsel der Bewegung zwischen den Repräsentanzsystemen: mal mehr Körperliches, dann mehr Emotionales, dann mehr Begriffliches, Bewusstes.

Will ein Patient sich durch sehr schnelles, intellektuelles Sprechen den Kontakt mit Emotion und Körper ersparen, so werden wir nicht nur die Beschleunigung des Tempos, sondern auch die Starre des Verhaftetseins an eine Repräsentanzebene wahrnehmen. Gesunden Symbolisierungsrhythmen scheint hingegen eigen, dass sie ständig spielen, das heißt, leicht variieren. Ich möchte das als *semiotische Oszillation* bezeichnen. Sie sind nie starr. Der Gegenpol zur Starre wäre der chaotische Rhythmus: plötzliche, regellose, eher psychotische, also desintegrierte Einschübe aus anderen Repräsentanzebenen.

1. Vignette: Mentalisierungsmuster

Frau H. rief mich an, um eine Behandlung zu beginnen. Sie ist Anfang 50, selbst Psychotherapeutin, sie lebt und arbeitet in einer norddeutschen Großstadt, von wo sie mit dem Zug zu ihren Stunden kommt. Sie sagte, es sei an der Zeit, ihre Bulimie, die sie seit 28 Jahren praktiziere, zu beenden. Darüber, warum sie sich an mich wandte, weiß ich nur, dass sie auf einer Weiterbildung meinen Namen gehört habe im Zusammenhang mit Essstörungen. Von dem weiten Weg macht sie kein Aufheben, sie kommt in nicht ganz regelmäßigen Abständen einige Male im Monat.

Sie ist eher klein gewachsen, ein dunkler südlicher Typ, sehr sorgfältig gekleidet.

Nach einer mehrwöchigen Therapieunterbrechung durch meinen Urlaub kommt sie zur ersten Stunde. Sie denkt kurz nach, womit sie beginnt und erzählt dann, dass es ihr in Bezug auf ihre Bulimie sehr gut gehe, sie habe sogar, früher undenkbar, Kuchen gegessen und einige starke Belastungssituationen gut durchgestanden, ohne Rückfall. Ihr Stolz klingt an, ihre Erleichterung und gleichzeitig ein Ernst, weil sie jetzt beginnt, eine wenige Tage zurückliegende Krisensituation zu erzählen. Sie war mit ihrem Mann bei Bekannten zu Besuch, insgesamt drei Ehepaare. Der Gastgeber hatte eine etwas aufdringliche Art, alle zum gemeinsamen Saunagang mit reichlich Biergenuss aufzufordern. Der Gedanke war ihr zuwider, sodass sie alleine im Wohnzimmer blieb, während die fünf Übrigen in die Sauna gingen. Der Gastgeber kam zwischen jedem Saunagang nach oben, schaute nach ihr, nicht jedoch ihr Mann. Sie erwähnte, dass seine Abwesenheit sehr schlimm für sie war und gebrauchte einige starke Worte, die mir auffielen: »Es war wie sterben.« Sie verfolgte dann einige Gedanken über dieses Ereignis.

Mein Eindruck war, dass nur ein Teil des Ereignisses in die Stunde gekommen war, nämlich die Worte, nicht hingegen ihre Emotionen und nicht ihre Körperreaktion. Ich sagte ihr das. Sie schaute mich direkt an, nahm offenbar noch einmal Kontakt mit diesem Ereignis auf und sagte: »Der schlimmste Moment war: Ich sitze im Wohnzimmer, mein Mann ist nicht da, ich verliere seinen Körper. Das war ein Schmerz in mir, hier im Brustkorb und im Bauch. Ein unglaubliches Einsamkeitsgefühl.« Sie weinte, atmete tief, ich war mir sicher, dass sich erst jetzt die Begegnung mit diesem Material komplettiert hatte. Ich gab ihr an dieser Stelle eine Prozessdeutung, indem ich ihr sagte, wie gut sie nach meiner Beobachtung in dieser eben zurückliegenden Sequenz die Welt der Gedanken mit denen der Gefühle und der Körpergefühle verbinden konnte, sodass ein Ganzes entstand. Im Rest der Stunde ergaben sich sowohl die Gelegenheit zu einer Übertragungsdeutung über mein Wegsein und eine genetische Deutung, die von ihr selbst kam: Solche Gefühle hätte ihre Mutter dem Vater gegenüber niemals ertragen, sondern mit depressiver Leblosigkeit ummantelt.

Interaktionsmuster

Eine Gruppe psychoanalytischer Autoren hat im Kontext der Säuglingsbeobachtung Transformationsprozesse beobachtet und sehr viel Sorgfalt auf deren Beschreibung und auf die Modellentwicklung verwendet.

Die *change prozess study group* wurde Anfang der 80er Jahre in Boston gegründet, ihr gehörten bekannte Kinder- und Erwachsenenanalytiker- und analytikerinnen an, beispielsweise Daniel Stern, Beatrice Beebe, Frank Lachmann, Joseph Jaffe.

Beebe et al. (2002) untersuchten die vokale Koordination zwischen Mutter und Kind, das Wechselspiel von stimmlichen Äußerungen und Sprechpausen bei viermonatigen Säuglingen und ihren Müttern. Im Alter von zwölf Monaten wurde dann überprüft, ob die Kinder normale oder pathologische Bindungsmuster entwickelt hatten. Man erwartete natürlich, dass Muster von perfekter vokaler Koordination gut sein würden für die Entwicklung, sah aber etwas anderes. Kinder mit maximaler vokaler Koordination mit ihren Müttern entwickelten sich schlecht, ebenso Kinder mit minimaler Koordination. Gute Entwicklung fand sich bei Koordinationsmustern von mittlerer Güte. Beebe und Lachmann (2004) nennen diesen Befund das *Balancemodell des Mittelbereichs* und schreiben: »Dieses Prozessmuster gilt vollkommen unabhängig vom jeweiligen emotionalen und thematischen Inhalt und lässt sich problemlos auf die analytische Arbeit übertragen« (ebd., S. 226).

Der mentale Apparat des Patienten nimmt regelmäßig durch rhythmische Koordination mit dem Analytiker Kontakt auf, um die Koordination gleich darauf wieder zu unterbrechen und dann erneut herzustellen. Mentales Wachstum ist dann zu erwarten, wenn diese Koordination weder hypersynchron noch asynchron, sondern ausbalanciert im Mittelbereich liegt (Beebe et al. 2002).

In der Therapiestunde sind es also nicht die Bedürfnisse und Gewohnheiten des einen oder des anderen allein, die den Rhythmus des Dialogs bestimmen sollen, sondern Ziel ist die Koordination. Ich habe es schon häufig erlebt, dass eine Patientin eine Pause machte, in der ich gerne etwas gesagt hätte. Wenn mir gerade nichts Sagenswertes einfällt, schweige ich, nur um dann zu bemerken, wie die Patientin selbst weitersprechend der Stunde einen neuen Impuls gab. Eine Beschleunigung des Dialogrhythmus mit rascher Redeaktivität von meiner Seite hätte dies gestört.

In Supervisionen berichten Ausbildungskandidaten häufig von extremen Rhythmusstörungen in ihren Behandlungen: Patienten sprechen ohne Pause in hohem Tempo mit Themensprüngen, denen das Denken nicht mehr folgen kann. Die Kandidaten versuchen dann meistens, sich irgendwie mit Inhaltsdeutungen Gehör zu verschaffen, sie greifen irgendeinen Teil des Redestroms heraus und versuchen, den analytischen Raum durch eine möglichst zutreffende Deutung dieses Materials zu öffnen, fast immer ohne Erfolg. Stattdessen wäre auch eine Prozessdeutung möglich, die einige Eigenschaften des Dialogrhythmus beschreibt, zum Beispiel das hohe Tempo, die Einseitigkeit der Sprechaktivität und die Auswirkungen auf den Mentalisierungsprozess, also zum Beispiel die Lähmung des Denkens und die fehlende Verknüpfung des Gesprochenen, dessen Teile unverbunden und deshalb auch unverstanden bleiben. Ein mutiger Patient könnte seinem zu viel und zu schnell oder zu wenig redenden Therapeuten den gleichen Hinweis geben, bis sich ein gemeinsames Wissen von kohärenten Dialogmustern bildet.

Ganz allgemein gilt, dass asynchrone oder hypersynchrone Dialogrhythmen den seelischen Transformationsprozess solange blockieren, bis sie behoben werden.

Regulation der Emotionsstärke

Blutdruck oder Pulsfrequenz können zu hoch oder zu niedrig sein, beides ist nicht gesund. So scheint es sich auch mit der Stärke der Emotionen zu verhalten. Weil Emotionen zentrale Organisatoren des mentalen Geschehens sind, sehen wir, dass zu schwache Emotion nichts bewegt, es kommt kein Transformationsprozess in Gang. Das wäre beispielsweise bei einer Patientin, die über das, was sie emotional berührt, nicht spricht, sondern über einen Pseudofokus, die Stunde bleibt infolgedessen fühlbar leblos, durch Beschäftigung mit emotional unbesetztem Pseudomaterial. Umgekehrt sehen wir an Patienten mit einem traumatisch starken negativen emotionalen Material, wie ein Zuviel an Emotionsstärke den gesamten davon berührten Bereich der Persönlichkeit an normaler Entwicklung hindert, bis in die aktuelle Stunde hinein. Die Stunde wiederholt das Trauma, indem eine emotionale Erregung von gleichsam toxischer Stärke den Transformationsprozess blockiert. Affektive Pluszustände zeigen dann die fehlende Verarbeitung des pathologischen emotionalen Materials an: Impulsdurchbrüche, Übererregung, Störungen der Symbolisierungsfähigkeit, Störungen des Denkens, Sprachzerfall und eine allgemeine Überflutung und Paralyse des gesunden Teils der Persönlichkeit.

Beide Grenzzustände, den Untererregungs- wie den Übererregungszustand können wir als Analytiker allerdings wahrnehmen. Ein im Moment der Therapiestunde hingegen gut funktionierender Heilungsprozess wäre erkennbar an einem ständigen autoregulativen Pendeln der Emotionsstärke um den optimalen Mittelbereich herum. Anders ausgedrückt: Die Patientin reguliert die emotionale Annäherung und Distanzierung an ihr Thema selbstständig so, dass die schädlichen Extreme korrigiert werden, so wie auch Blutdruck und Herzfrequenz niemals konstant sind, sondern sich ständig um einen Mittelbereich spielend auf den im Moment richtigen Wert einregulieren.

Wir erleben dann, wie die gesunde Persönlichkeit in der Stunde präsent und aktiv ist, das pathologische Material verändert sich im Moment des Geschehens der Stunde, kreative neue Aspekte werden geboren, der Dialog mit dem Therapeuten ist unbeeinträchtigt, Bewusstsein, Sprache und ein Mehr an innerer Ordnung entstehen, die Erlebnisse bekommen einen Ort in der Zeit.

2. Vignette: Muster der Emotionsregulierung

In den Stunden mit Frau H. nehme ich häufig eine Art emotionalen Wellengang wahr. Es sind viele Worte in ihr, sie ist klug, belesen und denkt über sich, ihre Krise und über ihre Therapiestunden gründlich nach. All die Worte, die dabei entstehen, können Abschnitte der Stunde füllen. Ich konnte anfangs dann zwei unterschiedliche Rhythmen, Melodien waren es noch nicht, wahrnehmen. In dem einen Rhythmus folgen die Worte einander in eher hohem

Tempo, kluge Worte und ich kann auch folgen, sie scheint dabei aber emotional eher unberührt. Ich bemerkte dann in mir selbst eine subtile Verlangsamung, die, wie ich vermute, aus einer Einstimmung von den expliziten Wortinhalten auf die impliziten emotionalen Vorgänge entstand. Manchmal sprach ich das auch aus, meist als Frage an die Patientin, wie sie Rhythmus und Tempo der bisherigen Stunde empfand, ob die Stunde in ihrem Rhythmus angekommen sei. Meist führte das zu einer Verlangsamung mit weniger Worten, mehr Aufmerksamkeit nach innen, zu nachdenklichen Pausen, in denen sie nicht spricht. In einer Stunde, es war erst die fünfte, sagte sie nach einer solchen nachdenklichen Pause: »Wissen Sie, die drei Wochen seit der letzten Stunde waren lang. Es war mir aber wichtig, zu wissen, dass ich es auch drei Wochen lang alleine kann. Es gab Momente, wo ich mich so hilflos gefühlt habe, ich habe mich geschämt für meine Essstörung.« In diesem Moment in der Stunde fühle ich, dass sie stark in Kontakt ist mit belastendem emotionalem Material. Ich weiß natürlich nicht genau, was es ist, allenfalls ungefähr, bin mir aber auf der Prozessebene sehr sicher, dass sie es ertragen kann. Sie ist nicht im traumatischen Bereich überstarker Emotion, aber viel fehlt nicht.

Sie denkt an ihre Tochter, die ihr erstes Kind nicht beruhigen konnte und deshalb sich selbst überließ und nun jede Gelegenheit sucht, um ihr, der Patientin, Vorwürfe zu machen, sie sei eine schlechte Mutter und Schuld an den Schwierigkeiten der Tochter mit der Enkelin. Sie weint hier tief und schmerzlich, ohne viel zu sprechen.

Es entspricht mittlerweile meiner Arbeitsweise, mir nicht nur über das Was, die Inhalte, Gedanken zu machen, sondern noch mehr Gedanken über das Wie der emotionalen Annäherung: Ist dieser emotionale Komplex des verlassenen Kindes jetzt im Moment der Stunde in einem heilsamen Fluss? Während ich mich das fragte (ich bin überzeugt, unsere Patienten merken solche still gestellten Fragen an einem subtilen Innehalten), sagte sie: »Was mir gerade in den Sinn kommt, ist ein Gefühl von Zorn. Ich fühle das in der Brust und besonders im Bauch, wo sonst die Bulimie ist. Ich habe einiges ganz gut gemacht als Mutter, ich brauche mich nicht zu verstecken.« Sie war nun in ganz anderer Verfassung, ich würde sagen vergnügt. Ich sagte ihr, nach meiner Wahrnehmung habe sie gerade eben starken Kontakt mit Belastungsmaterial gehabt, ich sei am Überlegen gewesen, ob sie Hilfe brauchte, als sie weinte, hätte mich aber dagegen entschieden. Nach meinem Eindruck sei dann etwas Gesundes vor sich gegangen. Obwohl ich natürlich nicht genau wüsste was, sei mir aufgefallen, dass ihr Zorn den Übergang zum Gesunden gerade eben hergestellt hätte.

Dieser Punkt ist mir methodisch wichtig: Ich brauche Sicherheit auf der Ebene der Prozessmuster, auf der Ebene der Inhalte kann ich dann mit Vorläufigkeit gut leben.

In dieser Vignette waren mir die Regulationsmuster der Emotionsstärke aufgefallen, erst Untererregung, dann hohe Belastung, dann Normalisierung. Dabei war schon ein Weiteres zu erkennen: ein innerer selbstorganisatorischer Übergang von einem negativen emotionalen Komplex zu offenbar damit verknüpftem positivem Material. Inhaltlich sind davon einige Elemente bekannt: ein positives Körpergefühl, Emotionen von Zorn, die ihr im Moment der Stunde in Bezug auf dieses Material zu helfen schienen, und zugehörige Gedanken: Ich brauche mich nicht zu verstecken.

Diese Muster rhythmischer Oszillation zwischen offenbar zusammengehörigen negativen und positiven Materialkomplexen beobachte ich mittlerweile sehr genau und beziehe sie in die prozessbezogene Deutungsarbeit mit ein.

Regulationsmuster der Emotionsqualität (bipolare Muster)

Die moderne Traumatherapie sieht den Heilungsprozess als eine Wechselwirkung zwischen *Traumaschema und Heilungsschema*, die jeweils im Kern aus Emotionen bestehen, negativen Emotionen wie Furcht, Scham, Schuld, Ekel im Traumabereich und positiven Emotionen wie Stolz, Freude, Neugier im positiven Bereich.

Bei Kontakt mit dem emotionalen Traumamaterial taucht, so können wir klinisch beobachten, stets auch positives emotionales Material auf. Seine Wirksamkeit und Stärke entscheiden, ob der Transformationsprozess gelingt. Daraus leiten sich die in der modernen Traumatherapie allgegenwärtigen Techniken der *Ressourcenorganisation* und *Stabilisierung* ab.

Jedem Belastungsschema steht also spontan *ein Heilungsschema* gegenüber, welches aber noch desorganisiert ist. Es kann aber für die aktive Selbstregulation genutzt werden, insbesondere durch die Nutzung von spontan auftauchenden Ressourcen. Wir nennen sie *dynamische Ressourcen.*

Ein typischer Ablauf der emotionalen Selbstregulation in einer Therapiestunde wäre also bei deutlich ansteigender, kritisch intensiver emotionaler Belastung die Bitte an den Patienten, die aktuelle Belastungsstärke zu bestimmen und dann zu entscheiden, ob eine Regulation der Erregung wünschenswert wäre, weil der kreative Prozess stockt. Falls dem so ist, wäre die nächste Frage, was der Patient schon an Regulierungsmöglichkeiten kennt, also an *vorhandenen* Ressourcen. Selbstverständlich verfügt jeder Mensch über ein entsprechendes Repertoire, da ja die Emotionsregulation ein lebenslanges, nicht erst in der Psychotherapie begonnenes Geschehen ist. Allerdings werden solche Fähigkeiten erst in der Therapie systematisch aktiviert, organisiert und genutzt.

Ein Patient wird über diese Frage, was jetzt im Moment zu einer besseren Verfassung dazugehören würde, kurz nachdenken. Das Nachdenken als solches ist bereits eine Distanzierungstechnik. Der Patient wird sich umfokussieren und innerlich mit entsprechenden Fähigkeiten, die er von sich kennt, Kontakt aufnehmen. Das Nachdenken, Umfokussieren und der entstehende Ressourcenkontakt werden bis hier hin vielleicht ein bis zwei Minuten gedauert haben. Ganz regelmäßig beginnen dann subtile Veränderungen im Bereich der Körperrepräsentanzen: Als Erstes meist ein gelöster Atemzug, dann ein etwas anderes freieres Sitzen, eine leicht aufgerichtete Haltung, ein Blick, der seine Freiheit wiedergewinnt und das Starre verliert. Wir nennen dies in der Traumatherapie dynamische Ressourcen oder Spontanressourcen. Wie schon bei den Regulierungsvorgängen der Emotionsstärke fallen auch hier rhythmische Phänomene auf, der Transformationsprozess strebt anscheinend einen jeweils optimalen Eigenrhythmus im oszillierenden Wechsel zwischen negativem und positivem Material an. Man wird in der Stunde dann auch beobachten, dass dabei Störungen auftreten, oft genug von uns selbst verursacht. Wir reden zu viel, fragen zu viel nach Inhalten, verlieren den Prozess aus dem Auge. Prozessorientiertes Arbeiten bedeutet, nicht ausschließlich auf das gerade berührte Problem, sondern ebenso auf die Rhythmik der Präsenz von Positivem und Negativem zu fokussieren und die Vorgänge in der Emotionsregulation bewusst zu machen, zunächst sich selbst. Das Innehalten, Bewusstwerden, die emotionale Selbstregulation der Therapeutin geht der Deutung voraus und bringt die Veränderung in die Stunde, ob es dann ausgesprochen wird oder nicht. Man könnte das als Prozesskommunikation bezeichnen. Zwei Transformationssysteme, das der Patienten und das der Therapeutin, kommunizieren miteinander. Das dürfte der Kern jeder Psychotherapie und jeder sicheren Bindung sein.

Die Sprache der Prozessdeutung

Aus der analytischen Grundregel der Abstinenz wird in der klassischen Behandlungstechnik abgeleitet, dass in der Therapie vom Patienten die Rede ist, nicht vom Analytiker. Daraus resultiert ein Deutungstyp, den ich als *Sie-Deutung* (Plassmann 1996) bezeichnen möchte. Die Sätze dieses Deutungstyps beschreiben die Subjektivität des Patienten aus der Beobachterposition des Analytikers und haben in der Regel die Struktur: »Sie fühlen, glauben, wollen, dass ...«

Sie enthalten in ihrer Sprachgestalt das Gesättigte, Abschließende, Objektivistische, nicht hingegen das Vermutende, Konstruierende.

Dieser Deutungstyp scheint für Inhaltsdeutungen geeignet, nicht aber für Prozessdeutungen. Ich habe wiederholt Behandlungen supervidiert, die wegen der monomanen Verwendung dieses Sie-Deutungstyps in eine unauflösbare Stagnation geraten waren. Eine Lösung des Problems kann in der Verwendung des Deutungstyps der *Ich-Deutung* liegen. Dieser Deutungstyp beschreibt die Tätigkeit des analytischen Ichs des Therapeuten, also Wahrnehmen, Reflektieren, Verstehen und eventuell auch die Störungen dieses Prozesses.

Die Gestalt solcher Deutungssätze ist dann zum Beispiel: »Ich habe über die letzte Stunde nachgedacht und mir scheint wichtig, dass ich, obwohl Ihre Erinnerungen sehr überwältigend waren, trotzdem Kontakt zu Ihnen hatte und auch in der Stunde gut mitdenken konnte. Das spräche dafür, dass die Macht der Erinnerungen etwas nachgelassen hat. Wie fügt sich das zu Ihren Wahrnehmungen?«

Warum bewährt sich für Prozessdeutungen die Sprache der Ich-Deutung besser? Die Ich-Deutung enthält in ihrer Sprachgestalt das Entwerfen, Vermuten, Konstruieren und den Dialog zwischen Therapeut und Patient.

Während die Sie-Deutung der Ein-Personen-Psychologie entstammt und der Therapeut ein Beobachter zu sein scheint, der die Vorgänge im Patienten unbeteiligt beschreibt, wird dagegen in der Ich-Deutung anerkannt, dass der Transformationsprozess etwas ist, das in beiden und zwischen beiden, Therapeut und Patient, stattfindet. Wir brauchen deshalb eine Sprache der Intersubjektivität (Zwiebel 2004). Diese Aufgabe lässt sich mit der Ich-Deutung gut lösen.

Sie beruht begrifflich auf der Unterscheidung zwischen *dem analytischen Ich und dem privaten Ich* des Analytikers. Der analytische Reflexions- und Transformationsprozess im Analytiker ist das eigentlich heilsame Geschehen, das sich auf alles psychische Material richtet, also Erinnerungen, Übertragungen, Inszenierungen etc. Beim traumatisierten Patienten muss sich im pathologischen Bereich, also jenem Bereich, in dem der Transformationsprozess durch traumatische Erfahrung strukturell beeinträchtigt ist, diese Fähigkeit erst in der Therapie bilden. Es ist deshalb nach meiner Auffassung nicht nur nützlich, sondern unverzichtbar, den Transformationsprozess im Therapeuten offenzulegen. Wo der Analytiker Störungen des Transformationsprozesses bei sich selbst als Gegenübertragung erlebt, also Beeinträchtigungen des Denkens in der Kategorie von Zeit und Raum, Überflutung durch Emotionen, psychosomatische Reaktionen oder Leeregefühle, können diese Vorgänge in Gestalt einer Prozessdeutung verwendet werden.

Die Transformation des seelischen Materials: Neue Muster

Wie verändert, wie transformiert sich nun desintegriertes Material im psychischen Reorganisationsprozess? Woran erkennen wir, dass aus Krankmachendem Gesünderes entstanden ist? Eine »Anatomie des Gesunden« wird eher selten beschrieben und doch brauchen wir sie. Selbstorganisatorisch betrachtet, führt ein erfolgreicher mentaler Transformationsprozess zur Entstehung neuer Muster. Einige typische Formen solcher Muster möchte ich hier kurz zusammenfassen (ausführlicher in Plassmann 1996).

Merkmale für Veränderungen zum Positiven

- Fortschritte in der Repräsentanzenbildung durch Symbolisierung (semiotische Progression)
- Fortschritte in der Ordnung von Raum und Zeit (Integration)
- Fortschritte in der Einordnung des Materials in das autobiografische Narrativ (Vernetzung)

Semiotische Progression

Alles psychische Material, alles, was in die Stunde kommt, ist Ergebnis eines Gestaltungsvorgangs, in dem Repräsentanzen, Symbole erzeugt worden sind. Die Repräsentanzenbildung ist Bestandteil des Transformationsprozesses, der blockiert war und den Therapie fördern soll.

Ein Traumaschema wird also daran erkennbar sein, dass das Material ein niedriges semiotisches Niveau hat, beispielsweise als isoliertes körperliches Geschehen, die zugehörigen Affekte (emotionale Repräsentanzen) und die Einfälle zur Bedeutung dieses Symptoms, also höhere sprachliche Symbole, fehlen.

Die semiotische Progression zeigt sich dann in der Erweiterung der Symbolsprache. Aus einem Körpersymptom wird vielleicht ein Traum, eine Inszenierung, ein Bild. Die Gefühle werden wahrgenommen, ein Hof von Assoziationen respektive Sprachsymbolen entsteht.

Auch das Herstellen von Übertragung kann als psychischer Gestaltungs-, das heißt als Symbolisierungsvorgang aufgefasst werden. Ein Symptom beziehungslos zu haben ist etwas anderes, als es in die Stunde zu bringen, dort zu thematisieren oder das Symptom sogar in der Stunde zu erleben, es in Berührung mit der Therapie zu bringen und eventuell sogar von den Veränderungen des Symptoms im Zusammenhang mit der Therapiestunde zu sprechen. In der Nutzung dieser Möglichkeiten wird die Stunde selbst zum Medium, zum Material, in welchem sich der Patient ausgestaltet. Inhaltsdeutungen würden nun eher die Art des Übertragenen herausarbeiten, also die unbewussten, in der Übertragung ausgedrückten Fantasien, während Prozessdeutungen eher die Tatsache registrieren, dass »die Stunde« oder »die Therapie« unter den Einfluss des Patienten kommen kann, also Übertragung stattfindet.

Kontextualisierung: Die Einordnung in Raum und Zeit

Krankmachende Erlebnisbereiche haben keinen sicheren Platz in der inneren Zeitordnung des Patienten, insbesondere fehlt ihnen die Eigenschaft des Vergangenen. Jede Wiederholung macht die ursprüngliche Erfahrung scheinbar wieder zur Gegenwart.

Der Heilungsvorgang zeigt sich darin, dass sich in der Stunde das Zeitgefühl für den Unterschied zwischen Jetzt und Damals wieder bildet, also auch der Kontakt zur Gegenwart der Therapie. Damit verbunden ist eine stark verbesserte Verfügbarkeit des Patienten über das jeweilige Material, ein Mehr an Fähigkeit und Freiheit zu entscheiden, ob und wie jetzt in der Stunde mit dem eindeutig als dem Damals zugehörigen Material gearbeitet wird.

Eine Patientin kann dann sagen: »Ich hatte gestern eine solch furchtbare Angst, ich würde Sie bald verlieren und alles wäre wieder so, wie es nach dem Tod meiner Mutter war! Jetzt im Moment sehe ich das schon mit viel mehr Abstand.«

Die Inhaltsdeutung hat die Patientin sich schon selbst gegeben, die Prozessdeutung könnte beschreiben, wie sich dieses Wissen über den Unterschied von Jetzt und Damals im Verlauf der Stunde, vielleicht auch im Verlauf der

Therapie gebildet hat. Auch hier wird es so sein, dass der Prozess im Therapeuten beginnt, der auch unter dem Ansturm von heftigstem Material die innere Ordnung von Zeit und Raum behält.

Das autobiografische Narrativ

Auch ein Traumaschema ist etwas Eigenes, Inneres. Es will anerkannt, angenommen und in die eigene Lebensgeschichte integriert werden. Das Erkranken, das Verarbeiten, das Heilen will zum Bestandteil des autobiografischen Narrativs werden.

Oft beginnt die Arbeit mit traumatisierten Patienten deshalb damit, die scheinbare Sinnlosigkeit der aufgetretenen Lebens- und Gesundheitskrise und des jeweiligen Symptoms zu thematisieren. Das Festhalten am Zustand der Sinnlosigkeit, das Verweigern von Sinngebung ist in der Regel mit dem Wunsch verbunden, der jeweiligen Symptomatik oder Erfahrung die Existenzberechtigung abzusprechen. Alles schiene in Ordnung, wenn nur Symptom, Krankheit, Ereignis etc. nicht vorhanden wären. Erst die Einordnung des desintegrierten seelischen Materials in das autobiografische Narrativ macht solche ausgegrenzten Erlebnisbereiche zu dem, was sie sind, nämlich zu einem Teil des eigenen Selbst und seiner Geschichte. Dadurch wird auch der traumatische Komplex als etwas Eigenes erkannt verbunden mit dem eigenen Wunsch, die Wege zu mehr Gesundheit zu finden.

Jede Patientin, jeder Patient mit starken dissoziativen Störungen wird im Zuge einer erfolgreichen Therapie die eigene Geschichte und die Geschichte der eigenen Familie umschreiben und neu bewerten mit entsprechenden Folgen auf das Selbstbild und das Bild der Familie. Dies ist ein Vorgang, der äußerste Kraftanstrengungen erfordert und in der Regel Jahre dauert.

Zusammenfassung

Wir können das reiche Wissen der Psychoanalyse von den unbewussten psychischen *Inhalten* ergänzen um die Beobachtung und Beschreibung der *Muster*, die der *Transformationsprozess* in der Stunde erzeugt. Die Modellbildung des Transformationsprozesses ist in lebhafter Entwicklung, und zwar innerhalb und außerhalb der Psychoanalyse.

Diesen Prozessmustern ist gemeinsam, dass sie keine lineare, sondern eine rhythmische, musikalische Textur haben. Wir können sie gleichwohl behandlungstechnisch wie jedes andere Material auch in die Deutungstätigkeit einbeziehen, mit einem Deutungstyp, den ich *Prozessdeutung* nennen würde.

Wenn wir uns nun solchen Regulationsrhythmen im Patienten und zwischen Patienten und uns zuwenden, in welcher Situation finden wir uns dann aber wieder? Psychotherapie ist komplex genug, soll sie noch komplexer werden? Ich meine, es ist umgekehrt. Die Arbeit mit dem Prozessmodell vereinfacht. Es ist wie mit dem Hören von Musik. Wollte man Gehörtes erfassen, indem man jeden einzelnen Ton, seine Höhe, seine Dauer, seine Lautstärke beschreibt, so wäre das Resultat eine unendlich große ungeordnete Datenmenge. Indem wir Ordnungsmuster erkennen, orientieren wir uns und werden dadurch aufnahme- und handlungsfähig.

Ich gebe mittlerweile in der Deutungsarbeit der Beschäftigung mit Prozessmustern solange den Vorzug, wie Störungen der Transformationsprozesse vorliegen, die eine erfolgreiche Arbeit an den Inhalten erschweren. Was mich dann immer wieder erstaunt, ist die Leichtigkeit, mit der Inhalte bewusst werden können, häufig ohne mein Zutun. Der Widerstand gegen die Bewusstwerdung geht anscheinend stark zurück, wenn ein zur Verarbeitung kompetenter psychischer Apparat aktiv ist. Sehr häufig wird diese Arbeit von den Patientinnen erledigt, was mich immer aufs Neue beeindruckt.

Kapitel 18

Stabilisierung als selbstorganisatorischer Prozess[1]

Einleitung

Vor etlichen Jahren habe ich eine Ausbildung in Hypnotherapie gemacht, ich war zwar ein etwas undisziplinierter Kandidat, weil ich öfters gefehlt habe, es hat aber zu zwei für mich wichtigen Dingen gereicht: Ich praktiziere seitdem die Methode bei mir selbst oder besser ausgedrückt, ich verwende sie als Kommunikationstechnik mit meinem eigenen Unbewussten. Ich stelle ihm Fragen, es antwortet mir. Anfangs waren das überwiegend die klassischen ideomotorischen Antworten, mittlerweile ist ein weiterer Antworttyp hinzugekommen, ich nenne sie U-Mails, es sind präzise Botschaften aus meinem Unbewussten. Ich vereinbare beispielsweise Zusammenarbeit in Bezug auf bestimmte knifflige Aufgaben und beobachte dann, dass sich zu Zeitpunkten, die mein Unbewusstes selbst bestimmt, Gedanken in mein Bewusstsein schieben, deren Absender ich rasch erkenne und die mich regelmäßig entscheidend voranbringen. Die damit verbundenen sanften Alltagstrancen stören mich nicht bei der Arbeit, meist kommen sie dann, wenn auch Gelegenheit dazu ist.

Das zweite Resultat dieser Ausbildung am Mainzer Institut für selbstorganisatorische Hypnose (Leiter: Götz Renartz) ist die Begegnung mit dem selbstorganisatorischen Modell komplexer Systeme. Es ist mir rasch klar, besser gesagt fühlbar geworden, wo Lösungen herkommen. Sie entstehen in demjenigen, der die Lösungen sucht, und zwar in einem Prozess, den man

1 »Stabilisierung als selbstorganisatorischer Prozess«. Vortrag am Mainzer Zentrum für angewandte Hypnose, 9. September 2011.

Transformationsprozess nennen kann und dessen Eigenschaften mir seither in vielen kleinen Schritten klarer geworden sind.

Im Zuge dieser Beschäftigung mit der selbstorganisatorischen Natur seelischer Heilungsprozesse sind auch Ansätze zur Stabilisierungsarbeit entstanden und ich werde versuchen, die Entstehung, den modelltheoretischen Hintergrund und die praktische Durchführung zu verdeutlichen.

Am meisten habe ich gelernt von Patientinnen mit Essstörungen, speziell mit Magersucht, und von Patientinnen mit selbstverletzendem Verhalten.

Ausgangspunkt war folgende Situation: Die Klinik, in der ich seit 2001 arbeite, hatte einen hohen Anteil magersüchtiger Patientinnen und wusste natürlich das Übliche darüber, wie jemand in eine Magersucht hineinkommt. Man kannte die Probleme mit der Pubertät, die Probleme mit der Mutter, die Bedeutung von Traumata. Über diese Probleme etwas zu wissen, hieß aber noch lange nicht, die Magersucht verstanden zu haben. Welcher Zusammenhang besteht denn zwischen den zahlreichen Problemen, die wir bei den Patientinnen finden, und der Essstörung? Wie wird aus dem einen das andere?

Und was dann immer noch fehlt, ist eine Vorstellung davon, wie die Gegenbewegung beschaffen ist: Wie kommt eine Patientin auch wieder heraus aus der Magersucht? Weil man das in der Klinik damals nicht wusste, machte man das Übliche. Man redete mit den Patientinnen über ihre Probleme. Manchmal schien das zu helfen, manchmal (meistens) nicht, aber man wusste wiederum nicht, woran das lag. Daran dürfte sich in vielen stationären Essstörungsbehandlungen bis heute nicht viel verändert haben.

Ich finde es immer hilfreich, mein Denken frei zu machen von Vorannahmen und genau hinzuschauen, was vor sich geht. Dies ist der Vorgang der *Musteranalyse*, ein Begriff, den ich hier einführen möchte. Er entstammt bereits dem Kontext des selbstorganisatorischen Modells, wir werden noch ausführlich darauf zu sprechen kommen.

Was sieht man bei einer solchen Musteranalyse der Magersucht:

- Die Patientinnen behaupten, sie müssten sich so magersüchtig verhalten, weil sie ungelöste Probleme hätten.
- Die meisten Patientinnen erwarten, dass ein *Jemand* die Probleme lösen soll, eine Mutter, ein Vater, ein Therapeut, eine Klinik.
- Manchmal, wenn es ihren eigenen Zielen dient, unterbrechen sie das magersüchtige Verhalten, ernähren sich weitgehend normal, nehmen zu, bis zu dem Zeitpunkt, an dem sie finden, magersüchtiges Verhalten sei wieder erforderlich.

Die Fähigkeit, das eigene Essverhalten zu steuern, ist also vorhanden. Folglich besteht die Aufgabe darin, eine Behandlungsstrategie zu entwickeln, die dazu führt, dass diese Fähigkeit für den Heilungsprozess genutzt wird, nicht für die Magersucht.

Dieser Punkt ist von zentraler Bedeutung für alle selbstorganisatorischen Stabilisierungsstrategien. Ist eine Fähigkeit zur Musterveränderung bei der Patientin vorhanden oder nicht?

Wenn man überzeugt ist, diese Fähigkeit existiere nicht, werden einem alle weiteren darauf aufbauenden Schritte fremd bleiben. Ist man ambivalent, ob die Fähigkeit existiert oder nicht, wird die Magersüchtige keine fünf Minuten brauchen, um einen zu überzeugen, dass es absolut grausam und unmenschlich sei, von einer solchen Fähigkeit zur Musterveränderung auszugehen.

Kurz gesagt: Die Patientin wird mit all ihrer Kunst, Intelligenz, Begabung und Erfahrung das *fremdorganisatorische Modell der Behandlung* propagieren, und zwar genauso lange, wie man als Therapeut dazu bereit ist.

In dem Moment, in dem der Therapeut seine Perspektive ändert, passiert etwas Eigenartiges: Ohne Streiten, ohne Argumentieren, meist ohne dass darüber verhandelt werden muss, gehen die Patientinnen wie selbstverständlich davon aus, dass sie die *Fähigkeit zur Musterveränderung* haben und beginnen auch damit.

Das ist eine zweite Erkenntnis von zentraler Bedeutung: Die Musterveränderung beginnt im Therapeuten oder sie beginnt nicht. Wahrscheinlich ist es so, dass die seelischen Wachstumsprozesse im Patienten erst dann beginnen können, wenn sie auch im Therapeuten aktiv geworden sind. Der Transformationsprozess, der das Ziel der Psychotherapie ist, wird vom mentalen System *beider* Beteiligten erzeugt.

Dieser Transformationsprozess, den wir zunehmend besser verstehen, kann am besten mit dem selbstorganisatorischen Modell komplexer Systeme

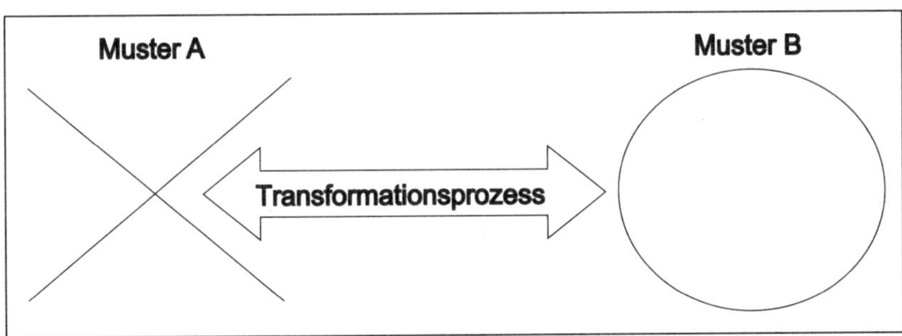

Abbildung 37: Musterveränderung durch Transformation

beschrieben werden. Er hat nichtlineare, rhythmische Eigenschaften. Die Patientin wird beispielsweise anfangen, mit dem Gedanken zu spielen, sie könne heute noch die ersten Schritte aus der Magersucht tun. Sie wird den Gedanken dann wieder verwerfen, sich ihm dann wieder annähern, ein zyklisches, rhythmisches Geschehen. Dieses *Spiel mit der Lösung* ist keineswegs nur etwas Psychisches, der Transformationsprozess spiegelt sich exakt im vegetativen Nervensystem wieder, etwa im Herzrhythmus, in der Atmung und natürlich auch in den Rhythmen der neuronalen Netzwerke.

Nur wenn wir selbst also im Heilungsmodus sind, können wir auf die selbstorganisatorischen Transformationsprozesse in der Patientin antworten.

Warum fällt das manchen Therapeuten so schwer?

Es sind nach meinem Dafürhalten zwei Denktraditionen, die hier als Hindernis wirksam sind: das mechanistische Modell der Medizin und die christliche Tradition. Beide sind in ihrem Wesen fremdorganisatorisch. Im christlichen Denken ist es immer die Kirche, von der das Seelenheil ausgeht. Es ist mir nicht bekannt, dass ein christlicher Mensch sich selbst taufen, sich selbst verzeihen oder selbst über Zölibat entscheiden könnte. Wenn dieses Modell auch nur unbewusst einer therapeutischen Beziehung zugrunde gelegt wird, so gibt es keinen selbstorganisatorischen Heilungsprozess, immer hat der Patient auf die Erleuchtung durch den Therapeuten zu warten. Weil diese beiden Traditionen sehr mächtig sind und tief in unsere Psychotherapieausbildungen hineinwirken, muss ich davon ausgehen, dass mindestens der Hälfte der Therapeuten, die bei uns arbeiten, das selbstorganisatorische Denken unzugänglich bleiben wird. Die Stabilisierungsstrategien, von denen jetzt die Rede sein wird, müssen also funktionieren, auch wenn die Therapeuten nicht daran glauben. Auch das ist lösbar.

Krankheiten als Muster im komplexen System

Grundlagen

In der stationären Psychotherapie ist es in aller Regel nicht das ursprüngliche emotionale Belastungsmaterial, also ein Traumaschema, was krank macht, sondern die *traumareaktiven Negativmuster*, mit denen infolgedessen auch die Stabilisierungsarbeit beginnen muss. Auch für die Arbeit an diesen Negativmustern ist der Begriff *Stabilisierung* gut geeignet. In seiner allgemeinen Bedeutung wäre Stabilisierung also das *Herstellen einer zur Weiterentwicklung geeigneten Situation*. Der Aufbau der Fähigkeit, Negativmuster zu erkennen und zu unterbrechen, ist also Kernbestandteil der *Stabilisierungsphase*. Immer gilt: Das Erkennen und Unterbrechen von Negativmustern ist ein von der Patientin aktiv betriebener Vorgang, für den die Behandlung einen geeigneten Rahmen herstellt. Innerhalb dieses Rahmens wird die Arbeit von der Patientin geleistet.

Der Stabilisierungsarbeit mit Stabilisierungsverträgen liegt das *selbstorganisatorische Modell komplexer Systeme* zugrunde. Es besagt, dass in komplexen Systemen sich selbstorganisatorisch bestimmte *Muster* stabilisieren. Die Patientin als Individuum wäre ein komplexes System, in dem sich bestimmte dysfunktionale Muster bilden können, beispielsweise magersüchtiges Verhalten. Dysfunktional wäre ein solches Muster dann, wenn es die Entwicklung des Individuums behindert. Krankheiten sind also dysfunktionale Strukturen, die sich in mehreren Systemebenen stabilisiert haben: dem Individuum, dem System Familie, dem System Ehe, im System Gesundheitswesen, im System therapeutische Beziehung. Natürlich könnten hier noch zahlreiche weitere Subsysteme aufgezählt und betrachtet werden.

Immer gilt, dass solche Muster vom System *aktiv* erzeugt und unterhalten werden. Dieser Punkt ist von größter Bedeutung. Ein dysfunktionales Muster breitet sich in allen Systemebenen aus, also im Körper, im emotionalen System, im kognitiven System, in den Interaktionen und konsumiert die dort vorhandene Energie, die dann für die Weiterentwicklung nicht mehr zur Verfügung steht. Negativmuster sind konsumierende Krankheiten. In Bezug auf die Entwicklung neuer, besserer funktionalerer Muster der Selbstorganisation befindet sich das Individuum in dieser Situation also in einer *kritischen Stagnation*, während die Folgeschäden der dysfunktionalen Struktur permanent progressiv zunehmen: bei Magersucht beispielsweise die körperlichen Schäden durch Unterernährung, die emotionalen Schäden durch die Verarmung des Gefühlslebens, die kognitiven Schäden durch Beeinträchtigung der Hirnfunktion und durch Einengung der Gedankeninhalte auf magersüchtige Denkmuster die Schäden in den sozialen Beziehungen einschließlich der therapeutischen Beziehung und viele weitere. Gleichwohl wird das dysfunktionale Muster weiterhin aktiv mit allen zur Verfügung stehenden Energien aufrechterhalten, weil die *Morphogenese*, also das Bilden, Erproben und Ausbreiten neuer, funktionalerer Muster gelähmt ist. Diese Situation besteht in der Regel zu Behandlungsbeginn. Das dysfunktionale Muster ist instabil geworden durch Zunahme der Folgeschäden und Abnahme der gesunden, normalen Wachstumspotenz. Gerade darin liegt aber auch die Chance zur Veränderung.

Die Musteranalyse

Um diese Muster aktiv und systematisch zu verändern, müssen sie zunächst erkannt werden, sie müssen von den Behandlern und dem Patienten bewusst wahrgenommen und benannt werden. Dysfunktionale Negativmuster sind nichts Abstraktes, Theoretisches, sondern *jene aktuellen Muster des Denkens, Fühlens und Verhaltens, die in der Gegenwart aktiv praktiziert werden und Entwicklung blockieren.* Für eine erfolgreiche Musteranalyse sind folglich die anamnestischen Informationen über Krankheitsbild und Symptomatik, die genaue Betrachtung des aktuellen Fühlens, Denkens und Verhaltens im therapeutischen Rahmen und – sehr wichtig – in der konkreten, gegenwärtigen therapeutischen Beziehung notwenig. Die genaue Betrachtung der gegenwärtigen therapeutischen Beziehung ist deshalb so wichtig, weil es sonst leicht passieren könnte, dass die dort wirksamen negativen Muster übersehen werden und von Therapeutin und Patientin weiter praktiziert werden mit dem Ergebnis, dass der therapeutische Dialog das Negativmuster ständig neu aktiviert.

Beispiel: Eine depressive Patientin hat als Kernaffekt eine Wut auf alle, die sich ihr überlegen fühlen. Sie hat vielleicht eine Mutter, die genau diese Überlegenheit über die Tochter für sich in Anspruch nimmt und die Tochter Kraft ihres überlegenen Wissens ständig berät, was diese zu tun hat. Dieses Muster könnte sich sehr leicht in der therapeutischen Beziehung ausbreiten, die Patientin wird versuchen, das Muster aktiv herzustellen, indem sie sich passiv ideenlos und vorwurfsvoll verhält und alle guten Vorschläge der Therapeutin lahm und depressiv abnickt.

Musterunterbrechung (siehe nächster Abschnitt) beginnt also immer im Kleinen und im Gegenwärtigen, das heißt im therapeutischen Dialog.

Die Musteranalyse der dysfunktionalen Negativmuster beginnt mit der *Musteridentifikation.* Dies ist ein aktiver und offener Vorgang, in den die Patientinnen als Mitdenkende und Mitanalysierende einbezogen werden. Eine gute Formel für diesen Suchvorgang ist, *jene eigenen Verhaltensweisen der Patientin zu finden, die im Gegensatz zu den Notwendigkeiten ihres Selbstschutzes stehen.* Deshalb gehört zur Musteridentifikation auch die

Hierarchisierung der Negativmuster je nach ihrer schädlichen Wirksamkeit. Wird eine Patientin beispielsweise sowohl magersüchtiges- wie selbstverletzendes Verhalten und Fortführen von Täterkontakten praktizieren, dann kann die Hierarchisierung zu dem Schluss kommen, dass das Fortführen der Täterkontakte das negativ wirksamste Muster ist, mit dem die Arbeit beginnt. Eine allgemeine Regel aufzustellen über die negative Rangfolge von Negativmustern ist kaum möglich, da häufig der Schweregrad ausschlaggebend ist. Dieselbe Patientin könnte auch selbstverletzendes Verhalten in einem solchen exzessiven Ausmaß praktizieren, dass, um überhaupt mit ihr arbeiten zu können, hier eine sofortige Veränderung notwendig ist, oder sie könnte im lebensgefährlichen Bereich Magersucht praktizieren, sodass für das Überleben und jede weitere Behandlungsarbeit eine Stabilisierung im Magersuchtbereich vitalen Vorrang hätte.

Die Musterhierarchisierung gehört notwendig zur Musteridentifikation dazu und muss ein explizites Wissen darstellen, über welches sowohl die Behandlerin wie die Patientin verfügen.

Die Musterunterbrechung

Der therapeutische Schritt der Musterunterbrechung in der Stabilisierungsphase benötigt also zunächst eine genaue Musteranalyse und eine Hierarchisierung der Negativmuster. Beides ist bereits ein gemeinsames therapeutisches Geschehen zwischen Patientin und Therapeutin. Es ist notwendig, dass die Patientin sich selbst darüber klar wird, welche dysfunktionalen Negativmuster sie aktuell praktiziert und welche Nachteile dies für sie hat. Sie kann beim Finden dieser Muster unterstützt und beraten werden, ebenso beim Hierarchisieren, das Bewusste wahrnehmen dieser Muster und das Fühlen der Schäden, die dadurch angerichtet werden, ist unverzichtbar, weil hierauf die Motivation zur Veränderung und das Arbeitsbündnis beruhen. Es ist deshalb sehr sinnvoll, mit der Patientin genau durchzusprechen, wann ihr klar wurde, dass sie eine Essstörung, ein Vermeidungsverhalten, eine Sucht, exzessives Dissoziieren, eine Depression etc. praktiziert und wann sie zu fühlen begann, dass sie das Leben unter dem Einfluss dieses Negativmusters nicht mehr so weiterführen kann.

Dieses Bilanzieren leitet den nächsten Schritt in der Stabilisierungsphase ein, nämlich die *bewusste und explizite Entscheidung* für oder gegen Musterunterbrechung. Es ist unverzichtbar, dass diese Entscheidung bewusst und explizit fällt, weil sonst kein verbindliches Arbeitsbündnis entsteht. Es reicht dabei aus, wenn die Patienten mit allem zustimmen, was sie haben, das heißt mit allen Teilen der gesunden Person, die ihnen zugänglich sind. Mit einem Patienten, der die explizite und bewusste Entscheidung vermeidet oder zerredet oder unendlich vor sich herschiebt, ist keiner der nächsten Schritte in der Stabilisierungs- und somit Heilungsarbeit möglich. Diese Wichtigkeit der bewussten Entscheidung muss dem Patienten gegenüber auch klargestellt werden.

Eine bewusste Entscheidung des Patienten gegen Stabilisierung muss akzeptiert werden, hat aber unter Umständen bestimmte Konsequenzen. Die stationäre Psychotherapie kann dann nicht sinnvoll fortgesetzt werden, unter Umständen sind medizinische Maßnahmen notwendig, beispielsweise bei einer schweren Anorexie oder Bulimie.

Sofern die Entscheidung der Patientin für die Entmachtung der Negativmuster gefallen und klar geworden ist, welches aktuelle Negativmuster sich am Schädlichsten auswirkt, beginnt die eigentliche *Stabilisierungsarbeit durch Musterunterbrechung*. Sie besteht aus einer Reihe von Schritten, die bei jedem typischen Negativmuster anders sind, die jedoch bekannt sein müssen und deren Reihenfolge eingehalten werden muss. Diese musterspezifischen Veränderungsschritte sind beispielsweise die regelmäßige Mahlzeitenstruktur bei Bulimie, sofortiger Stopp des Konsums bei Missbrauch von psychotropen Substanzen (Alkohol, Drogen), »Vollbremsung« bei selbstverletzendem Verhalten mit maximal zwei bis drei Rückfällen. Diese Einzelschritte der jeweiligen Muster haben wir in den letzten Jahren sorgfältig analysiert und in die Stabilisierungsverträge aufgenommen.

Die *Stabilisierungsverträge* sind Hilfsmittel der Stabilisierung, sie bilden einen schriftlich vereinbarten Regelkodex, der meistens aus zwei Teilen besteht. Im eigentlichen *Vertrag* vollziehen die Patienten noch einmal die *Anerkennung* des Negativmusters, sie treffen eine *bewusste Entscheidung* für dessen Veränderung und sie akzeptieren, dies auf dem Wege der *aktiven Selbststabilisierung* zu tun, das heißt, sie übernehmen dafür Verantwortung, die nötigen Veränderungsschritte mit den ihnen zur Verfügung stehenden Fähigkeiten selbst zu vollziehen. Der allgemeine Vertragsteil führt somit auch das Prinzip Selbstorganisation in das Arbeitsbündnis ein. Im *Protokollteil* werden die einzelnen Schritte der Musterveränderung genau festgelegt, auch dieser Protokollteil folgt dem Prinzip Selbstorganisation, indem die Patienten Verantwortung für jeden einzelnen Schritt, für dessen Umsetzung und für Erfolge und Misserfolge übernehmen. Die therapeutische Beziehung in der Arbeit mit den Stabilisierungsverträgen muss deshalb zu diesem Prinzip der

Selbstorganisation passen. Die Patientin übernimmt die Verantwortung für ihr Negativmuster und dessen Stabilisierung, sie entscheidet sich, die Arbeit und Energie aufzubringen, die zur Veränderung notwendig ist, und sie wird dabei begleitet, beraten, beglückwünscht, getröstet, Freude über Erfolge wird geteilt, auf Störungen in der Stabilisierungsarbeit durch Unentschiedenheit wird hingewiesen, auch auf Störungen von außen, zum Beispiel durch Angehörige, es werden kleine Hilfen mitentwickelt, um die Musterunterbrechung zu erleichtern, etwa in Gestalt einfacher Stabilisierungsübungen. Niemals hingegen wird der Patientin die Verantwortung abgenommen. Sie macht in den kleinen Schritten, die der Vertrag regelt, die Arbeit selbst.

Das Prinzip Selbstorganisation muss deshalb auch schon zu Beginn der Vereinbarung von Stabilisierungsverträgen genau beachtet werden. Ohne die klare, explizite und bewusste Entscheidung einer Patientin für Stabilisierung ist der Abschluss eines Stabilisierungsvertrages kontraindiziert, die Patientin würde, weil sie keine Entscheidung getroffen hat, auch keine Verantwortung übernehmen, und es würde infolgedessen keinen Stabilisierungsfortschritt geben. Der Charakter der Verträge als Hilfsmittel zur Selbstveränderung durch aktive Selbststabilisierung muss jederzeit präsent bleiben.

Für eine erfolgreiche Arbeit mit den Stabilisierungsverträgen ist es auch notwendig, dass die Therapeutin nicht nur das Prinzip Selbstorganisation verinnerlicht hat, welches den Verträgen zugrunde liegt, sondern auch die einzelnen Schritte in Bezug auf jedes einzelne Negativmuster genau kennt und jederzeit den Patientinnen erklären kann, welche Schritte notwendig sind, um ein bestimmtes Negativmuster zu entmachten. Es kommt sehr häufig vor, dass Patientinnen von sich sehr viel mehr erwarten, als notwendig ist. Eine bulimiekranke Patientin wird beispielsweise mit sich hadern, weil sie immer noch den Impuls zu Fressanfällen hat und sehr häufig ans Essen denkt und manchmal noch Rückfälle hat. Sie wird vielleicht glauben, dass sie Grund hätte, mit sich und ihren Fortschritten unzufrieden zu sein und wird ganz übersehen, dass sie mittlerweile eine weitgehend normale Mahlzeitenstruktur mit Hauptmahlzeiten und Zwischenmahlzeiten aufgebaut und damit sehr erfolgreich das Fundament für eine Überwindung der bulimischen Essstörung geschaffen hat.

Magersuchtvertrag und Magersuchtprotokoll

Am Anfang der Entwicklung des Magersuchtvertrages stand die klinische Beobachtung, dass die Patientinnen über die Fähigkeit verfügen, ihr Gewicht zu steuern, diese Fähigkeit aber nutzen, um magersüchtig zu bleiben, nicht um die Magersucht zu beenden. Somit war deutlich, dass die Fähigkeit zur *aktiven Selbststabilisierung*, also die notwendigen Ressourcen, um das Magersuchtmuster zu verändern, vorhanden waren. Die Aufgabe war also, Elemente des Therapierahmens zu finden, die dazu führten, dass die Patientinnen diese Fähigkeit auch nutzen. Grundgedanke ist dabei, dass die Magersucht selbst die Hauptursache der Magersucht ist. Magersucht kann als Muster gesehen werden, das selbststabilisierende Eigenschaften hat, indem es das Denken, Fühlen und Verhalten der Patientinnen beherrscht und andere Lösungsentwürfe für die ursprünglichen emotionalen Probleme nicht mehr zulässt. Daraus folgt, dass zuerst die Magersucht verändert werden muss, bevor dann die nächsten Schritte erfolgen können.

Wenn die magersüchtigen Patientinnen argumentieren, zunächst müsse das ursprüngliche Belastungsmaterial ausgeräumt werden, dann werde sich die Magersucht von selbst erledigen, so ist das nicht vollkommen falsch, weil solche Verläufe tatsächlich vorkommen, es ist nur wesentlich unwahrscheinlicher, dass auf diesem Weg ein Erfolg zu erreichen ist. Trotzdem brauchen die Patientinnen in ihrem Wunsch, sich schon zu Therapiebeginn mit Belastungsmaterial zu beschäftigen, nicht starr zurückgewiesen werden. Es empfiehlt sich, auf den Wunsch der Patientinnen über emotionales Belastungsmaterial schon am Anfang der Therapie zu sprechen, elastisch einzugehen, da dem nicht nur ein falsches Prozessverständnis zugrunde liegt, sondern auch ein berechtigter Wunsch, sich mitzuteilen und sich innerlich über die Natur der ursprünglichen oder immer noch wirksamen emotionalen Belastungen klar zu werden. Deshalb können von Anfang an mit den Patientinnen Elemente einer *Belastungslandkarte* erzeugt werden. Dabei gilt es, ihnen zu verdeutlichen, dass dies dem Schaffen innerer Ordnung in Zeit und Raum dient, und zwar sowohl für sie selbst wie auch für die Therapeutin, für die dieses belastungslandkartenartige Übersichtswissen selbstverständlich von Wert ist.

Eine wesentliche Wirkung des Magersuchtmusters ist auch die *Ressourcenverkümmerung*. Die Patientinnen reduzieren sich mental auf wenige starr und zwanghaft praktizierte Fähigkeiten, während sehr viele mentale, kommunikative und körperliche Ressourcen weitgehend verkümmert sind: die Fähigkeit zum Genuss, zur Neugier, zum Spiel, zum Lachen, die Fähigkeit zur Körperlichkeit, zu Sinnlichkeit. In das anfängliche Arbeitsbündnis kann deshalb außer der Belastungslandkarte auch eine Beschäftigung mit vorhandenen und fehlenden positiven Lebensgefühlen gehören. Es ist ein wesentliches Heilungsmotiv für die magersüchtigen Patientinnen, diese positiven Lebensgefühle wiederzufinden, weil sie die Verarmung ihrer Existenz unter dem Diktat der Magersucht wahrnehmen. Es hat sehr ermutigende Wirkung für die Patientinnen, zu wissen, dass mit der zunehmenden Befreiung aus der Macht der Magersucht, all dieses Lebendige, also die Ressourcen, wieder auftauchen werden. Immer wieder ist es wichtig, den Patientinnen zu verdeutlichen, dass der Weg zu solchen Zielen in der Entmachtung der Magersucht liegt, weil erst dadurch alles Gesunde und Normale wieder Raum bekommt.

Wenn die Patientin das von ihr selbst praktizierte Magersuchtmuster, dessen Ausprägung, auch dessen Geschichte und Folgen akzeptiert hat, ist als nächster Schritt eine eindeutige Entscheidung notwendig, dieses Muster auf dem Wege der aktiven Selbststabilisierung zu verlassen. Hier können Befürchtungen der Patientinnen auftauchen, ihre Kraft würde nicht ausreichen, um die Magersucht zu entmachten. Hier müssen diagnostisch jene Fälle erkannt werden, in denen den Patientinnen und Patienten tatsächlich eine Magersuchtstabilisierung nicht möglich ist, weil eine zu schwere Persönlichkeitsstörung vorliegt. Bei Fällen von männlicher Magersucht ist dies häufig der Fall, hier besteht meist eine tiefgreifende Identitätsstörung, sodass die Patienten zu Recht den Zustand des psychotischen Ich-Verlusts fürchten, wenn sie die pathologische Identitätsstruktur Magersucht aufgeben. In solchen Fällen müssen individuelle Stabilisierungsstrategien gefunden werden.

Auch bei zu niedrigem BMI ist eine aktive Selbststabilisierung nicht mehr möglich, der gesunde Persönlichkeitsbereich ist zu geschwächt. Dies ist regelmäßig unterhalb eines BMI von 12 der Fall.

Bei sehr niedrigem Körpergewicht wirkt sich die Verarmung der Persönlichkeit auch auf den Vorgang der Entscheidung aus. Die Patientin fühlt weder körperlich noch emotional die negativen Folgen der Magersucht, es bleibt in der Regel nur die vernünftige Überzeugung erhalten, dass Magersucht eine Krankheit ist, gegen die die Patientin etwas unternehmen will. Wenn infolgedessen die Entscheidung für die Stabilisierung eher dünn und leblos, nur kognitiv wirkt, so ist dies dem Zustand der Patientin angemessen. Grundsätzlich muss verlangt werden, dass die Patientin mit allem Gesunden, was sie hat, die Entscheidung trifft, an der Stabilisierung mitzuwirken. Das Vorhandensein von Ambivalenzen ist dabei kein Hindernis, die Patientin kann sich hier schon darüber klar werden, dass wann immer die Magersucht sich im Stabilisierungsprozess wehren wird, es ihre Sache ist, das Gesunde zu schützen und auszubauen.

Das manchmal von Patientinnen verwendete Argument, der Magersuchtstabilisierungsvertrag sei ein äußerer Zwang, den sie gar nicht vertrügen, ist ein reines Widerstandsargument. Es kann in größter Freundlichkeit ignoriert werden, indem den Patientinnen in aller Kürze entweder prozessorientiert oder rahmenorientiert erklärt wird, warum ein Stabilisierungsvertrag erforderlich ist. Die *prozessorientierte Argumentation* wäre, dass der Stabilisierungsprozess Verbindlichkeit braucht und ohne Verbindlichkeit nicht vorankommt, die *rahmenorientierte Argumentation*, wäre, dass in unserer Klinik grundsätzlich mit Stabilisierungsvertrag gearbeitet wird und wir deshalb eine Entscheidung dafür oder dagegen von ihr erwarten. Magersüchtige Patientinnen hassen es, ihre Therapie durch eine Entscheidung gegen diesen Therapierahmen frühzeitig abzubrechen, weil sie dann als diejenigen erkennbar werden, die den Behandlungserfolg verhindern wollen. Viel lieber wollen solche Patientinnen drei Monate über den Sinn des Stabilisierungsvertrages diskutieren, um dann am Ende bedauernd festzustellen, dass unsere Therapie leider nicht geholfen hat. Wenn also keine Kontraindikationen vorliegen, die gegen den Beginn der Magersuchtstabilisierung sprechen, so sollte das Arbeitsbündnis und damit die Entscheidung für oder gegen den Stabilisierungsvertrag längstens in zwei bis drei Wochen geleistet sein.

Der Magersuchtstabilisierungsvertrag besteht aus einem Vertragsteil und einem Protokollteil. Der Vertragsteil enthält *die Anerkennung des Musters, die Analyse und die Beschreibung des Musters* und die *Entscheidung zur Veränderung*. Diese Haltungen sind grundlegend und müssen vorhanden sein, sonst wird auch eine praktische Umsetzung nicht gelingen. Das praktische Vorgehen, also das Alltagsgeschäft der Stabilisierung ist überwiegend im Protokollteil enthalten. Beide Teile sind so gut wie möglich in der *Sprache der Selbstorganisation* formuliert.

MAGERSUCHTVERTRAG

§1 Mit dieser Vereinbarung werde ich klären, ob ich weiterhin magersüchtig bleibe oder ob ich meinen magersüchtigen Teil in die Vergangenheit schicke und mein wahres Selbst leben lasse. Ich habe mir diese Entscheidung überlegt und habe beschlossen, eine eindeutige Klärung meines Verhältnisses zu meinem magersüchtigen Teil herbeizuführen.

§2 Ich werde meinen magersüchtigen Teil in die Vergangenheit schicken, indem ich mein Gewicht normalisiere und damit mein wahres Selbst aus der Macht der Magersuchtlogik löse. Ich werde pro Tag mindestens 100 g zunehmen bis zum Erreichen eines BMI von 18.

§3 Ich weiß, dass mein magersüchtiger Teil mir zahlreiche magersüchtige Tricks vorschlagen wird, die mich angeblich stark und unbesiegbar machen, vor allem Tricks, diese Vereinbarung zu unterlaufen. Ich weiß, dass diese Tricks in Wirklichkeit nur dazu dienen, nicht mir selbst, sondern nur meinem magersüchtigen Teil Macht und Stärke zu geben. Ich werde die jetzt beginnende Klärungsphase dazu nutzen, eine komplette Liste aller Tricks aufzustellen, mit denen mein magersüchtiger Teil arbeitet.

§4 Ich werde im Umgang mit mir selbst einen Bereich schaffen, den ich vor sämtlichen magersüchtigen Tricks schütze und zwar den Bereich der Gewichtsnormalisierung. Ich lege mich darauf fest: Es ist gut, mein Gewichtsziel von mindestens 100 g pro Tag zu erreichen. Jeder Tag, an dem ich dieses Ziel verfehle, ist ein schlechter Tag für mein wahres Selbst, den ich meiner Magersucht geopfert habe. Ich werde jeden dieser schlechten Tage als schlechten Tag begehen, indem ich auf meine Bewegungsfreiheit verzichte, auf dem Zimmer bleibe und mein Zimmer nur für Therapien und Mahlzeiten verlasse. Jeder Tag, an dem ich mein Gewichtsziel erreiche, ist ein guter Tag für mich und mein wahres Selbst und ich werde mir für jeden dieser guten Tage mit meinem Therapeuten zusammen etwas Schönes als Belohnung ausdenken, womit ich mir eine Freude mache.

§5 Praktische Durchführung: Ich werde mich jeden Tag wiegen lassen und mein Gewicht selbst in meine Erfolgskurve eintragen. Jeder Tag unterhalb der Erfolgslinie ist ein schlechter Tag, jeder Tag oberhalb dieser Linie ist ein guter Tag.

§6 Der Vertrag gilt, bis ich den BMI von .... erreicht habe und damit Gewicht, Essen und wahres Selbst aus der Macht des magersüchtigen Teils befreit habe. Aus meinem derzeitigen Gewicht und aus meinem Zielgewicht ergibt sich, dass ich dieses Ziel in .... Wochen also spätestens am .... erreicht haben werde. Sobald ich an diesem Ziel angekommen bin, werde ich mit Unterstützung des therapeutischen Teams die Magersucht in einem geeigneten Ritual verabschieden.

§7 Ich kann diese Vereinbarung jederzeit abbrechen und magersüchtig bleiben.

Abbildung 38: Magersuchtvertrag

Umgang mit meiner Erfolgslinie

- Jeder Tag oberhalb der Erfolgslinie im grünen Bereich ist ein guter Tag. Ich werde mich dafür mit etwas belohnen, was mir Freude macht.
- Jeder Tag unterhalb der Erfolgslinie im roten Bereich ist ein schlechter Tag, den ich bis auf Therapien und Mahlzeiten in Zimmerklausur verbringe.
- Wenn ich sieben Tage hintereinander im roten Bereich war, habe ich mich entschieden, bis auf weiteres magersüchtig zu bleiben, die Behandlung wird beendet.
- Ab einem BMI von 16 (über 24 Jahre: BMI 17) kann ich Alltagserprobung vereinbaren, das heißt, cairca eine Woche die stationäre Behandlung unterbrechen für einen Aufenthalt zu Hause. Wenn ich dort in den roten Bereich gerate, wird der Alltagsurlaub abgebrochen.
- Bei einem BMI von 18 (über 24 Jahre: BMI 19) bin ich am vereinbarten Ziel. Der Magersuchtvertrag gilt weiter, die Erfolgslinie verläuft horizontal.

Abbildung 39: Protokollregeln

Es wäre ohne Weiteres möglich, diese Verträge auch in der Sprache der Fremdorganisation abzufassen. Das wäre die Sprache, die für Gesetze und Verordnungen verwendet wird. In dieser fremdorganisatorischen Sprache würde das ausgedrückt, was der Mensch *tun muss*. In Team-Diskussionen über die Formulierung von Stabilisierungsverträgen ist immer wieder die Tendenz zu beobachten, einfach alles in solche Verträge hineinzuschreiben, was die Patientinnen nach Meinung der Behandler tun, ändern oder erreichen sollten.

Das wäre einfach, wenn sich Krankheiten auf dem Wege der Verordnung beseitigen ließen, es gäbe sie nicht mehr.

Die Wirksamkeit der Stabilisierungsverträge liegt darin, dass sie ein Regelsystem sind, welches dazu führt, dass die Patientinnen *ihre eigenen* Ziele erreichen, nicht die der Behandler. Die Verträge, wenn sie gut sind, beschreiben und verstärken deshalb den natürlichen Musterveränderungsprozess. Dazu gehört:

- Ein eigenes Stabilisierungsziel wahrnehmen. Die Patientin spürt selbst die Notwendigkeit und den Wunsch, ein bestimmtes, ihr selbst außer

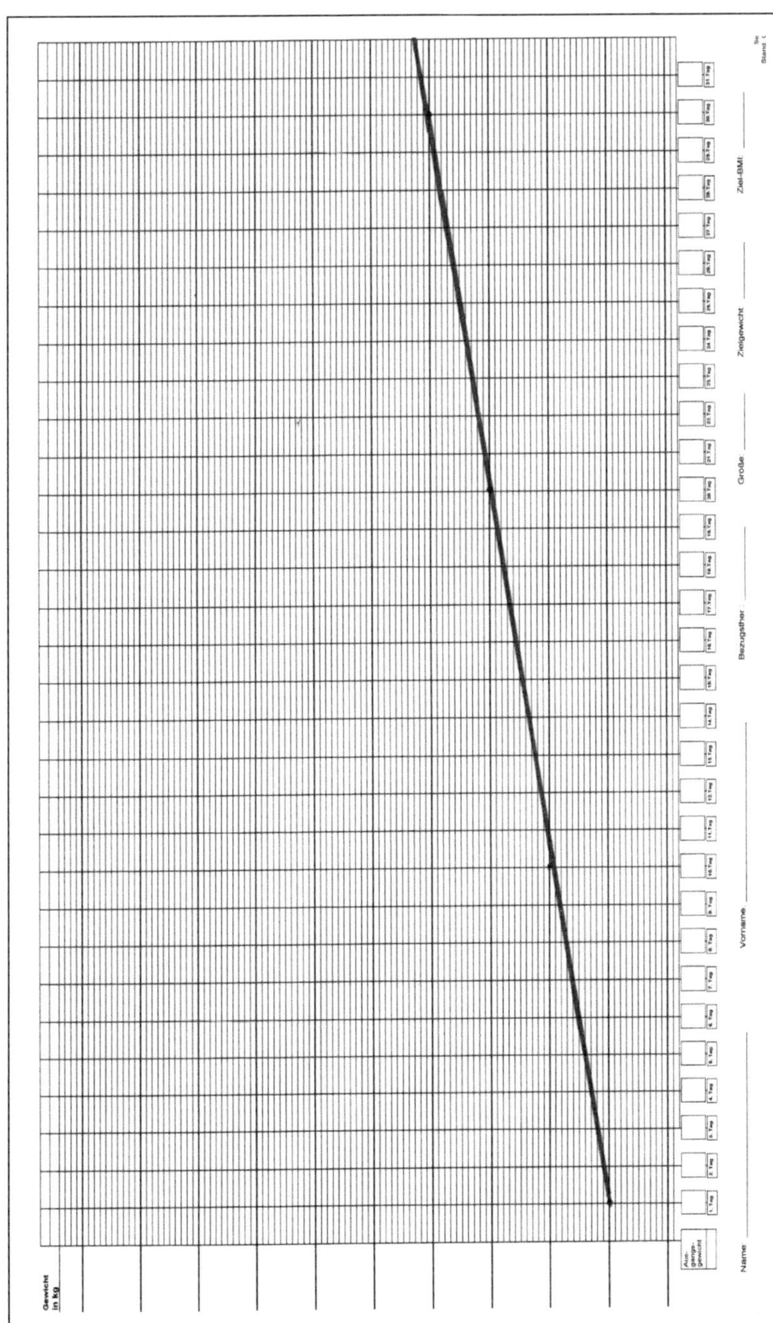

Abbildung 40: Magersuchtprotokoll

Kontrolle geratenes Muster des Denkens, Fühlens, Handelns und Kommunizierens zu verändern. Eine Patientin, die diesen Wunsch nicht hat, wird keinerlei Musterveränderung, keinerlei Stabilisierung erreichen, und zwar vollkommen unabhängig davon, ob sie nun ihre Unterschrift unter den Vertrag setzt oder nicht.

- Eine Entscheidung treffen über die Strategie, mit der die Musterveränderung bewirkt werden soll. Zu warten, bis *jemand anders* aktiv geworden ist, etwas verändert, eine Forderung der Patientin erfüllt, ein Problem löst, führt nicht zur gewünschten Veränderung, sondern zum Stillstand. Die Verträge sind deshalb in der Ich-Sprache der ersten Person formuliert, um das Wesen der selbstorganisatorischen Musterveränderung auch *implizit* in der Sprache zu kommunizieren.
- Eine Entscheidung über den Zeitpunkt treffen, ab dem die Veränderungsarbeit begonnen wird. Eine der einfachsten Methoden der Krankheitserhaltung besteht darin, den Zeitpunkt, in dem die Stabilisierung begonnen werden soll, auf die nächste Woche zu verschieben.
- Festlegen der Konsequenzen, die ein halbherziger Einsatz für Stabilisierung nach sich zieht. Ohne eine verbindliche Regelung dieser Konsequenzen würde praktisch jede Patientin darauf vertrauen, dass es keine Konsequenzen gäbe, sie also jederzeit die eigene Verantwortung für die Stabilisierung abgeben könnte (»mir ging es nicht gut diese Woche«; »meine Mutter/Vater/Schwester/Mitpatienten/Therapeutin hat sich unmöglich Verhalten«; »ich weiß gar nicht, was ich mit mir anfangen soll, wenn ich nicht mehr magersüchtig bin« usw.). All diese Feststellungen sollen ernst genommen werden, dürfen aber nicht zum Ausweichen vor der Änderungsverantwortung missbraucht werden, sonst wird es keine Veränderung geben. Die Grenzen der *aktiven Selbststabilisierung* sind natürlich dort erreicht, wo die Fähigkeiten zur Musterveränderung tatsächlich überfordert sind. Das wäre beispielsweise bei einer akuten mehrtägigen Durchfallerkrankung der Fall. Man setzt den Vertrag dann kurz bis zum Ende der interkurrenten Erkrankung aus.

Selbstverletzendes Verhalten

Selbstverletzendes Verhalten wird allgemein als etwas nicht Kontrollierbares angesehen, es wird also den primären Krankheitsphänomenen zugeordnet. Dem widersprechen allerdings zahlreiche klinische Beobachtungen, die eher wenig Beachtung finden. Psychotherapiepatienten kontrollieren beispielsweise immer den Ort, an dem sie ihre Selbstverletzungen praktizieren. Niemals geschieht dies in der Therapiestunde. In der Therapiestunde entsteht vielleicht der Gedanke, nach der Therapiestunde entsteht erst der Plan, danach die Entscheidung, später die Umsetzung am hierfür bevorzugten Ort. Bei primären Krankheitsphänomenen, wie einem Asthma- oder Migräneanfall beispielsweise, wäre dies nicht möglich. Selbstverletzendes Verhalten ist auch stets eingebettet in eine Beziehungs- und Gruppendynamik, es gibt Selbstverletzungsepidemien innerhalb und außerhalb von Kliniken.

All dies spricht dafür, dass es sich bei selbstverletzendem Verhalten um ein sekundäres, somit auch kontrollierbares Krankheitsphänomen handelt. Die Notwendigkeit, diese Kontrollfähigkeit auch zu nutzen, ergibt sich aus der offensichtlichen selbsttraumatisierenden Wirkung selbstverletzenden Verhaltens. Dem Körper wird Gewalt angetan. Die Auswirkungen auf die Stabilität der Patientinnen sind fatal. Gerade keimende Stabilität oder beginnende Entwicklung werden durch jede neue Selbsttraumatisierung dieser Art gestoppt.

Therapeutinnen und Therapeuten, die mit der Praxis der aktiven Selbststabilisierung wenig Erfahrung haben, tun sich schwer damit, den Ressourcen der Patientinnen zu vertrauen. Auch uns erging es anfangs so. Wir hatten im Verlauf des Jahres 2003 erkannt, dass es notwendig ist, den stationären Therapieraum gewaltfrei zu halten. Wir haben den Patientinnen erklärt, dass uns stationäre Psychotherapie, die zum seelischen Wachstum geeignet sein soll, nur in einem selbstverletzungsfreien Raum möglich ist und dass alle Patientinnen, die glauben, auf ihr Selbstverletzen nicht verzichten zu können, die stationäre Therapie solange unterbrechen, bis sie es können.

Ebenso wie in der Behandlung der Essstörungen wird die aktive Selbststabilisierung bei selbstverletzendem Verhalten mit einem einfachen Regelsystem unterstützt, auf welches die Patientinnen sich in Form eines Therapievertrages festlegen. Diese Festlegung führt dazu, dass die Patientinnen ihre vorhandenen Ressourcen nutzen, um die natürlich weiterhin vorhandenen Selbstverletzungsimpulse zu stoppen.

Therapievertrag bei selbstverletzendem Verhalten

§1 Mit dieser Vereinbarung lege ich mich darauf fest zu klären, ob mir ein gewaltfreier Umgang mit mir selbst und damit eine Fortsetzung der Therapie möglich ist.

§2 Sollte es nach Abschluss dieses Vertrages zu Selbstverletzungen kommen, so gilt Folgendes: Nach der ersten Selbstverletzung halte ich eine vierwöchige Ruhephase ohne Selbstverletzung ein, nach der zweiten Selbstverletzung eine sechswöchige Ruhephase. Danach entscheide ich mich für ein endgültig selbstverletzungsfreies Leben oder beende die Therapie.

§3 Sollte es innerhalb einer Ruhephase zu einer erneuten Selbstverletzung kommen, so habe ich mich gegen Heilung entschieden, der Aufenthalt wird beendet. Ich habe dann die Möglichkeit, nach einer dreimonatigen, selbstverletzungsfreien Zeit in die Klinik zurückzukehren

Abbildung 41: Therapievertrag bei selbstverletzendem Verhalten

Aufgrund dieser Setzung treffen alle Patientinnen seither eine Entscheidung, ob sie selbstverletzendes Verhalten praktizieren wollen oder nicht. An vorhandenen Ressourcen steht einiges zur Verfügung, und zwar viel mehr, als Patientinnen und Therapeutinnen zunächst wahrnehmen.

Bei Patienten mit selbstverletzendem Verhalten hat sich naturgemäß eine ausgeprägte Fähigkeit zur Härte gegen sich selbst entwickelt. Sie sind nicht nur gewaltbereit, sie sind auch bereit, etwas auszuhalten, wenn es nötig ist. Sobald Patientinnen ihre Entscheidung, selbstverletzendes Verhalten komplett einzustellen, eindeutig getroffen haben, sind sie imstande, auch Situationen mit hoher emotionaler Belastung durchzustehen. Sie entscheiden sich dann, dies auszuhalten, ohne sich selbst zu verletzen, und entwickeln in kürzester Zeit zusätzliche Ressourcen, meist von sehr einfacher, naheliegender, aber hoch wirksamer Art. Sie schaffen ihre Selbstverletzungsarsenale ab, statt sich in ihrem Zimmer zu isolieren, führen sie Gespräche, statt im Zimmer die Vorhänge zuzuziehen, machen sie einen Spaziergang und statt Gedanken voll Hass zu denken, malen sie ein Bild. Sie beginnen, auf dieses Bild nicht wie sonst Blut, Kreuze, Grabsteine und andere Symbole von Gewalt zu malen, sondern Symbole ihrer Ressourcen.

Die Abbruchquote wegen Rückfällen ist sehr niedrig, obwohl die Klinik weiterhin unverändert Patienten mit allen Schweregraden selbstverletzenden Verhaltens stationär aufnimmt.

Im Zuge der stark verbesserten Kontrollfähigkeit der Patientinnen über selbstverletzendes Verhalten verändert sich auch die Balance zwischen den

Ressourcen und dem Belastungsbereich nachhaltig. Jedes selbstverletzende Verhalten, so beschreiben es die Patientinnen übereinstimmend, hatte vor der stationären Aufnahme nur noch sehr kurz, in der Größenordnung von 20 bis 30 Minuten zur emotionalen Entlastung geführt. Eine Patientin drückte dies sehr klar so aus: Es hilft nur solange, wie es wehtut. Die negativen Auswirkungen waren aber erheblich gewesen, und zwar nicht nur auf den verletzten Körper, sondern vor allem auf das Selbstwertsystem. Nach jeder Selbstverletzung folgen starke negative Kognitionen über die eigene Person, die den Selbstwert von Mal zu Mal weiter schwächen. Eine weitere sehr negative Auswirkung ist der Verlust alternativer, kreativer Denk- und Handlungsweisen. Die Patientinnen können auf emotionale Belastungen nur noch stereotyp mit selbstverletzendem Verhalten reagieren. All dies ändert sich im Zuge der aktiven Selbststabilisierung. Erfahrungsgemäß halten Impulse zum selbstverletzenden Verhalten allenfalls 30 bis 60 Minuten an, wenn die Patientin vorhandene Ressourcen nutzt, statt dem Selbstverletzungsimpuls nachzugeben. Die Patientinnen fühlen sich danach besser, sie sind stolz auf sich und häufig sehr erstaunt, wie relativ einfach die Unterbrechung des negativen Musters gewesen ist. Nach einigen Wochen der Selbstverletzungsfreiheit haben sich neue Routinen gebildet, Selbstverletzungsgedanken treten nur noch selten und ohne Kraft auf.

Die Stabilisierungsphase bei selbstverletzendem Verhalten wird durch die Gruppendynamik der Klinik unterstützt. Das hier dargestellte Verfahren der aktiven Selbststabilisierung hat zur faktischen Selbstverletzungsfreiheit der Klinik geführt, die Klinik ist zum gewaltfreien Raum geworden. Dadurch entfällt auch die wechselseitige Traumatisierung der Patientinnen untereinander, die bislang auf jede Gewalthandlung einer Mitpatientin mit eigenen Gewaltimpulsen reagiert hatten.

Nachdem wir klinisch sehr viele solcher Stabilisierungsverläufe gesehen hatten, wurde auch deutlicher, warum die Patientinnen ihre Ressourcen bislang nicht genutzt hatten. Sehr häufig ist selbstverletzendes Verhalten ein körperlicher Bericht über verletzende Ereignisse, die nicht gesprochen werden dürfen, aber dennoch erzählt werden sollen. Die ausschließliche Beendigung selbstverletzenden Verhaltens hätte bedeutet, dass die Geschichte, die erzählt und durchgearbeitet werden möchte, nie erzählt wird. Durch die systematische Trennung zwischen Stabilisierung, Ressourcenorganisation und Exposition wissen die Patientinnen aber, dass systematische Stabilisierung die notwendige Voraussetzung ist für Exposition, also für das Erzählen, Reorganisieren und Abschließen.

Ergebnisse

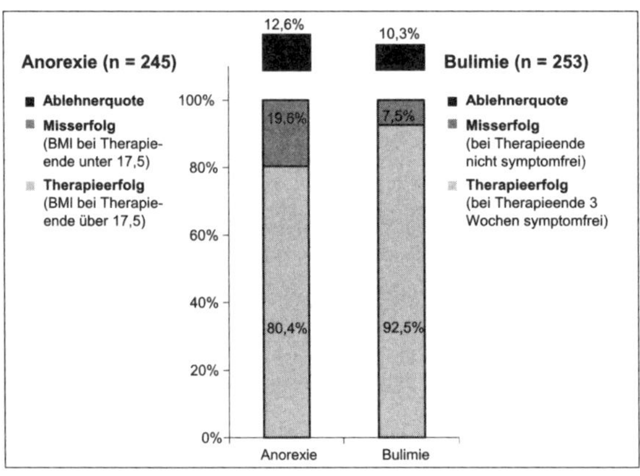

Abbildung 42: Ergebnisse stationärer Anorexie- und Bulimiebehandlung 2003–2008 (7.9.2003–31.3.2008)

Die Quote jener magersüchtigen Patientinnen, die sich gegen den Beginn der Stabilisierungsarbeit entscheiden, ist mit circa 12% eher niedrig. Die Behandlung wird in diesen Fällen noch in der Anfangsphase beendet, und zwar von uns oder von den Patientinnen selbst, meistens einvernehmlich, weil klar ist, dass es kein für die Stabilisierung erforderliches Arbeitsbündnis gibt.

Von denjenigen magersüchtigen Patientinnen, die mit der Stabilisierungsarbeit beginnen, erreichen circa 80% dieses Ziel auch. Die hohe Erfolgsquote überraschte nicht nur uns als Behandler, sondern auch die Patientinnen selbst, hätte doch am Anfang der Therapie fast jede sich darauf festgelegt, dass es ihr unmöglich sei, die Magersucht mit eigenen Fähigkeiten zu überwinden.

Die Katamnesedaten zeigen, dass diese in der Therapie aktivierten und organisierten Fähigkeiten auch nach der Therapie stabil zur Verfügung stehen und auch genutzt werden. Ein Jahr nach Ende der stationären Therapie haben 81% der Patientinnen einen BMI über 17.

Natürlich wird dieses Therapieergebnis nicht nur in der Stabilisierungsphase erreicht, sondern auch in den darauf aufbauenden Therapieschritten (siehe nächster Abschnitt).

Bei selbstverletzendem Verhalten brechen stationär sofort *Selbstverletzungsendemien* aus, wenn auch nur eine Patientin mit selbstverletzendem Verhalten anfängt. Jedes selbstverletzende Verhalten ist ein Gewaltakt gegen den eigenen Körper, gegen die eigene Entwicklung, gegen die Mitpatienten und gegen den therapeutischen Rahmen. Selbstverletzungsendemien sind deshalb Gewaltendemien, die nicht nur bei der einzelnen Patientin, sondern in der gesamten Klinik die Entwicklungsprozesse zum Stillstand bringen. Aus dieser Notwendigkeit, einen gewaltfreien Therapierahmen zu verteidigen, wurde die aktive Selbststabilisierung des selbstverletzenden Verhaltens entwickelt und eingeführt. Wir waren bereit, einen Großteil unserer Patientinnen zu verlieren, um wenigstens mit den übrigen arbeiten zu können. Das Gegenteil war aber der Fall, die Patientinnen entschieden sich anders, wahrscheinlich wegen einer tiefen Sehnsucht nach Gewaltfreiheit bei Menschen, die aus einer solch brutalen Welt stammen.

Bei circa 200 Patientinnen mit selbstverletzendem Verhalten vor der stationären Aufnahme gab es nur bei circa 2% Rückfälle während der stationären Therapie mit dem Resultat einer Unterbrechung oder des Abbruchs der Therapie. Gegenwärtig ist es so, dass es in der Klinik allenfalls im Abstand von Wochen oder Monaten bei einer einzelnen Patientin zu selbstverletzendem Verhalten kommt. Dies löst dann bei den Mitpatientinnen keine Endemie mehr aus, sondern Befremden, Gruseln, ein Schaudern vor jener Welt, aus der sie sich erfolgreich gelöst haben.

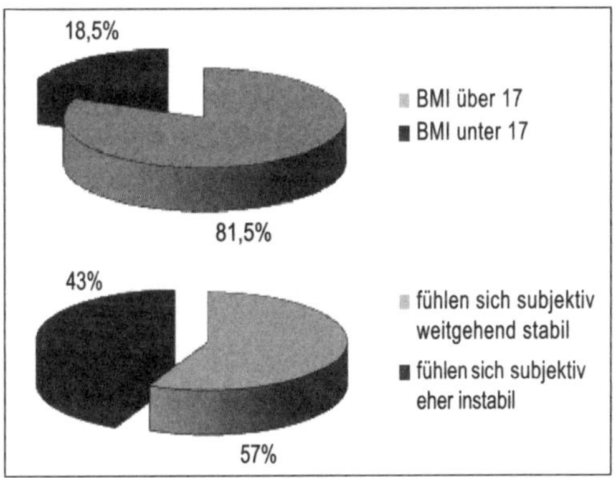

Abbildung 43: 12-Monats-Katamnese bei Anorexia nervosa (n = 43)

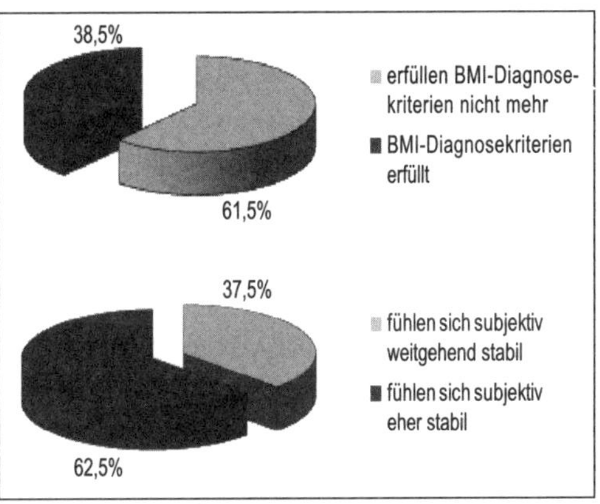

Abbildung 44: 12-Monats-Katamnese bei Bulimie (n = 42)

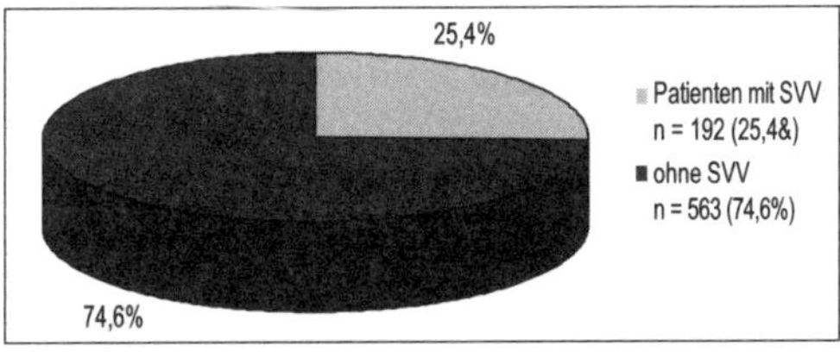

Abbildung 45: Häufigkeit selbstverletzenden Verhaltens bei stationären Patienten 2004–2006 (n = 755)

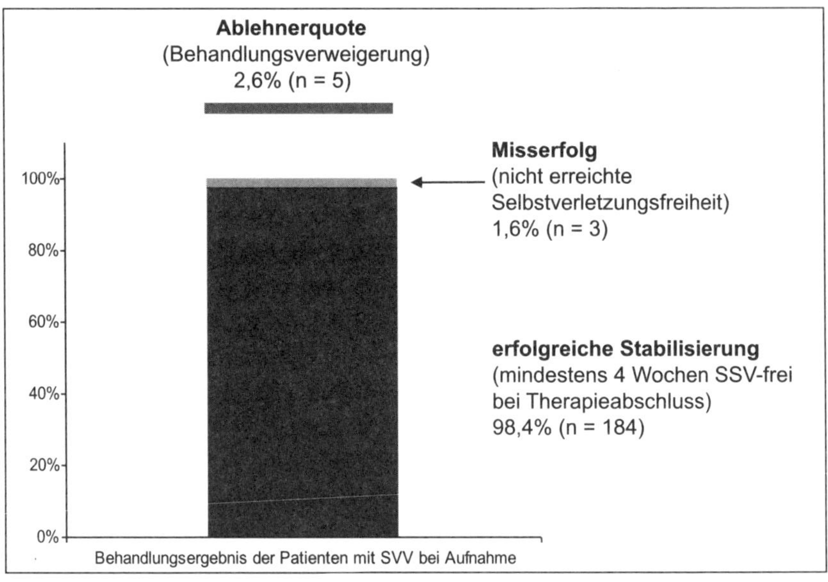

Abbildung 46: Behandlungsergebnis bei selbstverletzendem Verhalten 2004–2006 (n = 192)

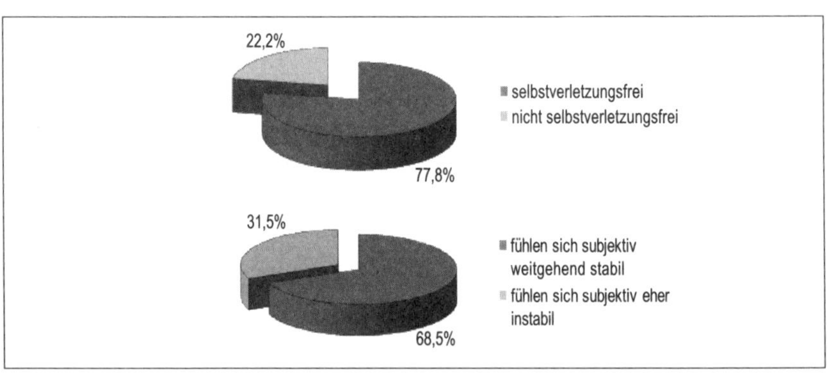

Abbildung 47: 12-Monats-Katamnese bei selbstverletzendem Verhalten (n = 103)

Der größte Teil der Patientinnen nutzt diese Fähigkeiten zu Selbstverletzungsfreiheit auch nach der stationären Therapie. Nach zwölf Monaten sind weiterhin circa 78% selbstverletzungfrei.

Die Einbettung der Stabilisierung in einen Gesamtrahmen

Jeder Heilungsprozess benötigt zunächst einen therapeutischen Rahmen. Wir verwenden das traumatherapeutische Drei-Phasen-Modell, welches noch von Janet (1889) stammt, und ergänzen es um die Ressourcenorganisation, kommen somit also zum Vier-Phasen-Modell der stationären Psychotherapie.

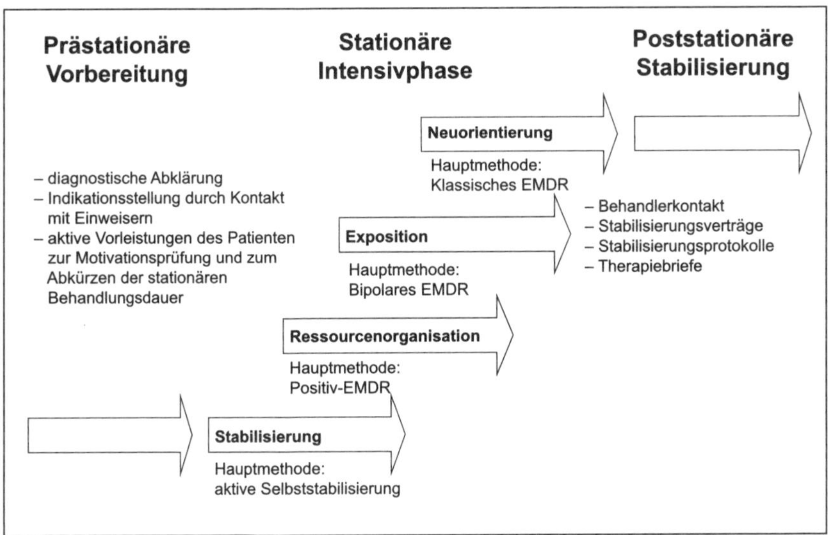

Abbildung 48: Therapieprozesse

Vorgeschaltet ist die prästationäre Vorbereitung, nachgeschaltet die poststationäre Stabilisierung.

Dieser allgemeine Therapierahmen hat sich mittlerweile als Grundstruktur stationärer Psychotherapie sehr bewährt, er leitet sich aus den selbstorganisatorischen Grundprinzipien der Psychotherapie ab.

Die Patientinnen zeigen uns, was das psychische Selbstheilungssystem braucht, wir lernen davon und organisieren einen dafür förderlichen Rahmen. Daraus sind Schritt für Schritt die Elemente der einzelnen Behandlungsphasen entstanden.

Im selbstorganisatorischen Prozessmodell bilden diese vier Phasen den entwicklungsförderlichen Rahmen für das Selbstheilungspotenzial der Patientinnen und Patienten, etwa nach diesem Schema:

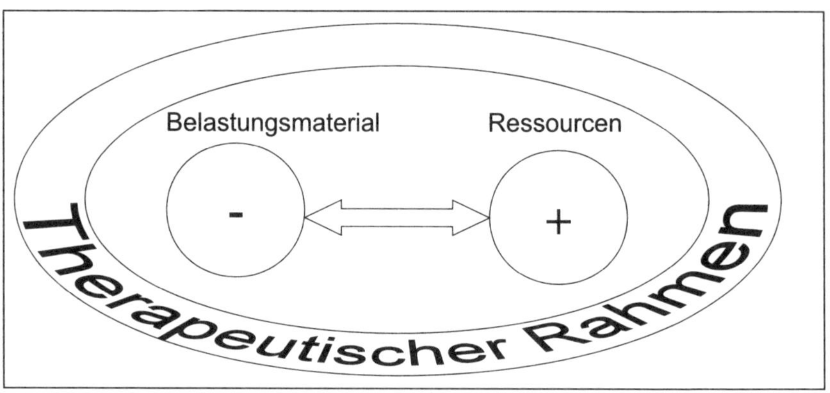

Abbildung 49: Das selbstorganisatorische Prozessmodell

Wir sind mittlerweile dazu übergegangen, den Patienten die Systematik der vier Behandlungsphasen sehr sorgfältig zu erläutern. Dies hat mehrere Vorteile: Erstens ist es einfach eine Sache der Fairness, das eigene Expertenwissen offenzulegen. Zweitens wird den Patienten natürlich auch eine Entscheidung abverlangt, ob sie sich nach dieser Strategie an die Heilungsarbeit machen wollen, und drittens ist für jeden Behandlungserfolg ein aktiver Einsatz der Patienten notwendig, also müssen die Patienten auch wissen, worauf genau und zu welchem Zeitpunkt sie ihre Energie konzentrieren. Allgemeine Forderungen, der Patient müsse »motiviert sein zur Psychotherapie« oder müsse »mitarbeiten«, genügt nicht. Die Patientinnen benötigen ein explizites Prozesswissen.

Zusammenfassung

Das selbstorganisatorische Modell komplexer Systeme ist ein westliches Konstrukt, ursprünglich verwurzelt in der Quantenphysik von Max Planck und Werner Heisenberg. Kulturell ist es dem asiatischen Raum aber viel näher, dort aber Philosophie und empirische Heilkunde geblieben, eine Wissenschaft ist in Asien daraus nicht entstanden.

Unsere eigenen Denktraditionen sind aber in den wichtigsten Bereichen trotz Quantenphysik weiterhin fremdorganisatorisch geblieben, nicht nur in der Medizin, sondern auch in der Politik, in der Pädagogik und in der Ökologie. Wenn es auch nur kleine Musterveränderungen sind, die mit den selbstorganisatorischen Ansätzen in der Psychotherapie entstehen, so führen sie doch dazu, dass mir mein Beruf Freude macht. Das soll erst einmal genügen.

Teil VII
Weiterbildung

Kapitel 19

Prozessorientierte Gruppentherapie

Methodik und Technik

Die Methodik und Technik der Gruppentherapie folgt den gleichen Prinzipien wie der therapeutische Gesamtrahmen und die Einzeltherapie, und zwar jeweils mit jenen Besonderheiten, die sich aus der Gruppensituation ergeben.

Ziel der Gruppenarbeit ist es also, jene Schritte, die zum Vier-Phasen-Modell gehören, auf die spezielle Gruppensituation zu übertragen.

Eine starre phasenbezogene Arbeitsweise ist in der Gruppe nicht möglich, weil dort ständig gleichzeitig Fortgeschrittene und Anfängerpatienten sind. Infolgedessen ist die Grundstruktur der Behandlungstechnik nicht die starre Orientierung an den vier Phasen, sondern die flexible Orientierung am Prozess, also an den Grundprinzipien der modernen Traumatherapie, die dem Vier-Phasen-Modell zugrunde liegen. Dies sind:

- das selbstorganisatorische Prinzip,
- das emotiozentrische Prinzip,
- das bipolare Prinzip,
- das Prinzip Gegenwärtigkeit,
- das Prinzip Körperlichkeit,
- das Prinzip Fokussierung.

Die Gruppentherapie bildet also einen Rahmen, in dem diese Elemente des natürlichen Heilungsprozesses stattfinden können. Die Behandlungstechnik leitet sich aus diesem Ziel ab.

Das Prinzip Selbstorganisation: Behandlungstechnische Konsequenzen

Der Heilungsprozess selbst ist grundsätzlich, auch in der Therapiegruppe, ein selbstorganisatorisches, das heißt ein sich von innen aus dem komplexen System Gruppe herausbildendes (oder blockierendes) Geschehen. Dieser *selbstorganisatorische Heilungsprozess* braucht, um stattfinden zu können, einen *therapeutischen Rahmen*, dieser besteht in der Bezugsgruppentherapie aus dem *Setting* und den *Regeln*. Zum Prinzip Selbstorganisation gehört ebenfalls, dass die Teilnehmerinnen der Gruppe aktiv ihren Anteil am Herstellen, Schützen und Aufrechterhalten des therapeutischen Rahmens übernehmen.

Aus dem Prinzip Selbstorganisation ergibt sich auch, dass sich die Inhalte der Bezugsgruppe frei entfalten dürfen mit Gedanken, Gefühlen, Erzählungen, Interaktionen der Teilnehmer.

Also: Der selbstorganisatorische Prozess in der Gruppe erzeugt das Material, mit dem gearbeitet wird. Der therapeutische Rahmen seinerseits sorgt dafür, dass aus dem spontan auftauchenden Material aktiv und bewusst Bestimmtes, zur Arbeit Geeignetes ausgewählt und anderes als ungeeignet erkannt wird.

Aus dem Prinzip Selbstorganisation folgt für die Gruppentherapie, dass die Teilnehmer im Verlauf ihrer Gruppenteilnahme immer mehr über heilsame und nicht heilsame Gruppenprozesse lernen, in diesem Zusammenhang mehr über ihre individuellen Heilungsprozesse lernen und mit der Zeit zunehmend die Rahmenverantwortung verinnerlichen, also ihrer eigenen Gruppe und schließlich sich selbst als Person einen heilungsförderlichen Rahmen zunehmend selbst setzen können. Daraus folgt, dass die Aktivität der Gruppenleiterin von der jeweiligen Heilungskompetenz der Gruppe abhängt: bei niedriger Heilungskompetenz hohe Aktivität der Leiterin mit sehr strukturierten, ernsten und – wenn nötig – autoritären Maßnahmen, mit denen die Arbeitsfähigkeit der Gruppe geschützt wird. Bei hoher Heilungskompetenz der Gruppe: niedrige Aktivität der Leiterin mit je nach Stil kreativen, spielerischen oder humorvollen Beiträgen oder einfach aufmerksames Dabeisein. Das infolgedessen stark unterschiedliche Verhalten und Intervenieren der Gruppenleiterin wird der Gruppe auch erklärt, die Notwendigkeit des jeweiligen Leitungsverhaltens aus der Verfassung der Gruppe abgeleitet und erläutert. Dies ist das *Prinzip der Prozessfokussierung*. Die Aufmerksamkeit der Gruppenleiterin richtet sich zu jedem Zeitpunkt in erster Linie auf die Eigenschaften des Heilungsprozesses und nur in zweiter Linie auf die jeweiligen spontan auftauchenden Inhalte. Das Umfokussieren von den Inhalten auf den Prozess ist die wirksamste aller Stabilisierungstechniken und findet deshalb in jeder Bezugsgruppensitzung als wiederholtes Pendeln zwischen Sprechen über Inhalte und Sprechen über den Prozess statt.

Das emotiozentrische Prinzip: Behandlungstechnische Konsequenzen

Es besagt, dass Emotionen die zentralen Organisatoren mentaler Vorgänge sind. Zu den in diesem Zusammenhang bedeutsamsten Wirkungen der Emotionen zählen die Einflüsse auf den Heilungsprozess. Hier gilt das Prinzip des *Toleranzfensters*. Die Stärke der Emotionen entscheidet, ob ein kreativer Transformationsprozess (Heilungsprozess) in Gang kommt oder nicht. Sind die Emotionen zu schwach (im Untererregungsbereich), so bleibt die Beschäftigung mit dem Thema leblos, wo keine Emotion ist, wird auch nichts bewegt. Ist die Emotion zu stark im Übererregungsbereich (roter Bereich), so wird der Verarbeitungsvorgang dieser Emotion blockiert, die Integrations- und Transformationsvorgänge stocken. Dies ist ein natürlicher Schutzvorgang, der die Belastungsgrenzen des mentalen Systems schützt. Zwischen dem Untererregungs- und dem Übererregungsbereich liegt das Toleranzfenster, der »grüne Bereich«. Notwendig für erfolgreiche Gruppenarbeit ist also, den Gruppenprozess als Ganzes und für jedes einzelne Gruppenmitglied (einschließlich der Gruppenleiterin) im Toleranzfenster zu halten, jede Unter- und Überschreitung zu bemerken und mit geeigneten Mitteln zu korrigieren. Dieses Prinzip wird den Gruppenteilnehmern erläutert, es wird eine ausdrückliche Zustimmung für das Gegensteuern bei traumatisch starken Emotionen eingeholt (siehe den später folgenden Abschnitt über das »Arbeitsbündnis«). Zu den wirksamsten Regulationstechniken zählt wiederum die Prozessfokussierung, also das Innehalten und Wahrnehmen der jeweiligen Affektstärke, ganz unabhängig von den Inhalten (siehe das nachstehende Unterkapitel über »Stabilisierungstechniken«).

Das bipolare Prinzip

Es besagt, dass zwei Klassen von Emotionen existieren, negative belastende und positive. Wahrscheinlich hängt der Umstand, ob eine Emotion negativ oder positiv ist, nicht von der Emotion selbst ab, sondern von ihrer Zugehörigkeit, nämlich entweder zu einem traumatischen Komplex oder zu einem Heilungskomplex. Es gibt infolgedessen negative krankmachende Aggressivität, die zu stark und dereguliert ist, und positive, dem Selbstschutz und der Durchsetzung dienende Gefühle von Zorn etc. Dies gilt für jede andere Emotion auch. Selbst Lust und Freude können Bestandteil eines traumatischen Komplexes sein, wenn beispielsweise Lustgefühle an eine Tätergestalt fixiert sind. Positive, zu gesunden Komplexen gehörende Emotionen sind daran erkennbar, dass die Patientin in *kohärentem Zustand* ist: Die Emotionen können frei fließen, sind leicht regulierbar, Körpergefühl und emotionaler Kontakt zum Gegenüber sind ungestört vorhanden, die Rhythmen von Denken, Sprechen, Psychomotorik und Interaktion wirken harmonisch, das von den Emotionen ausgelöste Gedankenmaterial steigt ungehindert ins Bewusstsein auf und kann versprachlicht werden.

Für negative, belastende Emotionen, also Emotionen die im Moment ihres Auftauchens einem traumatischen Komplex angehören, gilt das genaue Gegenteil von dem oben Gesagten.

Das bipolare Prinzip besagt nun, dass der natürliche Heilungsprozess nur dann in Gang kommt, wenn den negativen Emotionen jederzeit positive Emotionen mit gleicher Verfügbarkeit und gleicher Stärke gegenüberstehen. Diese positiven Emotionen werden in ihrer Gesamtheit als *Ressourcen* bezeichnet.

Um also in der Gruppentherapie einen Heilungsprozess zu induzieren, ist es erforderlich, dass jedes einzelne Gruppenmitglied (die Leiterin inklusive) in einem ausbalancierten Zustand zwischen gefühltem Belastendem und gefühltem positivem Material ist und sich jederzeit zwischen beiden frei hin und her bewegen kann. Auch dieses Prinzip wird den Teilnehmerinnen erklärt und die explizite Zustimmung eingeholt, jederzeit in der Gruppentherapie auch für Kontakt zu Gesundem zu sorgen.

Das Präsenzprinzip

Es besagt, dass nur solche Komplexe, seien es emotional negative oder emotional positive, wirksam werden, die derzeit fühlbar, also emotional präsent sind. Die Arbeit mit unpräsentem Material behält immer etwas Lahmes, Langweiliges: Ein Transformations- und Heilungsprozess findet nicht statt. Methodisch läge dann die Arbeit mit einem *Pseudofokus* vor. Das gilt auch dann, wenn der Pseudofokus mit viel Geräusch und Geste vorgetragen wird. Emotionale Präsenz ist letztlich am besten mit dem eigenen emotionalen System feststellbar aufgrund des nicht leicht beschreibbaren *Evidenzgefühls*. Es stellt sich ein, wenn über das gesprochen wird, was wichtig ist (Anmerkung: Bei Rentenantragstellerinnen stellt sich dieses Gefühl ausschließlich und nur dann ein, wenn über Rente gesprochen wird, alles andere ist ein Pseudofokus). Der Pseudofokus ist nicht immer emotional schwach, er kann auch emotional stark sein – beispielsweise routiniertes Herumstreiten –, immer aber ist der Pseudofokus unevident: Man fühlt, dass das Geschehen zu nichts führen wird. Es lenkt ab. Behandlungstechnisch ergibt sich daraus die Notwendigkeit zu sorgfältigen *Suchvorgängen im Gruppenprozess*, bis wahrnehmbar wird, was emotional präsent, also evident ist und ob es die richtige Stärke zur Bearbeitung hat. Sollte das evidente emotionale Thema von extremer, absolut unverarbeitbarer emotionaler Stärke sein (Hass, Todesangst, Ich-Auflösung), dann wird es erforderlich sein, bewusst und aktiv mit einem weniger evidenten, dafür auch emotional weniger präsenten und damit weniger belastendem Fokus zu arbeiten. Auch dieser Vorgang des Suchens nach den evidenten Themen wird den Teilnehmerinnen als Prozess erläutert und mit ihnen fortlaufend reflektiert, sodass sie ihr eigenes Evidenzgefühl schulen und nutzen lernen.

Aus dem Präsenzprinzip ergibt sich auch, dass wir mit unseren Patientinnen stets und immer im Jetzt arbeiten, weil wir mit den Vorgängen arbeiten, die sich jetzt im lebendigen Organismus körperlich (siehe unten), emotional und gedanklich ereignen. Auch wenn wir über Vergangenes oder über Zukünftiges sprechen, findet die Begegnung mit dem angesprochenen Material immer ausschließlich und ausnahmslos in der Gegenwart statt.

Das Prinzip Körperlichkeit

Dieses Prinzip besagt, dass alles psychische Material sich gleichsam von unten nach oben entwickelt. Es entstehen erst Körperreaktionen, dann emotionale noch unbewusste Reaktionen, dann bewusstwerdende emotionale Inhalte, dann Gedanken. Dass alles Erleben mit Körpererleben beginnt, ist neurobiologisch hervorragend abgesichert und unzweifelhaft. Daraus ergibt sich für die Psychotherapie und auch speziell für die Gruppenpsychotherapie, dass bei allen Teilnehmerinnen (die Leiterin inklusive) ständig und völlig unvermeidlicherweise Körperreaktionen auftreten werden, die allerdings meistens weder wahrgenommen noch thematisiert werden. Aus diesem Umstand ergibt sich, dass die Beschäftigung mit beliebigen Erlebniskomplexen nur dann vollständig ist, wenn die Körperwahrnehmung ebenfalls fokussiert wird. Behandlungstechnisch kann die Fokussierung auf Körperrepräsentanzen als Verstärkungstechnik benutzt werden, und zwar sowohl bei negativen wie auch bei positiven Ressourcenkomplexen.

Das Prinzip Fokussierung

Heilungsvorgänge kommen nach den Erfahrungen der modernen Traumatherapie am besten dann in Gang, wenn ein einzelnes psychisches Element fokussiert wird. Dies kann typischerweise eine *Episode*, also ein traumatisches Ereignis sein, es kann sich aber genauso gut um einen bestimmten, jetzt fühlbaren Affekt oder ein bestimmtes jetzt auftretendes Körpergefühl handeln. Das Gegenteil der Fokussierung ist die *Defokussierung*, zu der fast alle Patienten (wie übrigens auch die meisten Therapeuten) neigen. Es bedeutet, sich nicht auf ein psychisches Element, etwa eine einzelne Situation zu fokussieren, sondern auf viele Situationen zu verallgemeinern (»immer wenn«). Dadurch geht ganz regelmäßig die emotionale Präsenz und damit auch die Evidenz verloren. Selbst wenn dem nicht so wäre und sich die Patientin tatsächlich gleichzeitig auf viele Situationen innerlich fokussieren könnte, wäre es dem mentalen Apparat nicht möglich, gleichzeitig viele Heilungsprozesse zu steuern.

Behandlungstechnisch folgt hieraus in der Regel eine Verlangsamung, also ein fokussierendes Verharren beim jeweiligen psychischen Inhalt, insbesondere dann, wenn eine Tendenz zum oberflächlichen Weiterhasten zu beobachten ist.

Spezielle Therapieziele der Gruppentherapie

Ebenso wie es Negativmuster im Individuellen gibt, existieren gruppenspezifische Negativmuster, beispielsweise zur Stagnation führendes, paranoides Denken (es gibt einen Feind, der uns verfolgt) oder idealisierendes Denken (wir lieben unsere Therapeutin so sehr, weil sie uns so sehr liebt) oder Gewaltmuster durch verbale Verletzung oder Triggerung von überstarkem emotionalem Material.

Genauso gibt es gruppespezifische Ressourcen, also die Bindung aneinander, positive Gefühle untereinander, erhöhte Kreativität durch Perspektivenvielfalt:

- Der Gruppenprozess verstärkt und differenziert emotionale Vorgänge. Verschiedene Aspekte werden von verschiedenen Personen vertreten, dadurch kann sowohl Gemeinsamkeit (Arbeit an einem Thema) wie auch Verschiedenheit (unterschiedliche Perspektiven und Erfahrungen) erlebt und geübt werden.
- Erleben von nicht trivialen Beziehungen durch emotionale Nähe und Anteilnahme, nämlich als Ergebnis des Lernens von achtsamem und respektvollem Kontaktverhalten.
- Angemessenen, offenen Umgang mit Gedanken und Gefühlen erlernen.
- Erleben der Bindung an die Gruppe als Ganzes, unabhängig von den sich bildenden Individuen. Es scheint ein natürliches Bedürfnis nach Gruppenbindung zu geben, welches sich individuell sehr unterschiedlich entwickelt hat. Die Therapiegruppe ist eine Gelegenheit, das eigene Bedürfnis nach Gruppenbindung zu erleben, Gruppenbindung herzustellen und deren Bedeutung für die eigene Person wahrzunehmen.
- Behandlungstechnisch bietet die Gruppe Möglichkeiten zu Rollenspielen, Aufstellungen, sonstigen Gruppenübungen, sofern mit diesem technischen Repertoire gearbeitet wird.
- Emotionsregulation gemeinsam lernen.
- Negativmuster in vivo erkennen und verändern (im Kontaktverhalten).
- Sicherer, geschützter Rahmen, um alternative Handlungsmuster zu erproben.
- Erarbeitung von Problemlösestrategien.

Das Setting

Das Arbeitsbündnis

Das Arbeitsbündnis ist ein Regelsystem, welches den Therapierahmen der Bezugsgruppenarbeit herstellt. Die einzelnen Regeln leiten sich aus den im ersten Abschnitt aufgeführten Prinzipien ab. Sie stellen eine Situation her, in der seelische Wachstums- und Heilungsprozesse in der Bezugsgruppe möglich sind. Auf das Einhalten dieser Regeln verständigen sich alle Gruppenteilnehmer mit der Gruppenleiterin, dadurch entsteht aus den Regeln das Arbeitsbündnis. Die Arbeit in der Gruppe kann erst beginnen, wenn das Arbeitsbündnis geschlossen ist.

Die Reihenfolge, in der die einzelnen Regeln hier aufgeführt sind, entspricht nicht unbedingt ihrer behandlungstechnischen Bedeutung, sondern eher der Reihenfolge, in der sie den Patientinnen plausibel sind.

- *Schweigepflicht:* Die Gruppentherapie ist ein Geschehen zwischen den Gruppenteilnehmern und der Leiterin, der Prozess als Ganzes muss vor der Einmischung von Dritten geschützt werden, ebenso die Persönlichkeit aller Teilnehmer, einschließlich der Gruppenleiterin. Deshalb gilt Schweigepflicht für die Vorgänge innerhalb der Gruppe allen Nichtmitgliedern der Gruppe gegenüber. Ausgenommen sind die stationären Behandler. Kinder und Jugendliche als Gruppenteilnehmer können ihren Eltern oder Erziehungspersonen aus der Gruppenarbeit erzählen, aber nur Informationen über sich selbst, nicht über andere Gruppenteilnehmer. Diese Regelung dient dem Schutz des Vertrauensverhältnisses zwischen Kindern und ihren Eltern.
- *Verhalten zwischen den Sitzungen:* Emotionales Belastungsmaterial aus der Gruppenarbeit wird außerhalb der Sitzung nicht aktiviert. Beispiele: Ein in der Gruppensitzung zwischen Teilnehmerinnen geführter Streit wird außerhalb nicht fortgeführt, erinnertes traumatisches Material wird außerhalb der Sitzung nicht aktiviert. Diese Regelung hat den Sinn, Belastungsmaterial im Behandlungsrahmen zu halten, weil sonst mit großer Wahrscheinlichkeit eine über dem Limit liegende Situation entstehen würde.
- *Die Limit-Regel:* Alle Heilungsprozesse stocken, sobald eine emotionale Überlastungssituation eintritt. Alle Teilnehmer legen sich deshalb darauf fest, bei sich selbst kontinuierlich darauf zu achten, ob sie unterhalb oder oberhalb des Limits sind, die Teilnehmer haben das Recht, jederzeit auf eine Limitüberschreitung hinzuweisen, und zwar sowohl bei sich selbst wie auch auf eine bei Gruppenteilnehmern beobachtete oder vermutete Limitüberschreitung. Bei Gruppenteilnehmern mit einer wie auch immer begründeten Tendenz, das Limit zu überschreiten, wird dieses Recht zur Pflicht. Das Recht zum Stoppsignal bei Limitüberschreitungen hat auf Patienten mit geringem Gewaltpotenzial eine befreiende und erleichternde Wirkung. Bei Patientinnen mit deutlichem Gewaltpotenzial

muss die Pflicht zum Stoppsignal wirksam durchgesetzt werden, da die Patientinnen sonst ihren Täteranteil ausleben, indem sie bei sich oder anderen eine Über-dem-Limit-Situation erzeugen.

- *Die Auszeitregelung:* Alle Gruppenteilnehmer geben der Gruppenleiterin explizit das Recht, jederzeit, wenn sie es für richtig hält, für eine Auszeit zu sorgen. Dies bedeutet, dass sich die gesamte Gruppe vom emotionalen Material löst, innehält und auf die Prozessebene wechselt, indem reflektiert und überprüft wird, wie der Umgang mit dem gerade aktiven Thema, was es auch ist, gerade abgelaufen ist, also, ob die Teilnehmer sich frei und kreativ und dem Thema gewachsen fühlen oder ob eine Nahe-dem-Limit- oder Über-dem-Limit-Situation entstanden ist (siehe den Abschnitt zur »Auszeit«). Das Recht zur Auszeit ist einer der wichtigsten Inhalte des Arbeitsbündnisses, alle Gruppenteilnehmerinnen müssen diese Regel verstanden haben und der Gruppenleiterin ausdrücklich und ohne jede Einschränkung dieses Recht verleihen. Die Wichtigkeit dieser Regel rührt daher, dass damit letztlich das Prinzip Gewaltfreiheit durchgesetzt werden muss gegen die allgegenwärtigen Täteranteile.
- *Die Ressourcenregel:* Der Auszeitregelung verwandt ist das Recht der Gruppenleiterin, in Nahe-dem-Limit- oder Über-dem-Limit-Situationen mit der Gruppe zusammen nach geeigneten Stabilisierungsstrategien zu suchen. Die Gruppe als Ganzes und jede Teilnehmerin verpflichtet sich, dann, wenn es die Gruppenleiterin für notwendig hält, sich innerlich vom emotionalen Belastungsmaterial zu lösen und die einfachen, jedem bekannten Musterunterbrechungstechniken zu nutzen: innehalten, Pause machen, durchatmen, Körperhaltung verändern, den Blick lösen, positive Gedankeninhalte zulassen, den Prozess reflektieren, zuhören statt sprechen, sprechen statt zuhören (je nach Muster).
- *Allgemeine Dialogregeln:* Generell gilt, dass keine Schmutzsprache verwendet wird und keine Gewaltmuster im Dialog. Also: ausreden lassen statt unterbrechen, das Rederecht nicht zum Niederreden missbrauchen, respektvoller Umgang mit der Persönlichkeit des Teilnehmers und der Leiterin ohne verbale Verletzungen oder Beleidigungen. Das gleiche gilt für den Umgang mit sich selbst, also keine verbalen Selbstverletzungen. Es gilt das Prinzip Achtsamkeit, und zwar sich selbst und anderen gegenüber in der Sprache und im Sprechen.
- *Allgemeine Verhaltensregeln:* Pünktliches und regelmäßiges Erscheinen, aktive, das heißt aufmerksame Teilnahme mit Aufmerksamkeit sowohl

nach innen auf die eigene Person wie nach außen auf die Geschehnisse der übrigen Mitglieder. Bei Jugendlichen kann ein Hinweis auf bestimmte Sitzgewohnheiten, mit denen eine Sonderrolle beansprucht wird, notwendig sein. Das Herauslaufen ist kein Regulativ des Gruppenprozesses, alle Teilnehmerinnen haben die Verpflichtung, statt herauszulaufen nach besseren Lösungen zu suchen. Die Anti-Herauslauf-Regel rührt daher, dass Herauslaufen meistens nicht dem Selbstschutz dient, sondern eine aggressive Handlung ist, die den Gruppenprozess stört. Notorische Herausrenner sind nicht gruppenfähig. Im Unterschied zu impulsivem Herauslaufen, welches den Prozess stört, kann mit Teilnehmern, die emotional überlastet sind, vereinbart werden, dass sie die Gruppensitzung verlassen, sich draußen beruhigen und dann möglichst zurückkommen. Diese Pausenregelung stört den Gruppenprozess nicht, weil sie innerhalb des Arbeitsbündnisses stattfindet und keine negative Affektwelle hinterlässt.

- *Themenwahl:* Die Themenwahl ist ein aktiver Vorgang, alle Teilnehmerinnen beteiligen sich daran. Die Wahl des Themas hängt ausschließlich von der Eignung des Themas ab. Das richtige Thema macht kreativ, führt nicht über das Limit, ist aktuell, interessiert die meisten. Das Einführen und Durchsetzen der Themenwahlregel hat sehr befreiende Wirkung, weil damit auch klar gestellt ist, dass in der Themenwahl nicht das Recht des Stärkeren oder das Recht des Kränksten gilt. Die wahre Autorität in Bezug auf die Themenwahl (in jeder Therapieform) ist immer der Heilungsprozess. Auch der Gruppenleiterin kann es deshalb geschehen, dass sie ein Thema für geeignet hält, was sich nach kollektiver Überprüfung als ungeeignet herausstellt. Dies ist keine Niederlage, sondern eine wertvolle kollektive Leistung. Die Themenwahlregel ist so wichtig, dass alle Gruppenteilnehmer ihr explizit zustimmen müssen.
- *Die Abschlussregel:* Eine Gruppensitzung, möglicherweise voll emotionalem Aufruhr und intensiver Anteilnahme, innerhalb weniger Sekunden zu beenden überfordert die meisten Gruppenteilnehmer. Deshalb kann die Abschlussregel eingeführt werden, die besagt, dass jede Gruppensitzung mit einem kleinen Schlussritual beendet wird. Die beiden Hauptziele für ein Abschlussritual sind die emotionale Distanzierung und die Unterstützung des Gruppengefühls am Sitzungsende. Gut geeignet ist die Rückblicktechnik: Was war das für eine Sitzung heute, was haben wir gut gemacht, was haben wir nicht gut gemacht, was brauchen wir jetzt im Moment, um uns aus dem Gruppenprozess

zu lösen. Das kann eine körperliche Lockerung sein, ein Witz, ein Gedanke an etwas bevorstehendes Gutes im weiteren Tagesverlauf etc. Meistens entstehen durch die Rückblicktechnik spontane Ressourcen, die den Löseprozess erleichtern. Bewährte andere Abschlussrituale sind die innere Fokussierung auf ein positives Erlebnis der letzten Zeit, die sorgfältige emotionale Bilanzierung negativer und positiver Momente im Gruppenprozess, das routinemäßige Zuarbeiten auf das Sitzungsende etwa ab 15 Minuten vor Schluss, von den Teilnehmern selbst reguliertes Abschließen der Gruppensitzung, Schlussbeurteilung der Sitzung und emotionale Bilanz sowie flexibel gestaltetes Reflektieren des Gruppengeschehens. Die Frage, ob alle Teilnehmer sich im Schlussritual äußern, kann flexibel gehandhabt werden. Je labiler die Gruppe und das Arbeitsbündnis sind, desto wichtiger ist eine aktive Beteiligung aller Mitglieder am Schlussritual.

- *Behandlung von Organisationsfragen:* Der Gruppenprozess dient der Beschäftigung mit Subjektivem, also mit Gefühlen, Gedanken und Beziehungen, und zwar sowohl im Belastungs- wie auch im positiven Bereich. Organisatorische Fragen (Verlängerung? Bessere Stühle im Speisesaal? Wochenendbeurlaubung? etc. etc.) haben natürlich immer auch Bedeutung im Hinblick auf das subjektive Material der Patientinnen, sollten aber zunächst als Sachfragen genommen und beantwortet werden, denn andernfalls entsteht der Eindruck, als weiche die Gruppenleiterin Sachfragen durch Psychologisierung aus. Werden solche organisatorischen Sachfragen in den Gruppenprozess eingeschoben, zieht das jeweils einen sehr deutlichen Rollenwandel der Gruppenleiterin nach sich. Sie ist jetzt Organisationsverantwortliche und nicht Prozessverantwortliche. Deshalb scheint es mir besser, organisatorische Fragen zwar klar und deutlich aufzugreifen und zu beantworten, sie aber vom Gruppenprozess zu trennen. Praktische Möglichkeiten: Aufnahme einer Regelung ins Arbeitsbündnis, dass vor jeder Sitzung organisatorische Fragen solange besprochen werden, bis sie – soweit wie sie geklärt werden können – aus der Welt geschafft sind und dann per allgemeinem Beschluss die von Organisationsfragen freigehaltene Gruppenarbeit beginnt. Erfahrungsgemäß wird bei einer gut eingearbeiteten Gruppe die Zeit für Organisatorisches ständig kürzer. Variante: Eingangsritual mit einer Eingangsrunde in der beispielsweise nach Befindlichkeit, aktuellen Themen und Themenvorschlägen für die Gruppenarbeit am jeweiligen Tag gefragt wird. Dabei könnte auch auf Organisatorisches eingegangen werden. Ein Risiko dabei könnte sein, dass die Eingangsrunde für Einzeltherapie oder bereits für Über-dem-Limit-Inszenierungen benutzt wird. Variante: Organisatorisches an den Schluss der Gruppensitzung platzieren. Dies wird den Nachteil haben, dass es eher unsystematisch erfolgt, außer man reserviert einen definierten Zeitabschnitt hierfür. Außerdem kann es leicht passieren, dass ständig ein Teil der Aufmerksamkeit der Teilnehmer innerlich abgezogen ist und sich auf die noch unerledigten Organisationsfragen richtet.

- *Regeln für die Gruppenleiterin:* Die Wahrnehmung der Gruppenleitungsfunktion bedarf ebenfalls einiger Verbindlichkeiten, die ins Arbeitsbündnis aufgenommen werden können, also: Wenn die Gruppenleiterin unerwartet verhindert ist, wird sie für Vertretung sorgen, die Gruppensitzung fällt nicht aus, außer in extremen Konstellationen, in welchen keine Vertretung möglich ist. Bei planvoller Abwesenheit informiert die Gruppenleiterin die Gruppe rechtzeitig vorher, beispielsweise vor einem Urlaub.
- *Installation des Arbeitsbündnisses:* Die Inhalte des Arbeitsbündnisses können bei einer Neuaufnahme in die Gruppe durchgegangen werden, die etablierten Teilnehmer der Gruppe können die Regel der Neuen erklären und damit ihr eigenes Arbeitsbündniswissen aktualisieren. Die neue Patientin legt sich explizit darauf fest, dass sie die Regeln verstanden hat und einhalten wird. Die Installation des Arbeitsbündnisses verläuft dann am besten, wenn die einzelnen Regeln als sinnvolle Schutzregeln positiv bewertet werden, nicht als (dies wäre der ungünstigste Fall) den Interessen der Gruppenleiterin dienendes Machtsystem. Die Installation des Arbeitsbündnisses wird deshalb immer dann wirksam und problemlos vor sich gehen, wenn die Gruppenleiterin die Heilungsprinzipien, aus denen sich die Regeln ableiten, ständig präsent hat. Das gilt ebenso für die Teilnehmer. Es ist deshalb sehr nützlich, die Teilnehmer immer wieder beiläufig dafür zu loben, wenn sie die Prinzipien und damit auch die konkreten Regeln, vielleicht ohne sich dessen bewusst zu sein, geschützt und eingehalten haben. Ebenso kann es nützlich sein, in einer verwahrlosungsgefährdeten Gruppe, die den Rahmen gerne auflösen möchte, sich solange mit dem Arbeitsbündnis und seinen Hintergründen zu beschäftigen, wie es nötig ist. Einige praktische Varianten der Installation des Arbeitsbündnisses sind:

- ➢ Die Gruppenleiterin macht selbst die Inhalte des Arbeitsbündnisses explizit oder
- ➢ die Gruppenleiterin bittet die Teilnehmer, die gültigen Gruppenregeln nochmals zusammenzutragen für eine neu aufgenommene Patientin.
- ➢ Ratifikation der Regeln durch die Teilnehmerinnen: Auf geeignete, jedenfalls wirksame Weise, sollten die Teilnehmer bestätigen, dass sie die Regeln verstehen, beachten und aktiv leben werden.

➢ *Arbeitsbündnis in der Vertretungssituation:* Leitet man eine Gruppe stellvertretend, auch wenn es nur für eine Sitzung ist, so muss auch in dieser Situation das Arbeitsbündnis geklärt werden. Dies kann durch Deklaration dessen, wie sich die Gruppenleiterin die Gruppenarbeit vorstellt, und durch Abgleich mit den gewohnten Arbeitsregeln geschehen. Dann muss eine explizite Verständigung darüber erfolgen, welche der gewohnten Regeln für die Vertretungssituation übernommen werden und welche für die Arbeitsweise der stellvertretenden Gruppenleiterin in der Vertretungssituation gelten sollen. Deklaration und Abgleich der Regeln können sich auf die wichtigsten Regeln beschränken, beispielsweise die Über-dem-Limit-Regel, die Auszeitregel und die Themenwahlregel.

Behandlungstechnik

Die Über-dem-Limit-Situation

Die Auszeit

Wie im ersten Abschnitt geschildert, gilt nur ein Teil der Aufmerksamkeit der Gruppenleiterin den jeweils geschilderten psychischen Inhalten, der Hauptteil der Aufmerksamkeit richtet sich auf den Prozess, damit sind die emotionalen Regulationsmuster gemeint. Zu jedem Zeitpunkt ist die Gruppenleiterin in Kontakt mit der emotionalen Regulation der Einzelnen und der Gesamtgruppe und kann beurteilen, ob die emotionale Belastungsstärke von Einzelnen oder der gesamten Gruppe im Toleranzfenster oder über dem Limit ist.

Fallbeispiel: Herr K. spricht in der Bezugsgruppe von seinem Leiden an Angstgefühlen, von seiner Hilflosigkeit, mit diesen fertig zu werden, von den damit verknüpften Problemen, sich in eine jugendliche Mitpatientin verliebt zu haben. Er spricht eher schnell und drängend mit wenig Pausen, er nimmt dabei die Position der Hilflosigkeit ein, adressiert seine Texte an die Gruppenleiterin Frau M., die übrigen Bezugsgruppenmitglieder verstummen.

Die Gruppenepisode weist viele Merkmale einer Über-dem-Limit-Situation auf. Der Patient spricht von emotionalem Belastungsmaterial, welchem er zumindest im Moment der Gruppensituation nicht gewachsen ist. Es scheint sich um teilweise konstruierbare komplexe Emotionen zu handeln, die Aktivierung einer Mutter-Sohn-Problematik. Eine Arbeit auf der Inhaltsebene an Emotionen, Gedanken, hergestellten Inszenierungen ist nur möglich im Zustand der inneren emotionalen Regulationsfähigkeit bei Herrn K. selbst und bei den Gruppenmitgliedern. Das Getriebene, Hilflose und zäh am Thema Haftende, lässt aber vermuten, dass hier eine Über-dem-Limit-Situation vorliegt. Die Gruppenleiterin verlässt deshalb die Inhaltsebene und spricht die Prozessebene an, das heißt die Ebene der Emotionsregulation, und zwar grundsätzlich im Hier und Jetzt. Es geht um die Emotionen, die jetzt im Moment aktiv sind und nicht irgendwann in einer anderen Zeit und einem anderen Ort.

Der Wechsel auf die Prozessebene kann erreicht werden durch die Frage an Herrn K., wie hoch jetzt im Moment nach seiner Selbstwahrnehmung der Belastungsgrad ist, ob er sich zur Selbstregulation imstande fühlt oder nicht. Allein diese Frage induziert einen Moment der Nachdenklichkeit, das Nachdenken distanziert vom emotionalen Material und hat deshalb stabilisierenden Charakter. Grundsätzlich gilt, dass Fokussierung auf die Prozessebene die wirksamste aller Stabilisierungstechniken ist.

Sollte Herr K. der Meinung sein, dass er noch unter dem Limit ist, obwohl alles dafür spricht, dass er sich täuscht, oder sollte er der Meinung sein, dass er es nicht beurteilen kann, wären ihm ein paar kleine Tests vorzuschlagen, beispielsweise, eine kurze Sprechpause einzulegen, seine Aufmerksamkeit für einige Momente auf etwas anderes zu richten. Musterunterbrechung durch bessere Haltung, bessere Atmung etc. Wenn ihm das tatsächlich möglich ist, zeigt die Fähigkeit zum Pausieren und zur Umfokussierung völlig sicher die Rückkehr ins Toleranzfenster an.

Diese Vorgänge auf der Prozessebene können ihm und allen Gruppenmitglieder ein wenig erklärt werden, dieses Erklären hat ebenfalls in der Über-dem-Limit-Situation musterunterbrechende Wirkung, die Aufmerksamkeit richtet sich auf Verstandestätigkeit (Wissen, Lernen) statt auf Emotionsinhalte.

Wenn es sinnvoll scheint, sich noch etwas mehr auf der Prozessebene zu bewegen, können alle anderen Gruppenmitglieder nach ihrer Meinung gefragt werden, ob Herr K. über dem Limit war, ob die Situation gerade eben für die Gesamtgruppe an der Belastungsgrenze war, sodass eine Auszeit sinnvoll war, ob das jeweilige einzelne andere Gruppenmitglied normal oder überbelastet war. Wenn die Gruppenmitglieder hierzu irgendwelche Meinungen äußern, können sie auch nach Erkennungszeichen gefragt werden, an denen sie ihre persönliche Belastungsgrenze wahrnehmen, sie können nach ihrer Meinung gefragt werden, wie mit dem Thema weiter verfahren werden soll. Um die Gruppenbindung zu verstärken, ist es nützlich, *alle* anderen Gruppenmitglieder ausdrücklich anzusprechen und einen Konsens über das weitere Verfahren mit diesem Thema herzustellen.

In dieser Auszeitepisode der Gruppenarbeit gilt das *Gesetz der Sachlichkeit* sehr streng. Etliche andere Gruppenmitglieder werden Lust haben, die Auszeit nicht zum Regulieren, sondern zum Ausleben ihrer Emotionen zu verwenden durch heulendes Zusammenbrechen, Wutausbrüche etc. Sie müssen dann erneut durch die Gruppenleiterin daran erinnert werden, dass jetzt Auszeit ist und nicht neue emotionale Materialmengen aktiviert werden sollen.

Wenn sich die Gruppe durch eine solche Auszeit mit Fokussierung auf den emotionalen Regulationsprozess der Gruppe wieder geordnet hat und im emotionalen Toleranzfenster befindet, kann einvernehmlich diskutiert und beschlossen werden, wie nun mit diesem Thema umgegangen wird. Die ganze Gruppe nimmt aktiv teil am Prozess der emotionalen Selbstregulation im Hier und Jetzt und damit selbstverständlich auch an der Regulation ihrer Beziehungen untereinander, indem sicher gestellt wird, dass kein Gruppenmitglied das Recht hat, andere in eine Über-dem-Limit-Situation zu bringen.

Sollte die Gruppe das Recht der Gruppenleiterin, eine Auszeit herzustellen, missachten und die emotionale Materialaktivierung unreguliert fortsetzen, muss die Gruppenleiterin mit der erforderlichen Autorität die Auszeit durchsetzen, sie wird also deklarieren, dass jetzt eine Auszeit erforderlich ist, die Gruppenmitglieder daran erinnern, dass alle (siehe Arbeitsbündnis) der Gruppenleiterin das Recht zugestanden haben, jederzeit eine Auszeit zu verfügen und sie wird unter Umständen die Interaktionsregeln modifizieren, beispielsweise Redebeiträge nur noch nach Wortmeldung. Sobald das Überwechseln in eine Auszeit mit diesen Mitteln durchgesetzt ist, werden die meisten Gruppenmitglieder dann nach wenigen Minuten berichten, dass sie förmlich aufwachen aus dem emotionalen Strudel, und werden der Gruppenleiterin sehr dankbar sein für dieses Durchsetzen der Rückkehr ins Toleranzfenster. Patienten, die hier paradox reagieren, indem sie die Schutzrechte der Gruppenleiterin und der anderen Gruppenmitglieder nicht akzeptieren wollen, sind nicht gruppenfähig, dieses muss ihnen eindeutig gesagt werden, sie müssen für diese Sitzung oder dauerhaft von der Gruppenarbeit suspendiert werden.

Nach meiner Beobachtung beginnen alle Heilungsprozesse, auch der Prozess der Emotionsregulation, in der Therapeutin, das heißt, die Therapeutin kann in sich selbst jederzeit eine Auszeit herstellen mit Distanzierung vom emotionalen Material. Sie beginnt einige Sekunden bevor sie eine Auszeit vorschlägt innerlich mit dem eigenen Distanzierungsprozess. Die Patienten registrieren diese Veränderung der Gruppenleiterin sofort und können daran ablesen, dass die Gruppenleiterin zur emotionalen Selbstregulierung imstande ist. Dies ist überhaupt die zentrale Fähigkeit, die Patienten von ihren Therapeuten brauchen und die uns von unseren Patientinnen unterscheidet, weil Emotionsregulation zu sicherer Bindung und seelischem Wachstum notwendig ist.

Das bipolare Prinzip: Die Technik der Umfokussierung auf Ressourcen

Generell gilt, dass der Heilungsprozess die gleichzeitige bzw. oszillierende Anwesenheit sowohl des emotionalen Belastungsmaterials wie auch des positiven emotionalen Materials benötigt. Monopolare Arbeitsweise mit Fokussierung ausschließlich auf Belastendes fördert den seelischen Wachstumsprozess ebenso wenig wie monopolares (manisches) Verhaften am ausschließlich Positiven.

Es empfiehlt sich, das Bipolare Prinzip (sofern man davon überzeugt ist) den Patientinnen auch explizit zu erklären, die Patientinnen werden dann, wenn sie es verstanden und gleichsam die Erlaubnis dazu bekommen haben, dem positiven emotionalen Material spontan Raum geben. Es gibt auch bei Patientinnen das häufige Missverständnis, dass ausschließlich Fokussierung auf das Belastende von Therapeutenseite her gewünscht sei. Um dieses Missverständnis zu korrigieren, ist das explizite Aussprechen des Bipolaren Prinzips nützlich. In einer in diesem traumatherapeutischen Stil geführten Therapiegruppe wird sich mit der Zeit eine Prozesskultur bilden, in der die

Patienten, die schon länger da sind, dieses Prinzip in ihrem Umgang mit sich, den Themen, den Mitpatienten und der Gruppenleiterin mit Selbstverständlichkeit praktizieren und damit als Tradition auch an neue Patientinnen weitergeben. Die Gruppenleiterin beobachtet dann einen kreativen Spontanprozess mit spontaner Oszillation zwischen Belastendem und Positiven und kann sich darauf beschränken, diese Heilungskompetenz der Gruppe für einen Spontanprozess gelegentlich zu benennen und sich im Übrigen daran zu freuen.

Die konkrete Technik der Umfokussierung auf Positives ist äußerst einfach. Sie bedarf allerdings zunächst des Vertrauens bei der Gruppenleiterin, dass Ressourcen, also Gesundes und Normales, in der Persönlichkeit jedes Menschen omnipräsent sind und somit auch in jedem beliebigen Behandlungsmoment fokussiert, das heißt emotional berührt werden können. Seltenste Ausnahmen können akute Psychosen sein, Zustände von Drogen- und Alkoholeinfluss, Patienten mit hohem Gewaltpotenzial, mit denen kein Arbeitsbündnis besteht, die also zur Gewalt beispielsweise am Gruppenprozess entschlossen sind.

Die Umfokussierung auf Gesundes beginnt in der Therapeutin, die selbst ihre eigene Fixierung auf das Belastungsmaterial begrenzt und ihre Aufmerksamkeit auf kleine positive Keime im Gruppengeschehen lenkt. Positiv ist dabei immer gleichbedeutend mit Zuständen, die im Kern positive Emotionen enthalten. Das können Momente der Nachdenklichkeit sein, in denen gute neue Gedanken entstehen, oder Momente der Distanzierung, in denen eine Patientin fühlt, dass das Belastende in die Vergangenheit gehört und nicht in die Gegenwart, oder auch Körperreaktionen, die etwas Positives ausdrücken, ein gelöster Atem, eine Lockerung in der Haltung. Die innere Umfokussierung der Gruppenleiterin wird häufig schon genügen, weil sie von der Gruppe unbewusst sofort registriert wird. Die nächst stärkere Stufe der Umfokussierung auf Ressourcen wäre die explizite Frage, ob etwas mehr Raum für das Gesunde, Positive und Normale im Moment wünschenswert wäre, vielleicht verbunden mit der Frage, was jetzt gerade gut täte. Diese Frage löst eine innere Umfokussierung der Patientinnen auf das Positive aus. An dieser Stelle muss manchmal etwas pädagogisch eingegriffen werden, wenn Gruppenmitglieder diese notwendige Umfokussierungsbewegung ins Positive unterbrechen, indem sie, sei es aus Fixierung oder sei es aus Gewohnheit, gleich wieder Belastungsmaterial thematisieren. Unterstützend kann die Frage sein, ob es für irgendjemand im Verlauf der Sitzung einen Moment gab, in dem sie sich gut gefühlt hat. Es ist dann immer gut, nicht eine Antwort innerhalb eines Sekundenbruchteils zu erwarten, sondern ein wenig Raum zu lassen, weil die Antworten erst aus dem Unbewussten nach oben steigen müssen. Je näher am Jetzt solche erinnerten positiven Momente sind, desto wirksamer sind sie, es können also auch Situationen aus den letzten Tagen oder Wochen, notfalls irgendwann aus dem Leben sein.

Wenn solche Positivkomplexe aktiv werden, können sie fokussiert werden. Sie haben einen sehr starken Anteil in der Körperrepräsentanz, die Patientinnen können beschreiben, wie sich ihre Verfassung verändert, wenn sie sich innerlich auf Positives fokussieren, das wird die Atmung sein, die Muskelspannung, das Bauch- und Herzgefühl, der mimische Ausdruck, der Blick, die emotionale Gestimmtheit und die Gedankeninhalte. Bei stark wirksamem Ressourcenkontakt tritt Humor auf. Nachdem diese Umfokussierung in der Gruppe stattgefunden und möglichst viele Mitglieder einbezogen hat, kann sie im Sinne der Prozessfokussierung benannt werden, nämlich mit Lob und Anerkennung für die Gruppe, die dieses Bipolare Prinzip gerade gut praktiziert hat. Danach schließt sich dann die Frage an, wie nun im weiteren Arbeiten der geeignete Umgang mit dem Belastungsmaterial aussieht, also welche Intensität, welche Zeitdauer, welcher Redestil, welches Tempo.

Zur bipolaren Arbeitsweise gehört auch die Empfehlung, eine Gruppe, wenn es irgendwie möglich ist, im positiven Bereich abzuschließen, das kann auch explizit passieren als Aufforderung an die Gruppe, am Ende der Bezugsgruppe in beschriebener Weise Kontakt zur eigenen gesunden Person herzustellen.

Die Themenwahl

Grundsätzlich greift eine Therapiegruppe solche emotional bedeutsamen Themen auf, die im Hier und Jetzt zwischen den Teilnehmerinnen und den Teilnehmerinnen und der Leiterin entstehen. Dies gilt auch für Themenvorschläge von Teilnehmerinnen über Themen, die scheinbar in anderer Zeit und an anderem Ort spielen. Das Wesentliche an Gruppenthemen ist also stets ihr emotionaler Kern, und zwar sowohl der Belastungs- wie auch der positive Anteil.

Den Patientinnen kann dieses Prinzip, dass es um die Beschäftigung mit den emotionalen Vorgängen geht, behandlungstechnisch in einfachen Worten erklärt werden: Über welches Thema auch immer in der Gruppensitzung gesprochen wird (das Was), stets ist es notwendig, auf das Wie zu achten, auf die Art und Weise, in der über das Thema gesprochen wird. Damit neue kreative Gedanken, neue Sichtweisen, neue Lösungsideen, ein besserer Umgang mit diesen Emotionen entstehen, ist es erforderlich, dass das emotionale Limit nicht überschritten wird und dass auch Gesundem Raum gegeben wird (bipolares Prinzip).

Begrifflich kann das Was, also das womit sich die Gruppe beschäftigt, als Thema bezeichnet werden oder auch als »das was Sie gerade beschäftigt« oder als »Anliegen«. Es empfiehlt sich hier, die eigene Begrifflichkeit zu variieren und ein Repertoire von Formulierungen zu entwickeln, die zur Gruppe, zur Gruppenleiterin und zur jeweiligen Situation gut passen.

Je instabiler die Gruppe ist, desto mehr Struktur braucht sie, dies gilt für alle Stellen des Arbeitsbündnisses und damit auch für die Prozedur der Themenwahl. Bei einer instabilen Gruppe, die dazu neigt, das Arbeitsbündnis rasch zu verlassen oder über das Limit zu gehen, kann es notwendig sein, die Themenwahl extrem strukturiert durchzuführen, also vor Beginn der Beschäftigung mit einem Thema jede einzelne Teilnehmerin explizit zu fragen, ob sie mit der Wahl des Themas einverstanden ist, daran interessiert ist und sich die Beschäftigung damit zutraut. Mit diesem strukturierten Vorgehen wird jedes Mal das Arbeitsbündnis erneuert und eine zum Arbeiten geeignete Gruppensituation hergestellt. In stabileren Gruppen kann dieses Einbeziehen aller Teilnehmerinnen in den Themenbildungsprozess sehr abgekürzt werden als kurze Rückfrage an schweigende Teilnehmerinnen, ob sie am Thema interessiert sind.

Das ständige technische Mittel der Prozessfokussierung gilt auch während der Themenfindung. Es empfiehlt sich, immer wieder die Beschäftigung mit den Inhalten kurz anzuhalten und die Teilnehmerinnen zu fragen, wie es ihnen beispielsweise mit der Entscheidung für dieses Thema geht, wie es ihnen während der Arbeit an dem Thema geht, ob sie das Gefühl haben, dass sie sich für ein geeignetes Thema entschieden haben oder nicht. An solchen Stellen der Prozessreflexion können auch Interaktionsmuster reflektiert werden, die sich gebildet haben, beispielsweise Muster von viel Interaktion zwischen den Teilnehmerinnen oder gerade das Gegenteil: fächerförmige, auf die Leiterin ausgerichtete Kommunikation oder asymmetrische Kommunikation von aktiven und inaktiven Teilnehmerinnen und Ähnliches. Diese kurzen Unterbrechungen der Inhaltsarbeit durch Prozessfokussierung schaffen zum einen Abstand vom emotionalen Gehalt des Themas, können also auch gezielt zur Emotionsregulierung genutzt werden, sie schaffen Bewusstsein für Beschäftigungsmuster mit dem emotionalen Gehalt des Themas und sie lehren die Teilnehmerinnen, kontinuierlich darauf zu achten, wie sie sich mit einem Thema befassen, also beispielsweise ihre eigenen Über-das-Limit-Tendenzen oder ihre Dissoziationstendenzen zu bemerken oder auch bestimmte Inhalte zu registrieren, beispielsweise bestimmte stark ausgeprägte Affekte beim Namen zu nennen.

Beispiele aus der Praxis: Es wird kein Thema gefunden oder die Gruppe kommt kurz nach Beginn der Arbeit mit einem Thema ins Stocken: Ungünstig wäre ein Druckaufbau mit dem Ziel, ein Sprechen zu erzwingen, dies erhöht den Widerstand. Technische Empfehlung: Das Stocken benennen, dem Stocken Raum geben, die Wahrnehmung der Teilnehmerinnen erfragen, ob es ein Über-dem-Limit-Thema ist oder ob es vielleicht ein normales Stocken ist, was nur eine gewisse Langsamkeit im Umgang mit dem Thema anzeigt. Sollte das Thema tatsächlich emotional zu belastend sein, kann es durch aktive Entscheidung verlassen und durch ein anderes ersetzt werden, alternativ wäre es auch möglich, mit der bipolaren Technik den Ressourcenpol zu verstärken und auf diese Weise die Belastung, die im Thema enthalten ist, stark zu verringern. Einige Gruppentherapeutinnen verwenden auch im Sinne einer Aufwärmübung ein kontaktförderndes und hemmungsverminderndes Ritual, zum Beispiel positive Gedanken über die Mitpatientinnen austauschen.

Die Unter-dem-Limit-Situation (Gruppenmitglieder sprechen über Belangloses):

- Rückmeldung, dass bei mir als Therapeutin emotionales Material nicht spürbar wird.
- Nachfragen, ob Patientinnen gerade emotional berührt sind und woran sie das merken.
- Was beobachten Sie, wie sprechen wir gerade über das Thema? Bringt es Sie weiter, kommen Ihnen neue Gedanken oder sprechen sie nur über schon Bekanntes?

Fallbeispiele

Kasuistik 1:

Der jugendliche D. ist seit einigen Wochen in der Bezugsgruppe. In einer zurückliegenden Sequenz vor Wochen, so berichtet die Gruppenleiterin, vibrierte zweimal sein Handy, er reagiert daraufhin mit heftigem verbalem Zorn auf den Anrufer, den er zu kennen meinte, und verschloss sich dann angespannt schweigend psychomotorisch sichtbar blockiert der weiteren Gruppenarbeit.

Die Therapeutin hoffte zunächst, dass die Möglichkeit für den Patienten, in der Gruppe eine Zeit lang im Hintergrund bleiben zu können, zu seiner Beruhigung beitragen würde, was aber nicht der Fall war. Ihre Versuche, ihn mit verschiedenen Vorschlägen bei der Emotionsregulierung zur Mitarbeit zu bringen scheiterten, die Therapeutin erzählt, dass sie ziemlich unsicher wurde, vor allem bei der Vorstellung, sie käme in eine hilflose Situation, weil einerseits sowohl der Patient wie auch die übrigen Gruppenmitglieder emotional über dem Limit erschienen, sie sich als Gruppenleiterin berechtigterweise in der Verantwortung fühlte, einzugreifen, ihr jedoch zunächst keine geeigneten Interventionen mehr einfielen. Sie berichtet, dass sie dann an den Punkt kam, wo sie nicht mehr versuchte, den Patienten in die Gruppenarbeit, also in die Regulationsarbeit einzubeziehen, sondern entschied, dass er offenbar im Moment nicht gruppenfähig sei, und ihn aufforderte, diese Sitzung zu verlassen und zum Pflegeteam zu gehen. Im folgenden Teil der Gruppensitzung beschäftigen sich die restlichen Teilnehmer mit diesem Vorgang, mit den Affekten, die sie wahrgenommen hatten bei sich und dem Mitpatienten, den Gewaltfantasien, und zeigten sich einverstanden mit den Maßnahmen der Gruppenleiterin.

Hier wird deutlich, dass bei der Therapeutin ein Wechsel stattgefunden hatte von einer eher unsicheren, die Macht des Patienten fürchtenden Haltung, die keine Musterunterbrechung der aggressiven Über-dem-Limit-Situation bewirkte, zu einer Struktur setzenden Haltung aus der gefühlten eigenen Autorität heraus, was eine Musterunterbrechung bewirkte, der Patient akzeptierte die Anweisung, auch später im folgenden Einzelgespräch. Dieses Ablaufmuster könnte interpretiert werden als ein typischer Mutter-Sohn-Konflikt, in dem der Sohn die Mutter hilflos zu machen versteht, bis diese ihre Angst vor der Destruktivität des Sohnes überwindet und die Verantwortung für das Arbeitsbündnis eindeutig beansprucht und durchsetzt. Musterunterbrechend haben hier im weitesten Sinne männliche Interventionselemente gewirkt, also Struktursetzung, Regelsetzung. Ein weiteres Mittel hätte sein können, in der Sprache der Ich-Intervention relativ ausführlich das eigene Beobachten, Denken und Beurteilen der aktuellen Abläufe in der Gruppe zu erläutern, dies stellt auf vollkommen unaggressive Weise dar, dass keine Macht des jungen Mannes über das Denken der weiblichen Leiterin besteht. Unklar blieb, ob der junge Mann den Entwicklungsschritt, sich in ein Regel- und Ordnungssystem konstruktiv einzufügen, überhaupt machen möchte oder ob er so narzisstisch ist, dass er im Größenwahn der Allmacht bleiben muss. Eine weitere Lösung für die Gruppenleiterin wäre, sich durch das

Anhalten der Gruppe und durch das Bitten um Bedenkzeit genügend Raum zu schaffen, um den Gruppenprozess reflektieren und nach geeigneten Interventionen suchen zu können. Auch möglich wäre der Einbezug der Gruppe am Reflexionsprozess.

Kasuistik 2:

In der Gruppe, in der Frau B. vertretungsmäßig die Leitung hat, sind eigentlich sechs Mütter, vier sind zur Gruppensitzung anwesend gewesen, Frau B. geht im Bericht zunächst davon aus, dass zwei Mütter krank seien. Die Patientinnen sind Frau M., Frau R., Frau D. und Frau R.-L. Später im Verlauf der Fallbesprechung stellt sich heraus, dass nur eine Mutter krank war mit Fieber, eine andere musste am Anfang der Woche wegen seit Monaten fehlender Kostenübernahme der Krankenkasse die Therapie abbrechen.

Schon bevor alle Patientinnen versammelt sind und die Gruppensitzung deshalb noch nicht begonnen hat, beginnt Frau D. mit den Problemen im Speisesaal und klagt Fehler der Versorgung an, unter denen sie zu leiden habe, aber auch ihre Kinder. Während Frau D. darüber spricht, kommen Frau R. und Frau M. hinzu und die Gruppensitzung ist vollständig. Die Therapeutin gibt zunächst etwas Raum für diesen Beginn, der auch eine vorübergehende Auflösung des Arbeitsrahmens enthält. Die Gruppe scheint dann aber doch genug geordnet zu sein, um mit einer Anfangsrunde zu beginnen, während der allerdings Frau D. ständig mit dem Fuß wippt, was sowohl die Mitpatienten wie auch die Gruppenleiterin sehr nervös macht. Die Situation eskaliert dann, Frau M. und Frau D. wollen sich gegenseitig aggressiv anschreien und sich gegenseitig ihre Aggressivität vorwerfen. Die Therapeutin sorgt hier für einen Stopp. Frau D. stellt fest, dass sie die Gruppe nicht mehr ertragen könne und geht hinaus, die Therapeutin verlässt die restlichen drei Gruppenmitglieder vorübergehend, geht der Frau D. hinterher, bespricht sich draußen mit ihr eine kurze Weile und vereinbart, dass Frau D. sich zu beruhigen versucht und zu diesem Zweck auch zum Pflegeteam geht. Die Therapeutin kehrt dann in die Gruppensitzung zu den restlichen drei Gruppenmitgliedern zurück. Die Therapeutin schildert, dass sie dann der Gruppe Struktur gegeben hat durch eigenes Sprechen und Erklären, vor allem zu dem Punkt, bei sich zu bleiben, also Verantwortung für eigene Gefühle zu übernehmen. Dies scheint den verbliebenen Gruppenmitgliedern zu gelingen, insbesondere Frau M. und Frau R. erzählen von eigenen aggressiven Impulsen, die sie von sich kennen und wie sie mit diesen umzugehen gelernt haben. Frau R.-L. scheint nicht sehr beteiligt, eher etwas allgemein und oberflächlich bleibend.

Deutlich sind in diesem Fall inhaltlich starke aggressive Affekte, die etwas mit Versorgung zu tun haben (in der Küche), kindhafte Wut auf negativ erlebte (mütterliche) Versorgungsinstitutionen, der starke Wunsch nach Bindung und Aufmerksamkeit in der Gruppensitzung an die Gruppentherapeutin, wahrscheinlich auch als Muttersymbol zu verstehen, die Konkurrenz, die sich hieraus ergibt und die nicht vertragen wird, sodass Frau D., die von Anfang an die Therapeutin alleine für sich haben wollte, schließlich den Raum verlässt. Schließlich wird noch klar, dass sehr wahrscheinlich der Therapieabbruch von Frau H.-A. sich stark auswirkt, eine schwer kranke Frau mit drei Kindern musste die Therapie abbrechen, weil über Monate hinweg die Krankenkasse die Kosten nicht übernommen hat und die Klinik schließlich mit der Patientin ein Behandlungsende vereinbaren musste, was wahrscheinlich abrupter verlief, als es für die Patientin und ihre Kinder gut war, sodass möglicherweise die Klinik für die Patientinnen den Charakter einer lieblosen verstoßenden Borderline-Mutter bekommen haben könnte.

Auf der Prozessebene wird deutlich, dass dieses sehr starke negative emotionale Material von Anbeginn der Gruppensitzung an zu einer Über-dem-Limit-Situation geführt hat; der Arbeitsrahmen wurde schon vor Beginn gesprengt, in der Gruppensitzung konnten die aggressiven Affekte nicht mehr reguliert werden. Das Herauslaufen von Frau D. zeigt einerseits die Über-dem-Limit-Situation an und ist gleichzeitig deren Symbolisierung: Sie stößt sich selbst aus. Hilfreich war, dass die Gruppentherapeutin offenbar nicht aggressiv reagiert hat, sondern der herauslaufenden Frau D. auf angemessene Weise geholfen hat. Hilfreich war es auch, den Streit der Teilnehmerinnen zu unterbrechen, mit dem sie das Aggressive jeweils im anderen bekämpften und damit in Krieg untereinander verfallen wären. Nützlich wäre noch gewesen, die Über-dem-Limit-Situation zu benennen und gemeinsam danach zu suchen, wie eine ausreichende Distanzierung gelingen könnte, eventuell wäre auch die Rekonstruktion der Entstehung der Über-dem-Limit-Situation fruchtbar gewesen.

Kasuistik 3:

Die Therapeutin berichtet, dass sie an einem Freitagnachmittag mit ihrer Bezugsgruppe arbeitete und sie im Einvernehmen mit der Gruppe den Eindruck hatte, dass es gut wäre, die Gruppensitzung mit einer Ressourcenübung zu beenden, auch deshalb, weil das Wochenende bevorstand. Es wurde dann in der Gruppensitzung vereinbart, eine EMDR-Variante, nämlich das sogenannte Butterfly durchzuführen. Die Übung war der Gruppe bekannt. Die Gruppenleiterin leitete die Übung damit ein, dass sie den Patienten riet, an einen positiven Moment der letzten Woche zu denken, in dem sie sich gut und ganz im Einklang mit sich gefühlt haben und dies dann mit dem Butterfly-Klopfen zu begleiten. In diesem Moment, die Gruppenleiterin vermutet durch die Formulierung »im Einklang mit sich selbst« ausgelöst, geriet Frau W. in eine starke emotionale Erregung, sie sei noch nie im Einklang mit sich selbst gewesen, sie weinte stark und dieser Ausbruch störte und verhinderte zunächst die Übung. Die Gruppenleiterin beschreibt, dass sie sich über diese Störung ärgerte, die von Frau W. ausging. Die Gruppenleiterin entschied sich dann, die Übung nicht abzubrechen, sondern die Störung eher zu ignorieren. Sie führte die Übung wie geplant fort, was auch einigermaßen ging, allerdings blieb bei der Gruppenleiterin ein deutlicher Ärger und eine Hilflosigkeit übrig, ein Ärger auf die Patientin und eine Hilflosigkeit, weil sie mit ihrer eigenen Vorgehensweise nicht ganz zufrieden war.

Es könnte sich in diesem Fall tatsächlich um eine Triggerung bei der Patientin durch den Begriff »im Einklang mit sich selbst« gehandelt haben, dies könnte tatsächlich Belastungsmaterial auf eine nicht gleich steuerbare Weise aktiviert haben. Möglich wäre auch ein Neidaffekt, vielleicht wollte Frau W. nicht, dass Mitpatienten in dieser Übung ein gutes Lebensgefühl entwickeln und störte daher mit einer Problemaktivierung. Denkbar wäre auch eine aus einer früheren Sitzung weitergeführte Dynamik, zum Beispiel Eifersuchtsgefühle auf eine Mitpatientin, die in einer früheren Sitzung viel Raum bekommen hatte, den sich Frau W. jetzt vielleicht mit Belastungsmaterial zu nehmen versuchte.

Eine denkbare behandlungstechnische Verfahrensweise ist, der Gruppe auf Prozessebene das Geschehen zu beschreiben. Man könnte beschreiben, dass gerade ein Ressourcenkontakt nützlich und geplant war, dann Belastungsmaterial aktiv wurde, was, wie jede in der Gruppe weiß, den Ressourcenkontakt erschwert. Frau W. könnte dann gefragt werden, ob sie sich trotz dieses gerade stattgefundenen Kontakts mit emotionalem Problemmaterial imstande fühlt, an der Ressourcenübung teilzunehmen oder ob sie sich imstande fühlt, das Belastende in sich soweit zu begrenzen, dass sie als nichtteilnehmende Beobachterin an der Ressourcenübung teilnimmt, oder ob es für sie besser ist, kurz den Raum zu verlassen, sie wird sich dann sehr wahrscheinlich für eine dieser Varianten entscheiden. Die Wirksamkeit dieses Vorgehens beginnt mit der inneren Distanzierung der Gruppenleiterin, die sich nicht in das Problemmaterial hineinbegibt, sondern auf die Prozessebene hinaustritt, daraus lernen die Gruppenteilnehmerinnen, dass der Gruppenleiterin eine Regulierung dieser Emotionen möglich ist. Jedes Aufsuchen der Inhaltsebene, also der Versuch, die jetzt aktiven belastenden Emotionen zu kontaktieren und zu benennen, würde hingegen die Aktivität des Problemmaterials ständig steigern. Indem der Patientin Frau W. mehrere tatsächlich gut geeignete Varianten vorgeschlagen werden, kann sie auswählen und damit das Verfahren der aktiven Selbststabilisierung praktizieren. Falls die Gruppenleiterin den Eindruck hat, Frau W.s Erregung sei weniger ein Störmanöver, sondern vielmehr ein berechtigtes Suchen nach Raum für ein aktives Thema, könnte mit der Patientin auch noch kurz abgestimmt werden, welcher Rederaum dafür geeignet wäre, vielleicht die nächste Sitzung oder ein Einzelgespräch.

Kasuistik 4:

Die Therapeutin berichtet, dass in einer kürzlich stattgefundenen Bezugsgruppensitzung eine der jugendlichen Patientinnen mit verächtlichem Gesichtsausdruck eine andere Mitpatientin erheblich entwertet hat. In der sich daran anschließenden Gruppentherapiearbeit versuchten die übrigen Gruppenmitglieder, wieder Frieden herzustellen mit dieser Patientin, man versuchte, nicht aggressiv auf sie zu reagieren, sondern versöhnlich, sie auf diese Weise wieder in den Gruppenkontakt einzubeziehen und die Störung zu beheben. Die Patientin jedoch verweigerte sich diesen Versuchen, das heißt, sie wirkte an der Reparatur des durch ihr aggressives Verhalten entstandenen Schadens nicht nur nicht mit, sondern erneuerte ihre Destruktivität durch zufriedenen oder sogar triumphierenden Gesichtsausdruck, wann immer sie mit der Tatsache ihres destruktiven Verhaltens konfrontiert wurde, und auch durch explizite Aussagen, die enthielten, dass sie das Recht beansprucht, andere zu verletzen.

Die Therapeutin findet, dass weder ihr noch der Gruppe eine Musterunterbrechung gelungen ist, sie fühlte sich hilflos und ärgerlich.

Sie ergänzt, dass die Patientin längere Zeit im bisherigen Behandlungsverlauf als fraglich unterbegabt erschien, bis sich immer mehr verdeutlichte, dass es sich hierbei eher um eine soziale Rolle, als um ein tatsächliches Begabungsproblem handelt. Die Therapeuten ist der Meinung, dass die Patientin in der Gruppensitzung durch ihr Verhalten in eine Machtposition kommt. Sie scheint die Ranghöchste zu sein, die mit ihrem destruktiven Verhalten den Verlauf der Gruppenarbeit in der Hand hat. Inhaltlich wird deutlich, dass man sich in einem Muster befand, in dem sich die Gruppenteilnehmerinnen und auch die Gruppenleiterin als hilflos wütende Versagerinnen fühlten. Man kann also vermuten, dass eben dieser Affekt, sich als wertlose, hilflos wütende Versagerin zu fühlen, das emotionale Material ist, an dem die Gruppe in der beschriebenen Interaktionsfigur zunächst erfolglos arbeitet.

Ferner wird deutlich, dass das Verhalten der Protagonistin auch einen Bruch des Arbeitsbündnisses enthält. Sie beansprucht das Recht, sich Mitpatientinnen gegenüber verbal verletzend, also gewalttätig verhalten zu können. Das Arbeitsbündnis der Gruppenarbeit verlangt aber Gewaltverzicht und konstruktives Mitwirken.

Dieser Bruch des Arbeitsbündnisses hat behandlungstechnisch Vorrang vor der Beschäftigung mit anderen Inhalten und Prozessen. Die Gruppenleiterin hätte Zeit für sich gebraucht, um über das Geschehen nachzudenken, Muster zu erkennen, Sprache zu bilden und sich innerlich zu ordnen. Möglicherweise stellt auch die Protagonistin dar, dass in der Welt, aus der sie stammt, stets die gewalttätigste Person Zentralfigur war und das Geschehen bestimmte, eine Welt, in der nicht Zeit war zum Nachdenken und Sprechen, sondern in der gleich geschlagen wurde, zumindest mit Worten.

Eine denkbare Interventionstechnik wäre also gewesen, der Gruppe zu sagen, dass im Moment offenbar eine Störung stattfindet, die sich daran zeigt, dass sich ein Stillstand gebildet hat. De Gruppenleiterin hätte ihr Bedürfnis artikulieren können, über das aktuelle Gruppengeschehen eine Weile nachzudenken, bis die Störung verstanden wird. Sie hätte auch die Gruppenmitglieder einladen können, sich selber darüber Gedanken zu machen, warum das, was gerade versucht wird, nicht funktioniert. Früher oder später wäre der Gruppenleiterin, was sie ohnehin schon intuitiv wusste, bewusst geworden, dass die Protagonistin mit ihrem Anspruch, verbal gewalttätig sein zu dürfen, das Arbeitsbündnis gebrochen hatte. Die Gruppenleiterin hätte, nach dem ihr das als vorrangige Störung klar geworden ist, in Gestalt einer Ich-Botschaft der Gruppe einschließlich der Protagonistin mitteilen können, dass es nach ihrer Überzeugung einen solchen Bruch des Arbeitsbündnisses gegeben hat, sodass auf geeignete Weise eine Widerherstellung des Arbeitsbündnisses mit der Protagonistin ansteht. Die Gruppenleiterin könnte der Protagonistin erklären, dass sie sich jetzt oder ein andermal dazu äußern sollte, ob sie das Prinzip der Gewaltfreiheit in der Therapie verstanden hat und akzeptiert. Durch eine solche Intervention wäre nicht zu erwarten, dass die Protagonistin sofort zustimmt und das Arbeitsbündnis wiederherstellt. Einige Zeit dafür kann ihr gegeben werden, wichtig ist jedoch, die Gewaltfreiheit des therapeutischen Rahmens wirksam zu verteidigen. Wenn die Protagonistin aus einer Welt verbaler Gewalt stammt, dann wird Gewaltfreiheit auch genau das sein, was sie als Person zur Entwicklung braucht, und sie wird fühlen, dass es richtig so ist.

Möglicherweise sind Zeichen von hoher Anspannung in der Gruppenleiterin selbst Hinweise darauf, dass sich die Gruppe nonverbal an sie wendet mit der Bitte nach Schutz, ein klares Zeichen, dass der Rahmen nicht eingehalten wurde und Gruppenregeln, die ja Schutzregeln sind, verletzt wurden.

Nach der Intervention in Bezug auf das Arbeitsbündnis wäre es möglich, die Gruppe zu fragen, womit sie sich beschäftigen möchte, also beispielsweise mit diesem Element des Arbeitsbündnisses der Gewaltfreiheit, oder ob man sich mit einigen Inhaltsaspekten beschäftigen möchte, beispielsweise mit Vorgängen der Rang- und Hackordnung innerhalb dieser Gruppe und vielleicht auch in den Familien, aus denen die Mitglieder stammen.

Abspann

Einige Gedanken zum Abschluss. Was braucht die Medizin?

So wie es im Menschen respektive Patienten immer ist, so ist es auch in der Psychotherapie, sie steht nie still. Sie reflektiert ihre Modelle und Methoden, vertraute Muster des Denkens und Handelns werden als nicht mehr zeitgemäß erkannt und durch anderes ersetzt. Das wird nicht automatisch in die richtige Richtung führen. Das Neue wird dann nicht das Bessere sein, wenn die neuen Muster der Medizin den natürlichen Heilungsprozessen Gewalt antun, weil die Heilungsprozesse dann stillstehen. Eine perfekt industriell organisierte Medizin bewirkt deshalb nicht viel.

Es tut mir selbst außerordentlich gut, mich immer wieder an dem zu orientieren, was für jede Medizin der Kompass sein sollte: Was braucht der natürliche Heilungsprozess?

Ist es so einfach? Ja, es ist so einfach.

Zahlreiche Schiffsunglücke sind deshalb passiert, weil sich die Kapitäne, um Verspätungen und damit Ärger mit ihrer Reederei zu vermeiden, an den Fahrplänen statt am Wetter orientiert haben, so zum Beispiel die berühmte Kollision des Luxusliners *Andrea Doria* mit dem Frachter *Stockholm* im Jahre 1956. Der Kapitän der *Andrea Doria* wollte am anderen Tag pünktlich in New York ankommen und reduzierte deshalb in den Nebelbänken vor Nantucket die Geschwindigkeit des Schiffes kaum. Dazu kamen geradezu groteske Kommunikationsstörungen zwischen den beiden Schiffen, die sich so verhielten, wie zwei Menschen, die aus entgegengesetzten Richtungen durch eine Tür wollen und stets in die gleiche Richtung ausweichen, sodass sie am Ende aufeinanderstoßen. Hauptfaktor war aber der Wunsch des Kapitäns, trotz Nebel rechtzeitig in New York anzukommen.[1]

Auf ein Krankenhaus übertragen, werden wir dann havarieren, wenn die Orientierung am mentalen Transformationsprozess, der unser Kompass sein muss, aus welchen Gründen auch immer verloren geht.

In Therapiestunden erlebe ich häufig Folgendes: Eine Patientin fragt mich beispielsweise, ob es gut wäre, den Abstand ihrer Therapiestunden von wöchentlich auf 14-tägig zu verändern oder umgekehrt. Vielleicht fragt sie auch (sich und mich), ob die intensive Beschäftigung mit einem bestimmten Trauma heute in dieser Stunde das Richtige wäre. All diese Fragen könnte man normativ beantworten mit einem Verweis auf Methode, Gepflogenheit, Kassenarztrecht oder Ähnliches.

Ich halte aber etwas anderes für besser, ich antworte selbstorganisatorisch: »Was dem Heilungsprozess dient (und was den Beteiligten realistisch möglich ist), ist das Richtige.«

Die Folge ist in der Regel eine ruhige, nachdenkliche Pause, und zwar bei der Patientin ebenso wie bei mir. In dieser Pause stellt sich eine innere Verbindung mit den Transformationsprozessen her und die Antwort, was das Richtige sei, entsteht meist leicht und sicher. Patientin und Therapeut (also ich) können dann ihre Meinungen abstimmen, dies hat noch nie Probleme bereitet.

Auf diese Weise ist der wichtige Orientierungskompass, der Transformationsprozess, ständig aktiv. Das gilt für die vergleichsweise überschaubare Situation der ambulanten Therapie geradeso wie für die viel komplexere Situation der stationären Therapie.

Auch das Zeitmaß meiner Therapiestunden hat sich im Zuge dieser selbstorganisatorischen Arbeitsweise verändert, aus den 50 Minuten des Kassenarztrechtes werden meist 60, oft 70, manchmal 90 Minuten, und zwar deshalb, weil der Prozess es braucht, also bekommt er es.

Nun kehrt der Schlussgedanke dieses letzten Kapitels zum ersten Kapitel

1 Auch in dieser Havarie, die zum Glück einigermaßen glimpflich ausging – bis auf 46 wurden alle 1.706 Passagiere und Besatzungsmitglieder gerettet –, fehlt es nicht an bizarren Anekdoten am Rande. Eine Passagierin der Andrea Doria drückte genau in der Sekunde auf den Lichtschalter ihrer Kabine, als die Andrea Doria von der Stockholm gerammt wurde. Sie rief während der gesamten Rettungsaktion: »Ich war es nicht, ich war es nicht!!« Das gibt zu interessanten Überlegungen Anlass, wie das menschliche Gehirn aus Gleichzeitigkeit Ursächlichkeit macht, Überlegungen allerdings, die, wie ich fürchte, hier im Abspann leider nichts verloren haben.

zurück: Möge sich das Gesundheitswesen wieder mehr für Heilungsprozesse interessieren.

Wenn Sie das Buch nun also gelesen haben[2], machen Sie mir die Freude und schreiben Sie mir, wie Sie es fanden (E-Mail: r.plassmann@ptz.de). Wenn Sie es nur loben, wird mich das freuen, aber wahrscheinlich nicht sehr anregen, wenn Sie es vernichten, wird mich das auch nicht sehr inspirieren. Gut wäre ein ausbalanciertes Gemisch aus Kritischem und Positivem: Das fördert seelische Wachstumsprozesse, auch bei mir.[3]

2 Oder bevorzugen Sie Abkürzungen: Sie tauchen hier im »Abspann« frisch und munter auf, *ohne* das Buch gelesen zu haben?

3 Mein emotionales System sieht das freilich ganz anders, es meint, ein Waschkorb voller Begeisterung würde vollkommen genügen.

Literatur

Abell, A. M. (1955): Talks with Great Composers. New York (Philos. Library).
Alexander, R.; Smith, W. & Stevenson, R. (1990): Serial Munchausen syndrome by proxy. Pediatrics 86, 581–585.
Anderson, C. A. (2004): An update on the effects of playing violent video games. Journal of Adolescence 27, 113–122.
Anderson, C. A. & Dill, K. E. (2000): Video games and aggressive thoughts, feelings, and behavior in the laboratory and in life. Journal of Personality and Social Psychology 78, 772–790.
Antonovsky, A. (1989): Die salutogenetische Perspektive. Zu einer neuen Sicht von Gesundheit und Krankheit. Medicus II, 51–57.
Asher, G. (1951): Münchhausen's Syndrome. Lancet 1, 339–341.
Balint, M. (2001): Der Arzt, sein Patient und die Krankheit. 10. Aufl. Stuttgart (Klett-Cotta).
Bateson, G. (1985a): Krankheiten der Erkenntnistheorie. In: Bateson, G.: Ökologie des Geistes. Frankfurt/M. (Suhrkamp), S. 614–626.
Bateson, G. (1985b): Ökologie des Geistes. Frankfurt/M. (Suhrkamp).
Beebe, B. & Lachmann, F. (2004): Säuglingsforschung und Psychotherapie Erwachsener: Wie interaktive Prozesse entstehen du zu Veränderungen führen. Stuttgart (Klett-Cotta).
Beebe, B.; Jaffe, J.; Lachmann, F.; Feldstein, S.; Crown, C. & Jasnow, M. (2002): Koordination von Sprachrhythmus und Bindung. In: Brisch, K.-H.; Grossmann, K. E.; Grossmann, K. & Köhler, L. (Hg.): Bindung und seelische Entwicklungswege. Stuttgart (Klett-Cotta), S. 47–87.
Bergmann, W. & Hüther, G. (2006): Computersüchtig. Kinder im Sog der modernen Medien. Düsseldorf (Patmos).
Bergmann, U. (2010): EMDR's Neurobiological Mechanisms of Action: A Surcey of 20 Years of Searching. Journal of EMDR Practice and Research 4(1), 22–42.
Bools, C. N.; Neale, B. A. & Meadow, R. (1992): Co-morbidity associated with fabricated illness (Munchausen syndrome by proxy). Archives of Disease in Childhood 67, 77–79.
Borck, C. (2005): Hirnströme: Eine Kulturgeschichte der Elektroenzephalographie. Göttingen (Wallstein-Verlag), S. 296–300.
Bowlby, J. (1982): Bindung – Eine Analyse der Mutter-Kind-Beziehung. (Kindler).
Braun, C. v. (1993): Von der »virgo fortis« zur modernen Anorexie: Geistesgeschichtliche Hintergründe der modernen Eßstörungen. In: Seidler, G. H. (Hg.): Magersucht – Öffentliches Geheimnis. Göttingen (Vandenhoeck & Ruprecht), S. 134–166.

Brisch, K.H. & Hellbrügge, T. (2003): Bindung und Trauma. 2. Aufl. Stuttgart (Klett-Cotta).
Brody, S. (1959): Value of group psychotherapy in patients with polysurgery addiction. Psychiatr. Q. 33, 260–283.
Bryant, G.A. & Haselton, M.G. (2008): Vocal cues of ovulation in human females. Online, 8. October 2008, Biol. Lett.
Chertok, L. (1972): Mania operativa: Surgical addiction. Psychiatry Med. 3(2), 105–118.
Christakis, D.A. et al. (2004): Early television exposure and subsequent attentional problems in children. Pediatrics 113, 708–713.
Cierpka, M. & Reich, G. (2001): Psychotherapie der Essstörungen. 2. Aufl. Stuttgart (Thieme).
Damasio, A.R. (2000): Ich fühle, also bin ich. München (List).
Damasio, A.R. (2003): Der Spinoza-Effekt. Berlin (List).
Deacon, T. (1997): The Symbolic Species. New York (Norton).
Diebel-Braune, E. (1993): »Und bist du nicht willig, so brauch' ich Gewalt« – Eine Form der Spaltung bei der Anorexie und ihrer Behandlung. In: Seidler, G.H. (Hg.): Magersucht – Öffentliches Geheimnis. Göttingen (Vandenhoeck & Ruprecht), S. 189–202.
Dijksterhuis, A. (2010): Das kluge Unbewusste. Stuttgart (Klett-Cotta).
Dulz, B. & Nadolny, A. (1998): Opfer als Täter – Ein Dilemma des Therapeuten. Persönlichkeitsstörungen 1, 36–42.
Farma, T. (2003): Attachment, Trauma and EMDR. Vortrag auf der EMDRIA-Tagung, Rom, 18.5.2003.
Favazza, A.R. (1987): Bodies under siege. Baltimore (Johns Hopkins University Press).
Favazza, A.R. & Rosenthal, R.J. (1993): Reasons for Self-Harm. Centre for Suicide Prevention 2001.
Feierabend, S. & Klingler, W. (2004): Was Kinder sehen. Eine Analyse der Fernsehnutzung von Drei- bis13-Jährigen 2002. Media Perspektiven 2004(4), 151–162.
Felitti, V.J. (2002): Belastungen in der Kindheit und Gesundheit im Erwachsenenalter: Die Verwandlung von Gold in Blei. Z. Psychosom. Med. Psychother. 48, 359–369.
Felitti, V.J. et al. (1998): The relationship of adult health status to childhood abuse and household dysfunction. Am. J. Prev. Med. 14, 245–258.
Fischer, G. & Riedesser, P. (1999): Lehrbuch der Psychotraumatologie. München (Ernst Reinhardt Verlag).
Foerster, H.v. (1988): »Das Konstruieren einer Wirklichkeit«; zitiert in: Lynn Segal: Das 18. Kamel oder die Welt als Erfindung. München (Piper).
Foerster, H.v. & Glasersfeld, E.v. (1999): Wie wir uns erfinden. Heidelberg (Carl-Auer).
Foerster, O. (1925): Zur Pathogenese und chirurgischen Behandlung der Epilepsie. Leipzig.
Fonagy, P.; Gergely, G.; Jurist, E.L. & Target, M. (2004): Affektregulierung, Mentalisierung und die Entwicklung des Selbst. Stuttgart (Klett-Cotta).
Freud, S. (1895): Entwurf einer Psychologie. GW Nachtragsband, S. 373–486.
Freud, S. (1925): Selbstdarstellung. GW XIV, S. 31–96.
Freud, S. (1939): Der Mann Moses und die monotheistische Religion. GW XVI, S. 101–246.
Gall, F.J. & Spurzheim, G. (1810): Anatomie et physiologie du système nerveux en géneral, et du cerveau en particulier, avec des observations sur la possibilité de reconnaître plusieurs dispositions intellectuelles et morales de l'homme et des animaux, par la configuration des leurs têtes. Paris.
Gauler, T.C. & Weihrauch, T.R. (1997): Placebo ein wirksames und ungefährliches Medikament? München (Urban & Schwarzenberg).
Gazzaniga, M.S. & LeDoux, J.E. (1978): The Integrated Mind. New York (Plenum).
Geißler, P. & Heisterkamp, G. (2007): Psychoanalyse der Lebensbewegungen. Wien, New York (Springer).

Gentile, D.A. & Walsh, D.A. (1999): National survey of familiy media habits, knowledge and attitudes. National Institute on Media and the Familiy, Minneapolis, S. 1–104.
Gentile, D.A. et al. (2004): The effects of violent video game habits on adolescent hostility, aggressive behaviors, and school performance. J. Adolesc. 27, 5–22.
Gipper, H. (1964): Bausteine zur Sprachinhaltsforschung. Bonn (Bouvier).
Green, A.H. (1978): Self-destructive behavior in battered children. American Journal of Psychiatry 124, 36–42.
Haas, J.-P. (1997): Bions Beitrag zu einer psychoanalytischen Theorie der Emotionen. Jahrbuch d. Psychoanal. 38, 137–193.
Hänsli, N. (1996): Automutilation: der sich selbst schädigende Mensch im psychopathologischen Verständnis. Bern, Göttingen, Toronto, Seattle (Huber).
Hagner, M. (2006): Der Geist bei der Arbeit. Göttingen (Wallstein-Verlag).
Hahn, A. & Jerusalem, M. (2001): Internetsucht – Reliabilität und Validität in der Online-Forschung. In: Theobald, A.; Dreyer, M. & Starsetzki, T. (Hg.): Handbuch zur Online-Marktforschung. Beiträge aus Wissenschaft und Praxis. Wiesbaden (Gabler), S. 161–186.
Haken, H. (1981): Erfolgsgeheimnisse der Natur. Stuttgart (Deutsche Verlagsanstalt).
Hall, R.C.W. et al. (1989): Sexual Abuse in Patients with Anorexia Nervosa and Bulimia. Psychosomatics 30, 73–79.
Heyne, C. (1994): Täterinnen. Zürich (Kreuz).
Hickson, G.B.; Altemeier, W.A.; Martin, E.D. & Campbell, P.W. (1989): Parental Administration of Chemical Agents: A Cause of Apparent Life-Threatening Events. Pediatrics 83(5), 772–776.
Hofmann, A. (1999): EMDR in der Therapie psychotraumatischer Belastungssyndrome. Stuttgart (Thieme).
Hofmann, A. (2005): EMDR in der Therapie psychotraumatischer Belastungssyndrome. 3. Aufl. Stuttgart (Thieme).
Hontschik, B. (1976): Die Zelle ist dem Gewebe gegenüber hyponom, so wie das Individuum gegenüber Volk, Familie und Staat – zur Inhaltsanalyse medizinischer Lehrbücher. Jahrbuch für kritische Medizin, Bd. 1. Berlin (Argumentverlag)., S. 107–112.
Hontschik, B. (1988): Fehlindizierte Appendektomien bei jungen Frauen. Z.f. Sexualforschung 1, 313–326.
Hontschik, B. (1990): Bemerkungen zur Praxis der Appendektomie: Stellungnahme zum Leitthema »Die Appendektomie«. Chirurg 60, 501–516.
Hontschik, B. (1994): Theorie und Praxis der Appendektomie. Frankfurt/M. (Mabuse).
Hopf, W.H.; Huber, G.L. & Weiß, R.H. (2008): Media violence and youth violence. A 2-year longitudinal study. Journal of Media Psychology 20(3), 79–96.
Huber, M. (2003): Trauma und die Folgen. Paderborn (Junfermann).
Hüther, G. (2004): Biologie der Angst. Göttingen (Vandenhoeck & Ruprecht).
Janet, P. (1889): L'automatism psychologique. Paris.
JIM. Jugend, Information, (Multi-)Media (2007): Basisstudie zum Medienumgang 12- bis19-Jähriger in Deutschland. Medienpädagogischer Forschungsverband Südwest. URL: http://www.mpfs.de (Stand: 20.04.2010).
Jureidini, J. (1993): Obstetric factitious disorder and Munchausen syndrome by proxy. The Journal of Nervous and Mental Disease 181, 135–137.
Kächele, H. (1999): Therapieaufwand und -erfolg bei der psychodynamischen Therapie von Essstörungen. Eine multizentrische Studie (unpublizierter Schlussbericht).
Kandel, E. (2006): Auf der Suche nach dem Gedächtnis. München (Siedler).
Kaplan-Solms, K. & Solms, M. (2003): Neuro-Psychoanalyse. Stuttgart (Klett-Cotta).

Kast, V. (2006): Der andere Analytiker. Gehirn und Geist 2006(9), 26–30.
Köpp, W. & Jacobi, G. E. (2000): Beschädigte Weiblichkeit. Essstörungen, Sexualität und sexueller Missbrauch. Heidelberg (Asanger).
Konitzer, M.; Doering, T. & Fischer, G. C. (2001): Metaphorische Aspekte der Misteltherapie im Patientenerleben – eine qualitative Studie. Forschende Komplementärmedizin und klassische Naturheilkunde 2001(8), 68–79.
Kordy, H.; Hannöver, W. & Bauer, S. (2002): Evaluation und Qualitätssicherung in der psychosozialen Versorgung. In: Brähler, E. & Strauß, B. (Hg.): Handlungsfelder in der psychosozialen Medizin. Göttingen (Hogrefe), S. 425–448.
Krahé, B.; Möller, I. & Berger, A. (2006): Aktuelle Forschungsprojekte zum Thema »Mediengewalt«: Fragestellungen, Methode und Ergebnisse. URL: http://www.psych.uni-potsdam.de/social/projects/files/ForschungThema-Mediengewalt.pdf (Stand: 01.02.2007).
Lacy, J. H., & Evans, C. D. H. (1986): The imulsivist. A multi-impulsive personality disorder. British Journal of Addiction 81, 641–649.
Lampert, T. et al. (2007): Nutzung elektronischer Medien im Jugendalter. Ergebnisse des Kinder- und Jugendgesundheitssurveys (KiGGS). URL: http://www.kiggs.de/experten/erste_ergebnisse/Basispublikation/GesundheitsverhaltenEntwicklung.html (Stand: 26.09.2008).
LeDoux, J. (2001): Das Netz der Gefühle. Wie Emotionen entstehen. München (dtv).
Lister, D. (2003): Correcting the Cognitive Map with EMDR: A Possible Neurological Mechanism. The EMDR Practitioner. URL: http://www.emdr-practitioner.net/practitioner_articles/lister_02_2003.html (Stand: 01.04.2009).
Lober, A. (Hg.) (2007): Virtuelle Welten werden real. Hannover (Heise).
Lukesch, H. et al. (2004): Das Weltbild des Fernsehens: eine Untersuchung der Sendungsangebote öffentlich-rechtlicher und privater Sender in Deutschland. Regensburg (Roderer).
Lukesch, H. et al. (2005): Wirkungen gewaltiger Video- und Computerspiele. In: Hänsel, R. (Hg.): Da spiel ich nicht mit! Auswirkungen von »Unterhaltungsgewalt« in Fernsehen, Video- und Computerspielen – und was man dagegen tun kann. Eine Handreichung für Lehrer und Eltern. Donauwörth (Auer), S. 119–135.
Maturana, H. R. & Varela, F. (1987): Der Baum der Erkenntnis. München (Scherz).
Mead, G. H. (1968): Geist, Identität und Gesellschaft. Frankfurt/M. (Suhrkamp).
Meadow, R. (1977): Munchausen Syndrome By Proxy: The hinterland of child abuse. The Lancet, August 13, 343–345.
Meadow, R. (1984a): Factitious Epilepsy. The Lancet, July 7, 25–28.
Meadow, R. (1984b): Factitious illness – the hinterland of child abuse. Recent Advances in Paediatrics 7, 217–232.
Medawar, P. B. & Medawar, I. S. (1977): The Life Science. New York (Harper & Row).
Menninger, K. A. (1934): Polysurgery and polysurgical addiction. Psychoanal. Q. 3, 173–199.
Möller, C. (2009): Internetsucht/Computersucht bei Kindern und Jugendlichen. Forum für Kinder- und Jugendpsychiatrie und Psychotherapie 19(3), 15–16.
Mößle, T. et al. (2006): Mediennutzung, Schulerfolg, Jugendgewalt und die Krise der Jugend. URL: http://www.kfn.de (Stand: 08.02.2007).
Moser, M. et al. (2004): Jede Krankheit ein musikalisches Problem. Die Drei 2004(8–9), 25–34.
Myrtek, M. & Scharff, C. (2000): Fernsehen, Schule und Verhalten. Untersuchungen zur emotionalen Beanspruchung von Schülern. Bern (Huber).
Nefiodow, L. A. (1999): Der 6. Kondratieff. In: Kröger, F. & Petzold, E. R. (Hg.): Selbstorganisation und Ordnungswandel in der Psychosomatik. Frankfurt/M. (VAS), S. 28–41.
Nicolis, G. & Prigogine, I. (1977): Self-organization in nonequilibrium systems. New York (John Wiley & Sons).

Nöth, W. (2000): Handbuch der Semiotik. Stuttgart (Metzler).
Ogden, P. & Minton, K. (2000): Sensorimotor Psychotherapy: One Method for Processing Traumatic Memory. Traumatology 6, article 3.
O'Keefe, J. & Dostrovsky, J. (1971): The hippocampus as a spatial map. Preliminary evidence from unit activity in the freely-moving rat. Brain Res. 34(1), 171–175.
Otte, R. (2001): Thure von Uexküll. Göttingen (Vandenhoeck & Ruprecht).
Palmer, A. J. & Yoshimura, J. (1984): Munchausen syndrome by proxy. Journal of the American Academy of Child Psychiatry 23(4), 503–550.
Pao, P. N. (1969): The syndrome of delicate self-cutting. Brit. J. Med. Psychol. 42, 213–221.
Paris, J. (2000): Kindheitstrauma und Borderline-Persönlichkeitsstörung. In: Kernberg, O. F.; Dulz, B. & Sachsse, U. (Hg.)(2000): Handbuch der Borderline-Störungen. Stuttgart (Schattauer), S. 159–166.
Parnell, T. F. & Day, D. O. (Hg.)(1997): Munchausen by proxy syndrome: Misunderstood Child Abuse. London (Sage).
Peichl, J. (2001): Der Grundaffekt der Borderline-Patienten – Angst oder Hass und seine therapeutischen Konsequenzen. Vortrag auf der 4. Jahrestagung der Klinik für Psychotherapie und Psychosomatik am Universitätsklinikum Carls Gustav Carus in Dresden, 5./6.10.2002.
Peirce, C. S.(1991): Vorlesungen über Pragmatismus. Hamburg (Meiner); auch zit. in: Nöth, W. (1985): Handbuch der Semiotik. Stuttgart (Metzler).
Peirce, C. S. (1993): Phänomen und Logik der Zeichen. Frankfurt/M. (Suhrkamp).
Penfield, W. (1950): The cerebral cortex of man. A clinical study of localization of function. New York (Macmillan).
Perlitz, V. et al. (2004): Synergetik der hypnoiden Relaxation. Psychotherapie, Psychosomatik, medizinische Psychologie 6, 231–264.
Pesso, A. (2006): Dramaturgie des Unbewussten und korrigierende Erfahrungen: Wann ereignen sie sich? Bei wem? Und wo? In: Marlock, G. & Weiss, H. (Hg.): Handbuch der Körperpsychotherapie. Stuttgart, New York (Schattauer).
Pfeiffer, C. et al. (2007): Die PISA-Verlierer – Opfer ihres Mediumkonsums. Eine Analyse auf der Basis verschiedener empirischer Untersuchungen. URL: http://www.kfn.de/Aktuelles/Neuveroeffentlichung.html (Stand: 26.09.2008).
Piaget, J. (1969): Das Erwachen der Intelligenz beim Kinde. Stuttgart (Klett-Cotta).
Piaget, J. (1973): Einführung in die genetische Erkenntnistheorie. Frankfurt/M. (Suhrkamp).
Piaget, J. (1975): Der Aufbau der Wirklichkeit beim Kinde. Stuttgart (Klett).
Plassmann, R. (1986): Die heimliche Selbstmißhandlung. Z. psychosom. Med. Psychoanal. 4, 316–336,
Plassmann, R. (1987): Der Arzt, der Artefakt-Patient und der Körper. Psyche 41(10), 883–899.
Plassmann, R. (1993): Psychoanalyse artifizieller Krankheiten. Aachen (Verlag Shaker)
Plassmann, R. (1996): Körperpsychologie und Deutungstechnik: Die Praxis der Prozeßdeutung. Forum der Psychoanalyse 12, 19–30.
Plassmann, R. (2002a): Psychotraumatologie der Essstörungen. Vortrag auf der überregionalen Herbsttagung »Traumatherapie in der Praxis« des Psychotherapeutischen Zentrums Bad Mergentheim,. 18./19.10.2002.
Plassmann, R. (2002b): Integrierte Umweltmedizin. In: Uexküll, Th. v.; Geigges, W. & Plassmann, R. (Hg.): Integrierte Medizin. Modell und klinische Praxis. Stuttgart, New York (Schattauer), S. 191–208.
Plassmann, R. (2003): Psychotherapie der Essstörungen. Vortrag auf der Frühjahrstagung im Juni 2003, Psychotherapeutisches Zentrum Bad Mergentheim.

Plassmann, R. (2005): Wenn Mensch und Umwelt keine Einheit mehr bilden: auf dem Weg zu einer integrierten Psychotraumatologie. Vortrag auf den 53. Langeooger Fortbildungswochen, 7.6.2005.

Plassmann, R. (2007): Die Kunst des Lassens. Psychotherapie mit EMDR für Erwachsene und Kinder. Gießen (Psychosozial-Verlag).

Plassmann, R. (2009): Im eigenen Rhythmus. Gießen (Psychosozial-Verlag).

Plassmann, R. (2010): Prozessorientierte Psychotherapie. Forum der Psychoanalyse 26, 105–120.

Plassmann, R. & Seidel, M. (2003): EMDR as grouptherapie with eating disorders: the resource-activating-protocol. Vortrag auf der EMDRIA-Tagung in Rom, 17.5.2003.

Plessner, H. (1976): Die Frage nach der Conditio humana. Frankfurt/M. (Suhrkamp).

Quandt, T. & Wimmer, J. (2008): Online-Spieler in Deutschland 2007: Befunde einer repräsentativen Befragungsstudie. In: Quandt, T.; Wimmer, J. & Wolling, J. (Hg.): Die Computerspieler. Studien zur Nutzung von Computergames. Wiesbaden (Verlag für Sozialwirtschaften), S. 169–192.

Randolph, M. (2006): Vitalität. In: Marlock, G. & Weiß, H. (Hg.): Handbuch der Körperpsychotherapie. Stuttgart, New York (Schattauer), S. 469–478.

Rauchfleisch, U. (1986): Mensch und Musik. Winterthur (Amadeus Verlag).

Rosenberg, D. (1987): Web of deceit: A literature review of Munchausen syndrome by proxy. Child Abuse & Neglect 11, 547–563.

Roussillon, R. (2007): Perlaboration et Ses Modélles. Vortrag auf der IPV-Tagung Berlin, 27.7.2007.

Sachsse, U. (1987): Selbstschädigung als Selbstfürsorge. Zur intrapersonalen und interpersonellen Psychodynamik schwerer Selbstschädigung der Haut. Forum Psychoanal 3, 51–70.

Sachsse, U. (2000): Selbstverletzendes Verhalten – somatopsychosomatische Schnittstelle der Borderline-Persönlichkeitsstörung. In: Kernberg, O.F.; Dulz, B. & Sachsse, U. (Hg.): Handbuch der Borderline-Störungen. Stuttgart (Schattauer), S. 347–370.

Sack, M. (2007): Aktuelle Befunde zu Wirkfaktoren der EMDR-Behandlung. Vortrag auf der Herbsttagung des Psychotherapeutischen Zentrums Bad Mergentheim, 14./15.9.2007.

Sack, M. (2009): Aktuelle Befunde zu Wirkfaktoren der EMDR-Behandlung. In: Plassmann, R. (Hg.): Im eigenen Rhythmus. Gießen (Psychosozial-Verlag), S. 137–142.

Schiepek, G. (2004): Neurobiologie der Psychotherapie. Stuttgart (Schattauer).

Schmid-Schönbein, A. et al. (1999): Physiologische Synergetik von den Wurzeln bei Charles Sherrington über den Stamm Hermann Haken zu den Verzweigungen in den Lebenswissenschaften. In: Kröger, F. & Petzold E.R. (Hg.): Selbstorganisation und Ordnungswandel in der Psychosomatik. Frankfurt/M. (VAS).

Schmidt, L. (1986): Atemheilkunst. Bern (Humata Verlag).

Schreier, H.A. & Libow, J.A. (1993): Munchausen syndrome by proxy: Diagnosis and prevalence. American Journal of Orthopsychiatry 63, 318–321.

Seidel, M. (2002): Stabilisierungstechniken. Vortrag auf der überregionalen Herbsttagung »Tramatherapie in der Praxis« des Psychotherapeutischen Zentrums Bad Mergentheim, 18./19.10.2002.

Servan-Schreiber, D. (2004): Die neue Medizin der Emotionen. Stress, Angst, Depression: Gesund werden ohne Medikamente. München (Kunstmann Verlag).

Shapiro, F. (1989): Efficacy of the eye movement desensitization procedure in the treatment of traumatic memories. Journal of Traumatic Stress Studies 2, 199–223.

Shapiro, F. (1998): EMDR. Grundlagen und Praxis. Handbuch zur Behandlung traumatisierter Menschen. Paderborn (Junfermann).

Shapiro, F. (Hg.)(2003): EMDR als integrativer psychotherapeutischer Ansatz. Paderborn (Junfermann).

Smith, K. & Killam, P. (1994): Munchausen syndrome by proxy. MCN: American Journal of Maternal Child Nursing 19, 214–221.

Southall, D.P. et al. (1987): Clinical Research: Apnoeic episodes induced by smothering: two cases identified by covert video surveillance. British Medical Journal 294, 1637–1641.

Spitzer, M. (2005): Vorsicht Bildschirm! Stuttgart (Klett).

Spitzer, M. (2006a): Das neue Unbewusste I. Oder die unerträgliche Automatizität des Seins. Nervenheilkunde 25, 615–622.

Spitzer, M. (2006b): Das neue Unbewusste II. Kreativ denken und richtig entscheiden. Nervenheilkunde 25, 701–708.

Spitzer, M. (2009): Multitasking – Nein danke. Nervenheilkunde 28, 861–864.

Stern, D.N.(1992): Die Lebenserfahrung des Säuglings. Stuttgart (Klett-Cotta).

Stern, D.N. (2005): Der Gegenwartsmoment. Frankfurt/M. (Brandes & Apsel).

Subrahmanyam, K. et al. (2002): The impact of home computer use on children's activities and development. Children and Computer Technology 10, 123–144.

Uexküll, J.v. (1973): Theoretische Biologie (1. Aufl. 1920). Frankfurt/M. (Suhrkamp).

Uexküll, J.v. & Kriszat, G. (1934): Streifzüge durch die Umwelten von Tieren und Menschen. Berlin (Springer).

Uexküll, Th. v. & Wesiack, W. (1996): Wissenschaftstheorie, ein bio-psycho-soziales Modell. In: Uexküll, Th. v. et al. (Hg.): Psychosomatische Medizin. München (Urban & Schwarzenberg), S. 44.

Uexküll, Th. v. & Wesiack, W. (1998): Theorie der Humanmedizin. 3. Aufl. München (Urban & Schwarzenberg).

Uexküll, Th. v. (2001): Braucht die Medizin ein Menschenbild. Fundamenta psychiatrica 1, 1–11.

Uexküll, Th. v.; Geigges, W. & Plassmann, R. (2002): Integrierte Medizin. Stuttgart, New York (Schattauer).

Van der Kolk, B.A. (1987): Psychological trauma. Washington/DC (American Psychiatric Press).

Van der Kolk, B.A.; Perry, J.C. & Hermann, J.L. (1991): childhood origins of self destructive behavior. American Journal of Psychiatry 148(12), 1665–1671.

Van der Kolk, B.A.; Mc Farlane, A.C. & Weisaeth, L. (Hg.)(1996): Traumatic Stress. New York (Guilford Press).

Van der Kolk, B.A. et al. (2000): Traumatic stress. Paderborn (Junfermann).

Van Eimeren, B. & Ridder, C.-M. (2001): Trends in der Nutzung und Bewertung der Medien 1970 bis 2000. Media Perspektiven 11, 538–553.

Van Eimeren, B. & Frees, B. (2007): Internetnutzung zwischen Pragmatismus und YouTube-Euphorie. ARD/ZDF Onlinestudie 2007. URL: http://www.ard-zdf-onlinestudie.de/fileadmin/Online07/Online07_Nutzung.pdf (Stand: 14.01.2008).

Wietersheim, J.v.; Kordy, H. & Kächele, H. (2004): Stationäre psychoanalytische Behandlungsprogramme bei Essstörungen. In: Herzog, W.; Munz, D. & Kächele, H. (Hg.): Essstörungen. Stuttgart, New York (Schattauer), S. 3–15.

Willenberg, H. et al. (2000): Zusammenhänge zwischen sexuellen Grenzverletzungen und psychogenen Essstörungen. System Familie 13(2), 51–58.

Winnicott, D.W. (1983): Von der Kinderheilkunde zur Psychoanalyse. Frankfurt/M. (Fischer).

Wölfling, K.; Thalemann, R. & Grüsser, S.M. (2007): Computerspielsucht: Ein psychopathologischer Symptomkomplex im Jugendalter [Computer game addiction: a psychopathological complex of symptoms in adolescence], in revision.

Wygotski, L.S. (1964): Sprechen und Denken. Frankfurt/M. (Fischer).

Zwiebel, R. (2004): Der Analytiker als Anderer. Überlegungen zum Einfluß der Person des Analytikers in der analytischen Praxis. Psyche 58(9–10), 836–868.

PSYCHOSOZIAL-VERLAG
ANALYSE DER PSYCHE UND PSYCHOTHERAPIE

Günter Gödde, Michael B. Buchholz

Unbewusstes

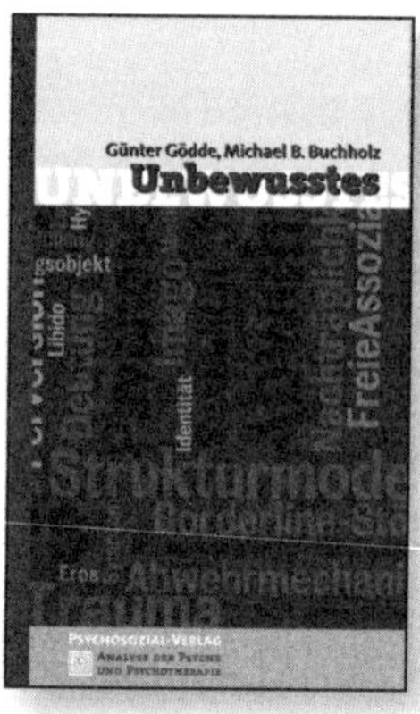

2011 · 138 Seiten · Broschur
ISBN 978-3-8379-2068-0

Ursprünglich als philosophische Problemstellung aufgekommen, erhob Freud das »Unbewusste« zum Zentralbegriff der Psychoanalyse. Die Autoren zeichnen die Entwicklung des Begriffs in seiner ganzen Vielfalt nach und unterscheiden dabei zwischen einem vertikalen und horizontalen Modell des Unbewussten. Um das Konzept des Unbewussten in all seiner Komplexität zu begreifen, müssen beide Modelle in ihrem Zusammenspiel berücksichtigt werden. Dies birgt ein neues Verständnis des Verhältnisses von psychoanalytischer Theorie und Praxis.

Mathias Hirsch

Trauma

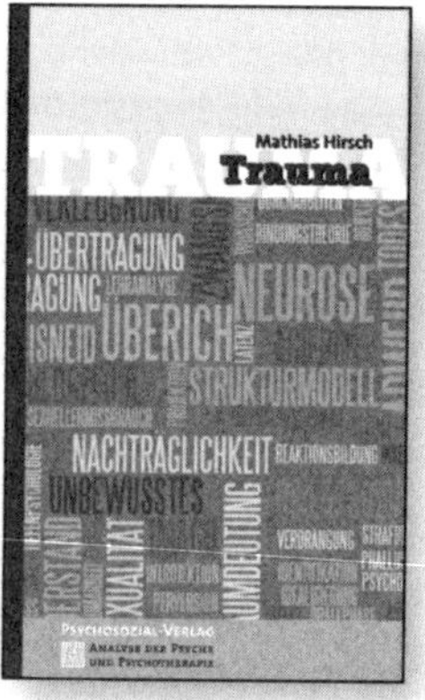

2011 · 138 Seiten · Broschur
ISBN 978-3-8379-2056-7

Die Psychoanalyse begann als Traumatheorie, entwickelte sich zur Triebpsychologie und kann heute als Beziehungspsychologie verstanden werden, die (traumatisierende) Beziehungserfahrungen als Ursache schwerer psychischer Störungen sieht. Dabei dient die Internalisierung von Gewalterfahrungen eher der Bewältigung lang andauernder »komplexer« Beziehungstraumata, akute Extremtraumatisierungen haben hingegen Dissoziationen zur Folge. Der Begriff »Trauma« sowie der Umgang mit Traumatisierung in der Therapie werden vorgestellt.

Die kompakten Bände der Reihe »Analyse der Psyche und Psychotherapie« widmen sich jeweils einem zentralen Begriff der Psychoanalyse, zeichnen dessen historische Entwicklung nach und erläutern den neuesten Stand der wissenschaftlichen Diskussion.

Walltorstr. 10 · 35390 Gießen · Tel. 0641-969978-18 · Fax 0641-969978-19
bestellung@psychosozial-verlag.de · www.psychosozial-verlag.de

PSYCHOSOZIAL-VERLAG
ANALYSE DER PSYCHE UND PSYCHOTHERAPIE

Wolfgang Berner
Perversion

2011 · 139 Seiten · Broschur
ISBN 978-3-8379-2067-3

Das Studium der Perversionen eröffnete Freud tiefe Einsichten in die Funktionsweise von Sexualität und Erotik, die für seine Theoriebildung über die menschliche Psyche von entscheidender Bedeutung waren. Viele dieser Einsichten haben bis heute ihre Gültigkeit, viele wurden inzwischen ergänzt und differenziert. In dem Band wird gezeigt, dass und wie die klassische Psychoanalyse – etwa bei Fetischismus, Exhibitionismus oder Sadismus – hilfreich sein kann. Es werden die für eine Perversionstherapie notwendigen Parameter betrachtet und auch weitere Therapieformen vorgestellt.

Hans Sohni
Geschwisterdynamik

Erscheint im Oktober 2011 · ca. 140 Seiten
Broschur · ISBN 978-3-8379-2117-5

Mit Geschwistern verbindet man die Vorstellung von tiefer Verbundenheit, aber auch von Rivalität. Sie sind in Mythologie und Märchen, in Romanen und Filmen allgegenwärtig. Bis in die 1980er Jahre wurden Geschwisterbeziehungen beinahe vollständig aus dem psychoanalytischen Diskurs ausgeblendet. Dem setzt Hans Sohni eine psychoanalytische Entwicklungspsychologie lebendiger Geschwisterbeziehungen entgegen. Er beleuchtet den Einfluss des Geschwisterstatus auf die Persönlichkeitsentwicklung und untersucht die Dynamik von Abgrenzung und Bezogenheit.

Die kompakten Bände der Reihe »Analyse der Psyche und Psychotherapie« widmen sich jeweils einem zentralen Begriff der Psychoanalyse, zeichnen dessen historische Entwicklung nach und erläutern den neuesten Stand der wissenschaftlichen Diskussion.

Walltorstr. 10 · 35390 Gießen · Tel. 0641-969978-18 · Fax 0641-969978-19
bestellung@psychosozial-verlag.de · www.psychosozial-verlag.de

Psychosozial-Verlag

Reinhard Plassmann

Die Kunst des Lassens

2007 · 355 Seiten · Broschur
ISBN 978-3-89806-808-6

Wie fördert man seelische Heilungs- und Wachstumsprozesse? Vor dieser Herausforderung steht die wissenschaftliche Psychotherapie seit nunmehr 100 Jahren. Entscheidende Fortschritte sind in den letzten Jahren durch die neuen Methoden der modernen Traumatherapie möglich geworden. Gleichzeitig hat uns die moderne Hirnforschung Einblick gegeben, wie das Gehirn emotionale Belastungen verarbeitet.

Das Buch beschreibt mit vielen Fallbeispielen auf sehr lebendige Weise, wie das EMDR und die moderne Hirnforschung die Psychotherapie auf eine völlig neue Grundlage gestellt und uns neue Möglichkeiten an die Hand gegeben haben. Es erläutert dem Fachmann die Arbeitsweise und deren wissenschaftliche Grundlagen und potenziellen Patienten, wie ihr Weg durch den Heilungsprozess aussieht, bei Essstörungen, Borderlinestörungen, Traumafolgestörungen und bei allen durch emotionale Überlastung entstandenen Erkrankungen.

Reinhard Plassmann (Hg.)

Im eigenen Rhythmus

X

2008 · 211 Seiten · Broschur
ISBN 978-3-89806-753-9

Weil Emotionen direkt mit dem Körper in Verbindung stehen, treten bei starken emotionalen Belastungen regelmäßig körperliche Störungen auf, beispielsweise Magersucht, Bulimie, Allergien, Schmerzen, Tinnitus, Süchte und Kopfschmerzen. Mit erstaunlichem Erfolg haben nun einzelne innovative Therapeutinnen und Therapeuten begonnen, solche emotional bedingten Störungen mit EMDR zu behandeln, und berichten in diesem Buch darüber.

Das Buch gibt Behandelnden und Patienten einen sehr ermutigenden Einblick in die neu entwickelten Behandlungsmöglichkeiten dieser Erkrankungen. Behandelnde finden präzise Anleitungen für innovative Anwendungen von EMDR, Patienten können ihren Informationsstand über moderne Behandlungsverfahren verbessern.

Walltorstr. 10 · 35390 Gießen · Tel. 0641-969978-18 · Fax 0641-969978-19
bestellung@psychosozial-verlag.de · www.psychosozial-verlag.de

Psychosozial-Verlag

Peter Joraschky,
Hedda Lausberg, Karin Pöhlmann (Hg.)

Körperorientierte Diagnostik und Psychotherapie bei Essstörungen

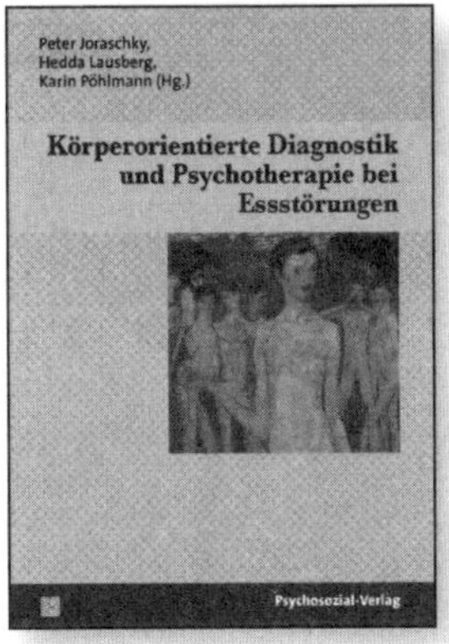

2008 · 293 Seiten · Broschur
ISBN 978-3-89806-813-0

Der Band stellt die neuesten Forschungsergebnisse zur Diagnostik und Behandlung des gestörten Körpererlebens von PatientInnen mit Essstörungen dar. Die Dimension des Körpererlebens als zentrale Störung von PatientInnen mit Anorexia nervosa und Bulimia nervosa ist klinisch gut belegt. Verschiedene diagnostische Zugangswege zu dieser Störungsdimension werden hier differenziert dargestellt. Neben Fragebogenmethoden bestimmen vor allem projektive Verfahren, Einschätzungsverfahren durch Interviews und videogestützte Analysen von Bewegungsverhalten die aktuelle Forschung. Die körperorientierte Psychotherapie hat heute bei der Indikation einen gut evaluierten Stellenwert als erfolgreiche Behandlungsmethode von Essstörungen, sowohl als Hauptverfahren wie in Kombination mit einzel- und gruppenpsychotherapeutischen Methoden.

Svenja Taubner

Einsicht in Gewalt

2008 · 349 Seiten · Broschur
ISBN 978-3-89806-878-9

Das Thema Jugendkriminalität führt oft zu hitzigen Diskussionen, in denen jedoch das Verständnis für die individuellen Schicksale der Betroffenen verloren geht. An der Schnittstelle von Kriminalwissenschaften und Psychologie stellt dieses Buch Einzelfallanalysen von gewalttätigen Jugendlichen mit einer oftmals traumatischen Geschichte ins Zentrum der Untersuchung.

Am Beispiel des Täter-Opfer-Ausgleichs wird mit Methoden der psychoanalytischen Psychotherapieforschung und Bindungsforschung die Auseinandersetzung junger Männer mit ihren Gewaltstraftaten beschrieben. Svenja Taubner arbeitet heraus, dass einseitige Täterzuschreibungen einem Lernprozess entgegenwirken, und stellt Vorschläge für Entwicklungsmöglichkeiten dar.

Walltorstr. 10 · 35390 Gießen · Tel. 0641-969978-18 · Fax 0641-969978-19
bestellung@psychosozial-verlag.de · www.psychosozial-verlag.de

Psychosozial-Verlag

Gabriele Kahn

Das Innere-Kinder-Retten

Sanfte Traumaverarbeitung bei Komplextraumatisierung

2010 · 225 Seiten · Broschur
ISBN 978-3-8379-2085-7

In der Therapie von komplex – insbesondere sexuell – Traumatisierten sollte es das Ziel sein, Traumata zu integrieren, anstatt die Patienten nur zu stabilisieren. Sonst besteht die Gefahr, dass Symptome zurückkehren. Das Innere-Kinder-Retten, das sich mit jeder der bekannten Traumatherapiemethoden kombinieren lässt, arbeitet nicht mit der belastenden Konfrontation mit Traumaerinnerungen, sondern mit positiver Imagination, wodurch betroffene Erwachsene nicht mit ihren Kindheitstraumata in Berührung kommen. Nach dem Retten können die dissoziierten Anteile integriert werden.

»Endlich […] schreibt mal jemand klar und verständlich für all die Praktiker der Traumatherapie, wie man auf sehr schonende Art und Weise Traumaexposition ohne Traumakonfrontation machen kann.«

Jochen Peichl über den Ansatz der Autorin in »Trauma & Gewalt«

Glen O. Gabbard

Psychodynamische Psychiatrie

Ein Lehrbuch

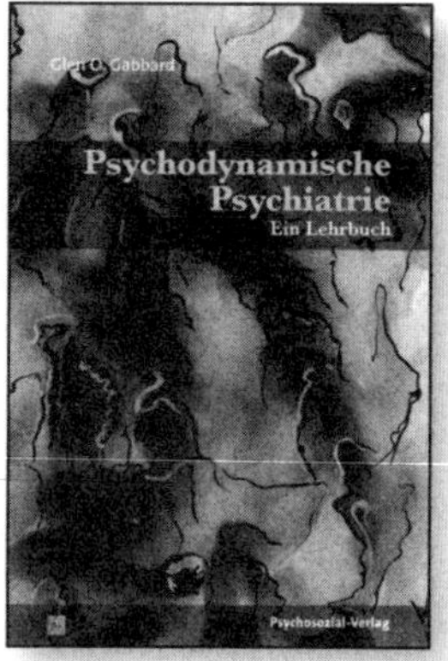

2010 · 726 Seiten · Gebunden
ISBN 978-3-8379-2036-9

Praxisnah beschreibt Glen O. Gabbard das Feld der Psychodynamischen Psychiatrie. Verständlich geschrieben und klar strukturiert, führt er den Laien wie den Sachkundigen an das Thema heran. Der Autor stellt zunächst die theoretischen Grundlagen der Ich-Psychologie, Objektbeziehungstheorie, Selbstpsychologie und Bindungstheorie vor, um sie anschließend anhand von Fallbeispielen zu erläutern und mögliche Therapieansätze vorzustellen. Hierbei geht er auch kritisch mit der bisherigen Forschung um, zeigt Kontroversen auf und gibt wertvolle Tipps für die tägliche Praxis.

»Die grundlegende Formulierung dessen, was Psychodynamik ist und was sie gewinnend zur modernen Psychiatrie beitragen kann.«

Robert Michels, M.D.

»Ohne Frage ist dies ein absolut essenzieller Text für alle klinischen Therapeuten.«

Robert Alan Glick, M.D.

Walltorstr. 10 · 35390 Gießen · Tel. 0641-969978-18 · Fax 0641-969978-19
bestellung@psychosozial-verlag.de · www.psychosozial-verlag.de